GÉNÉRAL MONTAUDON

Souvenirs Militaires

Afrique — Crimée — Italie

TOME PREMIER

PARIS
LIBRAIRIE CH. DELAGRAVE
15, RUE SOUFFLOT, 15

൹ SOUVENIRS MILITAIRES

SOCIÉTÉ ANONYME D'IMPRIMERIE DE VILLEFRANCHE-DE-ROUERGUE
Jules Bardoux, Directeur.

GÉNÉRAL MONTAUDON

Souvenirs Militaires

Afrique — Crimée — Italie

PARIS
LIBRAIRIE CH. DELAGRAVE
15, RUE SOUFFLOT, 15

1898

PREMIÈRE PARTIE

AFRIQUE (1838-1854)

AVANT-PROPOS

Arrivé au terme de ma carrière, je vais employer les loisirs de ma retraite à exposer les divers événements militaires dont j'ai été témoin, à donner des détails sur les campagnes et les combats où je me suis trouvé et où j'ai eu à agir d'une manière plus ou moins active, selon l'époque où ils se sont produits et selon le grade dont j'étais investi.

Ce travail sera pour moi une bien agréable occupation ; il va me remettre en mémoire les jours déjà anciens de ma jeunesse, de mes débuts dans la vie militaire, et aussi les chefs et les camarades avec lesquels je me suis trouvé, avec lesquels j'ai eu à partager les joies de nos succès et les tristesses de nos désastres.

Dans le cours de ces récits, nous allons pouvoir signaler les vaillants soldats d'Afrique, de Crimée, d'Italie et de 1870, qui tous ont laissé dans mon cœur une empreinte bien profonde, ayant eu à supporter avec eux les fatigues et les misères du bivouac, les dangers du champ de bataille.

Quels doux moments pour un vétéran d'avoir à se retrouver au milieu de ces anciens zouaves, si dignes d'être signalés à l'admiration des générations modernes, de ces compagnons d'armes qui, dans les circonstances les plus difficiles, sous les climats les plus énervants, ont su réunir à la bravoure, à l'amour du drapeau national, un très grand esprit de discipline, le respect et l'affection pour leurs chefs, qui étaient d'autant plus fiers de les commander qu'ils ont eu bien rarement à constater chez quelques-uns de leurs soldats des défaillances, du mauvais vouloir ou des faiblesses dans les marches et dans les combats !

Je vais aussi pouvoir rendre hommage aux valeureux chefs sous les ordres desquels j'ai eu l'honneur de servir, et dont les brillants faits d'armes sont inscrits dans les fastes de l'histoire.

C'est en cherchant à les prendre pour modèles, à se rendre dignes de leur estime, que beaucoup d'officiers ont pu acquérir un peu de cette expérience si indispensable dans la pratique du commandement.

Dans les récits qui vont suivre, nous aurons à signaler ces grandes figures si connues et si estimées de tous les vrais patriotes. Entre autres :

Le *maréchal Bugeaud*, ce pacificateur et organisateur de notre grande colonie algérienne ;

Le *général Changarnier*, ce chevalier sans peur et sans reproche, si calme dans les combats, si inflexible dans toutes les questions de discipline, si valeureux à la retraite de Constantine, au col de la Mousaïa, à l'Oued-Foddah et autres ;

Le *maréchal Pélissier*, si rude de caractère, si désagréable parfois pour son entourage et dans ses relations de service, mais si ferme, d'un commandement si énergique et si sûr; *vainqueur à Malakoff;*

Le *duc d'Aumale*, ce jeune chef qui, à vingt ans, se signalait par un hardi coup de main, la prise de la smalah d'Abd-el-Kader[1] ;

Le *général Cavaignac*, mon ancien colonel au régiment des zouaves, chef grave, austère et raide; à côté de cela, juste, loyal et vigoureux soldat ;

Le *maréchal de Saint-Arnaud*, ce gentilhomme de goût et de caractère, aimant le faste et la représentation, nature honnête, guerrier de cœur, soldat intrépide, vainqueur à l'Alma, mort à la peine, après la victoire ;

Le *maréchal Canrobert*, le héros de Zaatcha, le chef habile qui enleva l'oasis de Narah, en 1849, puis commandant en chef de l'armée d'Orient, si digne de figurer dans nos annales militaires pour avoir gagné les batailles d'Inkermann et de Balaklava, puis pour s'être distingué sous Metz en 1870;

Le *maréchal Bosquet*, républicain d'opinion, fait maréchal sous l'Empire; c'est qu'à cette époque, pour les récompenses et pour l'avancement à accorder aux officiers, on se préoc-

---

[1]. Par une singulière coïncidence, le prince de Condé, né en 1621, gagna la bataille de Rocroy le 19 mai 1643; le duc d'Aumale, né en janvier 1822, enlève la smalah le 16 mai 1843; et dire que la France a été privée des services de cette vaillante personnalité par l'inepte révolution de 1848!

cupait plus des qualités militaires que des opinions. Cet illustre maréchal avait des qualités éminentes : instruction très variée, esprit large et sagace, conversation attachante; avec cela, beaucoup de caractère et de décision; en toutes circonstances, brillant soldat. Sa mort, arrivée en 1857, alors qu'il avait quarante-sept ans à peine, a été une perte cruelle pour le pays; que de services il aurait pu rendre en 1870!

Le *général de Ladmirault*, ancien colonel de zouaves, caractère aimable et sympathique, esprit militaire bien équilibré, brave soldat;

Le *général d'Aurelle de Paladines;* ce chef savait maintenir une discipline inflexible parmi ses soldats; caractère peu agréable, morose et rude. Vainqueur à Coulmiers en 1870, les sectaires de l'époque n'ont pas su reconnaître son mérite, ni rendre justice à sa vaillance;

Le *général Bourbaki*, ce camarade, puis ce chef si sympathique, a toujours été un brave dont la seule présence exaltait ses soldats;

Le *général Decaen*, ce cœur intrépide et loyal, tué en 1870 à la bataille de Borny;

Le *général Camou*, vétéran du premier Empire;

Le *général Trochu*, si grand dans les combats, si digne de la confiance de tous ceux qu'il a eu l'occasion de conduire sous le feu de l'ennemi; à côté de cela, écrivain remarquable, penseur et philosophe. Malheureusement, il a fait fausse route en cherchant à séduire le public par ses talents oratoires et en se mêlant aux grotesques de la démocratie; s'il avait été moins honnête et moins croyant, le *démos* et tous ses courtisans en auraient fait un héros et l'auraient couronné de fleurs, au lieu de le laisser s'éloigner de la tribune et des rangs de l'armée, pour prendre une retraite prématurée.

En résumé, si je me décide à reproduire mes souvenirs d'autrefois, j'ai surtout pour but de développer mes impressions sur les campagnes, les expéditions et les événements auxquels j'ai assisté, de faire connaître mes appréciations sur les hommes et sur les choses. On ne doit pas s'attendre à trouver là une histoire avec tous les détails d'ensemble qu'elle comporte; c'est un simple coin du tableau, un aperçu sincère et véridique des faits d'armes qui se sont passés sous mes yeux; seulement, je ne me contenterai pas de signaler les seuls effets matériels; j'aurai encore à émettre une opinion sur la direction imprimée à la marche et à l'engagement des troupes, et enfin à peindre les mœurs et l'esprit des milieux où j'ai vécu.

Amiens. — 1885.

CHAPITRE PREMIER

MES DÉBUTS DANS LA CARRIÈRE

Saint-Cyr (1836). — 26ᵉ de ligne (1838). — 75ᵉ de ligne (1841). — Né et élevé au fond d'une province agreste et un peu arriérée, je n'avais jamais eu occasion, pendant ma vie de collège, de voir un seul uniforme de soldat; mais l'étude de l'histoire, la lecture des ouvrages classiques, où l'on poétisait les hauts faits militaires des Grecs et des Romains, avaient beaucoup frappé ma jeune imagination et fait naître en moi le vague désir d'embrasser la carrière des armes.

Pendant les vacances, je voyais quelquefois un de mes frères, mon aîné de huit ans, sorti de Saint-Cyr et lieutenant au 11ᵉ de ligne. J'avais pour lui la plus vive affection; il la méritait à tous égards, en raison de ses éminentes qualités de cœur, de sa franchise, de son noble caractère, et enfin pour l'amitié presque paternelle qu'il m'a toujours témoignée. Aussi a-t-il contribué largement à m'affermir dans mes premières idées de marcher sur ses traces.

Malheureusement, ce frère bien-aimé est mort prématurément et à la fleur de l'âge, en 1844, étant capitaine au 5ᵉ bataillon de chasseurs d'Orléans, et ayant en perspective le plus bel avenir, car il était estimé de ses chefs et adoré de ses subordonnés.

A dix-sept ans, après avoir terminé mes études classiques, je manifestai l'intention bien arrêtée d'entrer dans une école militaire. Mon tuteur, qui était en même temps très dévoué et très préoccupé de notre avenir, n'hésita pas à me diriger sur Paris avec mon plus jeune frère, et à nous confier à M. Loriol, notre compatriote et maître de pension. Là j'eus comme camarades et compagnons d'études le jeune Campenon, caractère brusque, mais de relations assez faciles; il est aujourd'hui (1885) général de division et ministre de la guerre; puis Anatole de la Forge, qui avait une chevelure ébouriffée, était très vif, très turbulent. Je ne l'ai pas revu depuis cette époque. Il est, au moment où j'écris, un des coryphées du parti démagogique.

Après un an de préparation, je fus admis à Saint-Cyr; mais à la visite du médecin, me trouvant faible de constitution, on hésitait à recevoir mon engagement, indispensable pour pouvoir entrer; néanmoins, après quelques réflexions, comme il s'agissait d'une école militaire, on se décida à me délivrer un certificat d'aptitude.

A mon arrivée à Saint-Cyr, en novembre 1836, je n'avais pas une idée bien nette des devoirs que j'aurais à remplir, des études et des efforts qui me seraient demandés. J'étais très novice et très inexpérimenté.

Le général *Baraguay-d'Hilliers*, commandant l'École, était un officier du premier Empire, amputé du bras gauche à la bataille de Leipzick, caractère entier, sévère, mais juste, respecté et craint par la jeunesse qu'il avait à diriger. Devant l'ennemi, il s'est montré vaillant, et, en toutes circonstances, digne des hautes positions qui lui ont été confiées.

Les deux années passées à Saint-Cyr furent assez pénibles pour moi, sans aucune distraction extérieure. Je profitai bien rarement des sorties mensuelles, et même je dus passer mes vacances dans l'intérieur de l'établissement, étant trop éloigné de ma famille pour entreprendre un voyage coûteux et au-dessus de mes faibles ressources.

Quoi qu'il en soit, je fis tous mes efforts pour me rendre digne de la mission que mes goûts et mes penchants m'avaient imposée. A mon passage dans la première division, j'avais obtenu un assez bon numéro de classement, j'étais dans les conditions réglementaires pour obtenir les épaulettes de laine, première récompense pour les premiers élèves ; malgré cela je fus mis de côté, mon capitaine n'ayant pas voulu me proposer, en raison de l'irrégularité de mon port d'armes ; pour lui c'était la chose essentielle ; et comme à tous les exercices il me voyait, au bout de quelque temps, avec des épaules inégalement tombantes, ayant de la peine à supporter le poids du fusil et à maintenir la position réglementaire du bras très peu ployé, il me considérait comme ayant peu d'aptitude pour le service militaire[1].

Néanmoins, pendant la deuxième année, ayant eu encore un meilleur numéro de classement, j'obtins enfin ces premières épaulettes tant souhaitées. Elles me furent remises par le duc d'Orléans, qui était venu nous passer en revue. J'en fus très fier.

A ma sortie de Saint-Cyr, n'étant pas dans les trente premiers, et par conséquent ne pouvant concourir pour l'école d'état-major, je demandai un régiment d'Afrique.

Le 1er octobre 1838, je fus nommé sous-lieutenant au 26e régiment de ligne, qui se trouvait dans la province de Constantine.

Départ pour l'Algérie. — Ma lettre de service me trouva chez mes parents, à la Souterraine (Creuse), où j'étais venu passer les vacances ; je me hâtai de faire mes préparatifs, et dès les premiers jours de novembre je me mis en route pour rejoindre mon régiment. A cette époque, il n'y avait

---

1. Ce capitaine, excellent homme du reste, a été retraité comme chef de bataillon.

pas de chemin de fer et, dans la région du Centre, assez peu de moyens de transport pour se rendre sur le littoral de la Méditerranée ; je dus aller à Limoges retenir une place dans la diligence se dirigeant sur Clermont.

Mon voyage fut long et assez peu agréable ; au delà d'Aubusson, il nous fallut gravir les montagnes de l'Auvergne, parfois descendre de voiture pour pousser aux roues sur des pentes raides et encombrées de plusieurs pieds de neige ; enfin, après bien des ennuis, nous descendons à Clermont. Là, il me faut retenir une place dans une nouvelle diligence pour aller à Lyon. C'est après quatre jours d'attente et de marche que j'arrive dans cette dernière ville.

Pour se diriger vers le sud, il y a deux voies différentes : l'une par bateau ; mais à ce moment de l'année le Rhône était trop haut ; la navigation, par suite, se faisait irrégulièrement et très lentement.

Je dus donc prendre la voie de terre. En arrivant à Avignon, nous sommes assaillis par des portefaix insolents, qui se ruent sur nos bagages comme sur leur propriété, nous devons subir leurs conditions et les suivre aux hôtels qu'ils veulent bien nous désigner.

Après vingt-quatre heures de séjour dans l'ancienne capitale des papes, j'eus l'heureuse chance de pouvoir me caser sur l'impériale d'une affreuse carriole, où nous fûmes rudement cahotés jusqu'à notre arrivée sur la fameuse Canebière, à Marseille.

Mais l'embarquement des militaires avait lieu à Toulon. Je dus donc chercher une nouvelle patache, traverser les gorges d'Ollioules, renommées par les exploits des brigands.

Il m'a fallu près de dix jours pour faire un voyage qui se fait aujourd'hui en vingt-quatre heures. Aussi il ne fut pour moi ni bien agréable ni bien instructif, en raison des rigueurs de la température, des changements continuels et de la mauvaise installation des voitures.

Le service des bateaux pour l'Algérie avait lieu une fois par semaine seulement ; je profitai de quelques jours de repos pour visiter les environs ; malgré tout, j'étais heureux de ce changement dans mon existence, de ce voyage qui m'avait donné l'occasion de voir des pays et des villes dont j'avais lu les noms dans mes cours de géographie ; mais ce qui me fit surtout une réelle impression, c'est quand, du haut des falaises des environs de Toulon, j'eus, pour la première fois, le spectacle de la marche lointaine des flots bruyants de la mer.

Mais ces vives et agréables émotions se dissipèrent vite, car, à peine embarqués sur un vieux bateau à vapeur (le *Cerbère*), un fort vent d'ouest se met à souffler et à secouer rudement notre informe navire. Tous les passagers ont le mal de mer ; bien entendu, je ne suis pas épargné. La traversée fut des plus pénibles : nous restons sept jours avant de voir la terre d'Afrique. A peine à hauteur du cap Matifou, un coup de vent nous rejette vers l'est et nous oblige à aller relâcher dans la rade de Delhis. Cette localité n'était pas encore occupée par nous, elle ne le fut qu'en 1844 ; les Arabes de la ville, surpris de la présence de notre bâtiment, envoient leurs chefs se mettre en rapport avec le capitaine du navire.

Tout se passa très cordialement. Dès le lendemain, nous nous dirigeons vers l'ouest, nous doublons le cap Matifou, et à quatre heures de l'après-midi nous débarquons à Alger (décembre 1838). Là, j'eus la bonne chance de trouver mon frère le lieutenant. Je restai près de dix jours avec lui, vivant à la table des officiers, en relations intimes et journalières avec plusieurs d'entre eux. Cela me permit d'observer et d'étudier les habitudes, la tenue, la manière d'être des gradés avec lesquels j'entrais en relations pour la première fois, et avec lesquels j'allais bientôt avoir à vivre pendant de longues années.

Mais ce dont j'eus particulièrement à profiter, c'est des très sages enseignements de mon frère, de ses conseils pratiques concernant mes nouveaux devoirs, mes relations avec mes chefs, avec mes camarades et avec mes subordonnés; ils sont restés gravés dans ma mémoire, et pendant tout le cours de ma carrière ils m'ont été des plus utiles.

Comme le service de correspondance, fait par les bateaux de l'État, avait lieu tous les quinze jours seulement, cela me permit de visiter Alger et un peu ses environs; mais je ne pus aller bien loin, car au delà de Bir-Kadem, de Kouba et de Del-Ibrahim, les routes n'étaient pas sûres; il y avait danger et défense de s'y aventurer en simple excursionniste.

Après mon très court séjour à Alger, je m'embarquai pour Bône. A Bougie, où nous fimes relâche, se trouvait le lieutenant-colonel Bedeau, comme commandant supérieur[1]. J'eus la bonne chance de rencontrer mon ancien caporal à Saint-Cyr, puis mon excellent camarade et ami le sous-lieutenant Duplessis (mort en 1875, étant général de division).

Arrivée à Bône. — Aussitôt arrivé à Bône, où se trouvait le dépôt de mon régiment, j'entrai en rapport avec le lieutenant d'habillement et quelques autres officiers envoyés là comme malingres ou en permission. L'hospitalité qui me fut offerte par ces nouveaux camarades fut tout à fait élémentaire et primitive; on m'installa sur une sorte de lit de camp, avec paillasse seulement, établi dans le couloir qui précède le magasin d'habillement. A peine étais-je étendu, avec l'espoir de goûter un peu de repos, qu'une nuée d'insectes se rua sur tout mon corps et se mit à me dévorer à qui mieux mieux; ce fut pour moi un véritable martyre. L'in-

---

1. Bedeau, devenu général de division, se fit remarquer en Algérie par ses qualités militaires, son calme dans les combats; en 1848, joua un certain rôle politique qui eut pour conséquence de lui faire abandonner la carrière militaire.

somnie fut complète. Eh bien, ce n'était rien à côté de ce que je devais souffrir les jours suivants.

Dès le surlendemain, un convoi du train partait pour aller porter des vivres dans les postes occupés par nos troupes; j'en profitai pour mettre mon très léger bagage, une petite valise, sur une des charrettes, et me joindre au détachement de l'escorte. Le premier jour, nous nous arrêtons à Dréan, camp entouré d'un fossé, sorte de fortification en terre; là je trouve le sous-lieutenant Maulbon, mon adjudant à Saint-Cyr l'année précédente; la garnison se compose de deux compagnies du 12º de ligne. Malgré la différence d'âge et d'origine, je dois dire que cet ancien sous-officier surveillant m'accueillit avec une certaine cordialité et chercha de son mieux à me rendre le séjour du camp le moins pénible possible; il m'installa dans le coin d'une baraque inoccupée et voisine de la sienne. Malheureusement je ne suis pas le seul à habiter cette maudite baraque : la couche de paille sur laquelle je suis étendu sert de refuge à des locataires d'un voisinage fort peu agréable, qui, privés de toute nourriture depuis pas mal de temps, viennent pousser des reconnaissances jusque dans ma couche, et, quand je me disposais à goûter les douceurs d'un sommeil réconfortant, se jettent sur moi comme des vautours, sans me laisser un seul instant de repos.

1838-1839. — Le lendemain, j'étais ensanglanté comme si j'avais eu des piqûres de sangsues; mes vêtements en étaient imprégnés, et pendant plusieurs jours j'eus beaucoup de peine à me débarrasser de cette vermine. Nous n'en continuons pas moins notre marche et allons bivouaquer près de Nechemeya (camp au pied de la montagne et où une compagnie du 12º tient garnison).

Le troisième jour, nous arrivons à Medz-el-Hamar, sur l'Oued-Zenati. Nous sommes tout près des eaux thermales d'Hamam-Meskoutin, où se trouvent d'importantes ruines romaines, de nombreuses piscines assez bien conservées. (Il paraît qu'aujourd'hui — en 1885 — il y a un établissement de bains assez important et assez fréquenté.)

Le quatrième jour, nous franchissons le col de Raz-el-Akba[1], et dans l'après-midi notre détachement arrive à Sidi-Tamtam; là, je trouve le bataillon auquel appartient ma compagnie. A peine installé et reconnu, je prends mon service de section et je m'y applique de mon mieux.

Le plateau où nous sommes campés est triste et dénudé; à plusieurs lieues à la ronde, il n'y a ni bois ni broussailles. Tous, officiers et soldats, sont sous la tente. Mon séjour n'y fut pas long; néanmoins, mon lieutenant étant absent, j'eus à faire partie de deux détachements, l'un chargé d'escorter un convoi de vivres dirigé sur Constantine, l'autre pour aller appuyer le mouvement d'une colonne opérant chez les Hannenchas.

Peu de temps après, le gros du régiment, avec tout l'état-major, en garnison à Constantine depuis la prise de la ville, doivent, dans le courant de janvier 1839, se diriger sur Bône pour aller occuper tous les postes militaires de la circonscription[2].

Je suis resté deux ans au 26e; ma compagnie a été détachée successivement aux camps de Dréan, de Medz-el-Hamar, de Ghelma, et en dernier lieu dans la citadelle de Bône, jamais bien longtemps dans le même endroit.

Pendant cette période de ma vie militaire, j'ai assisté à plusieurs petites expéditions où nous avons eu des marches assez pénibles à faire, mais peu de coups de fusil à tirer; L'une dans les montagnes du lac Fetzara, près de Philippe-

---

1. C'est au passage de ce col, lors de la retraite de Constantine, en 1836, que le commandant Changarnier se fit remarquer par sa bravoure et l'énergique entrain imprimé à son bataillon.
2. Tout près de Bône se trouvent les ruines romaines d'Hippone, qui rappellent à la mémoire le grand évêque saint Augustin.

ville, les engagements y furent peu nombreux et peu meurtriers.

1839-1840. — La seconde fut dirigée contre les tribus de l'Est, près de Lacalle; elle avait pour but de venger l'assassinat du capitaine d'état-major Saget, jeune et brillant officier, doué des plus solides qualités militaires, ayant en perspective le plus bel avenir[1].

Lors de ces marches expéditionnaires, nous avions, pour porter nos bagages et les vivres des officiers de la compagnie, un seul petit cheval arabe qui m'avait coûté *soixante francs*; c'était un prix assez commun à cette époque. Sa charge consistait, pour chacun de nous, en une petite valise où se trouvait un peu de linge, une chaussure de rechange et fort peu d'objets de toilette; pas de tente. Quant aux vivres, comme notre capitaine était très parcimonieux et visait surtout à l'économie, on en avait pour un jour ou deux seulement; après cela il fallait nous contenter des seules rations réglementaires : biscuit, riz et un peu de viande, mais ni pain, ni vin, ni café, ni légumes, ni fromage; de l'eau pour toute boisson, sauf pour ceux qui allaient à la cantine absorber de l'absinthe et de l'eau-de-vie, ignobles liqueurs frelatées, qui ont ruiné la santé de bien des officiers vigoureux et dans la fleur de l'âge. Mon lieutenant et moi avions beau protester contre un pareil régime, il fallut bien nous y soumettre, tout en récriminant entre nous d'une pareille privation.

Les officiers du 26e. — A cette époque, j'étais bien jeune et bien inexpérimenté; néanmoins, je crois devoir faire connaître mes impressions et mes appréciations sur les choses et sur les personnes de ce temps.

Notre chef de corps, le colonel Loyré d'Arbouville, était

---

1. Le capitaine Saget était le frère des deux généraux du même nom, si estimés et si appréciés par tous les officiers qui ont eu des rapports avec eux.

un véritable gentilhomme de race, nature loyale et sympathique, calme, sans fanatisme dans le service, aimé et estimé de tous, sachant maintenir une discipline exacte, sans aucune brusquerie dans le commandement, toujours préoccupé du bien-être et de l'entrainement de ses subordonnés (est mort étant général de division, après avoir commandé à Lyon en 1851, au moment du coup d'État, qu'il ne voulut pas approuver).

Le lieutenant-colonel était, au physique et au moral, la contre-partie du colonel : sans mœurs, sans dignité et sans tenue, joueur effréné, il ne craignait pas de pousser ses subalternes dans la voie dangereuse où l'entrainait sa passion.

Mon chef de bataillon, le commandant Froidefond des Farges, était un officier sec au physique et au moral, grincheux, froid et peu équilibré; avait assez de prestance et bon air, malgré cela sans grande valeur militaire et de peu de prestige auprès de ses inférieurs (est mort, étant colonel en retraite, après avoir été commandant de place à Metz).

Le capitaine de Martimprey, notre adjudant-major, était un charmant officier, intelligent, capable, doux de caractère, de relations faciles, très sympathique à ses camarades et à ses subordonnés (mort général de division en 1876, après avoir parcouru une brillante carrière et avoir été blessé grièvement à Solférino, en 1859).

Quant aux autres officiers du corps, la composition en était assez variée : plusieurs étaient d'une médiocrité notoire; quelques-uns provenaient des héros de juillet; ils n'étaient ni les plus exacts ni les mieux élevés; d'autres, recrutés parmi les simples sergents, étaient arrivés au grade de sous-lieutenant grâce aux nombreuses vacances produites par le fait de la révolution de 1830; en général, ces derniers étaient sans instruction, sans éducation; ils avaient de la bonne volonté, faisaient assez bien leur service, mais pour eux la carrière militaire était plutôt un métier qu'un poste d'honneur et de dévouement; aussi c'est à peine si quelques-uns d'entre eux ont pu arriver au grade de chef de bataillon.

Ceux sortis de Saint-Cyr avaient des qualités sérieuses, de l'instruction, un certain tempérament militaire; cependant peu d'entre eux ont pu arriver aux degrés supérieurs de la hiérarchie, quelques-uns par manque de persévérance, d'autres pour avoir ruiné leur santé par l'abus de boissons alcooliques[1].

Du reste, parmi ces officiers d'origine diverse, il y avait un excellent esprit de camaraderie et d'esprit de corps, jamais il n'y avait de querelles ou même de dissentiments entre eux. Tous étaient bien plus guidés par un sentiment d'émulation que de jalousie. Seulement, bien peu s'occupaient de compléter leur instruction: on lisait peu, et après les exercices ou le service courant, on passait son temps soit au café, soit à se promener sur la place publique.

Comme nos soldats étaient toujours tenus en haleine par des exercices, par des marches et par des travaux utiles, que l'on s'occupait beaucoup de leur bien-être, le régiment a pu rester longtemps en Afrique, et toujours avoir un excellent état sanitaire. A côté de nous, au contraire, le régiment (12ᵉ de ligne) que nous venions relever à Bône, après être resté un an à peine en Algérie, avait dû retourner en France, et cela en raison de la dislocation des cadres, de l'épuisement des hommes. C'est qu'à la tête de ce corps il y avait un colonel sans énergie, sans autorité, déjà vieux et soupirant après sa retraite. Par suite, il était devenu indifférent à toutes les choses militaires, ne s'occupait de rien, laissait ses officiers et ses hommes dans une espèce de somnolence, de torpeur morale et physique.

1. Il y avait comme officier stagiaire d'état-major le lieutenant Raoul, officier des plus remarquables; s'est distingué dans plusieurs circonstances. Colonel, chef des tranchées de gauche au siège de Sébastopol, y a été remarqué par Totleben, général russe. Puis chef d'état-major de la garde. En 1870, a été tué à Reichshoffen, à la tête de sa division.

Ni la nourriture ni les soins les plus élémentaires de propreté n'étaient l'objet de la sollicitude des têtes de colonne.

Cependant, une chose certaine et consacrée par l'expérience, c'est qu'en paix comme en guerre, le premier devoir du chef supérieur est d'être un guide sûr, d'être l'âme du corps dont il a la direction et la responsabilité ; les résultats dépendront toujours de la valeur et des aptitudes de celui qui commande.

A l'inspection de 1840, proposé pour lieutenant, je fus nommé le 2 janvier 1841 au 75° de ligne, en garnison à Besançon. Ce fut pour moi un véritable chagrin d'avoir à quitter un régiment où j'allais laisser de bons camarades, avec lesquels j'entretenais les relations les plus cordiales et où j'avais de très bons amis. Je fis force démarches pour trouver un permutant, étant très désireux de rester en Afrique, et surtout de ne pas abandonner le 26° de ligne, que j'avais pris en très grande affection et où je me trouvais entouré de l'estime de mes chefs.

Mon colonel, qui avait toujours été très bienveillant pour moi, m'appuyait de tout son pouvoir ; mais, n'ayant pu réussir, je dus m'embarquer pour aller rejoindre mon nouveau corps en France.

1841. — Au 75° de ligne. — A peine arrivé à Besançon, j'eus à entrer en rapports avec de nouveaux camarades et de nouveaux chefs. Le 75° de ligne, de nouvelle formation, était commandé par le colonel Allouveau de Montréal (mort général de division et sénateur de l'Empire), ancien chef de bataillon aux zéphyrs, de petite taille, d'une grande égalité de caractère, d'un esprit bien équilibré, rendant le service facile par sa bienveillance dans ses relations et par sa fermeté intelligente dans tous les détails de la vie de garnison, très digne par ses qualités militaires d'avoir été appelé à réunir en un faisceau compact des éléments organiques pris un peu partout, sans liens entre eux et inconnus les uns des autres.

Quant à mes autres chefs, j'ai été trop peu de temps sous leurs ordres ou en rapport avec eux pour avoir pu les apprécier; seulement, d'après les souvenirs qui m'en restent, ils étaient peu brillants, mais corrects envers leurs subordonnés; aucun d'entre eux n'a pu atteindre un grade un peu élevé de la hiérarchie. En somme, je me trouvais dans des conditions matérielles très satisfaisantes, mais la vie de garnison ne me convenait pas; ausi, peu de temps après mon arrivée au corps, je fis des démarches pour permuter avec un de mes camarades arrivé récemment au 26º. Malheureusement elles ne purent aboutir. Alors je me décidai, au moment de l'inspection générale, à faire une démarche officielle pour être envoyé dans un régiment d'Afrique, mais surtout aux zouaves, si cela était possible.

Peu de temps après mon arrivée à Besançon, mon bataillon fut envoyé à Montbéliard; là, j'ai passé des heures charmantes et pleines de distractions, au milieu d'une population des plus hospitalières et des plus sympathiques à l'armée. Malgré cela, aussitôt après l'inspection je demandai un congé de trois mois pour aller voir ma famille dans la Creuse. Peu de temps après, je reçus ma nomination de lieutenant au régiment de zouaves, dont on venait d'augmenter le nombre des unités organiques. De deux bataillons, comprenant douze compagnies, un décret de fin décembre 1841 portait à trois bataillons avec vingt-sept compagnies, dont huit par bataillon, et trois compagnies de dépôt.

Enchanté de cette bonne fortune, je m'empressai d'abréger mon congé et de retourner en Afrique.

CHAPITRE II

RÉORGANISATION DES ZOUAVES. — EXPÉDITIONS DU PRINTEMPS : CHERCHEL, MILIANAH, MÉDÉAH

1842. — En débarquant à Alger, j'eus à faire connaissance avec mes chefs et avec mes camarades. Tous, comme moi, étaient fiers d'appartenir désormais à un corps d'élite, si renommé par ses exploits militaires et par sa brillante conduite dans les dernières campagnes.

Quand les cadres et les hommes furent réunis, on s'occupa sans délai de la fusion et de l'organisation des divers éléments, anciens et nouveaux, du régiment. Dès les premiers jours du mois de mars 1842, le général de Bar présida au tiercement des officiers et à l'encadrement des sous-officiers et soldats.

Je fus placé à la 6ᵉ compagnie du 1ᵉʳ bataillon. Mon capitaine était malade et absent; il resta près de dix-huit mois sans paraître. Je n'eus de sous-lieutenant qu'à la fin de l'année. Je restai donc seul pour commander ma compagnie ; la charge était un peu lourde, mais, grâce à de bons sous-officiers et à de braves soldats, ma mission me fut rendue facile. La 5ᵉ compagnie, commandée par le lieutenant Bourbaki, formait division avec la mienne; là se sont resserrés les liens de notre sympathique amitié : la mort seule pourra les briser.

La fusion terminée et les trois bataillons formés, le général passa la revue d'honneur ; puis eut lieu le défilé, qui présenta le spectacle le plus imposant et resta gravé dans toutes les mémoires[1].

A peine rentrés dans nos cantonnements à la nuit tombante, nous devons prendre les armes pour aller protéger le poste de la Maison-Carrée, menacée par des maraudeurs de la plaine ; il nous faut passer la nuit et une partie de la journée du lendemain dans les marais de la Mitidja et nous lancer à la poursuite infructueuse des Arabes, qui avaient disparu devant notre démonstration offensive.

Avant de commencer le récit de nos expéditions, voyons un peu où l'on en était à cette époque de la conquête de l'Algérie.

---

1. Dans ce nouveau corps se trouvaient réunis des officiers jeunes, pleins de vigueur et du désir de bien faire ; parmi ceux qui, plus tard, eurent l'occasion de se signaler, citons quelques noms : et d'abord, notre chef respecté de tous et ayant déjà une réputation bien établie, le colonel Cavaignac ; le lieutenant-colonel Despinois, qui promettait beaucoup et mourut peu de temps après, étant colonel ; le chef de bataillon de Saint-Arnaud, dont nous avons déjà parlé et dont nous aurons l'occasion de faire l'éloge dans plus d'une circonstance ; le commandant d'Auteman d'Ervillé, devenu général de division après s'être distingué en Afrique et en Crimée ; — les capitaines Corréard, Jeannin, de Lacroix, devenus généraux de division ; le capitaine de Saint-Pol, tué en Crimée, étant général de brigade ; de Malleville, tué à Solférino, général de brigade. Les lieutenants Jeanningros, général de division en retraite ; le brave et intrépide Bourbaki, connu de toute l'armée ; Blaise, tué à Paris, en 1870, devenu général de brigade ; Larrouy d'Orion, tué en Crimée, étant colonel ; Sébastiani, tué à l'Oued-Fodda, en 1842. — Du Bos, qui s'est illustré en Afrique, en Crimée, en Italie, mort de maladie en 1868, étant sur le point de passer général de division de Berthier, vaillant soldat blessé en Afrique, en Crimée et au Mexique, fut obligé de quitter le service en 1862, épuisé par les fatigues de la campagne, étant général de brigade.

Les sous-lieutenants Valentin, devenu général de brigade, puis préfet de police en 1870 ; Oudinot, fils du maréchal, mort étant colonel ; de Narbonne-Laro, mort colonel. Combien d'autres encore de nos camarades tués par le feu de l'ennemi, avant d'avoir pu arriver aux échelons supérieurs de la hiérarchie! Nous en parlerons plus loin.

Situation de l'Algérie en 1842. — A la suite du passage des Portes de fer, en 1839, sous le duc d'Orléans, Abd-el-Kader avait audacieusement levé l'étendard de la révolte, ayant pour points d'appui la nationalité arabe et la foi religieuse. Pendant les années 1840 et 1841, avaient eu lieu nos premières luttes contre l'émir; nous avions dû livrer d'assez nombreux combats et nous emparer de la plupart des villes de l'intérieur. Privé de centre de défense et de ravitaillement pour ses réguliers, Abd-el-Kader s'était réfugié dans le Sud-Oranais, sur la frontière du Maroc; de là il envoyait ses émissaires dans les tribus pour y prêcher la guerre sainte contre l'infidèle, et les tenir toujours en haleine en leur annonçant sa prochaine arrivée au milieu d'eux. Aussi cette retraite de notre ennemi était loin d'avoir fait disparaître toutes les difficultés.

Nous avions bien pu disperser les réguliers en armes, battre les rassemblements hostiles, nous montrer dans le pays et le parcourir avec nos grosses colonnes : le plus difficile était d'obtenir la soumission des tribus, de nous faire des alliés par l'apaisement du fanatisme religieux. La tâche n'était pas facile, car partout nous trouvions les Arabes hostiles à notre autorité; ne pouvant tenir contre nos soldats et nos canons, ils les laissaient passer, puis attaquaient, harcelaient nos arrière-gardes, bloquaient toutes nos villes du Tell, empêchaient les garnisons de sortir des lignes de défense pour se donner de l'air ou pour se ravitailler. Sur le littoral, du reste, comme à l'intérieur, il fallait être toujours sur ses gardes, toujours en route pour porter des vivres aux troupes, pour protéger nos alliés et nos compatriotes contre ces hardis cavaliers sans cesse en éveil et qui, comme des vautours, se jetaient sur les chrétiens pour les exterminer et les piller. Par le fait, nous possédions à peine le terrain occupé par nos soldats.

Devant une hostilité aussi persistante, aussi contraire aux

intérêts généraux du pays et à notre sécurité, le général Bugeaud[1], avec sa haute expérience des choses de la guerre et du cœur humain, pensa, avec juste raison, que, pour la pacification matérielle et l'apaisement dans les esprits, il fallait rompre avec les habitudes des grosses colonnes, composées de jeunes soldats à peine arrivés de France, marchant péniblement dans les plaines, traînant à leur suite un nombreux convoi, ce qui les empêchait de poursuivre l'ennemi dans les gorges, dans les montagnes, et ne cessant d'encombrer les ambulances et les hôpitaux.

Dès sa prise de commandment, il organisa dans les trois provinces des colonnes très légères avec peu de bagages, peu ou pas d'artillerie, sauf parfois des pièces de montagne portées par des mulets Il s'était bien rendu compte qu'ayant peu de résistance sérieuse à craindre, pas de batailles à livrer, les colonnes ainsi constituées pourraient se porter rapidement sur tous les points du territoire, dans les vallées, dans les ravins, dans les montagnes les plus escarpées, et que, par ces sages dispositions, il se donnait un moyen sûr de frapper ces tribus récalcitrantes, de les empêcher de s'entendre, et enfin de les atteindre dans leurs biens, dans leurs troupeaux et dans leurs personnes ; par suite, de les forcer à faire leur soumission.

Seulement, pour l'application complète de ce programme et pour se donner toute chance de réussite, il était indispensable d'avoir sous la main des soldats bien dressés, bien acclimatés, toujours prêts à se porter rapidement sur tous les points où pourraient se produire un désordre ou une insurrection. C'est pour parer à ces éventualités que le gouverneur fit augmenter dans une large mesure les unités tactiques du régiment de zouaves, dont il avait été à même

---

[1]. Le général Bugeaud, nommé gouverneur de l'Algérie le 29 décembre 1840, en remplacement du maréchal Vallée.

d'apprécier la bravoure, l'entrain et la ténacité dans les marches, les intempéries et les combats.

Très peu de jours après leur formation, les trois bataillons de zouaves sont dispersés dans les trois provinces; le 2ᵉ est envoyé à Tlemcen, le 3ᵉ à Ghelma; le 1ᵉʳ seul reste à Alger avec le colonel et le lieutenant-colonel. Dans ce qui va suivre, il sera question seulement du 1ᵉʳ bataillon, dont ma compagnie faisait partie.

Nous quittons Alger le 24 mars; le 25, bivouac à deux kilomètres de Blidah; de suite on s'occupe des préparatifs d'organisation d'une colonne légère pour aller combattre les tribus de la Mitidja et des environs de Cherchel, qui ne cessaient de faire des incursions sur nos fermes, de tuer nos colons et de piller nos quelques alliés indigènes dévoués à notre cause.

Avant de nous mettre en route, les officiers doivent se procurer eux-mêmes les moyens de transport pour leurs bagages et pour leurs vivres : un seul animal est autorisé pour deux compagnies; mais comme, dans notre demi-bataillon de gauche, il y a seulement cinq officiers présents, un animal est jugé suffisant; et alors Bourbaki et moi avons à faire les frais, les bourses des autres étant un peu vides, d'un superbe âne espagnol, presque de la taille d'un fort mulet. Pendant plus d'un an il fut notre unique ressource pour porter notre très minime matériel et nos provisions de bouche[1]. Chaque officier avait une petite musette en cuir ou en toile pour ses effets de rechange, plus une couverture; quant aux vivres, ils se composaient, pour les officiers, d'un peu de café, de quelques livres de pain, d'un peu de jambon et

---

1. Notre âne espagnol, surnommé Don Carlos, je ne sais pas trop pourquoi, a fait pendant bien des mois le désespoir de nos chefs et de nos camarades, en interrompant sans cesse leur sommeil, presque toutes les nuits, par ses cris étourdissants. Quoi qu'il en soit, il nous a rendu bien des services, car il était très vigoureux et portait allègrement de lourdes charges.

de fromage de Hollande, puis d'un petit tonneau d'eau-de-vie et enfin de cinq litres de vin dans nos bidons, lesquels furent absorbés dès le premier jour.

Le reste de la campagne, comme j'avais les liqueurs alcooliques en horreur, mon unique boisson, pendant mes premières années en Afrique, fut de l'eau plus ou moins pure, ce dont mes camarades ont toujours été enchantés, cela leur permettant d'augmenter un peu leur ration journalière. Je dois ajouter que je ne me suis jamais mal trouvé de ce régime.

Au bivouac, n'ayant pas de tentes (elles furent adoptées beaucoup plus tard) pour nous abriter contre la pluie et contre le froid, Bourbaki et moi cûmes l'idée de suspendre une de nos couvertures sur des piquets en bois, et au-dessous d'étendre l'autre sur de la paille ou sur des feuillages, quand il s'en trouvait à notre portée ; nous avions là un lit tout fait, avec un caban pour nous couvrir. Voici brièvement quelle était l'organisation intérieure et le genre de vie tout à fait primitif auxquels furent soumis tous les officiers de cette époque.

Quant à nos soldats, eux aussi étaient sans tentes; mais nos zouaves, ingénieux et *débrouillards*, après avoir eu à supporter les intempéries, avoir couché dans la boue ou sur des terres détrempées, sans rien pour les garantir dans les moments de repos, imaginèrent de se servir de leurs turbans verts et de les utiliser comme les officiers le faisaient de leurs couvertures ; ils s'en trouvèrent très bien, et cela leur épargna pas mal de journées d'hôpital. Tels furent les débuts et les préliminaires des tentes-abris, pratiquées chez les anciens, mais négligées dans les temps modernes ; elles ont rendu bien des services pendant nos nombreuses campagnes en Afrique et sur les autres continents.

En ce qui concerne les vivres, nos hommes en portaient généralement pour huit jours dans le sac, savoir : un ou deux jours de pain, cinq ou six jours de biscuit; le reste comprenait les provisions réglementaires, riz, sel, sucre et café. En outre, dans chaque compagnie on donna un âne pour porter de petites meules en pierre destinées à moudre le blé que l'on pouvait trouver dans les silos. Avec cette farine toute primitive on préparait, suivant les lieux et les circonstances, un pain noir et compact, ou bien des galettes plus ou moins digestives, mais qui, en somme, permettaient un grand allégement dans les *impedimenta*.

Marche sur Cherchel, sous le général Changarnier. — Les préparatifs achevés, la colonne étant bien constituée avec tous ses éléments accessoires et bien encadrée, on part le 1er avril, sous la haute direction du général Changarnier; pendant tout un mois, il nous fallut opérer contre les tribus établies entre Blidah et Cherchel, sans un jour de repos, marchant du matin au soir, tantôt pour attaquer, tantôt pour nous défendre, sans cesse des coups de fusil, surtout à l'arrière-garde ou sur les flancs; ajoutez à cela que pendant plusieurs jours nous fûmes trempés jusqu'aux os par des pluies torrentielles, ayant à nous traîner péniblement dans des marais, dans des terres détrempées, dans des ravins broussailleux ou sur des pentes abruptes et glissantes. Enfin, après bien des marches pénibles et des luttes journalières, nous parvenons à débloquer et à ravitailler la garnison de Cherchel[1].

Dès le lendemain, on marche vers le sud pour attaquer les Beni-Menasseur, ces fanatiques partisans d'Abd-el-Kader. Dans leurs montagnes très accidentées nous avons d'assez rudes combats à livrer, à incendier les villages, à vider les silos; à un certain moment, ma compagnie, étant d'extrême arrière-garde dans un pays difficile, ravineux et

---

1. Cherchel est l'ancien *Julia Cæsarea* des Romains; fut la capitale de *Juba le Jeune*. L'on y trouve de nombreuses ruines et les restes d'un quai et d'un port qui a dû avoir une certaine importance.

boisé, est entourée par les Kabyles, qui font pleuvoir sur nous une grêle de balles; à plusieurs reprises il nous faut les charger, après avoir défendu les positions confiées à notre garde; mais enfin, grâce au sang-froid de nos zouaves, à leur vigueur, à leur ténacité dans la défense, nous les repoussons et les poursuivons la baïonnette dans les reins, leur faisant éprouver des pertes sérieuses en tués et blessés. Ma compagnie en eut seulement une dizaine. Comme chaque jour nos ennemis faisaient de nouvelles pertes, et surtout étaient atteints dans leurs intérêts matériels, plusieurs fractions, les plus voisines de la ville, viennent faire leur soumission.

Ces premiers résultats obtenus, on s'empresse d'envahir les montagnes des Chenouan, à l'est de Cherchel. Après avoir parcouru une partie du pays, obtenu quelques soumissions, on va établir le bivouac au Tombeau de la Chrétienne[1]. Là, les dispositions sont prises pour cerner les tribus turbulentes des Hadjoutes, maîtres de la partie occidentale de la Mitidja et du sahel de Coléah. Le général Changarnier déploie sur une longue ligne de trois à quatre lieues six bataillons en tirailleurs avec réserves, la gauche à la mer, la droite au lac Alloula; chaque bataillon a pour point de direction et de concentration la ville de Coléah, située en ligne droite à sept ou huit lieues du bivouac.

Dans cette marche hardie, bien combinée et bien coordonnée, il y eut pas mal de luttes partielles à soutenir; mais, déconcertés par cette poursuite acharnée et ne pouvant trouver de refuge nulle part, les Arabes furent bientôt terrifiés de la vigueur de nos attaques, et se dispersèrent tout affolés; beaucoup périrent percés par les baïonnettes ou frappés par les balles. Des troupeaux assez considérables de bœufs et de moutons furent saisis, mais la plupart

1. Monument antique. C'est une immense pyramide de pierre qui fut, croit-on, le mausolée des anciens rois de Mauritanie.

ne purent être ramenés à notre bivouac, à cause de la fatigue de nos hommes et de la distance à parcourir. Cette course au clocher fut des plus glorieuses et des plus fatigantes pour les troupes; certains bataillons eurent à faire jusqu'à douze et quinze lieues; je n'arrivai à Coléah qu'après minuit, d'autres à six heures du matin seulement, ayant eu à traverser des marais malsains, des broussailles dont on avait grand'peine à sortir, d'autres à contourner le lac Alloula ou à franchir des forêts inextricables.

Malgré cela[1], dès le lendemain matin, à huit heures, on mettait sac au dos pour rentrer au camp sous Blidah, ayant à faire faire une étape de sept lieues à des soldats fatigués, mais pleins de moral et d'entrain. Nous eûmes très peu de malades et presque pas de traînards; deux hommes manquèrent à l'appel, soit qu'ils se soient noyés dans le Mazafron, soit qu'ils aient été tués par les Arabes.

Ravitaillement de Milianah (mai 1842). — Après quelques jours de repos, et ayant de nouveau pris huit jours de vivres dans le sac, nous partons, le 27 avril, sous les ordres du général Changarnier, pour aller opérer contre les tribus des environs de Milianah[2] et conduire un convoi de vivres pour la garnison.

Pendant notre marche, nous eûmes à lutter contre les Bou-Hallouan et les Soumatas; notre chef n'hésita pas à faire sur les récalcitrants des charges incessantes de jour et de nuit, des razzias assez importantes en bestiaux, grains et prisonniers.

1. Avant notre conquête, Coléah était une sorte de la Mecque; on l'appelait la ville sainte; beaucoup d'Arabes y venaient en pèlerinage, n'étant pas assez riches ou assez forts pour faire le voyage de la Mecque, visiter la Kaaba du prophète. A Coléah est le tombeau des Embarck, illustre famille dont le dernier chef, lieutenant dévoué d'Abd-el-Kader, nous a fait une guerre acharnée.
2. C'est la Malliana des Romains; la ville est située au pied des pentes sud du Zakar, sur un plateau riche en végétation et en chutes d'une eau limpide et fertilisante.

Après avoir franchi le Gontas et établi le bivouac au marabout de Sidi-Abd-el-Kader, sur l'Oued Boutan, on fait monter le convoi de vivres, et de suite après nous entrons dans les montagnes très accidentées des Righas; là encore, on a des luttes assez vives; mais le succès couronne nos efforts et nos fatigues; on enlève des bœufs, des mulets, des chevaux. Cela fait réfléchir les Kabyles et les engage à nous envoyer des chefs pour se soumettre à notre autorité.

A notre retour, nous parcourons de nouveau la partie de la Mitidja où nous avions opéré le mois précédent, on coupe les blés et les orges des tribus non encore soumises. Nous sommes de retour à Blidah le 7 mai.

Ravitaillement de Médéah. — Le 9 mai, la même colonne part pour aller ravitailler et débloquer Médéah; elle franchit le col de Mouzaïa[1] sans éprouver de résistance sérieuse; le 16, elle rentre à son point de départ, laissant les tribus épouvantées de nos marches hardies dans les contrées les plus tourmentées, où nous pénétrons quand même, faisant subir aux récalcitrants de nouveaux échecs et souvent de terribles désastres, par la destruction des gourbis, la coupe des arbres, l'enlèvement des bestiaux et des grains.

Le 17, le général Changarnier part à minuit, avec une colonne très légère de deux bataillons, pour envahir les montagnes à pic qui dominent Blidah, et d'où les Beni-Salah descendent journellement pour venir piller nos alliés, et même tirailler sur notre camp. Cette opération fut des plus dures; car, une fois entrés dans les ravins, il nous fallut mettre les chevaux et les mulets de côté, puis nous hisser sur les pentes avec les mains et avec les pieds; le général et les officiers de tous grades doivent, comme les simples soldats, escalader les rochers, suivre des sentiers de chèvres en se

---

1. Le col de Mouzaïa est devenu célèbre par les brillants combats que notre armée dut livrer pour s'en emparer, afin de pouvoir aller occuper Médéah, ancienne capitale de Tittery.

servant de bâtons pour faciliter leur ascension et pouvoir suivre leurs subordonnés; ces derniers, toujours infatigables, marchent avec un superbe entrain et n'hésitent pas à pourchasser les Kabyles, qui, comme de véritables singes, sont perchés sur des escarpements de rochers ou derrière des troncs d'arbres, près de précipices d'où ils dirigent impunément une vive fusillade sur leurs assaillants; néanmoins un certain nombre est atteint et précipité dans les profondeurs du ravin; de notre côté, nous avons quelques tués et pas mal de blessés. Il nous est impossible de ramener dans la plaine les chèvres et les moutons saisis dans les villages, car c'est à grand'peine que nos hommes peuvent se laisser glisser sur ces pentes, où ils déchirent leurs vêtements et leur corps.

Cette sortie n'a pas été un grand succès matériel pour nous; elle a eu du moins pour conséquence de jeter l'épouvante chez ces montagnards, qui ont compris que nous étions bien décidés à réprimer leurs insultes et leurs brigandages; aussi, peu de temps après, les tribus les plus voisines vinrent faire leur soumission.

Campagne dans les montagnes du Chelif (général Bugeaud). — A la suite de ces incessantes et rapides excursions, avec des colonnes très légères et des soldats bien acclimatés, contre les tribus de la Mitidja et des environs de nos postes militaires des trois provinces, on avait obtenu une certaine détente dans le fanatisme militant de plusieurs fractions importantes.

Nos établissements étaient moins étroitement bloqués et moins inquiétés; néanmoins beaucoup de tribus kabyles, non directement atteintes, étaient en état permanent d'hostilité, et cela par le fait de l'influence qu'exerçaient sur elles le prestige et les émissaires d'Abd-el-Kader.

Celles de la plaine, au contraire, fatiguées d'une lutte où elles n'avaient rien à gagner et tout à perdre, auraient bien voulu venir se soumettre, mais elles étaient constamment excitées et menacées par les montagnards du Chelif et de l'Ouen-Seris. Aussi, pour continuer son œuvre de répression, puis d'apaisement et de soumission, le général Bugeaud, après avoir fait opérer ses différentes colonnes dans le rayon de nos centres occupés, après avoir limité les marches offensives à exécuter par chacune d'elles, résolut d'étendre le cercle de ses opérations afin de pouvoir cerner et frapper les tribus les plus éloignées, celles surtout qui se signalaient par leur hardiesse à piller et à rançonner nos alliés, à terroriser les tribus ruinées par la guerre et signalées pour leur tiédeur ou pour leur tendance à se rallier à notre cause.

Pour atteindre ce but bien défini, le gouverneur résolut de faire un assez grand déploiement de forces actives, et surtout de les combiner de manière à envelopper les récalcitrants dans un vaste réseau où l'on pourrait sûrement les atteindre. Les troupes disponibles des provinces d'Alger et d'Oran furent organisées et durent aller se réunir au centre de la vallée du Chelif, afin de pouvoir, de ce point de concentration, diriger dans des directions différentes de petites colonnes bien encadrées et vigoureusement conduites, faire attaquer et atteindre les tribus hostiles qui, dispersées et restées dans leurs circonscriptions respectives par la crainte de dangers personnels, sont sans cohésion, sans liens entre elles, et par suite hors d'état de faire une résistance un peu sérieuse, ne pouvant se soutenir les unes les autres.

La colonne d'Alger comprend six bataillons d'infanterie, une batterie d'artillerie de montagne, cinq escadrons de cavalerie, une centaine de cavaliers arabes, plus tous les accessoires administratifs, mais en petite quantité; comme toujours, nos soldats ont sept jours de vivres dans le sac. C'était donc une colonne très légère et nullement gênée par les *impedimenta*.

Notre colonne, commandée par le général Changarnier,

part de Blidah le 22 mai; le 25, elle bivouaque à Aïn-Sultan, près Milianah; dès le 27, une première rencontre a eu lieu, dans la vallée du Chelif, avec un fort contingent de cavaliers arabes; mais ils sont vivement repoussés et poursuivis par nos chasseurs et par les goums.

Le 28, nous traversons le Chelif au pont d'El-Kantara; le 29, bivouac sur l'Oued-Rouina. A peine étions-nous installés que les Brazzes viennent attaquer nos fourrageurs; nous avons une dizaine d'hommes tués ou blessés.

Le 29 mai, le général Bugeaud vient nous rejoindre avec la colonne d'Oran, forte de huit bataillons et de mille à douze cents cavaliers arabes très dévoués à notre cause.

La concentration opérée, le gouverneur envoie des reconnaissances sur les hauteurs et dans les gorges voisines; puis il fait partir plusieurs petites colonnes très légères pour opérer dans des directions différentes. La nôtre, formée avec les zouaves et les zéphyrs, est sous les ordres du général Changarnier : elle a pour mission d'envahir le territoire des Brazzes, nos implacables ennemis.

Colonne chez les Brazzes (général Changarnier). — A peine commençons-nous à aborder les sentiers sinueux et difficiles de la montagne, que nous trouvons sur notre route les cadavres de plusieurs de nos soldats tués l'avant-veille; les têtes et les membres sont coupés et dispersés à droite et à gauche du chemin. Un pareil spectacle exaspère les zouaves de l'avant-garde; aussi, dès qu'ils le peuvent, ils se jettent sur les Arabes comme des forcenés, ils tuent femmes, enfants, à coups de baïonnette; je fais tous mes efforts pour arrêter ces massacres barbares, j'y parviens en partie; on brûle les villages, on coupe les arbres fruitiers, mais on ne peut atteindre les troupeaux. Les Kabyles ont eu le temps de les faire filer.

Les montagnes où nous avons à opérer sont des plus accidentées; il n'y a nulle route, mais seulement des sentiers de chèvres qui passent à travers des ravins et des escarpements où l'on a peine à se reconnaître et à avancer. Enfin, après avoir tiraillé pendant plusieurs heures et avoir fait le plus de mal possible, on se décide à rentrer au camp. Ma compagnie, d'extrême arrière-garde, a à lutter contre les Kabyles, exaspérés de notre présence au milieu de leurs villages incendiés ; nous voyant battre en retraite, ils prennent une vigoureuse offensive, et, pour s'exciter les uns les autres, ils portent au bout de leurs piques les têtes de plusieurs de nos soldats, saisis isolément quand ils cherchaient à piller les gourbis. Néanmoins notre marche rétrograde se fait en bon ordre et avec calme ; les compagnies d'arrière-garde sont protégées par des échelons placés de distance en distance, sur des positions de flanc judicieusement choisies par nos chefs. Je fus blessé au côté gauche, ainsi que mon ami le lieutenant Sébastiani. Dans ma compagnie j'eus deux tués et douze blessés. A six heures du soir, nous rentrons au camp, très fatigués, très affamés, mais contents de notre sortie et de la conduite pleine d'entrain de nos hommes.

Dès le lendemain, 2 juin, de notre excursion chez les Brazzes, le général Bugeaud, avec la colonne d'Oran, remonte le Chelif par la rive gauche ; il se met en rapport avec les tribus de la vallée, et, par sa politique énergique et conciliante, obtient de la plupart qu'elles viennent demander à se soumettre, toutes ayant été fortement ébranlées et influencées par la présence de nombreux goums qui marchent avec nous et combattent sous notre drapeau.

Expédition chez les Beni-Menasseur (général Changarnier). — Notre colonne, sous les ordres du général Changarnier, a pour mission d'aller attaquer les montagnards établis dans le massif entre Milianah et Cherchel. Le 3 juin, nous pénétrons dans le pays des Beni-Frrat, et pour avoir plus de chance d'atteindre et de déconcerter des populations indépendantes et perchées dans des lieux peu accessibles, on divise les troupes en trois colonnes de deux bataillons chacune : celle de droite (zouaves et 26°) sous le colonel Cavaignac, celle de gauche sous le colonel Lebreton, du 48°; enfin celle du centre, comme réserve, est chargée d'accompagner et de protéger le convoi. Dans cette marche hardie, au milieu de difficultés de terrain et de sentiers impraticables, il y eut peu de coups de feu; les Arabes terrifiés ne songent qu'à se soustraire à nos coups, et surtout à éviter la razzia de leurs biens. On fait cependant quatre à cinq cents prisonniers; quant aux pertes matérielles, les plus maltraités furent les Juifs, les Juives et les Maures; les uns et les autres avaient été expulsés de Milianah par les Arabes l'année précédente, à l'époque où nous prîmes possession de la ville; et depuis ils erraient dans les montagnes, sans feu ni lieu, transportant comme ils pouvaient les richesses qu'ils avaient pu conserver. Aussi, quand nos soldats se trouvèrent en contact avec eux, soit dans les ravins, soit sur les pics, ils se mirent à dévaliser tous ces malheureux, incapables d'opposer la moindre résistance; ils enlevèrent les bijoux, les bracelets, les tissus de soie et d'or, des vêtements, des coffres pleins de métaux, enfin des mulets chargés de tapis. Il faut bien le dire, ces faits se produisirent par une sorte d'entraînement, par l'instinct inné de la convoitise, et aussi par fantaisie d'enfants inconscients. Une bonne partie de ces objets furent rendus à leurs propriétaires; malheureusement pas mal furent dérobés ou détériorés; mais, spectacle attristant! quelques rares officiers se montrèrent au moins aussi rapaces que leurs hommes. Quand de pareils faits se produisent, l'autorité militaire devrait être implacable, punir très sévèrement les pillards, surtout s'ils sont officiers, puis se conformer aux prescriptions réglementaires pour la répartition des prises faites sur l'ennemi.

Le jour suivant, nous pénétrons chez les Beni-Menasseur. Il nous faut traverser une série de ravins remplis de broussailles inextricables, gravir des pentes presque perpendiculaires, où l'on doit se cramponner aux branches, aux rochers, et se pousser les uns les autres. Enfin nous arrivons au col de Melha, d'où nous découvrons la mer, Cherchel et ses blockhaus.

Le 4 juin, nous descendons sur le versant nord. A peine en marche, nous rencontrons ces hardis montagnards, qui nous font une très vigoureuse résistance pour nous empêcher de pénétrer sur leur territoire. Pendant cette lutte de plusieurs heures, le capitaine Corréard, de la 2e compagnie, se distingue d'une manière toute particulière par son calme, par son entrain et surtout par les mesures intelligentes qu'il sait prendre, et par les attaques vigoureuses à la baïonnette qu'il sut diriger à propos. Nous eûmes une quinzaine d'hommes atteints par les balles de nos adversaires. L'on brûle trois villages et l'on tue pas mal de Kabyles des plus audacieux.

Le 5 juin, nouvelles attaques ; nos ennemis sont encore plus acharnés que la veille : pendant plus de deux heures, il y eut, de part et d'autre, un feu continu ; nous dûmes même mettre deux pièces en batterie pour les repousser et les forcer à se retirer.

Pendant que nous luttions sur les pentes montagneuses voisines de Cherchel, avait lieu une affaire des plus sérieuses à quelques lieues de nous, sur le versant nord du Zakkar, non loin de Milianah ; le 7e bataillon de chasseurs à pied, sous les ordres du commandant Bisson, était sorti de Milianah pour appuyer notre mouvement ; mais, mal éclairé et mal engagé, ce bataillon éprouva un véritable désastre, une déroute complète : il rentra dans sa garnison avec des unités complètement désorganisées et affolées, ayant eu quatre officiers tués et restés entre les mains des Arabes ; quatre autres furent blessés, et enfin plus de cent vingt hommes furent tués ou blessés.

Cette défaite partielle se répand vite dans toute la montagne, elle exalte outre mesure le fanatisme des tribus ;

toutes courent aux armes pour nous exterminer; aussi, à peine en marche le lendemain, nous sommes attaqués avec un nouvel acharnement; mais nous sommes sur nos gardes, nos chefs ont su prendre d'excellentes dispositions, disposer les troupes par échelons se protégeant les uns les autres; c'est avec vigueur que chacune des attaques est repoussée. Toute la journée la lutte a continué, et nous arrivons au bivouac ayant eu seulement deux tués et cinq blessés; les Arabes ont laissé plus de trente des leurs sur le terrain.

Le 7 juin, nous descendons dans la Mitidja; là, on poursuit les Hadjoutes. Après une marche forcée pendant la nuit, on saisit leurs troupeaux, on fait une cinquantaine de prisonniers. On se préparait à faire éprouver les mêmes désastres aux autres tribus, quand nous voyons arriver à notre camp, pour faire leur soumission, les Mouzaïa, les Soumatas et les Hadjoutes. Les chefs sont investis, après avoir protesté de leur fidélité et de leur dévouement à notre cause.

Enfin, le 10 juin, nous allons établir le bivouac à deux kilomètres de Blidah. Pendant notre très court séjour près de la ville, à la suite de toutes nos courses, de nos fatigues et aussi de privations de toute nature, les officiers du bataillon crurent devoir se donner un peu de jouissance et de distraction. Le soir de notre arrivée, nous allons donc en ville pour y dîner, puis pour aller au café; les uns et les autres avons le tort d'oublier que nous avons des soldats, et par conséquent un service obligatoire à faire; un seul des officiers de semaine se présenta pour l'appel du soir. Devant un pareil manquement aux prescriptions réglementaires, le colonel Cavaignac crut devoir sévir, et il eut raison : il nous infligea à tous quatre jours d'arrêts; ce fut pour chacun une leçon bien méritée et dont tous tinrent grand compte dans l'avenir. En ce qui me concerne, ce fut la deuxième et dernière fois que j'ai eu à subir une punition militaire pendant le cours de ma longue carrière.

CHAPITRE III

CAMPAGNE D'ÉTÉ SUR LES HAUTS PLATEAUX. — EXPÉDITION DANS L'OUEN-SERIS. — COMBAT DE L'OUED-FODDAH.

Le général Changarnier, commandant les colonnes (juin-juillet). — A la suite des rudes châtiments infligés aux tribus voisines de nos centres, la Mitidja commençait à respirer; plusieurs des plus récalcitrantes, qui, jusque-là, ne cessaient de nous harceler, d'enlever nos convois, d'assassiner nos compatriotes, venaient de faire leur soumission, par la crainte de voir de nouveau leurs maisons et leurs gourbis incendiés, leurs troupeaux enlevés, leurs familles dispersées ou prisonnières. Tous les jours, on voyait les Hadjoutes de la plaine, les Beni-Salah, qui du haut de leurs montagnes dominent Blidah et surveillent tous nos mouvements, venir sur nos marchés et s'y rencontrer avec les Mouzaïa et les Soumatas pour y vendre leurs produits et y acheter les nôtres.

Certes, un pareil résultat était très satisfaisant, mais ce n'était encore qu'un début : notre autorité s'étendait sur une surface beaucoup trop restreinte; pour affermir et étendre notre conquête partielle, obtenue après tant d'efforts, de fatigues et au prix du sang de nos soldats, il devenait nécessaire de continuer l'œuvre commencée, et à ce premier élan imprimer une nouvelle énergie ; il fallait donc lancer nos colonnes chez les nombreuses tribus du Tell, et ensuite chez celles des hauts plateaux, où nous n'avions jamais paru en armes. Plusieurs d'entre elles, quoique sous l'influence du fanatisme religieux et de leur attachement à la personne respectée d'Abd-el-Kader, dont elles ne pouvaient plus espérer un appui efficace, étaient à peu près disposées à se rallier à notre gouvernement; mais pour les engager à demander l'aman, il fallait leur montrer notre force, frapper leur imagination et leur moral par la crainte que le premier feu allumé à leur moisson ou à leurs gourbis ne se répandit comme une étincelle électrique et ne produisît leur ruine complète.

Soumission de Bou-Alem. — Pour la continuation de la campagne, de nouvelles colonnes légères sont organisées dans les trois provinces. Le général Changarnier a pour mission de manœuvrer dans la vallée du Chelif, puis de s'engager dans les montagnes au sud de Milianah et de pousser sur les hauts plateaux du Tell. Il part de Blidah avec la colonne le 15 juin ; quelques jours après, nous arrivons dans la vallée de l'Oued-Djer, où Bou-Alem-ben-Cherifa vient de faire sa soumission : c'est le chef de la puissante tribu des Djendels, qui occupe le pays accidenté et fertile entre Médéah et Milianah.

Cet ancien serviteur d'Abd-el-Kader nous promet son concours le plus loyal pour nous aider à soumettre et à maintenir dans le devoir les populations voisines de son aghalik. J'ai beaucoup connu ce chef; plus tard j'ai eu les relations les plus cordiales avec lui; en toutes circonstances il nous a été fidèle, il n'a jamais cessé de nous rendre les plus signalés services, même dans les périodes les plus critiques pour la France. J'aurai plusieurs fois l'occasion de parler de son dévouement à notre cause, et de sa généreuse hospitalité envers nos compatriotes de passage sur les terres de son commandement. Au physique, c'était un homme fortement charpenté, figure très brune et très énergique, de taille plus que moyenne, d'une physionomie un peu dure, mais sympathique. (Est mort en octobre 1885, étant, je crois, grand officier de la Légion d'honneur.)

En quittant l'Oued-Djer pour franchir les pentes dénudées du Gontas, nous sommes accablés par une chaleur caniculaire; plusieurs de nos hommes tombent d'épuisement et d'insolation, mais la grande majorité reste solide; elle supporte sans se plaindre, et même avec un certain élan, cette température énervante qui n'arrête en rien notre marche. C'est qu'à cette époque nous avions de véritables soldats, bien préparés, bien entraînés : bien peu avaient moins de vingt-trois ans, la grande majorité avaient de vingt-quatre à trente-cinq ans.

Le 19 juin, nous appuyons légèrement au sud-est dans le but de recevoir la soumission de plusieurs chefs de la vallée du Chelif, nous passons près d'Aïn-Triet, où se trouvent les restes d'un *castellum* romain, puis on descend dans la vallée.

Le 20 juin, nous passons près des ruines d'Amora, ancienne cité romaine dont l'enceinte a près de deux mille quatre cents mètres de développement; — bivouac à Tadjend, ancien fort romain. — Le lendemain, nous avons de nouveau un sirocco épouvantable; c'est avec beaucoup de peine que nous arrivons sur l'Oued-Boutan, au pied du plateau où se trouve Milianah.

Marche au sud de Milianah, sur les hauts plateaux. — Le 22, on organise une colonne très légère pour aller opérer dans les montagnes de la rive gauche et sur les plateaux du sud; elle est composée de trois bataillons d'infanterie (zouaves, 58e et 24e de ligne), trois escadrons de chasseurs d'Afrique, un goum assez important d'Arabes, commandé par Bou-Alem, le chef des Djendeh, et son frère

Bagdadi. Le 23, nous marchons directement au sud; après avoir traversé le Chelif, on va bivouaquer à l'entrée de la gorge de l'Oued-Derdeur.

A peine installés, nous voyons arriver à notre camp les chefs des Blars, des Matmatas, des Beni-Fathem, des Haraouat. Tous, par la crainte de voir leurs moissons incendiées, leurs troupeaux poursuivis et enlevés, se montrent très empressés à faire leur soumission et à nous reconnaître comme leur souverain. C'était un heureux début, car jamais encore ces contrées de la rive gauche n'avaient été foulées par le pied d'un soldat français; pour la première fois nous allions pénétrer dans cette région, où notre implacable adversaire avait recruté ses plus vigoureux soldats.

Après avoir remonté l'Oued-Derdeur et traversé plusieurs chaînes de collines boisées, nous allons camper au col dit de Teniet-el-Had[1]; les environs en sont peu habités; il y a d'assez belles moissons, mais surtout une grande quantité d'artichauts sauvages, avec des pointes comme des aiguilles. Malgré cela, nous en faisons une belle récolte, et ce fut pour tous un véritable régal, ayant si peu occasion de manger des légumes.

Dès le lendemain, nous descendons par le revers sud du col, nous trouvons des terres bien cultivées et une population assez dense, qui ne manifeste aucune hostilité à notre égard. Nous traversons plusieurs affluents du Nohr-Ouassel (Chelif supérieur). Là encore toutes les tribus viennent successivement faire leur soumission, et cela grâce à l'intervention très active et très efficace de l'agha Bou-Alem, lequel ne cesse de se multiplier pour apaiser les haines de ses coreligionnaires et les rallier à notre cause.

1. A cette époque, il n'y avait aucune trace d'habitation; les tribus des environs et du sud se donnaient rendez-vous à cet endroit pour le marché du lundi. Ce col domine un assez vaste bassin, riche en terre végétale; au sud-ouest, il y a de magnifiques forêts de cèdres. Aujourd'hui il y a à Teniet-el-Had un poste militaire, et à côté une petite ville assez importante par son commerce et par l'exploitation de ses richesses forestières.

En nous avançant sur les hauts plateaux, nous rencontrons pas mal de ruines d'établissements romains ; ce devaient être les stations des postes avancés pour se préserver des attaques des Sahariens. Déjà on s'aperçoit de la très grande différence entre ces terres plates et dénudées et celles du Tell, si accidentées et si fertiles.

Le 28 juin, nous laissons les pics de l'Ouen-Seris à notre droite, et, dans les environs de notre bivouac, établi sur l'Oued-Abdie, on découvre des silos pleins de ferrailles et de vieux projectiles, ce qui indique bien qu'Abd-el-Kader avait dû passer par là pour se rendre d'une province dans une autre ; mais comme il avait perdu successivement tous ses postes militaires, ce devait être un de ses derniers dépôts, abandonnés dans sa retraite.

Les 29 et 30 juin, nous parcourons les immenses plaines des Ouled-Aiad. Ces tribus craignent pour leur moisson et leurs troupeaux. Aussi elles ne nous font aucune résistance et viennent se soumettre ; enfin, après des marches longues et fatigantes, nous allons bivouaquer à *Aïn-Tekria,* où se trouvent les ruines d'un important poste romain.

Razzia du 1er juillet à Aïn-Tsemsil. — Le 1er juillet, nous entrons dans le pays des Ouled-Maida. Là commencent à apparaître des terrains sablonneux, des cultures éparses et assez peu prospères, peu ou point d'arbres, mais seulement de loin en loin quelques broussailles, des mares desséchées pour la plupart, surtout en été, des sources à peu près sans eau.

Arrivés sur une légère éminence qui domine tout l'horizon, nous apercevons l'immense plaine du Titteri, qui s'étend à perte de vue vers les sables du désert ; devant ce spectacle grandiose, tous les cœurs sont émus ; le général fait saluer par une salve de coups de canon la prise de possession de contrées inconnues jusqu'à ce jour. Au bout de quelques instants, les yeux sont attirés par des nuages de poussière qui se prolongent indéfiniment dans le lointain. Sur les renseignements fournis par nos alliés envoyés en éclaireurs, nous apprenons que ce sont plusieurs tribus dévouées à Abd-el-Kader qui, sous la direction de Sidi-Embarck, notre mortel et infatigable ennemi, cherchent à se soustraire, elles, leurs biens et leurs troupeaux, à notre poursuite et à notre autorité. Sans la moindre hésitation, le général Changarnier lance les chasseurs et les goums sur ces masses, dont on ne connait ni le nombre ni la force. Après une course folle dans ce pays de sable, on finit par se rapprocher des défenseurs du convoi; la cavalerie charge hardiment les émigrants, qui se défendent en désespérés; mais, après bien des efforts, après une lutte acharnée et grâce au très énergique concours apporté par les zouaves, on parvient à disperser les combattants, à cerner une partie du convoi.

On ramène péniblement au camp le quart environ du troupeau et un cinquième de la population, soit deux mille cinq cents personnes, hommes, femmes, enfants; quarante-cinq mille moutons, dix-huit cents chameaux chargés, deux mille bœufs, ânes ou chevaux.

Les Arabes, terrifiés de cette catastrophe, ne songent pas à nous inquiéter dans notre marche rétrograde; ils sont trop heureux d'avoir pu faire filer la plus forte partie de leurs richesses, personnel et matériel.

Tel fut le résultat de cette brillante charge de cavalerie, soutenue par les jambes d'acier de nos zouaves. La colonne eut cinq tués et une vingtaine de blessés.

Le lendemain, les Ouled-Maida, qui faisaient partie de l'émigration, viennent se soumettre, suppliant qu'on voulût bien leur rendre ce qu'on leur a enlevé la veille. Le général s'y refuse, sachant combien le prestige de la force et la crainte du châtiment sont indispensables pour agir efficacement sur les Arabes et les empêcher de se mettre en insurrection; en revanche, il donne sept à huit cents chameaux

aux goums qui avaient combattu à nos côtés, et surtout aux Djendeh, dont le concours nous avait été très utile et nous avait déjà permis d'obtenir la soumission de plusieurs tribus récalcitrantes.

Cela fait, il s'agissait de conduire dans la Mitidja et de remettre entre les mains de l'administration militaire notre très nombreux troupeau; cette mission fut bien pénible et bien fatigante, en raison d'une chaleur caniculaire, d'un sirocco suffocant et enfin de la difficulté à faire marcher ensemble des bêtes d'espèces si différentes.

Dès le 3 juillet, nous nous mettons en route à travers des plaines complètement dénudées et à peu près sans eau potable. Nos zouaves sont disséminés en tirailleurs sur les flancs, en tête et en queue du convoi; ils sont, comme toujours, pleins d'entrain, de bonne volonté à supporter sans se plaindre les fatigues et les privations, mais peu expérimentés dans la conduite de ces nombreux moutons, qui, au lieu d'aller de l'avant, ne cessent de rouler sur eux-mêmes, de décrire des courbes circulaires, et cela malgré les cris, les coups de fusil et de sabre de nos troupiers, ne comprenant pas l'entêtement de ces animaux à vouloir toujours tourner sur place.

De guerre lasse, on se décide à faire appel au concours des Arabes, habitués à faire marcher, dans la plaine et dans les montagnes, des troupeaux sans cesse en mouvement, à la recherche de l'eau et de l'herbe. Grâce à cette efficace intervention, on parvient à faire avancer ces indociles quadrupèdes; seulement beaucoup d'entre eux, par suite de la fatigue, de la privation d'eau et de nourriture, succombèrent en route. Pour prévenir de plus grands malheurs et afin d'échapper le plus vite possible aux effets délétères de la chaleur et de la soif, on se décide à se diriger au nord-est, vers les montagnes de Tharza; c'est la route la plus courte, mais la plus accidentée. A peine y sommes-nous engagés que de nouvelles difficultés se produisent, sous des formes différentes, il est vrai. Nous avons de l'eau, moins de chaleur, mais nous trouvons un pays sans route; partout des sentiers étroits, difficiles et raides, où doivent s'engager notre colonne et notre interminable troupeau; c'est un allongement indéfini, des temps d'arrêt énervants; dans les descentes, les animaux se bousculent, tombent les uns sur les autres et entravent la marche. On a beau se mettre en mouvement à deux ou trois heures du matin, l'arrière-garde n'arrive parfois qu'à huit et neuf heures du soir. Enfin, un certain jour, en descendant vers la vallée du Chelif, ayant un ravin assez escarpé à traverser, les chameaux de tête tombent successivement les uns sur les autres; plus de cent viennent, affolés, s'entasser dans le ravin, entraînant avec eux un millier de moutons; c'est une véritable marmelade, une sorte de pont formé par l'amoncellement de tous ces cadavres.

Après plusieurs heures de travaux et d'efforts, on parvient à grand'peine à donner une autre direction à cette masse tourbillonnante, et par là à éviter de plus grandes pertes.

Quel spectacle émouvant nous eûmes dans cette circonstance, et combien il était triste d'entendre les cris plaintifs de ces pauvres bêtes, auxquelles on ne pouvait porter aucun secours, et qu'on ne pouvait soustraire à la mort par suffocation! Malgré cela, la gaieté gauloise trouve encore le moyen de se manifester, car beaucoup de nos hommes, une fois le danger passé, viennent se percher sur ce pont d'une nouvelle espèce, se mettent à couper les bosses des chameaux, les membres des moutons, et, le soir, se donnent le plaisir d'un repas de grands seigneurs, avec complément de rires, de plaisanteries plus ou moins grivoises, qui font oublier les dures épreuves des jours précédents.

Le 9 juillet, on arrive près de Milianah, où l'on envoie chercher des vivres. Enfin, on peut manger un peu de pain, avoir du vin, toutes choses dont on est privé depuis si longtemps. Quant aux tribus de la plaine, restées fidèles à notre cause, on leur distribue des moutons, des chameaux et des ânes.

Vers le 15 juillet, nous arrivons à Blidah, et l'on peut encore livrer à l'administration 21,000 moutons, 500 chameaux et 800 bœufs; les autres ont été ou mangés en route par les troupes ou donnés à nos alliés, ou sont morts par suite d'accidents, de longues journées de chaleur, de fatigues et de manque d'eau.

Plus tard, les officiers et les soldats touchèrent treize francs comme part de prise, le nombre des parts variant suivant le grade.

Entraînement des soldats. — Pendant cette pénible expédition, nos soldats se montrèrent admirables de résignation, de discipline et d'énergie; ils eurent à souffrir d'une température tropicale, de fatigues excessives, et surtout de manque d'une nourriture réconfortante.

La viande, il est vrai, ne leur a jamais manqué, et même ils en ont eu à volonté après notre fameuse razzia; mais le pain, le vin, l'eau-de-vie, le café, firent complètement défaut; à peine si on a pu leur donner du biscuit dans les premiers jours; il leur fallut donc se contenter de viande, de riz, et souvent d'une eau saumâtre.

Seulement, dans la deuxième période de notre course, tous les soirs des corvées allaient traire les vaches et les chèvres, puis on distribuait un lait aigre et échauffé dont se régalaient les hommes; mais chez beaucoup il en résulta des coliques et des dérangements d'estomac. Malgré cela, comme la plupart étaient dans la force de l'âge et bien entraînés, nos effectifs restèrent à peu près les mêmes; bien peu entrèrent à l'ambulance.

Mon capitaine, toujours malade, n'ayant pas encore paru, et mon sous-lieutenant ne m'ayant pas rejoint, j'ai eu, pendant toute la campagne, la responsabilité du commandement de la compagnie ; heureusement plusieurs de nos sous-officiers, rompus à tous les détails du métier et aux habitudes du bivouac, étaient pleins de zèle et de dévouement dans l'accomplissement de leurs devoirs ; ils contribuèrent largement à rendre ma tâche plus facile et à me permettre d'acquérir un peu d'expérience pratique[1].

Arrivés à Blidah, on nous fait entrer dans une caserne ; notre séjour y fut de courte durée ; à peine installés, il nous fallut faire journellement des exercices variés pour nous préparer à passer l'inspection générale.

Au commencement d'août, le général Fabvier, qui s'était illustré en Grèce (de 1823 à 1827), se fait présenter notre bataillon ; il paraît satisfait de la tenue de nos zouaves et de la manière dont se fait le service et s'exécutent les exercices.

A cette inspection, je fus proposé pour le grade de capitaine, quoique n'ayant pas encore deux ans de grade ; j'en fus très heureux et très fier ; mais, comme l'avancement avait lieu par régiment, et qu'aux zouaves presque tous les officiers étaient jeunes et bien portants, les vacances se produisaient, non par des retraites, mais bien par le fait du feu de l'ennemi ou par suite de promotions au grade supérieur. Aussi, pendant près de trois ans je dus attendre mon brevet.

Le 25 août, nous quittons notre caserne pour aller camper dans la gorge de la Chiffa, travailler à la nouvelle route qui doit aller de Blidah à Médéah.

Expédition dans l'Ouen-Seris. Combat de l'Oued-Foddah, sous le général Changarnier. — Le 6 septembre, nous recevons l'ordre de lever le camp pour nous rendre à Milia-

---

[1]. Parmi les sous-officiers dont j'ai eu à constater les excellentes qualités militaires, je dois signaler le sergent-major Dereusse, petit, mais vigoureux, intelligent et infatigable (a été tué étant lieutenant) ; — puis le sergent Delannoy, intrépide soldat, mais avec peu d'esprit de conduite ; enfin le sergent Fabrequette, bon sous-officier (s'est arrêté là).

nah, où doit s'organiser une colonne sous les ordres du général Changarnier.

Le 8 septembre, notre bataillon va bivouaquer à l'Oued-Boutan, près Milianah.

Là, nous trouvons réunies les troupes avec lesquelles nous devons opérer[1].

La mission du général Changarnier est de protéger les tribus soumises à notre autorité contre les attaques de leurs turbulents voisins de la montagne, de maintenir partout l'ordre et la paix, et en outre d'aller attaquer les dissidents, établis sur les pentes escarpées des deux rives du Chelif. Plusieurs des tribus les moins éloignées, sous la crainte de l'arrivée de notre colonne, des razzias dont ils savent devoir être les victimes, et enfin des exigences de l'émir, dont ils ne peuvent attendre aucun appui, sont toutes prêtes à venir demander l'aman; seulement, pour les décider, il faut la présence de nos soldats.

Le 9, nous quittons Milianah pour parcourir la vallée du Chelif; dès le 11 on lance une colonne mobile composée de cavalerie et suivie par trois compagnies de zouaves montés sur des mulets. Après une marche de nuit et avoir fait vingt-cinq lieues environ en moins de dix-huit heures, on surprend une fraction importante de la tribu des Brazzes; un combat s'engage, nous refoulons l'ennemi, lui enlevant quatre-vingts bœufs et quelques centaines de moutons, ce qui force la tribu à venir faire sa soumission. Nous avons eu un tué et une dizaine de blessés.

---

1. Cette colonne est ainsi composée: général Changarnier, commandant en chef; — 1er bataillon de zouaves, colonel Cavaignac, commandant de Gardaren; — 6e bataillon de chasseurs à pied, commandant Forez (devenu maréchal de France pendant la campagne du Mexique); — 1er bataillon du 26e de ligne, commandant Troude; — trois compagnies du 64e de ligne, trois escadrons de chasseurs d'Afrique, lieutenant-colonel Moris (général de division sous l'Empire), deux pièces d'artillerie de montagne; — train et ambulances.

La colonne continue sa marche dans la vallée ; le 14, elle passe sur la rive droite pour aller attaquer les tribus du Dahra, qui ne cessent d'inquiéter nos alliés. Bivouac à Aïn-Kedra[1].

Le lendemain, on envahit les collines des Beni-Rached ; il y a là des terres parfaitement cultivées, des jardins bien entretenus, des arbres couverts de fruits, d'excellents raisins. On poursuit l'ennemi, qui ne fait aucune résistance, ayant surtout pour préoccupation de sauver ses troupeaux et ses richesses ; néanmoins nous parvenons à faire une razzia assez importante.

Après cette excursion de deux jours, on descend du plateau pour repasser sur la rive gauche et aller s'établir à l'embouchure de l'Oued-Foddah, non loin de Zedin, lieu où se trouvent les ruines romaines d'un poste militaire.

A peine au bivouac, les Syndyes viennent faire leur soumission ; d'après l'affirmation de leurs chefs, les tribus de la plaine sont très disposées à demander l'aman, mais elles en sont empêchées par les Kabyles de l'Ouen-Seris, qui les menacent de pillage si elles se joignent à nous. D'un autre côté, le général Changarnier reçoit de Ben-Ferrah, agha des Ouled-Aïad du Sud, la nouvelle que, depuis sa soumission, il est sans cesse inquiété par les Beni-Bou-Kanous, par les Beni-Boudouan et toutes les autres tribus de la montagne, et l'engage à pénétrer dans le massif de l'Ouen-Seris ; en une journée, assure-t-il, la colonne pourra le traverser et arriver sur le revers sud, où se trouvent nos nombreux alliés, soumis à notre autorité depuis notre campagne du printemps.

Le général, trop confiant dans les avis de Ben-Ferrah,

---

[1]. Tout près de notre camp se trouvent les ruines romaines *Tigandi municipium*, où se trouvent les restes d'un aqueduc, les débris d'un pont, de quais en pierre de taille, d'un cimetière ; puis, de tous côtés, un amas confus de matériaux avec des inscriptions latines.

dans les affirmations des Syndyes, puis comptant surtout sur les qualités viriles de ses soldats, n'hésite pas à se lancer dans un pays très accidenté, et dont on s'approche pour la première fois sans en bien connaître toutes les difficultés. Seulement, pour alléger sa colonne, il fait partir pour Milianah les malades, les *impedimenta* et enfin l'artillerie, qu'il ne juge pas à propos d'emmener avec lui. Les trois compagnies du 64º sont chargées de l'escorte. Il lui reste, pour tenter l'aventure, trois faibles bataillons d'infanterie et trois escadrons de cavalerie.

Combats dans l'Oued-Foddah (19-20 septembre). — Le 19 septembre au matin, nous commençons à gravir les premières pentes de la montagne. Vers 9 heures, des rassemblements kabyles se forment sur toutes les crêtes qui dominent notre route; bientôt les premiers coups de fusil ne tardent pas à partir, des cris se font entendre sur nos flancs : on voit de suite que nous nous engageons dans une véritable embuscade. Malgré cela, on continue à s'avancer, et l'on va faire la grande halte dans un petit entonnoir à l'entrée de la gorge. On a eu soin, au préalable, de faire occuper les hauteurs les plus voisines par plusieurs de nos compagnies.

Pendant ce temps, les contingents des tribus de la montagne se concentrent et nous cernent de tous côtés; partout nous voyons les burnous blancs s'agiter et s'exciter.

Devant une pareille manifestation, il fallait ou retourner sur ses pas ou marcher de l'avant et attaquer avec vigueur.

Il n'était pas dans le caractère de notre général de songer à reculer; c'eût été affaiblir notre prestige auprès de nos alliés et donner de nouvelles forces morales à nos ennemis. Aussi, malgré notre petit nombre, malgré les difficultés du terrain, il n'hésite pas un instant; après avoir laissé prendre le café à nos hommes et pris ses dispositions, il donne l'ordre de pénétrer dans les gorges de l'Oued-Foddah. C'était la route la plus courte pour arriver vers le sud, mais aussi la plus dangereuse, car elle est dominée sur les deux rives par des escarpements abrupts, d'un très difficile accès, et a plus de vingt kilomètres de longueur.

Vers onze heures et demie, laissant un bataillon et la cavalerie à l'arrière-garde, le général fait partir à l'avant-garde deux bataillons d'infanterie. Des compagnies sont successivement détachées en flanqueurs; elles vont s'installer péniblement sur les hauteurs les plus voisines, après en avoir chassé les occupants, afin de protéger la marche de la colonne et du convoi; elles ne doivent les abandonner pour aller en prendre de nouvelles, ou pour renforcer l'arrière-garde, que sur le signal donné par le chef qui la commande.

Aussitôt le mouvement commencé, la lutte s'engage; elle est acharnée, violente. C'est au milieu de cris sauvages et avec une rage de bêtes féroces que les Arabes se précipitent au milieu de nos hommes, surtout quand ils descendent des crêtes pour rejoindre la colonne, espérant bien, grâce aux broussailles épaisses et aux ravins à traverser, trouver l'occasion de massacrer avec leurs yatagans *ces chiens de chrétiens*.

Toutes ces prises de positions et ces retraites successives s'exécutent avec calme et sang-froid; les chefs de tous ces petits détachements protecteurs se trouvent partout où est le danger; par leur exemple, par leur entrain, ils relèvent le moral de leurs soldats, un instant abattu par une attaque si brusque et si impétueuse. Pendant toute la journée, les Kabyles ne cessent de nous harceler; souvent ils se mêlent à nos tirailleurs, se livrent avec eux à des combats corps à corps : c'est une pêle-mêle indescriptible, parfois un véritable carnage. Une section de chasseurs à pied est entourée et exterminée avec son officier; quelques hommes seulement parviennent à échapper à la mort, en se précipitant du haut des rochers à pic de près de trente mètres, mais la plupart ont les membres plus ou moins broyés.

Cette lutte si longue et si mouvementée excite chez tous un noble enthousiasme; aussi, entre temps, on profite d'un pli de terrain pour masquer la cavalerie, puis, à un signal donné, chasseurs et zouaves, entraînés par le général Changarnier, par les colonels Cavaignac et Moris, font une charge des plus hardies et des plus brillantes sur les Kabyles; trois ou quatre cents sont cernés dans un ravin sans issue et restent sur le carreau. Un aussi vigoureux retour offensif ralentit l'ardeur de nos adversaires, qui deviennent un peu hésitants à descendre de la montagne pour se précipiter sur notre arrière-garde. Néanmoins le combat continue; de tous les pics, de tous les rochers partent une grêle de balles, et cela sans un moment de répit. La nuit seule met fin momentanément à la lutte; mais, malgré les pertes sérieuses qu'ils ont éprouvées, les Arabes n'en conservent pas moins l'espoir de nous anéantir avant notre sortie de la gorge.

Comme le bivouac est dominé de tous côtés et à petite distance, on ne parvient à placer les grand'gardes qu'à coups de fusils et de baïonnettes. Pendant toute la nuit, des cris forcenés retentissent dans les campagnes, pour parvenir à la concentration des tribus de la région.

Le 20 septembre, avant le lever du soleil, on fait prendre les armes, ayant eu soin, comme la veille, d'envoyer à l'avance des compagnies d'avant-garde, avec mission de s'établir sur les mamelons les plus rapprochés de la route à parcourir.

A peine la colonne est-elle en marche, que les Arabes recommencent l'attaque sur les deux rives; mais l'attitude calme de nos soldats, leur énergie dans la résistance, ralentissent insensiblement leur impétuosité, plusieurs de leurs chefs les plus ardents ayant été tués la veille.

A dix heures, une dernière tentative est faite contre les zouaves d'arrière-garde; un combat sérieux s'engage; mais, malgré les pertes sensibles que nous éprouvons, on repousse les Arabes la baïonnette dans les reins et on les force à disparaître.

A deux heures de l'après-midi, étant sortis de la gorge et nous trouvant dans un pays bien découvert et légèrement ondulé, les rôles changent; au lieu de rester sur des positions défensives, nous prenons une très vigoureuse offensive et attaquons l'ennemi partout où il se présente : aussi, en très peu de temps, tout le pays autour de nous devient désert, et nous pouvons très tranquillement établir notre bivouac sur l'Oued-Bellada, affluent de l'Oued-Foddah.

Pendant ces deux jours de combats, où, avec trois faibles bataillons, nous avons eu à lutter contre les importantes tribus du massif de l'Ouen-Seris, notre bataillon de zouaves, fort de dix-sept officiers et de quatre cent vingt hommes, a eu quatre officiers tués et huit blessés plus ou moins grièvement, trente-trois sous-officiers et soldats tués et soixante blessés[1].

La razzia du 22 septembre. — Le lendemain, le général Changarnier laisse au camp, pour la garde des blessés, des malades et du convoi, deux compagnies seulement; avec le

---

1. Les officiers tués furent : le *capitaine Magagnos* (était officier de la Légion d'honneur, ce qui était très rare à cette époque), officier vigoureux, plein de zèle, mais déjà âgé et usé;

Le *capitaine Guyot*, arrivé récemment aux zouaves, frère du directeur des affaires civiles en Algérie;

Le *lieutenant Sébastiani*, neveu du maréchal, grand et bel officier; avait le plus bel avenir devant lui;

Le *lieutenant d'état-major stagiaire Laplanche*, tué dans la charge de cavalerie, était attaché au colonel Cavaignac comme officier d'ordonnance; notre chef avait pour lui la plus vive affection; il fut tellement affecté de sa mort qu'il en tomba malade. Laplanche était de ma promotion. Sorti le n° 1 de Saint-Cyr et de l'École d'état-major, il avait en perspective la carrière la plus brillante. D'une intelligence vive, d'un jugement sûr, d'une physionomie sympathique, mais un peu commune, il était aimé et estimé de tous. Ce fut une véritable perte pour ses camarades et pour l'armée.

Officiers blessés : le commandant *de Gardarens*; les capitaines *Frèche, Paër, Corréard*; les lieutenants *Montaudon, Royer, d'Aigremont*; le médecin-major *Calmel*. Comme récompenses, le bataillon obtint deux décorations : une au lieutenant Jeanningros, déjà très ancien aux zouaves, et l'autre au sergent Dechard. Et voilà tout!

reste il forme une colonne très légère, et, par une marche de nuit des plus audacieuses, arrive près d'une dépression de terrain, au pied du grand pic où les Kabyles, pleins de confiance dans leurs exploits des jours précédents, se croient en sûreté avec leurs troupeaux et leurs familles.

Très surpris de notre arrivée, ils cherchent bien à se défendre, mais le combat dure peu. Chargés de tous côtés par nos soldats, ils ne tardent pas à être mis en déroute et à éprouver un véritable désastre. Deux à trois cents sont tués sur place, et nous ramenons à notre bivouac plus de deux mille têtes de bétail et un certain nombre de prisonniers, des femmes, des enfants.

Telle fut notre première campagne dans les montagnes de l'Ouen-Seris, dans ce pays si tourmenté et si difficile, où les habitants, accoutumés à une indépendance relative, espéraient bien la conserver, ou nous massacrer dans le cas où nous tenterions de pénétrer chez eux. Les Beni-Boukanous et les Beni-Boudouan furent les plus acharnés, mais aussi les plus maltraités.

Des populations kabyles, fanatiques et fatalistes, venaient de faire des pertes sérieuses, en hommes et en matériel; leur imagination très impressionnable avait été fortement frappée de la hardiesse avec laquelle, avec d'aussi faibles effectifs de combattants, nous avions pénétré dans leurs montagnes, escaladé les rochers, franchi les ravins et enlevé leurs troupeaux. Cela nous avait donné un prestige dont il aurait été possible de tirer parti; malheureusement, pour continuer la campagne nous n'avions plus de vivres de réserve et aucune possibilité de nous en procurer sur les lieux, et en outre nous avions de nombreux blessés et des malingres que l'on ne pouvait traîner à sa suite; il y avait donc urgence à rentrer à notre point de départ pour nous y ravitailler et assurer la sécurité des victimes de la guerre.

Dans ces conditions, il n'y avait pas à hésiter; la colonne

se met en route pour le retour, elle suit le revers sud de la montagne, traverse le col de Temit-el-Had, puis la vallée du Chelif. Pendant cette marche, les tribus antérieurement soumises se montrent très empressées à venir nous assurer de leur bon vouloir et de leur dévouement à notre cause.

Le 2 octobre nous arrivons à Blidah, et de suite, pendant nos quelques jours de repos, on s'occupe de reconstituer nos cadres et nos effectifs.

Là, je trouve enfin mon capitaine de compagnie, *Martin*, que je voyais pour la première fois et qui ne devait pas rester longtemps, car sa demande de permutation était partie pour le ministère. Je trouvai également mon sous-lieutenant, *Fauvelle*, dont j'aurai à parler plus loin. Après avoir été seul officier dans ma compagnie, pendant plus de six mois d'une vie des plus actives, toujours en expédition et souvent au combat, j'avais enfin un chef direct et un collaborateur qui fut pour moi un ami brave et intelligent.

Expédition dans l'Est. — Notre repos fut de courte durée. Dès le 11 octobre, nous partons pour aller maintenir les tribus du sud-est de Médéah, récemment soumises par le général Bugeaud, et qui commencent à s'agiter. Notre colonne, composée de quatre bataillons (un de zouaves, deux du 33e et un du 3e léger), sous les ordres du général Changarnier, se dirige sur Médéah, puis sur Berragouia; on attaque et on soumet les Beni-Seliman, les Ouled-Dries, les Guelt-el-Rouff; plusieurs engagements ont lieu où nous avons quelques blessés; notre commandant a son cheval tué.

Nous avons encore à faire le coup de fusil avec les Beni-Salem, les Ouled-Noubi, qui finissent par venir se soumettre.

Ayant obtenu un plein succès dans cette opération, nous rentrons à Blidah le 25 octobre.

Expédition d'hiver dans l'Ouen-Seris (novembre-décembre), sous le général Bugeaud. — Par notre expédition et par nos combats du mois de septembre, nous avions préparé la conquête du massif de l'Ouen-Seris, ce palladium de l'indépendance arabe, cet important point d'appui dont se servait Abdel-Kader pour diriger contre nos alliés des attaques incessantes, et pour empêcher les tribus de la plaine de venir se soumettre; il s'agissait de continuer l'œuvre si bien commencée; pour cela, le gouverneur se décide à faire marcher concentriquement trois colonnes très légères, afin de frapper au cœur ces intrépides Kabyles, retranchés dans la citadelle montagneuse qui s'étend au sud de la vallée du Chelif et la domine.

La première colonne, sous les ordres du colonel Korte, doit prendre par le revers sud, afin de couper toute retraite vers les hauts plateaux; la deuxième, celle du centre, commandée par le général Changarnier, doit attaquer l'ennemi par le front nord-est, le frapper s'il résiste, brûler les villages et rejeter les contingents et les troupeaux sur la colonne Korte[1]; la troisième colonne, celle de droite, dirigée par le général Bugeaud, où se trouvaient le duc d'Aumale et le grand peintre Horace Vernet avec le costume de colonel de la garde nationale de Paris, doit descendre la vallée du Chelif, barrer les passages vers l'ouest et empêcher la fuite vers le Dahra ou chez les Beni-Menasseur. Le point fixé pour la réunion des trois colonnes est sur l'Oued-Kechala, au pied du grand pic dit l'Œil du monde, haut de dix-neuf cents mètres.

Les colonnes partent de Blidah le 22 novembre; le 25, celle de gauche nous quitte à Milianah pour remonter l'Oued-Derdeur. Le 27, celle de droite passe le pont d'El-Kantara

1. Notre colonne comprend le 1er bataillon de zouaves, sous les ordres du lieutenant-colonel de Chasseloup-Laubat (le colonel Cavaignac, tombé malade à la suite de l'expédition de septembre, a dû rester à Alger pour se remettre), deux bataillons du 26e, deux bataillons du 50e, le 6e bataillon de chasseurs à pied, trente fusils de rempart, cinquante spahis, enfin trente hommes du génie.

et continue vers l'ouest. La nôtre, celle du centre, prend plus au sud afin de pénétrer dans les premiers contreforts de la montagne des Attafs. Nous passons par nos bivouacs du mois de septembre; mais dès nos premières démonstrations les Beni-ben-Atab, les Chouchaoua, les Beni-Boukanous, qui nous avaient si rudement attaqués deux mois avant, se voyant cernés de tous côtés et craignant de voir leurs gourbis incendiés et leurs troupeaux enlevés, viennent implorer leur grâce et demander à se soumettre. Cela fait, nous continuons à gravir la montagne et à traverser les ravins; puis, au lieu de suivre, comme au mois de septembre, le lit de l'Oued-Foddah, nous montons par des sentiers étroits et raides les pentes qui conduisent sur le flanc nord du massif principal de la montagne.

Le 30 novembre, nous bivouaquons sur un petit plateau d'où l'on découvre des gorges profondes de l'aspect le plus pittoresque : tout autour de nous, des déchirures, des pics et des forêts, une eau limpide et fraîche. A peine sommes-nous installés que plusieurs chefs s'empressent de venir à notre camp solliciter l'aman et promettre le concours de leurs tribus et leur fidélité pour l'avenir. Le lendemain, au moment de notre départ, de nombreux Kabyles se présentent en armes autour de notre bivouac; ils crient, s'excitent et semblent tout disposés à commencer le combat; mais les hommes de grande tente, qui craignent pour leurs villages que nous dominons, et qu'au premier coup de fusil nous pouvons envahir, brûler et saccager, les arrêtent et apaisent leur exaltation fanatique. Néanmoins, une fois descendus de la montagne et au moment où les zouaves d'arrière-garde arrivent au bivouac, une décharge a lieu, comme protestation d'une soumission obtenue par la force. Deux de nos hommes sont tués, et plusieurs sont blessés; immédiatement on riposte, on poursuit l'ennemi avec vigueur. Mais la lutte ne dure pas longtemps, grâce à l'intervention des chefs, qui s'empressent de venir protester contre un malentendu, disent-ils, et nous supplient de croire à tout leur bon vouloir.

Le 2 décembre, les trois colonnes se réunissent sur l'Oued-Khechab, chez les Beni-Lassen ; dans la journée on envoie trois compagnies de zouaves sous les ordres du capitaine Cléver pour protéger le train chargé d'aller chercher du grain dans les silos. Deux jours après, les colonnes se séparent et continuent, chacune de son côté, à parcourir ces montagnes très accidentées et sans route ni sentiers un peu praticables ; nous traversons les gorges étroites de l'Oued-Radjel ; un peu partout on trouve encore quelque résistance, car toute tribu kabyle se croirait déshonorée si elle faisait sa soumission avant d'avoir fait parler la poudre. Aussi il nous faut tirailler, engager des combats, puis brûler des villages, piller les silos, enlever les bestiaux. — Alors seulement, devant de pareils désastres, toutes les populations de l'Ouen-Seris se décident à venir à notre camp pour implorer l'aman et reconnaître notre autorité.

Expédition contre les Beni-Ouragh. — Cette première partie de notre mission momentanément terminée, il nous faut, dès le 7 décembre, continuer nos opérations, envahir la chaîne de montagnes qui s'étend vers l'ouest et où sont les puissantes tribus des Beni-Ouragh. Nous éprouvons de leur part une très vive résistance, à peu près tous les jours nous avons des combats à livrer ; pour les punir, on envahit les villages, on coupe les arbres fruitiers. Sans cesse nous sommes sous les armes, nous faisons des marches de nuit pour fatiguer et cerner ces montagnards. Le 8, nos zouaves d'arrière-garde ont une lutte acharnée à soutenir, et, à peine arrivés au bivouac, ils doivent partir sans sacs pour aller porter secours au bataillon du 26ᵉ de ligne très fortement engagé avec les Kabyles, lesquels finissent par être vaillamment repoussés sans que nous ayons eu à prendre part au combat.

Les colonnes de gauche et de droite opéraient de leur côté; celle du général Bugeaud n'a que de faibles engagements, mais celle du colonel Korte, mal dirigée, a fort à faire avec les tribus des environs de la petite ville de Mequenez; une de nos pièces d'artillerie faillit rester au pouvoir de l'ennemi; le capitaine commandant la batterie est tué, et une trentaine d'hommes sont blessés.

Pour venger cet échec, le gouverneur regarde comme indispensable de faire au plus vite une opération offensive contre ces montagnards; seulement depuis plusieurs jours les vivres font défaut, il n'y a plus ni pain, ni biscuit, ni café, ni liquides; les hommes en sont réduits à la demi-ration de riz-pain et aux grains retirés des silos. Il faut donc au préalable aller se ravitailler au camp de la Mina. Le 12 décembre, les zouaves partent de leur camp de Souq-el-Khamis, pour escorter le convoi qui doit apporter les vivres; nous avons à parcourir un pays très accidenté, à passer dans les gorges étroites de l'Oued-Riou. Enfin, après trois jours de marches forcées et très pénibles, nous rentrons au bivouac, et cela à la très grande satisfaction de la troupe et des officiers, qui peuvent enfin manger un peu de biscuit, prendre du café et boire quelques gouttes d'eau-de-vie.

Le 15, on prend des dispositions pour attaquer les tribus qui ont si malmené la colonne Korte; ce sont des populations guerrières, fanatiques et très dévouées à Abd-el-Kader; elles sont établies sur des contreforts qui de l'Ouen-Seris se prolongent à l'ouest dans la province d'Oran; le pays est assez riche et bien cultivé.

La colonne de gauche suit les pentes sud de la chaîne de montagne, elle a plusieurs combats à soutenir; mais, faute d'une énergique direction, les résultats sont peu satisfaisants, et l'ennemi peu déconcerté.

La colonne de droite, sous le général Bugeaud, après avoir parcouru une partie de la vallée du Cherif, aborde les hauteurs escarpées de l'Ouen-Seris, afin de rassurer les incertains, de punir les défaillances et de maintenir partout la paix et le respect de notre autorité. De là, elle se dirige, sur les tournants, vers les montagnes de Mequenez, objectif de nos opérations.

La colonne du centre, avec quatre bataillons sans gros bagages, doit attaquer l'ennemi de front; il lui faut pénétrer dans un pays très accidenté, rempli de ravins profonds, plein de broussailles épaisses, ce qui rend la marche très fatigante. Malgré tous ces obstacles, et malgré la résistance des Kabyles, de leurs attaques incessantes sur nos flancs et à notre arrière-garde, nous les repoussons et les chassons de toutes les hauteurs; déjà nous sommes sur le point de saisir leurs troupeaux et leurs richesses, quand nous arrive l'ordre du gouverneur d'arrêter notre mouvement. C'est que les tribus de ces contrées, se voyant cernées et hors d'état de résister à nos attaques concentriques, avaient envoyé leurs chefs supplier le général en chef de leur accorder l'aman, promettant de se soumettre à toutes nos conditions et jurant fidélité à la France.

Le 17 décembre nous passons au milieu de ces populations encore toutes frémissantes d'avoir à subir les lois de la force; elles aussi veulent protester en tirant quelques coups de fusil sur notre arrière-garde; mais les chefs, qui craignent pour leurs troupeaux et pour leurs villages, que nous entourons de tous côtés, s'empresssent de retenir l'explosion dangereuse d'une rage impuissante.

Le 18 décembre, toutes les troupes, disséminées en petites colonnes pour opérer dans les montagnes, sont concentrées au camp, sur l'Oued-Riou. Les tribus de l'Ouen-Seris et des Beni-Ouragh ayant fait leur soumission, le but principal de la campagne était atteint; mais il était nécessaire d'affermir la confiance chez nos nouveaux alliés, de montrer aux hésitants et aux fanatiques disposés à violer leur parole qu'il y avait des colonnes toujours prêtes à les châtier et à les empêcher de se liguer avec nos ennemis.

Pour la nouvelle série d'opérations des trois colonnes, on en forme deux très légères, chargées d'agir isolément, avec un but commun, mais sans point de concentration.

Le général Bugeaud, rappelé à Alger pour des affaires gouvernementales, confie la première au duc d'Aumale, avec mission de remonter la vallée du Chelif et d'achever la pacification des nombreuses tribus qui s'y trouvent.

Expédition dans le Dahra-Teniz (général Changarnier). — La deuxième colonne, toujours dirigée par le général Changarnier, va se ravitailler à Bel-Abel, et, après s'être débarrassée de ses *impedimenta*, de ses malades, de ses blessés, doit opérer dans les montagnes de la rive droite, afin de compléter la soumission un peu précaire des habitants du Dahra. Nous gagnons les hauteurs par la gorge de Mediouna, nous passons près de la petite ville de Mazouna[1]. Pendant plusieurs jours nous parcourons des plateaux légèrement ondulés; c'est un pays riche, avec une luxuriante végétation[2], couvert d'arbres fruitiers et de fort belles cultures. Nous n'éprouvons de résistance nulle part; toutes les tribus viennent successivement, entre autres les Sbéah et les Hamiss, faire des démonstrations pacifiques et nous assurer de leur dévouement à la France. Enfin, le 27 décembre, étant tout près de la ville de Tenez, le kaïd vient au-devant de la colonne, présente ses hommages au général en chef et lui promet la soumission la plus entière de la part de ses administrés; seulement il ne peut répondre des Kabyles des environs, lesquels sont indépendants et ont des rapports peu sympathiques avec les citadins. On fait immédiatement

---

1. Ville où est né le chef de l'ordre des Senoussi.
2. Les habitants du Dahra sont généralement d'origine berbère; il y a bien des populations qui vivent sous la tente, mais beaucoup plus sont dans des maisons réunies en villages.

occuper les hauteurs les plus voisines, puis le reste des troupes s'avance à travers une gorge, sorte de défilé rocheux où coule l'Oued-Allala, entre dans la bourgade chétive et sale connue aujourd'hui sous le nom de Vieux-Tenez. Un bataillon est laissé pour l'occuper, puis nous descendons du mamelon escarpé où se trouve la cité arabe pour gagner la mer, qui est à trois quarts de lieue environ, et bivouaquer sur la rive droite de la rivière. A peine étions-nous installés que les tribus kabyles les plus rapprochées s'empressent d'envoyer leurs chefs pour faire acte de soumission et de fidélité à notre cause.

La vallée où nous nous trouvons est assez étroite; elle est dominée à l'est par un massif de montagnes tourmentées qui se prolongent jusqu'à Cherchel; à l'ouest et tout près de nous, on aperçoit le mamelon irrégulier sur lequel était l'ancienne ville de Kartenna, là où, l'année suivante, devait s'installer le camp, origine de la cité moderne de Tenez[1]. D'après les instructions du gouverneur, on devait profiter de notre passage dans ces contrées pour y laisser une garnison, chargée d'y préparer les fondations d'une colonie civile sous la protection d'un poste militaire. Des ordres avaient été donnés pour y transporter le matériel et le personnel nécessaires; malheureusement le temps est si mauvais, la pluie si intense, les vents si violents sur cette plage sans abri contre les ouragans de l'ouest, que les nombreux navires chargés ne peuvent aborder et doivent s'éloigner au plus vite pour gagner le large. Mais comme les vivres commencent à s'épuiser, on ne peut attendre le retour du beau temps; le général doit donc se décider au départ et abandonner le Vieux-Tenez.

1. Tengtenez, l'ancienne Kartenna, colonie d'Auguste, devait son nom à l'occupation carthaginoise (*karr*, ville, en carthaginois). On y a découvert des ruines romaines, de nombreuses inscriptions, des vestiges des quais anciens qui contenaient l'Oued-Allala. Fut la patrie de Firmus, qui se révolta contre Rome en 372 de Jésus-Christ.

Le 29 décembre, la colonne se met en route vers l'est. A peine sortie du camp, il lui faut aborder des versants séparés entre eux par des ravins profonds qui s'étendent jusqu'aux sables de la mer. La marche se fait par file, un à un, sur un véritable sentier de chèvres tracé par le pied de l'homme et par le mulet arabe qui le parcourt par habitude, plaçant avec précaution les pieds l'un devant l'autre, n'ayant pas de place pour les mettre à côté. Ce sentier monte et descend par des gradins grossièrement taillés dans le roc ; parfois il est en corniche, plus loin il passe sur des troncs d'arbres, sur des crevasses, sur des monceaux de grès. Beaucoup de nos mulets, inhabiles à ces exercices périlleux, dégringolent dans des gouffres béants avec leurs charges, sans qu'il soit possible de les sauver. Tous ces obstacles et ces incidents ralentissent notre marche et la rendent des plus pénibles ; les zouaves d'arrière-garde arrivent au bivouac à onze heures du soir, après avoir fait quatre lieues à peine.

Dans leur ensemble, ces montagnes se composent d'une suite d'échancrures plus ou moins profondes, dont les extrémités s'arrondissent en d'énormes promontoires, ou se terminent en plusieurs caps fort élevés, avec des criques et des baies dominées par de hautes falaises à pic ; en plusieurs endroits, les sentiers sont suspendus à près de cent mètres au-dessus du niveau de la mer.

Le lendemain, on continue à parcourir un pays d'un difficile accès ; on y trouve des pentes abruptes, des obstacles de toute nature ; seulement nous sommes réconfortés par la vue de jolis villages, entourés d'arbres fruitiers et de cultures bien entretenues. Les Kabyles viennent au-devant de nous avec empressement pour faire leur soumission. Le 31 décembre, le pays présente le même aspect montagneux, offre les mêmes difficultés pour la marche, toujours très fatigante.

Nous entrons sur le territoire de Zatima, non loin de la

puissante tribu des Beni-Menasseur, que nous avons eu à combattre au mois d'avril. Bivouac sur l'Oued-Nebi.

Le 1ᵉʳ janvier 1843, nous entrons chez les Medouna ; le terrain est beaucoup moins accidenté, il y a une belle végétation et une variété de culture. Enfin le 2 janvier, nous arrivons à Cherchel, et le 5 notre bataillon entre dans une caserne à Blidah. Mais ce repos relatif ne fut pas long, car dès le 13 nous mettons de nouveau sac au dos pour participer à de nouvelles expéditions et à de nouvelles fatigues.

Observations sur le rôle des officiers en campagne. — Pendant ces neuf mois d'expéditions, nos zouaves furent soumis à de rudes épreuves, à des privations de toute nature, à des marches continuelles, parfois de jour et de nuit, tantôt dans des terrains brûlés par le sirocco et couverts de boue, tantôt dans des montagnes abruptes, sans routes, sans ressources, tantôt sur des plateaux du Tell bosselés, dénudés et dépouillés d'arbres, parfois couverts de neige, ayant incessamment à livrer des combats contre un ennemi invisible et insaisissable, à passer des nuits sans sommeil, tourmentés par des insectes ennemis acharnés de notre repos, à souffrir de la faim, de la soif et des intempéries. Ces pénibles débuts furent pour nous un véritable entraînement et une utile préparation pour les misères des années suivantes, et qu'il nous aurait été difficile de supporter si nous n'avions pas eu dans les rangs des soldats faits, des hommes formés ayant de trois à quinze ans de service, c'est-à-dire de vingt-quatre à trente-cinq ans. Après chacune de ces courses effrénées, nos zouaves, toujours gais, toujours obéissants, revenaient souvent avec des haillons rafistolés avec de la toile ou avec des morceaux de peau de mouton ; beaucoup étaient devenus secs et maigres comme des allumettes, mais pleins de nerf et d'énergie morale et physique.

Dans le cours de cette période agitée de mon existence militaire, j'ai pu constater combien il est important que les officiers des compagnies se mêlent à leurs hommes, marchent à pied à côté d'eux, soient toujours prêts à donner l'exemple de la résignation, de l'entrain, à se soumettre gaiement à toutes les fatigues, et même à l'énervement de la faim, à braver les dangers ; qu'ils sachent, en un mot, exercer sur leurs subordonnés cette influence morale si efficace pour retremper les caractères, empêcher les défaillances, faire naître tous les dévouements. Ces qualités essentielles s'obtiennent bien plus difficilement par la seule application des règlements militaires sur la discipline ou par la crainte des punitions.

Du reste, il ne faut pas se le dissimuler, quand le soldat voit son officier s'occuper de lui avec la plus grande sollicitude, chercher, par ses conseils, par sa vigilance, à alléger ses misères, à faire vibrer dans son cœur les sentiments d'honneur, l'esprit de corps et même de bataillon ou de compagnie, alors il s'établit entre eux une solidarité patriotique, une confiance mutuelle qui sont des éléments précieux desquels on peut tout attendre.

A différentes reprises, les convois s'étant trouvés en retard, les vivres manquaient, soit aux grandes haltes, soit au bivouac ; alors, au moment du repas, les officiers n'avaient aucun aliment à se mettre sous leurs dents affamées. Dans cette attente pénible, presque toujours une escouade prenait l'initiative et apportait à l'officier ou aux officiers de la compagnie une bonne gamelle de soupe, un quart[1] plein de café et un peu de biscuit, le tout pris sur la ration journalière.

D'autres fois, au passage d'une rivière, les soldats, craignant pour la santé de jeunes officiers encore débiles, mais pleins de cœur et toujours à la tête de leur section, s'offraient

1. Le *quart* est un petit gobelet en fer-blanc, avec une anse pour faciliter son transport et pouvoir le tenir à la main pour prendre une boisson, surtout quand le liquide est chaud.

spontanément pour les transporter sur l'autre rive; ils donnaient leur sac et leur fusil à des camarades et mettaient l'officier sur leur dos.

Ces témoignages d'attention et de prévenance des inférieurs envers des chefs qui avaient su gagner leur confiance et leur affection se sont produits fréquemment à cette époque; ils sont bien caractéristiques et permettent d'apprécier de quel esprit on était animé à tous les degrés de la hiérarchie militaire.

CHAPITRE IV

EXPÉDITION DANS LES MONTAGNES.
PRISE DE LA SMALAH.

Expédition d'hiver dans les montagnes de Médéah et Milianah. — A peine installés dans nos cantonnements, il devint urgent de nous faire prendre les armes et de marcher rapidement contre plusieurs tribus qui, après avoir fait leur soumission, bien à contre-cœur, il est vrai, et uniquement pour sauvegarder les propriétés et les troupeaux cernés par nos colonnes, se mirent à manifester hautement leur mauvais vouloir et la haine qu'elles nous portaient; beaucoup même se préparaient à recommencer la lutte. Devant ces menaces il n'y avait pas à hésiter : c'est avec des colonnes très légères que le gouverneur résolut d'affirmer notre volonté bien arrêtée de châtier les dissidents et tous ceux qui tenteraient de violer leur serment de fidélité.

Dès le 13 janvier, notre bataillon de zouaves part de Blidah, sous les ordres du colonel Cavaignac, parcourt et frappe les tribus des environs de Médéah, puis se dirige dans les montagnes de Milianah; après quelques jours de marche, nous avons à supporter des pluies torrentielles, à patauger dans la boue, puis dans les neiges; malgré ces intempéries dissolvantes, notre chef n'hésite pas à attaquer dans leur repaire très accidenté les Beni-Menasseur Gharabas. Mais en nous voyant pénétrer dans leurs montagnes par une pareille température, ils sont terrifiés et viennent se soumettre avant d'avoir fait la moindre résistance. Notre course continue contre les tribus voisines; dans les premiers jours de février, nous entrons chez les Beni-Ferrah, qui occupent de fortes positions et les défendent avec vigueur : obligés de céder devant nos efforts et une offensive hardie, ces fanatiques Kabyles brûlent eux-mêmes leurs gourbis, tout en faisant sur nous une vive fusillade; nous sommes maîtres du terrain; mais tout à coup nous sommes arrêtés par des tempêtes de neige épaisse qui nous aveugle et par un froid des plus aigus. Cette position devenait de plus en plus pénible pour le soldat et pour les chefs; il restait peu de vivres et aucun moyen de faire du feu; il y avait donc nécessité de descendre au plus vite dans la plaine; mais la chose n'était pas facile dans ces montagnes découpées à angles droits, ravineuses et privées de tout sentier. On doit faire marcher en avant quelques bêtes à cornes pour nous ouvrir un passage et faciliter notre retraite; elle se fait lentement, péniblement, obligés que nous sommes de marcher par files, les uns derrière les autres, dans les sentiers formés par nos éclaireurs à quatre pattes. Malgré cela, grâce à l'énergie et au calme de nos hommes, il y a peu d'accidents, quelques chutes avec blessures plus ou moins graves : un seul soldat se brisa la jambe.

Le 6 février, nous arrivons sur l'Oued-Khamis des Brazz; le 7, on bivouaque sous Milianah, et le 12, le bataillon va établir son camp provisoire auprès et en dehors de Blidah.

Expédition à l'est de Médéah (sous le duc d'Aumale). — Au mois d'octobre de l'année précédente, une petite colonne expéditionnaire avait été attaquée vigoureusement par certaines tribus, à l'est de Médéah; le brave colonel Leblond, du 48ᵉ de ligne, et pas mal de soldats de son régiment avaient été tués. Il s'agissait de tirer vengeance de cet échec et de forcer les récalcitrants à venir faire leur soumission.

Pour cette opération, on organise une colonne mobile placée sous les ordres du duc d'Aumale et composée de trois bataillons avec des accessoires très légers et peu encombrants. Notre bataillon de zouaves, commandé par le colonel Cavaignac, qui doit faire partie de cette colonne, part de Blidah le 20 février pour se rendre au point de concentration, sous les murs de Médéah. Quelques jours après, toute la colonne lève le camp par un froid très rigoureux; elle a à franchir successivement les petites rivières de l'Oued-Besbess, de l'Oued-Hamiss, de l'Oued-Dyarassa, puis elle envahit le pays des Beni-Seliman et des Beni-Kreroub, qui s'empressent de venir demander l'aman.

Ces premiers résultats obtenus, on gravit les montagnes des Beni-Djad, d'où l'on découvre toute la contrée; là encore, par la crainte de l'incendie et de la perte de leurs troupeaux, les montagnards font leur soumission.

Le 11 mars, nous suivons la gorge encaissée de l'Oued-Souflat (affluent de l'Isser), où fut tué le colonel Leblond; pendant la journée, nous eûmes à passer plus de quarante fois cette rivière, ayant de l'eau glacée jusqu'au-dessus de la ceinture. Enfin nous quittons cette froide gorge pour envahir les montagnes des Archaouat et des Nezlioua. Ces tribus résistent avec acharnement; souvent les charges des spahis et des chasseurs sont impuissantes, mais les mouvements tournants des zouaves les forcent à abandonner leurs positions et à nous laisser maîtres du terrain. Pendant deux jours nous brûlons leurs gourbis, nous détruisons les arbres fruitiers et leur matériel de ménage : rien n'y fait, ces désastres ne peuvent décider ces fanatiques à se rendre, et même, quand nous descendons dans la vallée, ils se jettent avec furie sur notre arrière-garde; mais ils sont vivement repoussés, le duc d'Aumale ayant su prendre de très sages et très opportunes dispositions ; de plus, le colonel Cavaignac, toujours présent au milieu de nos zouaves, ayant maintenu contre l'ennemi une offensive calme et vigoureuse, arrivés dans la plaine nous pouvons tranquillement continuer les opérations sans être poursuivis ou menacés.

Quelques jours plus tard, en voyant notre marche hardie à travers toutes les difficultés du terrain et d'une température exceptionnellement froide, les Ouled-el-Aziz, craignant pour leurs villages, que nous dominons et que nous pouvons incendier à volonté, viennent manifester de leur désir d'être protégés par nous. Chaque jour de marche nous amène une nouvelle soumission ; les tribus acceptent notre alliance afin de se soustraire à l'autorité despotique du grand chef Ben-Salem, le lieutenant dévoué d'Abd-el-Kader.

Malgré les rigueurs de la température, notre jeune et brillant chef, le duc d'Aumale, s'avance hardiment vers les montagnes où Ben-Salem s'est réfugié. Malheureusement les glaces, des tourmentes de neige qui ne cessent de tomber sur nous, empêchent de poursuivre notre ennemi jusqu'à son dernier retranchement.

Pendant nos dernières marches, le froid est si vif, la neige si intense, qu'il devient impossible d'allumer les feux et de faire la soupe ; nos soldats fortement trempés résistent grâce à leur excellent moral, mais ils souffrent, leurs forces s'épuisent, car les vivres font défaut, les nuits sont presque sans sommeil, étant obligés de coucher sur un sol humide d'où, à grand'peine, il a fallu retirer une neige épaisse et congelée.

En présence de toutes ces difficultés matérielles, et après avoir réussi à rallier à notre cause un certain nombre de tribus, il était pénible de ne pas achever l'œuvre commencée ; mais que faire ? N'ayant plus de biscuit à faire distribuer, il était essentiel de ménager la vie de nos soldats ; il fallut donc, à notre grand regret, se décider à une retraite devenue indispensable. Elle eut lieu dans un ordre parfait et sans accident un peu sérieux.

Le 24 mars, au dernier bivouac, avant d'arriver à notre point de départ, le duc d'Aumale ménagea à notre colonne une très agréable surprise : à peine en route pour rentrer, il avait envoyé des émissaires avec l'ordre de nous apporter au plus vite des vivres et des liquides, que nous eûmes la bonne chance de trouver à notre camp, et cela à la grande joie de tous. De plus, le soir, il offrit aux officiers de la colonne un grand punch qui fut pris autour d'un magnifique feu en plein air. Les soldats ne furent pas oubliés : ils eurent, en ration de pain et d'eau-de-vie, une large part dans cet adoucissement aux privations et aux misères que nous venions de subir.

A ce punch, tous les officiers remarquèrent avec quelle gracieuse sympathie le duc d'Aumale accueillit le colonel Cavaignac : pendant toute la soirée, il l'entoura de prévenances, lui exprimant toute sa satisfaction pour la belle conduite de ses zouaves, et toute son estime pour la manière dont il avait dirigé leurs efforts et conservé leur moral.

Après quelques jours de repos à Médéah, notre bataillon dut s'arrêter quinze jours dans la gorge de la Chiffa pour continuer les travaux de route. Mais comme de nouvelles expéditions se préparaient, on nous fit partir pour Blidah afin de compléter nos effectifs et remplacer les effets de toute nature, complètement usés à la suite de toutes nos excursions si pleines d'incidents et de fatigues.

Quant aux soldats, fortement éprouvés par les intempéries et les privations, mais bien entraînés, pleins de nerf et d'émulation, peu d'entre eux étaient malades; quelques-uns seulement étaient à bout de forces et avaient besoin d'un peu de repos et d'un régime réconfortant avant de pouvoir se lancer dans de nouvelles expéditions.

Combat de Taguin. Prise de la smalah par le duc d'Aumale

(mai 1843). — Abd-el-Kader, sans cesse pourchassé par les colonnes légères des provinces d'Alger et d'Oran, avait dû s'éloigner du Tell, où nous lui avions enlevé tous ses postes, tous ses centres d'approvisionnement et de défense ; il s'était réfugié sur les hauts plateaux, vers le Djebel-Amour, espérant, dans ces contrées du Sud, être à l'abri de nos coups.

Là il avait concentré tout son personnel, ses serviteurs, ses convois, ses troupeaux, et ce qui lui restait de combattants réguliers ou irréguliers. Il s'agissait donc pour le gouverneur de pénétrer dans une région encore inconnue, de tâcher de cerner notre ennemi et de lui enlever le plus précieux élément de ses ressources vitales. Pour atteindre ce but, le général de Lamoricière dans la province d'Oran, le duc d'Aumale dans celle d'Alger, reçurent l'ordre de marcher de l'avant, de combiner leurs mouvements afin d'arriver à détruire les dernières forces de l'émir et à lui ôter l'illusion de pouvoir encore nous résister.

Pendant ces opérations actives, d'autres colonnes eurent pour mission de parcourir le Tell pour empêcher les tribus soumises de se révolter et de chercher à nous couper la retraite.

Le 1er mai, notre bataillon de zouaves quitte son camp ; il est sous les ordres du lieutenant-colonel de Chasseloup-Laubat, le colonel Cavaignac ayant été désigné pour aller prendre le commandement d'Orléansville, camp destiné à devenir le centre d'une subdivision militaire et coloniale importante[1].

Le 2 mai nous quittons Médéah, et le 4 nous arrivons à Boghar, par des pentes assez raides et des sentiers étroits. Cette localité, où se trouvent d'assez importantes ruines romaines, doit nous servir de base d'opération pour explorer le haut Chélif et cerner, autant que possible, les contingents

---

1. Le camp fut établi sur l'emplacement de l'ancienne colonie romaine connue sous le nom de *Castellum Mauritaneum*.

d'Abd-el-Kader. Des hauteurs où se trouve notre camp, nous voyons d'immenses plaines qui s'étendent à perte de vue. C'est un spectacle émouvant : cela nous rappelle les impressions que produit la mer envisagée du haut d'une falaise; seulement, au lieu de vagues mugissantes, nous avons des terres dénudées et généralement tout à fait stériles. A l'est, il y a des rochers arides, au pied desquels se trouve, à petite distance, le village de Boghari[1], assez mal noté parmi les indigènes au point de vue des mœurs. A l'époque de la sécheresse des étés, les Sahariens viennent dans cette localité pour y faire des échanges, acheter des graines et y vendre les produits des oasis, et parfois pour se livrer aux distractions que leur offre cette Sodome arabe.

A peine arrivés, nos hommes sont employés par le génie à la construction de fours de campagne, à préparer des abris, à utiliser pour le service des vivres et de l'ambulance les masures et les restes de constructions anciennes.

Le 7 mai et les jours suivants arrivent le prince et la cavalerie, puis les goums, les services administratifs, et de suite on se met à l'œuvre pour l'organisation d'une colonne légère destinée à faire des marches rapides dans le désert. Pendant ces préliminaires, plusieurs tribus des environs viennent faire leur soumission et nous assurer de leur concours.

La colonne expéditionnaire comprend :

Un bataillon de zouaves commandé par le lieutenant-colonel de Chasseloup-Laubat et le commandant de Gardarens de Boisse;

Un bataillon du 33e avec lieutenant-colonel de Monet (mort en 1875 étant général divisionnaire);

Un bataillon du 64e avec le chef de bataillon d'Aurelle de

1. Boghari se trouve à l'entrée du passage du Chelif quand il sort des plateaux pour s'engager dans les gorges de l'Atlas et gagner la vallée longitudinale qui sépare le Dahra du massif de l'Ouen-Seris.

Paladines (le vainqueur de Coulmiers); la cavalerie, cinq escadrons (chasseurs d'Afrique et spahis) commandés par le colonel Joussouf, des goums assez importants avec des chefs indigènes;

Enfin un convoi comprenant un assez grand nombre de mulets et d'ânes de réquisition.

Le 10 mai, nous devons commencer notre mouvement; mais le matin, en nous levant, mon camarade Bourbaki et moi constatons, à notre très grand désappointement, la disparition de notre vigoureux âne espagnol (surnommé Don Carlos). Cela nous est d'autant plus pénible que cet intrépide porteur de bagages et de vivres ne cesse, depuis quinze mois, de nous rendre les plus grands services, et qu'aujourd'hui il est notre unique moyen de transport; en vain nous le cherchons dans tout le camp et aux environs, on ne le découvre nulle part; seulement les sentinelles semblent croire à une désertion à l'ennemi : pendant la nuit des cris aigus se sont fait entendre, poussés par les ânesses, les mules et toutes les bêtes de réquisition établies dans la plaine. Notre animal a dû être attiré par ces clameurs sympathiques et n'a pu résister à cet appel suprême. Par le fait, nous nous trouvons dans un singulier embarras : comment nous y prendre pour emporter nos maigres mais indispensables provisions, nos couvertures et nos petits sacs? Il n'y avait pas de temps à perdre, la colonne allait partir. Notre camarade Bourbaki n'hésite pas à prendre l'initiative d'une démarche directe auprès du duc d'Aumale; il lui explique en termes émus la triste perspective des officiers de deux compagnies. Cette requête fut très gracieusement accueillie, et de suite, au lieu d'un âne, on nous fait donner un très fort mulet de réquisition; après la prise de la smalah, il fut remplacé par deux mulets provenant de la razzia et qui devinrent notre propriété.

Quoi qu'il en soit de ce petit incident, on se met en route

de grand matin. Nos hommes ont huit jours de vivres dans le sac, le convoi en porte pour douze jours environ. La colonne se dirige d'abord vers l'ouest, en suivant le pied de la montagne. Bivouac chez les Beni-Tenagra, sur l'Oued-Moudjelain, au milieu de vastes champs d'orge que la cavalerie va dévaster, les habitants fanatisés ayant refusé de se rendre et préférant se réfugier dans la montagne, d'où ils voient la destruction de leur récolte.

Le jour suivant, nous nous dirigeons droit vers le sud, à travers des plaines immenses, sans végétation, sans eau, et au milieu d'une poussière épaisse qui nous aveugle; on franchit le Nahr-Ouasset (affluent du Chelif), et toujours on a devant soi des surfaces monotones et nues, sans accidents de terrain, sans variété. Le 13 mai, dans la soirée, nous rencontrons un petit ruisseau encaissé dans une étroite vallée. Là enfin on peut se désaltérer. Nous sommes chez les Bel-Buela, tribu soumise.

Ce même jour, dans le but de pouvoir appuyer les mouvements rapides de la cavalerie, le prince fait monter quelques compagnies de zouaves sur des mulets de réquisition. Grâce à la bonne volonté des cadres et des hommes, cette expérience eut un plein succès. On en profite pour réglementer l'usage pratique de cette innovation. On distribue dans quatre compagnies un certain nombre de mulets, de manière à faire alterner par tiers, dans chaque compagnie, le nombre des hommes montés, les deux autres tiers devant suivre à pied, après s'être débarrassés de leurs sacs, déposés sur les montures de leurs camarades. Ces dispositions nous permirent, quelques jours plus tard, de nous lancer dans des courses vagabondes, où l'infanterie parvient parfois à fatiguer la cavalerie.

Dans le Sersou. — En continuant à nous avancer à travers ces plateaux dénudés du sud, nous trouvons de légères dépressions de terrain où la colonne s'engage, afin de cacher la direction de notre marche; mais on ne tarde pas à s'apercevoir que des Arabes de nos goums restent en arrière et allument, sur les petites éminences de nos flancs, des broussailles herbeuses, dont la fumée sert de signal pour indiquer notre présence. Le général, ayant eu connaissance de cette trahison, me détache avec ma compagnie et quelques cavaliers pour tendre une embuscade à ces espions, qui sont saisis au nombre de dix. Immédiatement ils sont traduits devant un conseil de guerre, condamnés à mort (à l'unanimité moins une voix sentimentale) et exécutés. Cette mesure prompte et décisive était réclamée par les lois de la guerre, car il s'agissait de la sécurité de notre colonne. Les dix chevaux sont distribués aux lieutenants et sous-lieutenants du bataillon. Ils nous furent très utiles et nous permirent, sans trop de fatigue, de chevaucher à la tête de nos hommes singulièrement allégés et de plus en plus intrépides marcheurs depuis qu'ils peuvent aller de l'avant sans sacs, et parfois se reposer sur des montures.

Ce même jour, nous arrivons à Rechiqua à quatre heures du soir; une heure après on part pour aller surprendre le village de Goudjilah et tâcher d'obtenir, près des prisonniers, des renseignements sur Abd-el-Kader et sur ses contingents. Pendant toute la nuit, on marche à grands pas; les zouaves sont tout le temps sur les talons de la cavalerie.

Enfin, le 15 mai, à la pointe du jour, on arrive à l'entrée d'une gorge, sur le versant est d'un rideau de montagnes qui semblent fermer cette plaine immense et monotone. C'est la troisième chaîne qui, comme les deux premières, est parallèle à la mer, mais offre un aspect bien différent. Les deux autres sont riches, peuplées et fertiles, elles renferment des cités autrefois florissantes et commerçantes : la troisième, au contraire, est privée de tous ces avantages; entourée de tous côtés de terrains arides, sans bois, sans eau, elle semble n'ouvrir ses gorges et ses ravins que pour les fugitifs, les forbans ou les malheureux expulsés de leurs terres héréditaires.

Quatre compagnies de zouaves, sans sacs, gravissent lestement les escarpements où se trouve la bourgade, surprennent les habitants, qui ne font aucune résistance, et ramènent une trentaine de prisonniers.

La colonne déjeune au bivouac établi sur l'Oued-Feidda, les hommes se reposent à peine quelques heures, et de suite après nous traversons une chaine de hauteurs très peu épaisse. Dans notre marche, nous trouvons à chaque instant les traces du passage récent d'une nombreuse population en fuite. Ce sont les ossements d'animaux morts, des guenilles éparses, des piquets de tente, des terres remuées, etc. Un nègre ramassé blotti dans les rochers nous donne des renseignements vagues sur la smalah, où se trouvent, assure-t-il, de forts contingents armés. Entre temps, les goums font une razzia sur une fraction de tribu qu'Abd-el-Kader a forcée à émigrer dans le Sud.

A une heure de l'après-midi, nous nous arrêtons à El-Geitz; là on rencontre un mince filet d'eau : c'est un véritable trésor pour nos hommes haletants et épuisés par la chaleur et par la soif.

A cinq heures du soir, trois de nos compagnies montées marchent à la suite de la cavalerie; elles sont suivies de près par les autres, qui ont été allégées de leurs sacs. Pendant toute la soirée et toute la nuit, on ne cesse de s'avancer à pas rapides vers le sud, faisant de courtes haltes toutes les deux heures.

La charge de l'Oued-Taguin. — Le 16 mai, au lever du soleil, la cavalerie part au trot pour explorer les vastes plaines désertes, sans eau, sans végétation et sans le moindre accident de terrain; mais, par suite de fausses indications et aussi par le fait de l'inexpérience de notre lieutenant-colonel, nous appuyons un peu trop à l'est. Vers une heure de l'après-midi, nous voyons accourir des éclaireurs essoufflés, qui nous mettent au courant de la situation, nous apportent l'ordre de hâter le pas pour venir au secours de notre cavalerie sérieusement engagée contre les contingents d'Abd-el-Kader. Malgré notre fatigue, à la nouvelle d'une pareille rencontre c'est avec un entrain tout patriotique que nous accélérons la marche. Pendant cette dernière course effrénée, plusieurs de nos hommes préfèrent aller à pied et abandonnent sans regrets des montures sur lesquelles leurs jambes, mal équilibrées et sans appui, ont beaucoup à souffrir par suite d'une immobilité prolongée. A peine si de loin en loin nous rencontrons de faibles mares d'eau bourbeuse et bien insuffisante pour nous désaltérer.

Enfin, vers quatre heures et demie, nous arrivons sur le lieu du combat. Là nous apprenons les divers incidents de cette audacieuse charge de notre cavalerie et de nos alliés indigènes : un peu avant midi, les goums atteignaient la petite vallée de l'Oued-Taguin, où se trouvait la smalah d'Abd-el-Kader, soit près de trois mille tentes et au moins quarante mille âmes de population. Le duc d'Aumale, prévenu de cette rencontre, se rendit de suite sur les lieux et, sans hésiter, ordonne à la cavalerie de se jeter tête baissée au milieu de cette masse compacte. Une pareille audace, la promptitude dans l'exécution, empêchent les Arabes terrifiés de s'apercevoir du petit nombre de leurs adversaires ; malgré cela, le combat s'engage sur toute la ligne ; les réguliers de l'émir résistent énergiquement, mais ne peuvent tenir longtemps, au milieu des cris et des gémissements des femmes et des enfants. La plupart ne tardent pas à profiter de la confusion pour disparaître, emportant ce qu'ils ont de plus précieux ; le reste de la population et des guerriers s'empresse de se rendre à discrétion.

Si l'infanterie avait pu arriver deux heures plus tôt, rien n'aurait échappé ; nous aurions saisi réguliers et fantassins, alors que les Arabes, qui avaient des armes pour se défendre et un cheval pour se sauver, avaient pu se mettre hors de notre atteinte, et cela, malgré de nouvelles charges et malgré une poursuite énergique faite au moment de notre arrivée.

Dans cette affaire si glorieuse pour notre cavalerie, le jeune sous-lieutenant du Barail se distingua d'une manière particulière. Plus tard, il est devenu général de division et, après nos désastres de 1870, un de nos meilleurs ministres de la guerre de cette période néfaste.

A six heures du soir, les deux autres bataillons de la colonne et le convoi arrivent au camp; eux aussi sont haletants et à bout de force. Comment s'en étonner? Nous venions de faire trente lieues en moins de trente-six heures, et cela sans trouver d'eau potable sur notre route, sans pouvoir de toute la nuit et de toute la journée réparer nos forces, soit par un peu de repos, soit par une nourriture substantielle. Cette marche de l'infanterie dans le désert peut certainement être citée parmi les plus remarquables de celles signalées dans nos annales militaires, et même dans celles des anciens. Néanmoins, après d'aussi grands efforts et de telles fatigues, tous étaient fiers du résultat obtenu et prêts à recommencer : nous avions capturé quarante mille têtes de bétail (moutons, bœufs, chameaux, mulets), le trésor de l'émir, plusieurs personnages importants, la famille de Ben-Allem, de Si-Embarck, confident d'Ab-el-Kader, son kasnadji (secrétaire particulier), un butin immense en tapis, bijoux, vêtements, armes...

Dans les premiers moments d'exaltation chez les vainqueurs, de terreur chez le vaincu, quelques-uns de nos hommes, mais surtout beaucoup parmi nos alliés indigènes, se précipitent sur les bagages comme des vautours et des chacals; les Arabes recherchent les tapis, les bijoux, mais de préférence les jeunes femmes, qu'ils considèrent comme leur propriété légitime. C'est à grand'peine que l'on parvient à mettre un peu d'ordre dans ce pillage et à faire rentrer dans le devoir ces surexcités par les passions les plus mauvaises.

Malheureusement, comme nous avons pu le constater dans plusieurs autres circonstances, il y a certains moments psychologiques où la réglementation officielle, qui doit servir de frein aussi bien aux nations qu'aux armées, disparaît en partie pour laisser apparaître, dans leur cruelle nudité et dans leur entier épanouissement, les instincts sauvages de l'homme primitif. Ces moments se retrouvent aux deux bouts de la fortune et des destinées des armées, dans l'extrême défaite et dans l'éclat de la victoire. Mais toujours on a pu en arrêter les effets délétères et en paralyser le dissolvant, quand des chefs vigoureux, énergiques, n'ont pas hésité à faire une application implacable des lois militaires.

Quoi qu'il en soit, dès le lendemain, 17 mai, les zouaves partent pour appuyer la cavalerie envoyée en reconnaissance. Le 18, on se met en route pour ramener nos prises dans le Tell, ayant bien soin de prendre de sages précautions pour le cas d'un retour offensif d'Abd-el-Kader contre notre arrière-garde. Nous n'arrivons au bivouac qu'à onze heures du soir, après une marche des plus fatigantes, ayant à pousser notre immense troupeau, et surtout cette population misérable qui souffre d'une soif ardente, sous un soleil brûlant et avec une poussière qui nous aveugle.

Pendant cette journée et les suivantes, ce fut pour nous un bien triste spectacle de voir les douleurs et les souffrances de ces pauvres femmes, de ces faibles enfants abandonnés à eux-mêmes, et ayant la plus grande peine à se traîner dans ces sables mouvants; de ces mères portant sur leur dos de petits êtres débiles, et aussi le peu de linge qu'elles avaient pu sauver. Beaucoup étaient privées de leurs maris, morts ou en fuite à la suite du combat du 16. Dans ces pénibles circonstances, plusieurs de nos soldats se firent remarquer par leur empressement à soulager d'aussi grandes misères, n'hésitant pas à partager avec ces infortunées leur modique ration de biscuit, de riz, de viande, et même à les alléger de leur fardeau. Ce fut une bien belle compensation aux saturnales de la veille; tant il est vrai que ce noble cœur français peut facilement se laisser entraîner au bien et à l'amour du prochain.

Nous passons près des ruines de Aïn-Frelissa, puis, après avoir pris des vivres à Boghar, d'où un détachement de cavalerie doit se rendre à notre bivouac de la veille pour venger l'assassinat d'un grenadier du 33ᵉ de ligne qui avait tenté de violer une femme arabe, nous partons pour Médéah, où nous arrivons le 26 mai et où nous restons jusqu'au 6 juin.

Expédition dans l'ouest de Médéah (sous le colonel Joussouf). — Nous nous rendons à Berragouia pour travailler à la route. C'est là que, le 13 juin, le duc d'Aumale, rappelé en France, vient nous faire ses adieux et nous exprimer toute sa satisfaction, et remercier notre bataillon pour sa vaillante attitude pendant la glorieuse campagne de la smalah.

Quelques jours après, nous partons pour Boghar, où doit s'organiser une petite colonne de deux bataillons d'infanterie et de quelques escadrons de cavalerie, dans le but d'opérer sur les versants sud de la deuxième chaîne de montagnes du Tell, maintenir dans le devoir les tribus soumises, châtier et gagner à notre cause celles qui nous sont encore hostiles.

Le colonel Joussouf, qui connaît bien le pays, les mœurs des indigènes, est chargé de cette mission. Dès le premier jour de notre entrée en campagne, plusieurs tribus récalcitrantes viennent demander l'aman. Nous continuons notre marche en parcourant les territoires de l'Oued-Saneuy de Taza, où nous trouvons de nombreux débris de postes romains; le 22 juin, on fait une razzia chez les Sious, qui ne cessent d'attaquer nos alliés : intimidés par notre attaque, et en nous voyant détruire leur moisson, ils s'empressent, eux et les Matmatas, de venir se soumettre.

Le 26 juin, nous arrivons à Teniet-el-Had, camp nouvellement installé et commandé par le colonel Kort. Les jours suivants, on continue à s'avancer vers l'ouest; le 29, après une marche forcée pour appuyer la cavalerie, on fait une razzia importante de vingt mille têtes de bétail sur les Beni-Aiad, tribu de l'Ouen-Seris où s'est réfugié Si-Embarck, le fugitif de la smalah. De cinq heures du matin à neuf heures du soir, notre bataillon n'a cessé de marcher à toute vitesse.

A propos de cette course, signalons une particularité assez caractéristique : au milieu de la journée, nous rencontrons une source d'eau assez abondante; nos hommes, trempés de sueur et très altérés, s'y précipitent avec rage, plusieurs se mettent à boire d'une façon insensée; il y en eut même qui absorbèrent, sans interruption, quinze et seize quarts pleins, c'est-à-dire quatre litres d'eau fraîche au moins, et cela malgré nos conseils, nos avertissements et nos ordres : c'était une véritable frénésie. Heureusement on se remit de suite en marche, sans cela ces malheureux auraient bien pu payer cher cette imprudence et souffrir de maux d'estomac et d'entrailles; le mouvement parvint sans doute à rétablir l'équilibre, car aucun accident ne fut la conséquence de cette abondante absorption.

Après avoir exploré le versant sud de l'Ouen-Seris, après avoir brûlé les moissons des tribus qui nous avaient si vigoureusement attaqués l'année précédente, nous rentrons au camp, sous Médéah, le 7 juillet.

Expédition au Sud-Ouest sous le colonel Joussouf. — L'infanterie montée. — Après six mois de courses ininterrompues, et par des températures parfois excessives, froid ou chaleur, nous pouvions espérer avoir un peu de repos : il n'en fut rien pourtant. Le colonel Joussouf, désigné pour une nouvelle campagne, insista pour avoir avec lui notre bataillon de zouaves qui lui avait été si utile, et sur lequel il comptait pour la réussite de son essai d'infanterie montée.

Chez les tribus récemment soumises, il se produisait une sourde fermentation; plusieurs d'entre elles étaient déjà prêtes à recommencer la lutte et à se joindre à leurs voisins de la montagne. Pour arrêter cet élan de fanatisme et punir les coupables violateurs de la parole donnée, il fallait une colonne très légère, bien entraînée et capable de parcourir rapidement et sans trop de fatigue toute la région comprise entre Boghar, Taza, Teniet-el-Had, Tiaret, l'Ouen-Seris, et au sud le plateau du Sersou et de Taguin, et par suite de pouvoir surprendre inopinément nos adversaires, de les poursuivre sur tous les terrains et dans tous leurs refuges.

Nous partons de Médéah le 20 juillet pour nous rendre à Boghar, où doit s'organiser la colonne expéditionnaire. A peine arrivé, on se met de suite à l'œuvre; le colonel Joussouf avait concentré sur ce point notre bataillon de zouaves, quatre compagnies d'élite du 33e de ligne, cent cinquante chasseurs à cheval, trois cent cinquante spahis, mille hommes de goums environ.

Les mille hommes d'infanterie, à l'imitation des dragons de l'ancien régime, sont montés sur des mulets de réquisition; ils doivent suivre la cavalerie et, à l'occasion, mettre pied à terre pour combattre avec le fusil. Dans chaque peloton, les hommes sont numérotés de la droite à la gauche; à un signal convenu, les numéros pairs doivent seuls rester sur les mulets et prendre les brides des numéros impairs, qui mettent pied à terre, prêts à faire le coup de feu.

Quant aux effets et sacs des hommes, chaque commandant de compagnie doit prendre les dispositions qui lui paraissent les plus avantageuses. Après quarante-huit heures d'essais et d'exercices, on est prêt à partir.

Dans le temps, on a bien essayé de faire monter des fantassins en croupe derrière les cavaliers, mais on en avait obtenu de très médiocres résultats : on avait éreinté les chevaux et même les hommes. A différentes reprises on avait cru devoir faire porter les sacs de l'infanterie par des mulets, afin d'alléger les marches ; mais, à côté de certains avantages momentanés, on avait reconnu les inconvénients de ces divers systèmes.

Du reste, comme nous le verrons plus loin, notre nouveau procédé, lui aussi, ne répondit pas entièrement à ce qu'on en avait espéré. Comment s'en étonner quand l'expérience et la pratique des choses militaires sont là pour nous démontrer que toutes ces innovations peuvent bien être utilisées dans une circonstance donnée et d'une façon restreinte, mais qu'il serait bien imprudent et bien onéreux de les adopter comme mesure réglementaire et journalière ?

Quoi qu'il en soit, du 25 juillet au 14 août, nous ne cessons de marcher, de faire des courses de nuit, dans des contrées difficiles, pleines d'accidents, privées de bois, souvent d'eau, ayant à parcourir parfois quinze lieues sans temps d'arrêt et aux allures les plus vives.

A deux reprises, malgré notre célérité, nous ne pouvons surprendre ni saisir les tribus récalcitrantes ; une première fois, à Goudjilah, hommes et troupeaux avaient disparu avant notre arrivée, signalée à l'avance par leurs espions sans cesse en éveil. Une autre fois, sur le plateau du Sersou, nous pouvons ramener une faible partie du troupeau, que les habitants avaient eu la prévoyance de faire conduire en lieu de sûreté.

Enfin, après des courses incessantes, qui avaient eu pour effet, moins de nouveaux combats à livrer ou de razzias à faire, que d'agir sur l'esprit des indigènes, en leur faisant sentir tout le poids de notre force et de notre ferme volonté de toujours être prêt à les punir de leur manque de parole ou de mauvais vouloir à notre égard, nous rentrons, le 16 août, à Blidah, pour nous reposer quelques jours et nous préparer à de nouvelles expéditions.

Nouvelle expédition dans l'Ouen-Seris, sous le général Bugeaud. — Après son échec du mois de mai et la prise de sa smalah, Abd-el-Kader avait dû se retirer sur la frontière du Maroc, mais son énergie et sa confiance en l'avenir étaient restées intactes; il avait fait reprendre courage aux fidèles de son entourage, expédié de nombreux émissaires pour prêcher la guerre sainte chez les tribus devenues nos alliées, et surtout chez les montagnards de l'Ouen-Seris, qu'il savait nous être profondément hostiles, malgré leur récente soumission. Aussi, de toutes parts, dès les premiers jours de l'automne, arrivent au gouverneur des nouvelles alarmantes : les tribus qui nous sont restées fidèles sont sans cesse dans la crainte d'être attaquées et pillées par les partisans de l'émir.

En présence d'une fermentation qui menace tout notre territoire, le général Bugeaud n'hésite pas : il donne ses ordres pour concentrer à Milianah toutes les troupes disponibles de la province d'Alger. Le 23 septembre, nous partons pour cette destination; dès le 27, trois colonnes légères sont organisées pour aller opérer dans le massif de l'Ouen-Seris. Toutes doivent s'y rencontrer avec la colonne du colonel Cavaignac, partie d'Orléansville pour venir se joindre à nous.

Notre bataillon de zouaves fait partie de la colonne Bugeaud, avec deux bataillons du 48ᵉ et un du 58ᵉ. Les deux autres colonnes, sous les ordres du général Reveux et du colonel Eynard, partent en même temps que nous pour opérer dans des directions différentes.

Le 27 septembre, la colonne Bugeaud marche directement

sur l'Ouen-Seris; dès le 3 octobre, elle se trouve en contact avec les Beni-Boudouan, que nous attaquons et poursuivons énergiquement. Nous brûlons les gourbis, enlevons les troupeaux, vidons les silos. C'est la troisième fois que nous avons à lutter contre cette tribu fanatique; ne pouvant les atteindre dans des montagnes tourmentées, on leur tend une embuscade pour pouvoir les cerner au moment où, suivant leurs habitudes, ils s'acharnent sur l'arrière-garde. Malheureusement une compagnie du 48e met trop de précipitation à commencer le feu : cela donne l'éveil et fait échouer l'entreprise.

On arrive sur l'Oued-Foddah, puis, au lieu de suivre la vallée, on remonte les pentes nord du grand pic, à travers des broussailles et en suivant des sentiers de chèvres. Après une marche des plus pénibles pour les hommes et pour les animaux, on bivouaque chez les Beni-Jendels; là, le 6 octobre, les trois colonnes font leur jonction et se rencontrent avec celle du colonel Cavaignac.

Le 7 octobre a lieu une grande et imposante cérémonie, en présence de toutes les troupes sous les armes : il s'agit de la distribution des burnous d'investiture aux chefs des Beni-Sindjes, des Beni-Boukanous, des Jendels et des Beni-Seliman, qui sont venus faire leur soumission et auxquels le général Bugeaud, entouré de son état-major, adresse une allocution des plus émouvantes et des mieux appropriées aux circonstances du moment : il leur promet de respecter leurs lois, leurs coutumes, leurs propriétés et leur religion, sous la double condition d'être soumis à l'autorité française et de reconnaître la souveraineté du gouvernement.

Le 8 octobre, notre bataillon passe dans la colonne du colonel Cavaignac, où se trouve le troisième bataillon du régiment; ensemble nous devons opérer dans les environs d'Orléansville; quant aux autres colonnes, elles vont continuer à agir chez les Beni-Boudouan.

Le 11 octobre, après avoir fraternisé pendant plusieurs jours avec les officiers du 3ᵉ bataillon, que nous n'avions pas vus depuis la formation, nous arrivons sous les remparts de la nouvelle ville, fondée depuis un an à peine[1]. Malheureusement, cette joyeuse rencontre est attristée par un duel qui a lieu entre deux de nos sympathiques camarades, et cela à la suite de disputes peu sérieuses, mais dues à l'influence de liqueurs alcooliques absorbées en trop grande quantité. L'un d'eux, le lieutenant Tournillon, fut tué : ce fut un véritable chagrin pour tous.

Expédition dans le Dahra, sous le colonel Cavaignac. — Le 13 octobre, notre colonne pénètre dans le Dahra par les montagnes des Sbéah ; ce même jour, à onze heures du soir, elle quitte son bivouac pour aller surprendre les Beni Medouna ; après une marche de nuit des plus fatigantes, elle arrive à huit heures du matin chez la fraction importante des Beni-Mennah. Cette tribu fait peu de résistance ; on lui enlève cinq à six cents moutons, deux à trois cents bœufs ; quant à la population, presque tous les habitants étant prisonniers sont obligés de se soumettre.

Le 15, après une marche de jour, nouvelle marche de nuit pour aller saisir les troupeaux des dissidents ; il nous faut suivre des sentiers étroits et difficiles, nous soumettre à des fatigues nouvelles ; mais enfin nos efforts sont couronnés de succès : à trois heures du matin, nous rencontrons la queue d'un troupeau assez important et nous pouvons ramener cinq à six cents moutons et une quarantaine de bœufs. Les jours suivants, on continue à poursuivre les Arabes ; la cavalerie est lancée dans la direction de la mer contre plusieurs fractions très fanatisées, qui défendent avec acharne-

---

[1]. Orléansville est l'ancien *Castellum Tingitanum* des Romains ; on y trouve des ruines assez importantes : j'y ai vu, entre autres, des restes de belles mosaïques, des statues, etc. Sous la domination arabe, cette localité était connue sous le nom de *El-Esnam*.

ment leurs dernières ressources; malheureusement l'infanterie est trop éloignée pour pouvoir la soutenir, nos éclaireurs doivent battre en retraite, n'ayant pu saisir qu'un bien faible troupeau.

Le 18, la journée est plus heureuse : après avoir gravi péniblement les montagnes, dont les versants se dirigent sur la mer, nous ramenons quatre à cinq cents moutons ou chèvres et quelques bœufs.

Notre colonne continue à fouiller les ravins et à harceler l'ennemi sur les pentes nord, puis elle se dirige à l'est, en suivant les bords de la mer, à travers un pays accidenté et plein de broussailles. Le 22, elle arrive à Tenez, et nous bivouaquons dans l'enceinte de la nouvelle ville. Le jour même, le colonel Cavaignac et le lieutenant-colonel de Chasseloup-Laubat s'embarquent pour Alger.

Le 25, nous rentrons à Orléansville avec le 3ᵉ bataillon du régiment, et nous campons en dehors des fortifications. Dès le lendemain, nos hommes quittent le fusil pour prendre l'instrument de travail, sous la direction des officiers du génie. Le 30, à minuit, les deux bataillons de zouaves, sous les ordres du lieutenant-colonel Leflo[1], partent pour aller faire une razzia chez les Sbéahs. Après une marche des plus pénibles, ayant eu à souffrir du souffle énervant du sirocco, puis d'une averse qui nous trempe jusqu'aux os, notre opération a un plein succès : la tribu est cernée, on fait pas mal de prisonniers, on enlève un troupeau, que l'on ramène à Orléansville le 2 novembre à sept heures du soir,

---

1. En 1848, le lieutenant-colonel Leflo a joué un rôle politique à l'Assemblée nationale; après le coup d'État de 1851, il a quitté le service et la France. Rentré en 1870, après la chute de l'Empire, est devenu ministre de la guerre, député, sénateur, puis ambassadeur en Russie; donna sa démission à la chute du maréchal de Mac-Mahon en 1879.
En 1843, c'était un officier plein d'énergie et d'entrain; très ambitieux, très agité, décriant, critiquant tout le monde, ses supérieurs, ses inférieurs, ses collègues et même ses protecteurs, comme le colonel Cavaignac, qui l'avait fait venir à Orléansville pour être son bras droit.

par un temps épouvantable. Le 8 novembre, nous recevons l'ordre de partir pour Blidah ; nous y arrivons le 14, après avoir eu à supporter, presque chaque jour, des pluies torrentielles.

Réflexions sur l'état physique et moral de notre bataillon. — Si alors nous avions eu le service de trois ans ou le service de quarante mois, si enfin la loi de 1872 eût existé et eût été appliquée comme elle l'est de nos jours, ces marches continuelles, ces expéditions pour obtenir la pacification du pays eussent été impossibles. Comment, en effet, de tout jeunes soldats auraient-ils pu supporter ces fatigues journalières, sans repos, sans abris, portant toujours huit jours, au moins, de vivres dans le sac ; avec cela devant subir toutes les intempéries, faire des courses folles, de jour et de nuit, tantôt dans des plaines dénudées et sans eau, par un sirocco intolérable, tantôt dans des montagnes abruptes, tourmentées, sans route, au milieu des rochers et des difficultés de toutes sortes. A ce régime, la grande majorité n'eût pas tardé à remplir les hôpitaux, les ambulances, les cacolets, et empêché, par suite, ces travaux fructueux obtenus à force de persévérance et de solidité de la part d'anciens soldats, rompus avec tous les détails et avec toutes les dures épreuves du métier.

Nos zouaves, pendant toutes ces expéditions, on ne saurait trop le répéter, au lieu de se démoraliser, de se plaindre ou de tomber malades, ne cessaient de s'égayer par les chansons les plus alertes, parfois les plus grivoises et les moins poétiques, mais toujours les plus entraînantes ; elles contribuaient largement, du reste, à maintenir la bonne humeur de tous, à réconforter les moins bien trempés, à leur faire oublier des misères qu'ils finissaient par tourner en plaisanteries. Souvent, au retour d'une campagne, beaucoup n'avaient plus que des débris de leurs vêtements : ils bouchaient les trous de leurs vestes et de leurs larges pantalons avec des morceaux de peau de mouton, de vieux restes de toile ou de leurs turbans; souffrant parfois de la faim et de la soif, ils ne s'en montraient pas moins pleins de vigueur au physique et au moral : toujours on les voyait prêts à servir de modèles de discipline et d'obéissance. Eh bien, il faut le reconnaître, avec de pareils soldats on pouvait tout oser et tout espérer en face d'un ennemi quelconque. C'est ce que nous aurons à constater dans les périodes suivantes. Heureux le pays qui peut et sait préparer des éléments semblables !

Les officiers du bataillon, après avoir vécu ensemble pendant ces deux années si laborieuses et si pleines d'incidents, avoir eu à braver les mêmes dangers, à supporter les mêmes fatigues, les mêmes privations, avaient pu se lier entre eux, s'unir par une étroite amitié et une solidarité de tous les instants. Parmi eux, il y en avait d'excellents, ayant de véritables qualités viriles et intellectuelles; chez presque tous un ardent désir de bien faire et de continuer les brillantes traditions du corps. Les exceptions furent assez rares ; bien peu se montrèrent faibles de caractère et manquèrent de ce moral indispensable pour résister à des épreuves si rudes et si persévérantes. Quelques-uns seulement durent demander des congés pour aller se reposer et prendre de nouvelles forces[1].

Nos chefs supérieurs étaient doués de qualités bien différentes : Cavaignac, notre colonel, était un homme supérieur par son intelligence et son aptitude au commandement; il en imposait à tous par ses éminentes vertus militaires, par sa superbe attitude, par son esprit de justice, par son énergie à maintenir une discipline exacte et absolue à tous les

---

1. Le régiment avait reçu plusieurs officiers sortant de Saint-Cyr. Quelques-uns se firent remarquer plus tard : entre autres le jeune sous-lieutenant Chanzy, de la promotion du 1ᵉʳ octobre 1843, ne tarda pas à gagner l'affection de tous ses camarades et à préparer par son travail, son intelligence et ses aptitudes, la brillante carrière qu'il devait parcourir.

degrés de la hiérarchie, s'occupant sans cesse de ses hommes, de leurs besoins, de leur santé, et n'imposant jamais de fatigues inutiles. Brave soldat, mais, à côté de cela, dans les opérations de la guerre, impressionnable, pas assez de décision ni de volonté, subissant trop l'influence de son entourage.

Quant à notre lieutenant-colonel, c'était tout autre chose : lui, Parisien de caractère et de goût, sorti des bureaux de l'état-major, n'avait jamais eu l'occasion de commander à des soldats avant de nous arriver aux zouaves ; par suite, il était peu en état d'apprécier combien l'action morale est nécessaire pour faire mouvoir efficacement les masses sous les armes. Il s'occupait beaucoup plus de sa personne que de ses subordonnés. Arrivé au bivouac, son unique préoccupation était de se faire préparer un bon emplacement, de le faire bien sécher, d'employer les douze sapeurs à lui allumer un bon feu près de sa tente, puis de faire établir son lit, où il se couchait à peine descendu de cheval. Jamais il n'allait voir l'installation des compagnies, jamais il n'allait aux avant-postes pour s'enquérir des besoins de la troupe, pour réconforter les natures épuisées par les fatigues ou par les intempéries et relever les défaillances. Comment s'étonner, après cela, qu'il fût sans prestige près de ses soldats? Dans ses relations journalières, il se montrait sec et hautain, sceptique et parcimonieux ; jamais on ne le vit inviter un officier à sa table, toujours bien servie.

Travaux de route. — Rentrés à Blidah le 14 novembre, nous en repartons le 27 pour aller nous établir dans la vallée de l'Oued-Djer, travailler à la route qui doit relier Blidah à Milianah, puis à celle qui doit traverser le Zakkar pour joindre Cherchel à Milianah. Nous restons là pendant les mois de décembre 1843, janvier, février et mars 1844.

Presque tous les mois, nous levons le camp pour aller planter nos tentes sur un autre point, d'abord près du village actuel de Bou-Medfa, puis non loin de l'emplacement où se trouve aujourd'hui la colonie Vesoul-Bonian, en face de Haman-Reira[1].

Ce fut pour nous un séjour peu agréable, n'ayant aucun moyen d'employer fructueusement nos loisirs, soit intellectuellement, soit au point de vue professionnel. Nos hommes, occupés toute la journée à des travaux de terrassements, échappaient à notre direction et à notre autorité. Quelques officiers de service conduisent journellement les travailleurs sur le terrain et les livrent au génie, qui est chargé d'utiliser leurs bras. Les autres officiers, n'ayant ni livres ni occupations sérieuses, ont une existence des plus monotones, surtout ceux qui, par le fait de leur éducation, par le manque d'instruction première, ne savent ni observer ni se livrer à des lectures militaires ou scientifiques; plusieurs d'entre eux, entraînés par notre chef de bataillon, se rendent sous sa tente pour se lancer dans les distractions énervantes du jeu de la bouillotte, et cela avec une telle frénésie que trop souvent, le jour et la nuit, ils ne cessent d'avoir les cartes à la main. Les uns perdent leurs très modiques économies, et doivent s'imposer pendant longtemps de sérieuses privations ; d'autres, hors d'état de payer les dettes contractées sur parole, éprouvèrent de pénibles déboires dans leur amour-propre, dans leur dignité, dans leur état moral et enfin dans les relations journalières avec les camarades.

Le plus triste, c'est que notre commandant était le premier et le plus ardent à exciter ses subordonnés ; et quand il perdait, il s'arrangeait toujours pour ne pas se libérer.

Du reste, il faut bien le dire, ce chef excentrique, dont les deux passions dominantes étaient le jeu et les petits verres

---

[1]. Ce point est devenu une station balnéaire d'une certaine importance. C'est l'*Aqua-Calida* des Romains. Nous y trouvons de nombreuses inscriptions antiques.

d'eau-de-vie, n'avait aucune des qualités indispensables pour commander des troupes d'élite, aucune aptitude militaire, aucune influence sur les subordonnés, aucune de ces qualités viriles et morales qui inspirent estime et confiance aux soldats sous les armes ; aussi, quand les compagnies sous ses ordres avaient à opérer contre l'ennemi, étant incapable de comprendre les opérations à faire exécuter, ses supérieurs évitaient de faire passer leurs ordres par son intermédiaire. Pendant la marche et les opérations, il restait inerte sur son cheval, fumant des cigarettes sans se préoccuper des événements.

Enfin cet officier supérieur, très excentrique, peu intelligent, n'ouvrait jamais un livre ; mais, très infatué de sa personnalité, il se croyait un grand militaire, parce qu'il avait été blessé au siège de Constantine. Pendant les travaux de route, on le laissait à la tête de son bataillon, parce qu'il n'y avait aucune responsabilité sérieuse à encourir ni aucune initiative à prendre. Notre lieutenant-colonel restait à Alger, le colonel étant détaché à Orléansville, où il commandait les subdivisions militaires.

Cette vie de désœuvrement au bivouac, où l'on se laissait aller aux émotions fiévreuses du jeu, aurait pu avoir des conséquences bien funestes pour plusieurs de nos excellents camarades, si, peu de temps après, on n'avait eu des expéditions actives comme dérivatif et comme moyen de retremper les caractères au milieu des dangers, des combats et des fatigues supportées par tous avec entrain et vigueur.

CHAPITRE V

PREMIÈRE EXPÉDITION EN KABYLIE. — LA GRANDE
INSURRECTION D'ABD-EL KADER

Première expédition en Kabylie. — Prise de Delhis (sous le général Bugeaud). — Depuis trois ans, des colonnes très mobiles ne cessaient de parcourir en tous sens les coteaux, les plaines et les hauteurs du Tell, entre Alger et Oran. On avait attaqué et soumis la plupart des tribus de cette région, chassé Abd-el-Kader de tous les centres militaires qu'il occupait : la Mitidja, les plateaux du Tittery, la vallée du Chelif et la ceinture de montagnes qui les entourent étaient en notre pouvoir. Dans cet ensemble de territoires, de constitution géologique et de formes si différentes, nous étions les maîtres de tous les passages servant à se diriger vers le Sud et à le dominer, des vallées longitudinales formant des avenues protectrices entre le massif de l'Ouen-Seris et les collines du Dahra. Sur certains points stratégiques, on avait établi des postes militaires pour surveiller les agissements des émissaires d'Abd-el-Kader, venant prêcher la guerre sainte chez les tribus soumises et les pousser à la révolte. On avait commencé des routes pour relier entre elles les villes et les stations occupées par nos troupes.

Pour compléter l'œuvre de la conquête matérielle du pays,

pour ôter tout refuge aux insurgés des plateaux, il était indispensable de soumettre le Djurdjura, de pénétrer dans ces montagnes, dites de la Grande Kabylie, presque aux portes d'Alger, et dont on aperçoit, des promenades de la ville, les pics avec leurs escarpements qui se dressent à plus de deux mille mètres d'altitude.

Les profondes vallées de l'Oued-Ysser et de l'Oued-Sahel entourent, avec la mer, ces massifs de forme ovale, qui sont comme une immense forteresse, couverte de neige en hiver et n'offrant d'autres brèches que d'étroits passages entre des ravins parallèles et très difficilement abordables.

Les Kabyles, habitants de ces montagnes, ont beaucoup moins de fanatisme religieux que les Arabes; ils sont par-dessus tout attachés à leur sol et à leur indépendance séculaire, qu'ils ont conservée même du temps des Turcs.

Ces montagnards semblent tirer leur origine des anciens Berbers; par la suite des temps et des invasions successives de conquérants étrangers, Romains, Vandales, Byzantins, Arabes, ils se sont mêlés avec les habitants du Tell, chassés de la plaine par les vainqueurs. Malgré tout, les Kabyles ont des mœurs, des institutions et un caractère tout différents de ceux des Arabes. Ces derniers vivent depuis des siècles sous le régime aristocratique; les hommes de grande tente sont les chefs incontestés, et cela à tous les degrés de la fraction sociale, douar, tribu, aghalik, bach-aghalik, khalifat. Les Kabyles, au contraire, ont eu de tout temps des institutions démocratiques; leurs chefs sont nommés à l'élection. Quant aux qualités et aux défauts inhérents à leur nature particulière, il y a entre les deux races une variété assez sensible. Ainsi les Kabyles sont travailleurs, patients, industrieux, économes, honnêtes; avec cela, braves et vigoureux; de tout temps ils nous ont fourni nos meilleurs soldats aux tirailleurs indigènes. En hiver, beaucoup d'entre eux vont travailler dans les villes ou dans la plaine.

Depuis plus de quatre mois, nous nous morfondions aux travaux de route, très utiles et très fructueux pour l'avenir de la colonie, mais très pénibles pour la troupe et atrophiants pour les officiers, quand enfin, dans le courant d'avril, nous arrive l'ordre de partir pour une expédition en Kabylie. Ce fut pour tous un véritable soulagement ; on lève le camp avec enthousiasme et, très allègrement, l'on se rend à Blidah, où nous restons peu de temps, quelques jours à peine, pour nous préparer à l'entrée en campagne, toucher les vivres, les munitions, les vêtements, les chaussures, pour se livrer aussi à des exercices un peu oubliés pendant notre séjour dans la montagne, où l'on maniait bien plus la pioche que le fusil.

Le 25 avril, nous partons de Blidah pour nous rendre à la Maison-Carrée, lieu de concentration des troupes qui doivent agir sous les ordres directs du gouverneur. Là, notre lieutenant-colonel de Chasseloup-Laubat nous rejoint, arrivant d'Alger pour prendre le commandement du bataillon, le titulaire étant jugé incapable de le diriger quand il s'agit de marcher à l'ennemi.

Un ordre du jour du général Bugeaud organise les trois colonnes expéditionnaires de la manière suivante[1] :

Première colonne de droite, sous le général Korte, avec les trois bataillons du 48º, un bataillon d'indigènes ;

La plus grande partie de la cavalerie, une section d'artillerie, ambulance, etc. ;

Deuxième colonne du centre, sous le colonel Schmidt, du 53º, avec un bataillon d'élite (génie-artillerie) ;

Un bataillon de zouaves, deux bataillons du 26º, un bataillon du 53º, une demi-batterie d'artillerie, ambulance, etc. ;

Troisième colonne de gauche, sous le général Genty, avec

---

1. Le gouverneur, pour utiliser toutes ses forces actives, forme un bataillon mixte, dit bataillon d'élite : il comprend, en proportions à peu près égales, des soldats du génie, d'artillerie et même du train des équipages.

deux bataillons de 58°, deux bataillons du 3° léger, artillerie, ambulance.

Le 27 avril, les trois colonnes se mettent en route et vont bivouaquer sur l'Oued-Hamiss, près l'Haouch-el-Bey ; le soir, le commandant d'artillerie Mathieu jette un pont sur la rivière. Nous sommes dans une vallée fertile, bien cultivée, et au milieu de tribus pacifiques. Le paysage est charmant. Le lendemain 28, on traverse l'Oued-Boudouaou ; le bivouac est établi sur l'Oued-Korto ; là, les goums des Krachenas, des Aribes et autres tribus de la Mitidja, viennent nous rejoindre pour nous prêter leur concours.

Le 29, on traverse le col des Beni-Aïcha ; c'est la ligne de séparation des eaux de la Mitidja et des rivières qui descendent du Tittery et du Djurdjura. Nous bivouaquons sur la rive gauche de l'Oued-Ysser.

A peine arrivés, nous avons la mauvaise chance de voir tomber la pluie avec une telle abondance qu'elle ne tarde pas à faire grossir la rivière et à forcer l'artillerie d'interrompre ses travaux de construction d'un pont de bateaux. Pendant plusieurs jours nous avons un temps épouvantable ; ce sont des bains en plein air très peu réconfortants.

Passage de l'Ysser. — Malgré cela, en prévision d'une attaque de Ben-Salem, intrépide lieutenant d'Abd-el-Kader, le gouverneur n'hésite pas à donner l'ordre au bataillon de zouaves et à la cavalerie de passer quand même sur la rive droite. L'opération réussit complètement, mais elle fut bien pénible et bien émouvante : des cavaliers sont placés en amont pour atténuer la rapidité du courant et permettre à l'infanterie, sac au dos et fusil sur l'épaule, de passer ayant de l'eau jusqu'au-dessous des bras ; d'autres cavaliers, placés en aval, sont là pour prêter secours à ceux qui seraient entraînés par le courant, et il y en eut un certain nombre qu'il fallut repêcher ; d'autres furent tirés d'embarras en s'attachant à la queue d'un cheval. Pour comble de malheur, une fois sortis de l'eau, nous trouvons très peu de bois pour nous donner le moyen de nous sécher; aussi la journée et la nuit sont des plus pénibles; néanmoins, grâce à l'excellent moral de nos hommes, à leur tempérament robuste et acclimaté, nous avons peu d'accidents, et quelques rares malades seulement. Dans la soirée, nos zouaves, toujours gais et alertes, se mirent à plaisanter et à rire de leurs mésaventures et des bains tout gratuits que leur avait fait prendre *Sidi-Mahomet*.

Occupation de Bordz-Menail. — Le 2 mai, le reste de la colonne passe sur le pont que l'on a fini par établir; puis toutes les troupes partent à travers un pays sans routes sur des terres détrempées. On va établir le camp près de Bordz-Menail, fort turc bien délabré, avec des murs tombant en ruine; nous trouvons là de vieilles et informes pièces d'artillerie inutilisables, remontant, dit-on, au dix-septième siècle. C'est de ce fort que les Turcs, avec une assez faible garnison, dominaient tout le pays et pressuraient les Kabyles, obligés de venir dans la plaine pour acheter les denrées nécessaires à leur subsistance.

Pendant plusieurs jours, le mauvais temps continue à nous poursuivre; cela ne nous empêche pas de travailler à la route et aux réparations les plus urgentes du Bordz, où l'on doit laisser une petite garnison avec les *impedimenta* et des réserves de vivres.

Le 6 mai, la colonne du centre, plus une partie de celle de droite, marchent dans la direction de Delhis; elles ont d'abord à traverser un pays difficile, accidenté, puis descendent dans la vallée de l'Oued-Arbâa, où nous trouvons une végétation luxuriante; sur les flancs, il y a d'assez nombreux villages; les alentours, bien cultivés, ont un aspect charmant et pittoresque.

Pendant notre marche, nous sommes suivis de loin par les contingents des Amaraoua et des Flissas, qui nous observent sans oser nous attaquer. Notre bivouac est établi sur l'Oued-Sebaou, en face des montagnes des Beni-Thour. La pluie commence à tomber avant notre arrivée et continue toute la nuit : à peine si nous pouvons allumer nos feux et prendre un peu de repos. Néanmoins, dès le lendemain, l'infanterie et la cavalerie, après beaucoup d'efforts, de péripéties et pas mal d'accidents, parviennent à se porter sur la rive droite. Pendant cette pénible opération, la rivière ne cesse de grossir ; nos hommes ont de l'eau d'abord jusqu'à la ceinture, puis jusqu'au dos. A ce moment, le passage devenu impossible force les goums, une partie du convoi et l'arrière-garde, à rester sur la rive gauche. Les Arabes, heureux de profiter de cette circonstance et de nos embarras, se préparent à nous attaquer et à couper nos communications avec les fractions en retard. De suite on prend les armes, on fait des charges dans toutes les directions, on envahit et on brûle plusieurs villages.

Le 8 mai, le général Bugeaud, après avoir pris des dispositions pour assurer la sécurité des forces laissées sur la rive gauche, n'hésite pas à marcher droit sur Delhis ; malheureusement, il n'y a ni routes ni sentiers ; on doit s'avancer péniblement à travers champs, dans des terres détrempées par les pluies, et où les pieds de nos hommes s'enfoncent et circulent avec des efforts fatigants. En dehors de tous ces ennuis, nous trouvons de beaux champs de tabac et de nombreux arbres fruitiers. Enfin, vers quatre heures de l'après-midi, nous arrivons sur un vaste plateau qui domine la ville et d'où, à notre grande joie, nous apercevons des bateaux arrimés dans la rade pour nous apporter des vivres ; de suite on expédie des convois et des détachements pour aller les chercher et les protéger.

A peine installés, les habitants de la ville indigène s'empressent de venir à notre camp pour nous assurer de toute leur sympathie et nous offrir leur concours le plus loyal.

Le lendemain, les bateaux vont à l'embouchure du Sebaou porter des approvisionnements aux goums et au convoi, privés de toute ressource, sur la rive gauche, et de plus menacés par les montagnards.

Occupation de Delhis. — Le 10 mai, le capitaine Périgot, des tirailleurs algériens, va s'établir dans la ville avec sa compagnie, comme commandant supérieur[1].

Le 11 mai, les goums, protégés par la cavalerie du colonel Korte, ayant pu passer la rivière et nous rejoindre, le gouverneur nous fait marcher vers l'est, contre d'assez nombreux rassemblements de tribus hostiles; divers engagements ont lieu, mais sans grande importance; dans l'un, cependant, le 48e a plusieurs hommes tués et blessés. A peine rentrés au bivouac, on voit de nouveaux contingents arriver, et dans la soirée des feux s'allumer sur les montagnes voisines : c'est un signal pour faire concourir les tribus des environs au combat du lendemain.

La charge du 12 mai à Faourgha. — Le 12 mai, on prend les armes à cinq heures du matin, mais, à peine en marche, nous voyons les Kabyles se rassembler, puis aller occuper les hauteurs qui dominent les sentiers par où doit passer notre convoi pour se rendre au gué de la rivière. Devant ces démonstrations hostiles, le général Bugeaud donne immédiatement ses ordres et fait prendre toutes les dispositions pour une offensive vigoureuse. Une grande partie de la cavalerie étant partie pour Bordz-Menail afin de protéger le ravitaillement du fort, il organise, pour la remplacer, un escadron avec des soldats du train et d'artillerie, sous le commandement du capitaine de Cissey[2]. Le goum, cet

---

1. Ce brillant officier s'est distingué dans les campagnes d'Afrique. — Il a organisé la subdivision de Delhis ; plus tard est devenu général de division, et a commandé longtemps la province de Constantine ; passé dans la réserve en 1872.

2. Le capitaine de Cissey a été plus tard le chef supérieur énergique qui s'est distingué comme chef d'état-major de la division Bosquet, en Crimée;

escadron et plusieurs compagnies d'infanterie sont masqués dans un pli de terrain ; le reste de la colonne continue tranquillement sa marche dans l'ordre habituel pour donner confiance aux Arabes et les laisser se rapprocher de nous. A dix heures du matin, un coup de canon donne le signal de l'attaque : aussitôt les compagnies des 48ᵉ et 26ᵉ de ligne partent au pas de course, gravissent avec entrain les pentes des hauteurs où sont les contingents kabyles, enlèvent successivement des positions assez bien défendues, culbutent ceux qui résistent, et laissent à l'escadron de Cissey et aux goums le soin de les poursuivre à outrance. Pendant ce temps notre bataillon tourne à gauche, prend les Kabyles par le flanc, achève de les mettre en déroute, brûle deux villages et ramène quelques bœufs.

Ce hardi coup de main nous permet de franchir le Sebaou sans nouvel incident et de nous avancer, les jours suivants, dans une vallée parfaitement cultivée. Partout des maisons et des gourbis en très bon état, partout des produits variés qui semblent indiquer une contrée riche, où doit régner l'abondance et le bien-être. Malgré cela, les habitants n'hésitent pas à tout abandonner, leur domicile, leur matériel et leurs terres, pour se concentrer et nous combattre.

Le 15 mai, nous approchons de l'un des contreforts du Djurdjura, et allons établir le bivouac vers la partie orientale du massif.

A peine installés, nous voyons sur les crêtes et dans les villages se former des rassemblements nombreux; toute la population, hommes, femmes, enfants, poussent des cris aigus et incessants pour appeler les tribus des environs à leur

---

en 1870, a brillamment commandé sa division à Metz, s'est fait remarquer en 1871, contre la Commune, puis comme ministre de la guerre. A côté de solides qualités militaires, a souvent manqué de sens moral et surtout d'esprit de conduite, dans les dernières années de sa vie.

aide. Des éclaireurs descendent dans la plaine faire le coup de feu avec nos avant-postes.

Les Flissas, aborigènes de ces montagnes, ont été de tout temps en guerre avec les conquérants de la plaine ; aujourd'hui, comme autrefois, ils veulent défendre énergiquement leur indépendance séculaire, dont ils sont si fiers.

Le 16 mai, le général Genty, qui a été chercher un convoi de vivres à Bordz-Menail, rentre au camp après avoir eu à repousser plusieurs attaques des Kabyles et avoir fait des pertes assez sérieuses. Le soir, le général Bugeaud réunit les chefs de corps et donne des instructions pour l'attaque du lendemain.

Combat du 17 mai chez les Flissas, dit d'Ouarez-Eddin. — La chaîne montagneuse des Flissas, que nous devons aborder, court de l'ouest au nord-est ; elle est formée d'un massif principal, qu'une arête presque continue longe dans toute son étendue (environ dix lieues) ; au nord et au sud une foule de contreforts s'en détachent et viennent, par des pentes assez raides, se perdre dans les vallées. Ces contreforts, séparés entre eux par des ravins profonds, sont défendus de distance en distance par des obstacles en terre d'où les Arabes comptent faire sur nous, à bonne portée, une vive fusillade, ayant toute facilité de la retraite jusqu'aux sommets les plus élevés. En outre, sur les crêtes et sur les versants se trouvent pas mal de villages, protégés par des broussailles et aussi par des terres remuées.

On avait à choisir entre plusieurs points d'attaque, soit par l'extrémité orientale de la chaîne, près de l'endroit où se trouvait notre bivouac, là où la nature semblait avoir le moins fait pour la défense, et qui permettait de remonter par une pente douce jusqu'aux crêtes les plus élevées. Mais, en suivant cette direction, on se heurtait à des difficultés de plus d'un genre : tout d'abord, on avait le désavantage d'attaquer l'ennemi sur un terrain qu'il semblait avoir choisi, où il avait multiplié les obstacles et réuni toutes ses forces pour les avoir concentrées au moment décisif de l'assaut. De plus, les positions à enlever, toutes plus élevées les unes que les autres, auraient rendu l'attaque plus longue et plus meurtrière.

D'un autre côté, il y avait non loin de notre camp un contrefort qui partait de l'arête supérieure et venait se terminer dans la plaine par une pente douce.

Ce contrefort dominait deux énormes ravins, ce qui permettait de le gravir sans avoir à craindre d'être inquiétés sur nos flancs; cela nous donnait l'immense avantage, en cas de succès, de couper en deux les forces kabyles et de désunir leur centre d'action.

Le gouverneur crut devoir adopter cette dernière combinaison, et, dans la soirée, donner des ordres précis en conséquence.

Les colonnes d'assaut sont ainsi composées :

Deux compagnies de zouaves, sous les ordres du capitaine Corréard, à l'extrême avant-garde;

Une compagnie de carabiniers du 3ᵉ bataillon de chasseurs à pied, commandée par le lieutenant Hurvoy;

Cinquante sapeurs du génie (capitaine Ducasse[1]);

Le bataillon de zouaves;

Le bataillon d'élite (génie-artillerie);

Trois pièces d'artillerie de montagne, trente paires de cacolets;

Deux cents cavaliers français et arabes, commandés par le chef d'escadron de Noue[2];

Le bataillon des tirailleurs algériens, deux bataillons du 3ᵉ léger, deux bataillons du 26ᵉ, deux bataillons du 48ᵉ.

Le départ a lieu à deux heures du matin; on marche dans

---

1. Officier du génie distingué; est devenu général de division; a été longtemps membre du Comité du génie.
2. Le commandant de Noue s'est souvent distingué en Afrique; est devenu général de division; est mort il y a quelques années

le plus grand ordre et en silence. A trois heures on atteint les premières pentes et l'on avance sans que rien fasse soupçonner notre mouvement. A quatre heures, un premier coup de feu donne l'éveil à l'ennemi ; mais l'avant-garde n'en continue pas moins sa marche par des sentiers droits et raides ; bientôt elle arrive près du gros village d'Ouaran-ed-Din. Les habitants, surpris, ont à peine le temps de décharger leurs armes, nous tuant et nous blessant plusieurs hommes. Le capitaine Corréard donne l'ordre à ses zouaves haletants de cerner le village, d'aborder les combattants avec la baïonnette, sans tirer un coup de fusil ; lui-même se jette dans les rues, fait fouiller les maisons et sort rapidement pour continuer sa marche en avant.

Mais déjà le signal d'alarme est donné dans la montagne, et quand le jour commence à paraître, nous voyons les Kabyles accourir de tous les coins de l'horizon, poussant des cris sauvages, s'excitant les uns les autres, se précipitant au-devant de nous, bien décidés à se défendre. Devant de pareilles manifestations, notre bataillon redouble d'ardeur pour aller soutenir l'avant-garde sérieusement engagée. Nos hommes, entraînés par leurs officiers, gravissent des pentes abruptes à une allure des plus accélérées, et, tout essoufflés, ils abordent l'ennemi, le culbutent et lui enlèvent successivement les positions dominantes d'où il fait pleuvoir une grêle de balles.

A peine arrivé sur les crêtes, le capitaine Corréard, avec ses deux compagnies, fait tête de colonne à droite pour aller attaquer les Kabyles dans leurs positions ; les 7° et 8° compagnies, sous les ordres du capitaine Frêche, vont appuyer ce mouvement offensif.

Peu de temps après, on s'empresse de rallier nos quatre autres compagnies, un peu trop disséminées, et qui ont été détachées en petites fractions à la suite des premières luttes et de notre marche rapide dans ce pays tourmenté.

Il s'agit de les porter sur la gauche, afin d'empêcher toute concentration des forces ennemies de ce côté. Après quelques minutes de repos, et les instructions ayant été données, le colonel fait battre la charge. Alors nos compagnies s'élancent sur les Kabyles, qui résistent avec vigueur, mais finissent par reculer, tout en continuant à faire sur nous un feu bien nourri. Pied à pied, nous gagnons du terrain; longtemps encore la lutte continue; mais, après avoir vu tomber les plus braves de leurs chefs, percés par nos balles et par nos baïonnettes, il se décident à se retirer hors de nos atteintes.

Le gouverneur a marché tout le temps derrière nos zouaves; il a dirigé personnellement tous les mouvements avec le calme et la prévoyance d'un chef expérimenté. A ce moment nous sommes fiers de le voir au milieu de nous, de l'entendre adresser ses félicitations à nos compagnies pour leur entrain et leur bravoure. Il nous laisse respirer un instant, puis il donne l'ordre à notre demi-bataillon, suivi du bataillon d'élite, de se porter sur le contrefort sud de la chaîne principale, de disperser le nouveau rassemblement qui s'y forme, d'enlever le fort village où l'on semble vouloir organiser un centre de défense.

Nos zouaves, malgré leur fatigue, s'élancent au pas de course sur les points désignés; les premiers de l'avant-garde sont reçus par une fusillade presque à bout portant; néanmoins on avance sans hésiter, on déloge l'ennemi de tous les abris, on enlève le village, au milieu de nombreux tués et blessés.

A dix heures, nous sommes maîtres des hauteurs les plus importantes, les Kabyles ont disparu; nous les voyons s'éloigner dans toutes les directions. C'est qu'à ce moment commençaient à arriver sur les flancs sud de la chaîne les escadrons de cavalerie qui, après avoir exécuté un mouvement tournant par l'extrémité orientale de la montagne, arrivaient à onze heures du matin à notre hauteur, à portée de nos fusils, menaçant ainsi de mettre l'ennemi entre deux feux. Malheureusement, en raison des difficultés du terrain, cette opération, si bien conçue, ne fut pas assez rapidement conduite pour nous permettre d'obtenir un succès plus éclatant et d'infliger un véritable désastre à ces intrépides montagnards. Dans le courant de la journée, nos compagnies sont envoyées successivement dans différentes directions pour visiter les villages, arrêter et chasser les récalcitrants, enlever les denrées, vider les silos, incendier les maisons, couper les arbres.

Quant à la petite colonne du capitaine Corréard, à peine arrivée sur le plateau de droite, elle a à lutter contre de nombreux contingents, puis à pousser hardiment une pointe en avant pour les chasser de leurs positions. Mais les Kabyles, voyant le petit nombre de leurs adversaires, et eux-mêmes ayant reçu de nombreux renforts, prennent une vigoureuse offensive ; le combat, dès lors, devient des plus meurtriers. Le capitaine Corréard tombe frappé de trois coups de feu ; malgré cela, il excite ses hommes à continuer le combat et à charger de nouveau l'ennemi. Pendant plus de deux heures, les quatre compagnies, avec de faibles effectifs, ont à lutter contre des forces toujours croissantes. Le sous-lieutenant Roque, embusqué dans un rocher avec sa section, repousse avec succès les contingents qui arrivent par le ravin de droite. Le corps du sous-lieutenant Dodile, tué d'un coup de feu en défendant une position, est repris trois fois par les 2e et 7e compagnies [1].

A chaque instant, l'ardeur des montagnards redouble. Nos pertes accroissent leur rage. Dans une de ces charges, le lieutenant Rampont, mon bien excellent camarade, est blessé

---

1. Le sous-lieutenant Dodile, sorti récemment de Saint-Cyr, s'était déjà fait remarquer par ses qualités militaires. C'était un excellent camarade, dont la perte nous fut très sensible.

à la mâchoire inférieure; il n'a jamais pu s'en guérir[1]. Enfin, les 48° et 26° sont envoyés pour soutenir les quatre compagnies si durement éprouvées; alors on peut marcher de l'avant, charger l'ennemi, le repousser dans tous les ravins, et cela dure jusqu'à la nuit tombante. Après toutes ces péripéties, le calme se produit sur toute la ligne, et l'on peut établir les bivouacs sur les hauteurs conquises avec un entrain admirable et au prix du sang de nos braves soldats.

En résumé, notre bataillon de zouaves a, dans cette journée sanglante et glorieuse, quatre-vingt-dix officiers, sous-officiers et soldats tués ou blessés[2].

Le lendemain, 18, on s'occupe d'assurer la sécurité des blessés; on les fait descendre dans le camp établi dans la plaine; en même temps, on envoie chercher les sacs des hommes et ramener un convoi de vivres.

Le 19, la colonne du général Genty étant venue nous rejoindre, on lance des détachements sur les contreforts de l'ouest, pour prendre et détruire de nouveaux villages.

Pendant ces excursions, plusieurs fractions des Flissas et des Ouled-Makhra, tribus des autres versants, viennent nous attaquer et ne cessent de harceler nos compagnies par une fusillade incessante; il nous faut faire plusieurs retours offensifs pour les déloger et les forcer à se retirer.

Enfin, le 20 mai, le khalife Ben-Zamoun, accompagné des chefs les plus influents des Flissas, vient à notre camp pour demander l'aman et se soumettre à toutes les conditions du

---

1. Le lieutenant Rampont, aimé et estimé de tous, était d'une bravoure chevaleresque; a souffert beaucoup de sa blessure, en est mort quatre ans plus tard, étant capitaine adjudant-major.

2. Plusieurs anciens sous-officiers montrèrent une rare énergie, entre autres le sergent Camatte, qui aborda et tua trois Arabes à coups de baïonnette: plus tard, devenu capitaine et employé dans les bureaux arabes, est mort dans une maison de santé près de Nancy, en 1869. Les sergents Dechard, Fabreguette, se firent également remarquer par leur entrain et leur sang-froid devant le danger.

gouverneur. Dans la soirée, on tire le canon pour annoncer la conclusion de la paix.

Le 21, a lieu la grande cérémonie d'investiture : en présence de toute l'armée sous les armes et de nombreux Kabyles, on distribue les burnous de khalife à Ben-Zamoun, d'agha et de kaïd aux chefs sous ses ordres.

De suite après, le général Bugeaud, suivi de toutes les troupes, descend de la montagne, et cela à notre grand étonnement. Quelques jours après, nous avons enfin l'explication des motifs qui empêchent la continuation d'une campagne si bien commencée et devant forcément amener la soumission d'un grand nombre de tribus des montagnes voisines. Pour obtenir ces résultats, à peu près certains à cette époque, il fallut, les années suivantes, faire de nouvelles expéditions, et c'est seulement en 1857 que l'on put atteindre le but poursuivi et désiré, c'est-à-dire la soumission du massif du Djurdjura.

Quoi qu'il en soit, une fois dans la plaine, nous allons à Bordz-Menail, puis nous parcourons les plateaux du sahel de Delhis. Nulle part nous ne trouvons une résistance un peu sérieuse.

Les 25 et 26 mai, les Zemoules, les Beni-Makhra, les Amaraoua et plusieurs fractions des Flissas viennent à notre camp demander l'investiture pour leurs chefs et promettre une fidélité entière au gouvernement. Toutes ces tribus ont été entraînées à cette démarche spontanée sous l'impression des sanglants combats soutenus par leurs confédérés dans les journées des 17 et 18 mai, et des pertes éprouvées par eux.

Dès le soir du 26, le gouverneur, emmenant avec lui le 48⁰ de ligne, va s'embarquer à Delhis pour se rendre à Oran, se mettre à la tête des troupes chargées de protéger notre frontière contre les Marocains qui viennent de prendre les armes pour soutenir la cause d'Abd-el-Kader.

La célèbre bataille d'Isly fut la conséquence de cette campagne, dont nous n'eûmes pas l'heureuse chance de faire partie.

Après le départ du gouverneur, le général Genty prend le commandement de la colonne expéditionnaire; mais, les populations étant tranquilles et le pays momentanément pacifié, il ne nous reste plus qu'à rentrer dans nos cantonnements respectifs.

Notre bataillon arrive à Blidah le 31 mai. Dès le 3 juin, il doit se rendre dans la gorge de la Chiffa pour travailler à la route qui a été détruite, en partie, par les pluies d'hiver.

Les mois d'août et de septembre sont consacrés à des exercices préparatoires pour l'inspection générale que vient nous passer le général Debar, puis nous retournons dans cette sombre gorge de la Chiffa pour y manier la pioche pendant les trois derniers mois de l'année et tout le mois de janvier 1845.

Ce long séjour dans ce pays sauvage nous fut d'autant plus pénible que nos compagnies, disséminées par petites fractions, laissaient les officiers dans un complet isolement, privés de toute distraction, de toute possibilité de se voir, et cela en raison des difficultés du terrain à parcourir.

Assez souvent des éboulements de rochers et de terre interceptaient toute communication avec l'extérieur, privaient, pendant plusieurs jours, certaines compagnies de leurs vivres réglementaires. Nous avons eu même plusieurs blessés à la suite d'explosions de mines souterraines.

En ce qui me concerne, j'ai eu la bonne chance d'avoir dans ma compagnie un cadre d'officiers des plus satisfaisants: le capitaine Nauroy et le sous-lieutenant Fauvelle. Le premier était un excellent homme, très bienveillant, très doux. Nous avons toujours eu avec lui les relations les plus sympathiques[1].

1. A pris sa retraite comme chef de bataillon.

Quant à mon sous-lieutenant, il a toujours été pour moi un ami précieux, officier intelligent, très instruit, très capable, camarade dévoué, militaire énergique et plein d'avenir ; était sorti de Saint-Cyr le 1er octobre 1841 ; est mort en 1856, par la suite d'une chute de cheval, étant capitaine et commandant le cercle de Souq-Aras (province de Constantine).

CHAPITRE VI

NOUVELLE PRISE D'ARMES D'ABD-EL-KADER ET DE BOU-MAZA

Le mauvais temps nous force à quitter les travaux de la route de la Chiffa ; notre bataillon rentre à Blidah le 30 janvier, et il y reste tout le mois de février. Le 8 mars, ma compagnie et la 5e du 3e bataillon partent pour Bouffarik, travailler à la pépinière du gouvernement ; nous y restons jusqu'aux premiers jours de mai.

Pendant ce temps, le reste du bataillon est envoyé à Médéah, à la disposition du général Marez, qui, avec sa colonne, doit se réunir à celle du général d'Arbouville arrivant de Sétif et ensemble opérer sur le versant sud du Djurdjura. Mais le manque de vigueur et d'initiative du général Marez fait complètement échouer un plan d'opérations très judicieusement conçu : ainsi, après avoir escaladé hardiment des rochers d'où on avait chassé les Kabyles, après les avoir repoussés avec énergie de toutes leurs positions, il aurait fallu les poursuivre et savoir profiter de ces premiers succès ; au lieu de cela, le général fait battre précipitamment en retraite et se conduit comme si sa troupe avait été vaincue.

Dans ces affaires mal conduites et mal engagées, les

zouaves eurent trois officiers blessés, les lieutenants Morand, Jeanningros et Billard, plus une cinquantaine de sous-officiers et de soldats tués ou blessés.

La grande insurrection d'Abd-el-Kader. — Après la bataille d'Isly, Abd-el-Kader, se trouvant abandonné par le Maroc, resta quelque temps sans se montrer, vivant dans une retraite silencieuse, en apparence du moins, mais en réalité se préparant à reprendre une vigoureuse offensive. Dès les premiers mois de 1845, il a eu soin d'expédier des émissaires dans les trois provinces, avec mission de parcourir toutes les tribus, de faire agir la haute influence des mokkadems, agents des sectes religieuses, pour préparer les musulmans à la guerre sainte contre l'infidèle.

Beaucoup de nos alliés de la veille, surtout ceux de la montagne de l'Ouen-Seris, se laissèrent entraîner par les exaltations des fanatiques. Aussi une sourde effervescence ne tarda pas à se faire sentir sur tout le territoire, et bientôt les tribus de l'Ouest, plus excitées et plus rapprochées de l'émir, donnent le signal de la guerre en courant aux armes pour nous attaquer et nous chasser de leur pays.

En présence de cet incendie qui menace de s'étendre sur toute la surface de l'Algérie, le maréchal Bugeaud s'empresse de prendre des mesures préservatrices ; il organise dans les provinces d'Alger et d'Oran des colonnes très mobiles, très bien commandées, avec mission de poursuivre l'ennemi et de châtier durement les tribus rebelles.

Au commencement de mai, ma compagnie (6ᵉ du 1ᵉʳ bataillon) part de Bouffarik rejoindre à Blidah le 3ᵉ bataillon, où elle est incorporée. Quelques jours après nous partons, ayant à notre tête le brave colonel de Ladmirault, nommé en remplacement du colonel Cavaignac, promu général de brigade. Le chef du bataillon est le commandant Peyraguey, vieux débris de l'île d'Elbe, où il avait accompagné l'empereur comme soldat de la garde. Brave et digne officier, peu intelligent, sans grande valeur militaire, mais d'un caractère honorable, aimé et respecté de tous. On était fier de servir sous de tels chefs.

Nouvelle expédition dans l'Ouen-Seris, sous le maréchal Bugeaud (mai-juin). — En trois jours nous arrivons à Milianah ; le maréchal Bugeaud organise de suite une colonne expéditionnaire, dont il prend le commandement ; elle se compose d'un bataillon de zouaves, deux bataillons du 6e léger, deux bataillons du 36e, un bataillon de chasseurs d'Orléans, soit six bataillons ; et, sans plus tarder, il envahit le pays des Beni-Zoug-Zoug dans la vallée du Chelif, puis attaque les Beni-Bou-Atab : tous, effrayés par cette marche rapide, s'empressent de venir se soumettre et de payer l'impôt. Ce premier résultat obtenu, le maréchal marche directement sur l'Ouen-Seris, où il doit faire jonction avec la colonne partie d'Orléansville sous les ordres du colonel de Saint-Arnaud. En traversant les Beni-Boudouan, nous sommes reçus à coups de fusil : on poursuit à outrance ces farouches montagnards, si connus de nos zouaves depuis deux ans ; on brûle leurs cases, on vide leurs silos, puis on continue la marche sur l'Oued-Foddah, d'où l'on va attaquer les Beni-Boukanous[1].

Le 15 mai, nous bivouaquons sur un large plateau situé au nord du grand pic ; de là nous avons un spectacle charmant, un vrai paysage des Alpes. Comme on ne peut joindre l'ennemi nulle part, plusieurs petites colonnes très légères partent pour aller incendier les villages, détruire les cultures, couper les arbres fruitiers.

---

1. Dans les combats que nous eûmes à livrer contre cette tribu, le colonel Renaud, du 6e léger (surnommé Renaud de l'arrière-garde, en raison de sa ténacité dans la poursuite des Arabes, devint plus tard général de division. A été tué pendant le siège de Paris en 1870) ; se distingua par sa valeur et par son entrain dans plusieurs retours offensifs assez meurtriers. Bon soldat, ce fut sa qualité dominante ; mais esprit excentrique, fantasque et sans grande portée.

Entre temps, on arrête trois espions porteurs de lettres d'Abd-el-Kader à Bou-Maza; on réunit de suite un conseil de guerre, et, aussitôt que le jugement est prononcé, l'exécution à mort a lieu devant les troupes sous les armes.

Pendant ces divers incidents de la guerre, nous admirons le calme et la bonne attitude d'Horace Vernet, qui, en tenue de colonel de la garde nationale de Paris, fait partie de l'état-major du maréchal et, au milieu de nos soldats faisant le coup de feu, prend des croquis pour ses beaux travaux de peinture.

Les Kabyles, poursuivis et traqués dans les ravins et sur les rochers, faisant tous les jours de nouvelles pertes et hors d'état de soutenir plus longtemps la lutte, se décident enfin à venir faire leur soumission.

Le 22 mai, notre colonne fait sa jonction avec celle du colonel Saint-Arnaud sur l'Oued-Khetab; là, le maréchal donne l'investiture aux chefs, en leur faisant promettre fidélité à la France.

Cette courte campagne, judicieusement conduite, a pour conséquence de faire rentrer dans le devoir la plupart des habitants du massif de l'Ouen-Seris et de leur faire abandonner, pour le moment du moins, la cause d'Abd-el-Kader et de Bou-Maza, qui, après les avoir fait se soulever, ne sont pas venus avec leurs contingents pour les soutenir.

Sur ces entrefaites, le gouverneur, informé de graves événements qui se passent dans la province d'Oran, part de suite pour Alger, laisse le commandement de notre colonne au colonel de Saint-Arnaud, et le charge de la conduire à petites journées sous les murs d'Orléansville. Nous y arrivons à la fin du mois de mai.

Après quelques jours de repos, la colonne d'Orléansville se dirige vers le sud pour châtier les tribus dissidentes, maintenir l'ordre et la paix dans les montagnes de l'Ouen-Seris, dont les chefs viennent d'être investis.

Expédition dans le Dahra, sous le colonel de Ladmirault. — Quant à notre colonne, composée de trois bataillons, le colonel de Ladmirault en prend le commandement, avec mission de parcourir le massif entre Tenez et Cherchel, où des émissaires de Bou-Maza cherchent à fomenter la révolte.

Après plusieurs marches de nuit, après des razzias opérées dans un pays difficile et accidenté, les Arabes semblent vouloir se soumettre; mais devant leur mauvais vouloir, et en présence de démonstrations peu sympathiques, notre colonel se décide à prendre de nouveau une vigoureuse offensive. Nos bataillons envahissent la montagne, cernent les villages, enlèvent les troupeaux, poursuivent les habitants dans tous les ravins, sur toutes les crêtes, et jusque sur les bords de la mer.

Ne pouvant plus résister et afin d'éviter de plus grands désastres, les tribus se décident à se rendre à discrétion et à subir la loi de leur vainqueur. Mais cette soumission fut de bien courte durée, car peu de temps après, sous l'impulsion de Bou-Maza, la révolte éclata de toutes parts, et, comme nous le verrons plus loin, il fallut de nouveau partir en campagne pour éteindre un incendie qui menaçait de s'étendre sur toute la surface de l'Algérie.

Quoi qu'il en soit, après un mois de courses et de fatigues, nous arrivons à Cherchel; le soir même, nous avons à souffrir d'un sirocco si violent et dont les effets sont si délétères, que plus de quarante hommes sont obligés d'entrer à l'hôpital; notre départ en est retardé de plusieurs jours. Les officiers et les hommes sont sous la tente sans pouvoir respirer; la peau est brûlante, les mouvements du corps difficiles; quant à la marche, les natures les plus vigoureuses ne sauraient l'entreprendre : à peine en route, une sorte d'affaissement physique, de transpiration continue et énervante, ôtent toute force et toute possibilité de résister à la moindre fatigue.

Le 10 juillet, nous arrivons à Blidah. Là nous trouvons le 1er bataillon, auquel appartient ma compagnie. Quelques jours après, je reçois ma nomination de capitaine, en remplacement du brave Corréard, promu chef de bataillon. J'en suis d'autant plus heureux que j'étais porté depuis trois ans sur le tableau d'avancement, n'ayant jamais cessé d'être en expédition et ayant été blessé deux fois. Néanmoins, je n'avais pas à me plaindre, car à cette époque l'avancement avait lieu par régiment, et aux zouaves, où les officiers étaient généralement jeunes et vigoureux, les vacances se produisaient soit par le fait de promotions au grade de chef de bataillon, soit par le fait de mortalité par le feu de l'ennemi ou par maladie; les retraites étaient inconnues.

Je fus placé à la 2e compagnie du 1er bataillon, où se trouvaient le lieutenant Jeanningros et le sous-lieutenant Billard[1].

Pendant les mois de juillet et d'août, nous nous livrons à des exercices réglementaires, à l'étude de nos théories, et enfin nous passons l'inspection générale.

La plupart des officiers profitèrent de ces deux mois de garnison pour se distraire, se réconforter et se préparer à de nouvelles fatigues. Plusieurs furent moins sages : ils se laissèrent trop entraîner dans des excès de plaisirs sensuels, de café et de jeu. Combien ils eurent à s'en repentir ! Les uns y laissèrent leur santé, d'autres perdirent l'amour du métier et toute chance d'un avancement supérieur.

Expédition de Cherchel (septembre), sous le colonel de Ladmirault. — Dès les premiers jours de septembre, une très

---

1. Jeanningros s'est distingué en Afrique et au Mexique ; est devenu général de division ; retraité de 1881 ; a toujours été un bon soldat, mais peu intelligent ; le besoin de faire du bruit lui a fait solliciter et obtenir la grotesque position de général commandant des bataillons scolaires de Paris, en 1885.

Le sous-lieutenant Billard est aujourd'hui connu sous le nom de Carrey de Bellemare ; il commande un corps d'armée à Clermont. Esprit sceptique, égoïste, intelligent, mais pas assez modeste (1887).

grande agitation se produit dans les tribus de la Mitidja ; partout on parle de Bou-Maza et des miracles qu'il opère dans les environs d'Orléansville ; les esprits s'exaltent aux récits fantaisistes de ses victoires sur les infidèles, et bientôt plusieurs tribus, persuadées que notre dernier jour est arrivé, se laissent entraîner à prendre les armes contre nous.

Aux environs de Cherchel, les Beni-Menasseur, les Zatimas et autres, conduits par un faux cherif, lieutenant de Bou-Maza, viennent attaquer la ville, et même parviennent à repousser les quelques compagnies envoyées pour s'opposer à l'insurrection et empêcher l'investissement.

Devant ce fanatisme religieux qui fermente sur tout le territoire et menace d'éclater jusqu'aux portes de nos villes, on s'empresse de former des colonnes légères pour se garantir contre toutes les éventualités agressives.

A Blidah, le colonel de Ladmirault prend le commandement d'une colonne composée de notre bataillon de zouaves, du 6e bataillon de chasseurs, des turcos, des bataillons d'Afrique et de quelques cavaliers ; il a pour mission de se diriger sur Cherchel à marches forcées, d'opérer dans les environs afin de châtier les dissidents et d'empêcher toute propagande insurrectionnelle.

Après quelques jours de courses rapides, d'attaques subites de jour et de nuit, nous finissons par nous emparer d'un faux prophète et de son khodja (secrétaire) ; tous deux passent devant un conseil de guerre, sont condamnés à mort et immédiatement exécutés, en présence des Arabes qu'ils avaient soulevés contre nous ; leurs têtes sont exposées au bout d'une pique, sur une des places publiques de la ville. Intimidés par une répression aussi rapide et aussi énergique, les révoltés s'empressent de venir faire leur soumission et de payer les fortes amendes auxquelles ils sont condamnés.

La grande insurrection de 1845. — Nous avons mis près d'un mois pour obtenir ce résultat d'apaisement momentané dans la circonscription de Cherchel. Notre mission terminée, nous rentrons à Blidah dans les premiers jours d'octobre. A ce moment arrive la nouvelle des sinistres événements de Sidi-Brahim, de la mort héroïque du colonel de Montagnac, de la capitulation de la colonne du capitaine Marin [1], et enfin du soulèvement d'une grande partie des tribus de l'Algérie.

En un rien de temps, toute la colonie est en feu : des assassinats ont lieu jusqu'aux portes de Blidah ; il nous faut organiser des patrouilles pour nous garantir contre de plus grands malheurs. Tous les convois de vivres envoyés de l'intérieur doivent être escortés par des bataillons et par de la cavalerie.

Bientôt l'insurrection, comme une tache d'huile, finit par s'étendre dans les trois provinces, et elle devient d'autant plus dangereuse qu'Abd-el-Kader, le héros de l'indépendance arabe, longtemps oublié dans les sables du désert et dans les montagnes du Riff, après avoir été abandonné par le Maroc, est revenu au milieu de ses coreligionnaires, depuis longtemps surexcités par ses émissaires et par des proclamations ardentes où se fait sentir un souffle à la fois religieux et national. C'est le moment psychologique qu'il croit devoir choisir pour jeter dans les événements le poids de sa force, de son expérience et de son prestige. Partout sa présence est annoncée avec une rapidité électrique ; toutes les tribus, même celles qui, antérieurement, lui étaient hostiles, sont gagnées à sa cause.

A la suite du massacre de nos soldats, du soulèvement du

---

1. Tout le monde connaît la belle conduite du 8ᵉ bataillon de chasseurs à pied, sa magnifique attitude dans la défense du marabout de Sidi-Brahim ; cernés par toute l'armée d'Abd-el-Kader, les chefs et les hommes refusèrent de se rendre ; presque tous périrent après avoir épuisé toutes leurs cartouches.

Combien fut différente la conduite de la colonne du capitaine Marin, qui, sans avoir fait la moindre résistance, eut la faiblesse de rendre ses armes et de se constituer prisonnière de l'émir.

Dahra par Bou-Maza[1], le général de Lamoricière a beaucoup de peine à maintenir les insurgés de la province d'Oran ; il ne cesse de réclamer des renforts et la présence du gouverneur. Malheureusement l'insurrection n'a pas un caractère purement local, les trois provinces ont à y faire face, le Dahra est en feu, Bou-Maza ne cesse de livrer des combats au colonel de Saint-Arnaud. Aussi, envisageant les événements dans leur ensemble, le gouverneur pense, avec juste raison, qu'il faut songer avant tout à aller éteindre l'incendie là où se trouvent les parties les plus inflammables et les plus dangereuses, c'est-à-dire aller attaquer l'ennemi dans son centre d'action, dans sa grande citadelle de l'Ouen-Seris, dont les contreforts dominent toutes les vallées du nord et les plateaux du sud ; de là on pourra le harceler et le poursuivre dans tous les sens.

Expédition d'hiver, sous le maréchal Bugeaud. — Dans ce but, outre les colonnes très légères, chargées dans les trois provinces de veiller à la sécurité du pays, il organise une colonne principale de onze bataillons, dont il prend le commandement. Elle part de Blidah le 13 novembre, et sans temps d'arrêt, toujours à marche forcée, elle arrive à Teniet-el-Had le 19, après avoir traversé le Gontas, la vallée du Chelif, et avoir montré aux tribus hésitantes des forces capables de réprimer sans pitié toute tentative hostile contre nous.

Il était temps d'arriver, car les tribus du Sersou avaient déjà pris les armes, avaient attaqué Aïn-Tekria, occupé par

---

1. Bou-Maza, surnommé le Père de la chèvre, se disait envoyé par Dieu et avoir reçu cet animal pour l'accompagner dans ses courses. Il s'était marié chez les Ouled-Younes, où il avait acquis une grande réputation de sainteté. D'abord indépendant d'Abd-el-Kader, a commencé la guerre pour son compte, mais s'est rallié à l'émir. Toujours il s'est représenté comme ayant mission d'exterminer les chrétiens et les musulmans dévoués à leur cause. Dès le début, il tua le kaïd de Médiouna, puis El-Had-Bel-Kassen, agha des Sbéahs, nos alliés de la veille. Le frère de Bou-Maza, Mohammed-Ben-Abd-Allah, fut pris aux environs de Cherchel et, comme nous l'avons vu plus haut, condamné et exécuté.

le lieutenant Margueritte. Après une défense vigoureuse, ce brave et jeune officier, ayant seulement quelques Arabes fidèles, avait dû abandonner le poste et rentrer à Teniet-el-Had, où il était le chef du bureau arabe[1].

Dès le 20 novembre, notre colonne marche sur les contingents hostiles; toute la journée et toute la nuit on ne cesse de les rechercher; enfin on les surprend, on leur livre un brillant combat de cavalerie, on enlève des troupeaux, des chevaux, des mulets, beaucoup de bagages.

Les jours suivants, on continue à rayonner, en frappant à droite et à gauche les tribus incertaines; enfin, après des courses effrénées, nous arrivons à Tiaret le 27 novembre, fort à propos pour dégager le camp étroitement bloqué depuis plus de quinze jours et souvent attaqué par l'ennemi. Le faible détachement chargé de la défense commençait à souffrir de la faim et même de la soif, par l'impossibilité où il se trouvait de sortir pour aller à la rivière. Ce fut pour ce personnel une véritable joie, une délivrance, de nous voir arriver lui apporter des vivres, et surtout de lui donner le moyen de prendre une revanche des insultes et des privations dont il avait eu tant à souffrir. Là nous trouvons un jeune officier, frère de M. Nisard le futur académicien, ancien ami de mon ex-sous-lieutenant Fauvelle; j'eus du plaisir à faire sa connaissance, à étudier dans ses détails cette nature primesautière, ce tempérament un peu sauvage avec un souffle essentiellement militaire, parfois très original et un peu excentrique; il nous raconta avec force détails toutes les tribulations des jours précédents, la violence et

---

1. Margueritte, après avoir gagné tous ses grades en Afrique et au Mexique, où il se fit remarquer par son entrain et par son intelligence de la guerre, est devenu général de brigade et a été tué à Sedan en 1870. Fils d'un gendarme, entré comme soldat ayant à peine dix-huit ans, sachant à peine lire et écrire, il a, à force de travail, de volonté et de persévérance, acquis une instruction étendue et des connaissances très variées; c'était un esprit fin, un observateur sagace.

la rage de leurs adversaires, la peine qu'ils avaient eue à lutter contre eux. (Je n'ai jamais revu cet officier; il est devenu capitaine, je crois.)

Grande razzia du 2 décembre. — En voyant notre colonne prendre hardiment l'offensive, et redoutant la juste répression qui les attend pour avoir manqué à leur parole et abandonné notre cause, les Akermas, les Flissas, les Ouled-ben-Amer, songent à se réfugier dans le Sud avec leurs familles et tout le matériel transportable. Le gouverneur, prévenu par ses espions du mouvement d'émigration déjà commencé, nous fait prendre les armes le 1er décembre, et pendant deux jours et une nuit, sans presque de repos, se lance sur les traces des fuyards; enfin, un beau matin, notre cavalerie tombe comme un ouragan au milieu de leurs tentes, sabrant tout ce qui résiste. Aussitôt une vive fusillade s'engage, la lutte devient terrible et menace de devenir désastreuse pour le petit nombre de nos cavaliers lancés à l'avant-garde; heureusement l'infanterie arrive au pas de course. Alors, après un court moment d'un combat acharné, l'ennemi, ayant déjà plus d'une centaine de tués, est obligé de mettre bas les armes. Dès ce moment, nous pouvons respirer, compter nos pertes et dénombrer l'importance de notre conquête. En dehors des cavaliers qui ont pu nous échapper par la fuite, nous avons sept à huit cents prisonniers, quatre à cinq cents femmes, un immense troupeau de vingt mille têtes de bétail, moutons, bœufs, chevaux, mulets et chameaux chargés de toutes les richesses de ces importantes tribus. Il y a des caisses remplies d'objets d'or, d'argent, de bijoux, des tapis, etc.

Pendant cette journée et les suivantes, j'ai été témoin de scènes bien caractéristiques, les unes très pénibles à voir, d'autres au contraire très réconfortantes ; dans tous les cas, on ne saurait trop les signaler à l'attention et à la méditation de tous les militaires chargés de l'instruction et surtout de l'éducation de soldats qu'ils doivent commander sur le champ de bataille.

Le drame après la razzia. — Après la lutte nous trouvons, tout autour de nous et dans un rayon d'une lieue, des tentes renversées, des femmes, des enfants, des vieillards, des troupeaux, des bagages, le tout disséminé sur le sol sans ordre et sans cohésion. A ce spectacle tout à fait émouvant, et dans les premiers moments d'exaltation, de fierté dans le succès, beaucoup de nos soldats se jettent comme des vautours sur ce qu'ils considèrent être leur légitime propriété; les chefs ont bien de la peine à les retenir et à empêcher le pillage de devenir général; mais les imaginations sont montées à un tel degré, la fumée de la poudre produit un tel enivrement sur certaines natures primesautières, sans frein moral, obsédées par l'entraînement instinctif de la brute, que rien ne peut les arrêter, ni les cris plaintifs des femmes, ni les gémissements des enfants, ni le superbe sang-froid des hommes qui, immobiles et l'œil fixe, semblent étrangers aux orgies dont ils sont les spectateurs : le dogme du fatalisme leur montre le doigt de Dieu dans notre victoire. Les tentes sont fouillées et pillées, les richesses des tribus sont dispersées sur le sol, chacun prend à sa convenance; l'un dépose ce qu'il a pris un instant avant, trouvant mieux d'un autre côté; un autre arrache les bracelets et les anneaux des bras et des pieds des femmes; un autre (j'en rougis encore de honte) voit des pendants d'oreilles qui paraissent en or; il s'approche de la jeune femme et cherche à les enlever; éprouvant de la difficulté, il n'écoute plus que sa cupidité, il les arrache de toutes ses forces, entraînant des lambeaux de chair, et laissant la malheureuse avec des oreilles toutes sanglantes. Le misérable ne jouit pas longtemps de son larcin; une balle vint lui fracasser la tête : c'était le père ou l'époux de la jeune fille qui s'était vengé. Un officier présent à la scène parvint à grand'peine à le soustraire à la vengeance des soldats, tout prêts à l'immoler sur le corps de leur camarade. Plus loin, un chasseur d'Afrique, le sabre levé, menace un des chefs arabes qui ose s'opposer au pillage de sa tente : sa jeune femme, pleine d'anxiété pour son seigneur et maître, n'écoutant que son cœur et son fanatisme, se cramponne aux jambes du soldat pour détourner le coup ; l'Arabe surexcité s'arme d'un yatagan pendu à sa ceinture, cherche à frapper son adversaire, mais effleure à peine le bras du chasseur. Celui-ci, rendu plus furieux par sa blessure, rejette au loin la jeune femme et plonge dans le ventre de l'imprudent son sabre jusqu'à la garde ; la femme accourt pour recevoir le dernier soupir de son époux ; elle s'arrache les cheveux, se déchire le visage, ses beaux yeux noirs lancent sur le meurtrier un long anathème et une promesse de se venger; puis, agile comme une panthère, elle s'élance sur son nouveau-né, lui fait embrasser les lèvres déjà livides de son père. Ce devoir rempli, elle se lève, calme, sereine, et semble résignée à son sort.

Une fois l'ordre rétabli, chacun rentre dans le rang, les patrouilles circulent, de tous côtés on amène les hommes, les femmes, les enfants; on les parque au milieu du camp, on met une garde pour les protéger et empêcher les évasions ; les troupes sont réunies sur les quatre faces d'un carré, les tentes arabes sont en partie brûlées. Enfin, le camp établi avec ses grand'gardes, chacun songe à prendre un peu de repos après une journée si pleine de péripéties.

Le lendemain, par un froid vif, mais supportable, on fait partir un fort détachement de Temdah pour aller déposer à Tiaret nos prises et nos *impedimenta*, afin de pouvoir continuer la campagne. Notre marche est pénible, mais peu longue; elle se fait sans accidents graves; mais le soir le temps se rembrunit, la neige commence à tomber à gros flocons, elle devient épaisse et plus glacée d'heure en heure. Vers minuit, une gelée forte et intense engourdit les membres et empêche tout sommeil. Le matin, nos tentes supportent le poids énorme de neige congelée; pour les abattre, il nous faut les rompre à l'aide des montants, la toile restant debout et raide comme une planche.

Les malheureux prisonniers, étendus en plein air, sans bois, presque sans nourriture, éprouvent pendant cette nuit fatale des souffrances horribles; plus de vingt petits enfants ou de femmes âgées sont morts pendant la nuit, par excès de misère, de froid et de faim. Néanmoins, malgré les pleurs et les gémissements de cette population affolée, malgré la douleur de mères embrassant pour la dernière fois des enfants abandonnés en pâture aux oiseaux de proie et aux chacals de la plaine, il nous faut continuer la marche et remplir notre mission.

Ce jour-là, chargé avec ma compagnie de faire l'arrière-garde de la colonne, je fais tous mes efforts pour éloigner ces pauvres mères de ce spectacle navrant; il me faut même les entraîner de force de dessus les cadavres inanimés. Pendant toute la route, je suis profondément frappé par le spectacle d'un réalisme sauvage et même d'une sorte de bestialité. Au départ, en effet, la plupart des femmes sont pieds nus; les unes, chargées de leurs enfants, d'autres de ce qu'elles ont pu sauver du pillage, marchent péniblement sur une terre glacée; elles sanglotent, se jettent à mes genoux, implorent ma pitié pour des infortunes qu'il n'est guère en mon pouvoir de soulager d'une manière efficace; bientôt, sous l'action du mouvement, on voit le sang jaillir et des plaies se former sur les jambes.

Sous le coup d'aussi cruelles épreuves, ces infortunées maudissent, non pas les fanatiques qui sont la cause d'une pareille catastrophe, mais bien ces chiens de chrétiens, venus d'outre-mer pour insulter au croissant et combattre les disciples de Mahomet.

Les moyens de transport mis à ma disposition sont bien

insuffisants pour pouvoir venir en aide à toutes ces misères ; j'ai quelques mulets seulement. Je m'empresse de les utiliser, en faisant mettre cinq et même six personnes sur chacun d'eux. Mais alors on peut voir l'égoïsme dans toute sa laideur, des femmes rejeter des enfants qui ne sont pas à elles, les faire tomber pour être sûres de rester sur le bât.

Au milieu de toutes ces femmes, celle que nous avions surnommée la belle Aïcha, l'épouse du chef tué par le chasseur, est pleine de courage et d'énergie ; elle soutient ses compagnes par son moral, par ses prédications enflammées, donnant à toutes l'exemple du sang-froid et de la patience à supporter les fatigues et les souffrances ; son beau corps courbé par les privations, ses jambes amaigries et saignantes, n'ont pu diminuer son indomptable confiance en l'avenir. Son enfant n'est plus ; malgré cela, elle conserve encore ce reste de noblesse et de suprême dédain qui caractérisent les peuples d'Orient ; ses yeux toujours beaux, quoique un peu abattus, ont une sombre tristesse, mais brillent d'un saint enthousiasme ; en somme, elle semble étrangère à la sombre réalité qui l'entoure.

Les jours suivants, la neige continue à tomber ; plus du tiers des enfants a disparu ; des femmes, des vieillards, succombent ; leurs corps sont abandonnés ; à peine si on peut leur donner une sépulture.

Je dois dire que dans ces lamentables circonstances nos soldats se sont montrés d'un dévouement absolu envers les prisonniers ; ils n'ont cessé de leur venir en aide, parfois de partager leur modique ration avec eux, d'aider les femmes, de porter même les enfants, d'aller leur chercher à boire, de leur porter du lait : c'est un véritable contraste avec leur attitude le jour de la razzia. La fibre humanitaire a remplacé la passion inconsciente et l'instinct de la destruction.

Une fois arrivés à Tiaret, nous avons une température plus douce ; chacun peut enfin se livrer au sommeil et jouir d'un repos réparateur. Aïcha seule est éveillée; elle a eu le temps d'étudier l'organisation de notre camp, de voir l'emplacement des troupes; elle sait en profiter, et pendant la nuit elle se glisse à travers les tentes, elle arrive comme une louve vers l'endroit où dort le meurtrier de son mari, elle rampe jusqu'à lui, le reconnaît, et d'une main virile frappe droit au cœur : un soupir, et le soldat n'est plus. Le lendemain, on constate la mort d'un chasseur assassiné pendant la nuit, et aussi la disparition d'une femme arabe que tous connaissent de vue, tous ayant remarqué sa beauté et sa patience pendant ces jours de dures épreuves.

La razzia une fois mise à l'abri, nous repartons vers le sud-ouest pour rejoindre nos goums et le gros de la colonne. Nous parcourons un pays couvert de beaux arbres, bien cultivé, ce qui dénote une population assez dense; mais le vide s'est fait à notre approche; les Arabes, effrayés de notre dernier coup de main, se sont enfuis pour aller au-devant d'Abd-el-Kader, espérant avoir en lui un sultan protecteur et capable de nous combattre.

Vers le 10 décembre, nous arrivons à Freunda, croyant y rencontrer la colonne du général de Lamoricière; mais l'on est tout étonné d'apprendre que, loin de nous rejoindre, comme l'ordre en a été donné, elle a abandonné la piste de l'émir pour se porter en toute hâte sur la frontière du Maroc. D'après le bruit qui court chez les officiers, ce départ précipité, et contraire aux projets du maréchal, est dû à l'esprit d'indépendance du général, peu disposé par caractère à agir sous l'action directe et sous l'œil d'un supérieur.

Dès le lendemain, nous apprenons par nos alliés et par nos espions qu'Abd-el-Kader a eu l'audace de tourner notre colonne, d'aller s'emparer du poste important de Goudjilah, situé au sud-est de Tiaret et non loin de Teniet-el-Had, et paraît se disposer à envahir les montagnes de la province d'Alger.

Continuation de la lutte contre Abd-el-Kader sous le maréchal Bugeaud (décembre). — Devant un événement aussi imprévu et aussi menaçant pour la tranquillité de nos possessions, sachant combien les esprits sont impressionnables, faciles à exalter et disposés à subir l'influence de ce grand chef militaire et religieux, personnification de la nationalité arabe, le maréchal n'hésite pas : il nous fait prendre les armes et nous conduit à marches forcées sur Tiaret; à chaque heure on reçoit de nouveaux détails sur les progrès de notre ennemi, sur son infatigable activité : dans les derniers jours, il a fait avec sa cavalerie près de quarante lieues en une nuit pour tomber sur nos alliés, les piller et les massacrer.

L'essentiel, pour le moment, est d'empêcher l'envahissement du Tell et la propagande insurrectionnelle parmi les tribus anciennement soumises; dans ce but, le gouverneur organise de suite plusieurs colonnes très mobiles pour opérer dans tous les sens, protéger nos alliés et poursuivre nos adversaires. Une de ces colonnes, commandée par le général Youssouf, composée de notre bataillon de zouaves et de cinq cents chasseurs d'Afrique, fait en vain des marches de nuit, dresse des embuscades dans des plis de terrain, dans des ravins; elle ne peut parvenir à surprendre les contingents d'Abd-el-Kader, qui, toujours prévenu d'avance de nos mouvements, sait très habilement nous éviter et passer non loin de nous pour se diriger dans les montagnes des Beni-Ouragh. Après toutes ces tentatives infructueuses, nous rejoignons la colonne principale à Aïn-Tekria, puis allons à Teniet-el-Had nous ravitailler tant bien que mal.

Malheureusement, en raison de l'éloignement des centres de fabrication, nous ne trouvons ni pain, ni biscuit, ni liquides; le pain nous manque depuis plus d'un mois, le biscuit depuis au moins quinze jours; pour les remplacer, on nous donne la ration dite de riz-pain, c'est-à-dire que l'on double la ration dite de riz. Cette alimentation peu variée et peu substantielle, surtout après nos nombreuses marches et contremarches, produit un certain malaise dans l'esprit des soldats, qui espéraient pouvoir un peu se réconforter en arrivant près de Teniet-el-Had. Le gouverneur, informé de ce sourd mécontentement, réunit toutes les troupes, les fait former en carré, arrive au centre nous faire une de ces allocutions chaleureuses et patriotiques qui vont droit au cœur. Il rappelle que lui aussi a été soldat, a porté le sac, a eu à lutter contre la mauvaise fortune. « Mais de mon temps, ajoute-t-il, les soldats, pénétrés du sentiment de la discipline et du devoir, savaient supporter sans se plaindre les fatigues, les privations et les intempéries; ils étaient toujours prêts pour les plus dures épreuves; les soldats d'aujourd'hui peuvent-ils donc se montrer inférieurs à leurs aînés de glorieuse mémoire, ne doivent-ils pas marcher sur leurs traces? » Sa noble attitude, sa figure martiale, ses paroles pénétrantes, produisent sur tous un effet magique; à partir de ce moment, on n'a plus à constater une seule plainte, et, dans les nombreuses et nouvelles misères de la campagne, nos soldats ne cessent de se distinguer par un flegme imperturbable, par leur entrain et souvent par cette gaieté exubérante de la race gauloise.

Le lendemain, 17 décembre, nous partons en toute hâte pour aller combattre les Beni-Ouragh, fanatisés par la présence d'Abd-el-Kader et tout disposés à nous faire résistance. Pour atteindre la vallée de l'Oued-Riou, nous avons à traverser un pays difficile et accidenté; on fait plusieurs razzias sur les tribus dissidentes de la montagne; mais, malheureusement, le troisième jour des pluies torrentielles viennent nous arrêter dans notre marche en avant; elles nous forcent à bivouaquer dans de véritables cloaques marécageux, au pied du massif des Beni-Ouragh. Pendant ce temps d'arrêt de notre offensive, Abd-el-Kader vient audacieusement poser son camp à trois lieues de nous; le maréchal en est instruit, mais, malgré son indomptable énergie, malgré la bonne volonté et l'entrain de ses troupes, il est condamné à une immobilité absolue; en vain il essaye de faire prendre les armes. Après dix minutes de marche, hommes et chevaux sont hors d'haleine; ils enfoncent dans la boue jusqu'au poitrail. Pendant ce temps notre ennemi, installé sur un plateau bien sec, est abondamment pourvu de tout ce dont il a besoin : ses coreligionnaires lui apportent vivres et renforts; de plus, il envoie des espions jusque dans notre camp pour nous surveiller, fait enlever toutes les nuits des chevaux et des mulets; en une seule fois, dix sont détachés et disparaissent; deux appartiennent à un capitaine du génie. On ne prend rien sur le front où se trouvent les zouaves.

Pour enlever ces chevaux, placés dans le carré formé par les troupes, et attachés à des cordes retenues par des piquets, les Arabes, demi-nus et à plat ventre, poussent devant eux une broussaille préparée dans ce but, se dirigent sur un des côtés du camp où ils croient avoir plus de chance de pénétrer; ils avancent masqués par la broussaille, quand la sentinelle a le dos tourné à la direction suivie, de manière à ne pas éveiller son attention; ils restent ainsi des heures avant d'arriver. Une fois dans le camp, ils vont droit au cheval, coupent les cordes, attachent une ficelle au pied, afin de pouvoir tout doucement attirer l'animal une fois sortis et hors d'atteinte.

Le 24 décembre, un rayon de soleil nous arrive; on prend les armes pour marcher sur l'émir; mais il s'est empressé de disparaître pour aller s'établir à petite distance; nous traversons le camp occupé la veille par ses troupes; là nous trouvons les traces d'une abondance qui nous est inconnue. Le maréchal aurait bien voulu pouvoir continuer la poursuite, mais le sol est encore trop détrempé; cela nous force à bivouaquer sur une petite hauteur au-dessus de la vallée.

Combat de Temda. — Poursuite d'Abd-el-Kader. — Le 25 décembre, le beau temps est revenu; on en profite pour courir de nouveau sur notre insaisissable adversaire; arrivés à onze heures sur un assez beau plateau, bien découvert, nous sommes informés que la cavalerie d'Abd-el-Kader, son convoi et ses bagages sont tout près de nous. Immédiatement l'ordre de l'attaquer est donné, la cavalerie jette ses musettes et part au galop, les zouaves déposent leurs sacs et suivent à un pas très accéléré; mais Abd-el-Kader a eu l'éveil de notre mouvement, il commande la retraite, qui se fait avec le plus grand ordre; nous le poursuivons avec acharnement, plusieurs fois on est sur le point de l'atteindre. Malheureusement, outre qu'il a de l'avance sur nous, ses chevaux sont en parfait état, toujours bien nourris par ses alliés; aussi il ne s'émeut guère de notre offensive et semble se rire de nos efforts. Dans sa marche, il a toujours soin de gagner les hauteurs et d'attendre avec impassibilité les charges de nos cavaliers, qui, essoufflés, sont hors d'état d'aller plus loin et surtout de gravir les collines, au pied desquelles ils s'arrêtent pour pouvoir recommencer après quelques instants de repos.

Pendant plusieurs heures, le combat à distance continue avec des chances diverses; les spahis et les chasseurs ont déjà pas mal de tués et de blessés et sont hors d'haleine, quand enfin les zouaves, qui ont fait diligence, arrivent sur le terrain de la lutte. Nous faisons tête de colonne à droite pour couper la retraite aux contingents de l'émir; mais, comme il ne veut pas s'engager avec l'infanterie, il se décide à abandonner la partie et à défiler d'un pas tranquille, ayant l'air de nous braver et de se moquer de notre impuissance. Nous prenons à peine quelques mulets chargés et un assez petit nombre de prisonniers. Néanmoins, si les pertes de notre ennemi n'ont pas été grandes, s'il a pu volontairement nous abandonner le terrain, s'il nous a laissé bien peu de trophées, il sait fort bien comprendre qu'il le doit, par-dessus tout, aux mauvais chemins, à une température exceptionnellement mauvaise, et aussi aux privations et aux souffrances supportées par nos troupiers.

Retraite d'Abd-el-Kader. — Soumission des Beni-Ouragh. — En nous voyant bien décidés à continuer la lutte et à le pourchasser partout où il pourra se réfugier, Abd-el-Kader s'empresse de partir avec ses réguliers pour aller tenter de nouvelles aventures sur un terrain plus favorable à ses desseins, et abandonner à leur malheureux sort des tribus dont il est venu surexciter le fanatisme et auxquelles il a fait prendre les armes contre nous.

Aussi quand, le lendemain, nous envahissons les montagnes des Beni-Ouragh, après quelques engagements assez peu sérieux, plusieurs fractions importantes viennent se soumettre; l'agha lui-même, hier encore partisan dévoué d'Abd-el-Kader, se présente à notre bivouac, fait force protestations d'amitié, sollicite son pardon et son investiture.

Les jours suivants, nous avons encore des marches forcées à faire; nous poursuivons les Kabyles dans les ravins, nous incendions leurs cases, coupons les arbres fruitiers, prenons quelques bestiaux; enfin, après deux marches de nuit exécutées par nos zouaves, étant restés près de soixante heures sans pouvoir bivouaquer, prenant de loin en loin un repos indispensable et réparateur, ayant pour tout aliment (les officiers comme la troupe) la double ration de riz, nous arrivons au khamis des Beni-Ouragh (Ammi-Moussah), occupé par un faible détachement d'infanterie; il était temps, car depuis un mois le poste était cerné, et même avait failli être enlevé par les tribus des environs, qui ne lui laissèrent pas un moment de répit[1].

1. Il m'est difficile d'oublier le bonheur très grand que j'ai éprouvé pendant mon très court repos à *Ammi-Moussa*. A ce poste, il y avait un officier,

Arrivés à huit heures du soir, nous en repartons le lendemain à cinq heures du matin, et, à la suite d'une nouvelle marche forcée, nous arrivons à l'entrée de la plaine du Chelif, où nous surprenons et enlevons les troupeaux des tribus de l'Oued-Riou et du Chelif qui, la veille encore, nous croyant loin d'elles et engagés dans les montagnes, menaçaient de nous exterminer et de nous jeter à la mer.

Nous traversons les plaines du Chelif pour entrer dans la vallée de la Mina, et allons bivouaquer près du camp fortifié de Bel-Accl. Là enfin on peut se pourvoir des denrées alimentaires les plus indispensables : sucre, café, pain, biscuit, etc.

Marche contre les Flittas. — On enfume les grottes. — Après quarante-huit heures de repos, nous repartons pour achever la pacification des tribus en insurrection. La colonne marche d'abord contre les Flittas, tribu puissante, très active, qui venait de faire éprouver un assez rude échec aux troupes commandées par le général de Bourgeoly, et qui comptait bien se faire un retranchement inexpugnable de son pays difficile, coupé de profonds ravins, entouré de forêts épaisses, et par-dessus tout protégé par des grottes d'un accès presque impossible, à moins de beaucoup d'efforts et d'énergiques moyens d'action.

A peine entrés dans ces parages, nous avons plusieurs combats à livrer, des luttes à soutenir, surtout dans les montagnes arides des *Guerboussa;* mais bientôt nos ennemis deviennent complètement invisibles; il tirent sur nous du fond des ravins, puis, quand arrive l'arrière-garde, ils sortent de terre comme des fantômes et se ruent avec rage contre les derniers soldats. C'est là un genre d'attaque tout nouveau

---

ami de mon lieutenant Jeanningros, qui eut la gracieuse prévenance de nous faire cadeau d'un pain de munition. Pour se rendre compte du plaisir avec lequel nous le dévorâmes, il faut savoir que depuis plus d'un mois nos estomacs affamés n'avaient absorbé ni biscuit ni pain.

pour nous et contre lequel il est difficile de se garantir, car nos troupes, dans leur marche, doivent suivre les parties supérieures des ravins sans issue, où se trouvent des grottes qui ont leur entrée à moitié de l'escarpement. Pour pénétrer dans ce repaire, véritable citadelle souterraine, où se trouvent les guerriers, leur famille et leurs richesses, il nous faudrait descendre avec une corde et nous y introduire un à un, avec la certitude d'être frappés avant d'avoir pu y faire un pas. Les Arabes, habitués à ces exercices, descendent comme de vrais chats jusqu'au fond du ravin, en remontent les pentes et tombent sur nos derrières, étant toujours prêts à rentrer dans leur refuge protecteur en cas de retour offensif.

Quoi qu'il en soit de toutes ces difficultés, nous continuons à parcourir le pays, vidant les silos, coupant les arbres et enfin nous décidant à essayer des grands moyens; comme on ne peut les atteindre directement, on entasse bois et broussailles dans les ravins jusqu'à l'ouverture des grottes, et on y met le feu[1].

Beaucoup sont asphyxiés; malgré cela, ils hésitent à se rendre, mais ils n'ont plus de moyens d'existence; les femmes, les enfants, succombent sous la fumée intense qui les étouffe. C'est devant ces terribles extrémités qu'ils finissent par arriver à composition et à demander l'aman[2].

---

1. Un peu plus tard, le général Pélissier, lui aussi, eut à enfumer les grottes du Dahra. La presse de l'opposition de l'époque, aussi passionnée que peu patriotique, n'eut pas assez d'injures à jeter à la face du brave général Pélissier et de ses vaillants soldats. Ces journalistes, toujours les mêmes, faisaient du sentiment à froid; bien chauffés dans leur bureau, bien nourris, ils trouvaient tout naturel qu'ayant un ennemi à combattre, on reçût stoïquement les coups, mais ils s'indignaient qu'après sommations successives, après assassinats des parlementaires, un général français osât se décider à *bombarder la citadelle*, c'est-à-dire, ce qui est moins barbare, à enfumer des grottes.

2. C'est dans nos luttes contre les Flittas que fut tué Mustapha-Ben-Ismail. Cet agha célèbre fut un des premiers, dès 1831, à se rallier à notre cause, en haine d'Abd-el-Kader. Il fut successivement nommé général, puis

Nouvelle révolte dans l'Ouen-Seris et dans le Dahra (janvier-février). — Après en avoir fini avec ces turbulentes populations, la colonne quitte le pays et arrive à *Ammi-Moussa* le 10 janvier; là, le gouvernement reçoit la nouvelle de l'occupation de *Goudjilah*[1] par Abd-el-Kader, qui, ne pouvant plus compter sur les tribus des *Beni-Ouragh*, fortement éprouvées par les derniers combats, et soumises depuis la veille à notre autorité, cherche à nous susciter des difficultés sur d'autres points et à propager la révolte parmi les tribus des hauts plateaux, et surtout de l'Ouen-Seris, ce foyer du fanatisme musulman, d'où l'on peut dominer la vallée du Chelif et ôter toute sécurité à nos alliés. Il apprend en même temps l'insurrection du Dahra, dont la population, entraînée par Bou-Maza, a de nouveau pris les armes et ne cesse d'attaquer nos colonnes.

Devant ces graves événements, le maréchal, sachant qu'il n'aura pas de combats sérieux à livrer, mais bien des courses rapides à exécuter, des tribus à maintenir dans le devoir, des contingents sans grande consistance à surprendre et à pourchasser, songe avant tout à empêcher l'incendie de s'étendre sur une trop grande surface. Dans ce double but, il commence par diviser sa colonne en deux fractions; l'une, sous le général Youssouf, avec cinq cents cavaliers et deux bataillons du 6ᵉ léger, devra opérer dans le Sersou afin de paralyser les mouvements d'Abd-el-Kader et de le poursuivre dans toutes les directions. Cette petite colonne, vigoureusement conduite, fut sur le point d'obtenir un bril-

---

commandeur de la Légion d'honneur. Dans toutes les crises que nous avons traversées, il a toujours très loyalement servi notre cause. On lui attribue cette phrase du général Bugeaud : « Mettez un Français et un Arabe dans une marmite, faites-les bouillir ensemble pendant vingt-quatre heures. Eh bien, après ce temps, on reconnaîtra encore le bouillon du chrétien et le bouillon du musulman. Ils ne se seront pas plus mêlés que leurs idées ne peuvent se confondre. »

1. Point assez important, à cause de ses sources, situé au sud de Tenict-el-Had.

lant succès; car, à différentes reprises, Abd-el-Kader et ses contingents furent cernés et ne durent leur salut qu'à une fuite précipitée.

Le reste de la colonne principale est dirigé sur Orléansville; il y arrive le 15 janvier. Immédiatement, le gouverneur, avec les troupes de la subdivision, auxquelles il adjoint cent hommes des plus valides des autres bataillons, se dirige sur les versants sud de l'Ouen-Seris, que nous sommes chargés d'aller attaquer de front par le nord. Cette dernière mission est confiée au colonel Eynard, de l'état-major du maréchal. Sa colonne se compose de quatre bataillons (1er bataillon de zouaves, un bataillon du 64e de ligne, sous les ordres du commandant d'Aurelle de Paladines, un bataillon de chasseurs à pied et un bataillon du 56e) plus quelques cavaliers, deux pièces d'artillerie de montagne et les services administratifs.

Pendant nos préparatifs et notre marche sur l'Oued-Foddah, où nous arrivons le 19 janvier, Abd-el-Kader, quoique poursuivi à outrance par le général Youssouf, menacé par la colonne Bugeaud, ne cesse de tenir la campagne, de se montrer un peu partout, de soulever sur son passage les tribus fanatisées par ses proclamations. Cependant il n'ose pas s'engager dans la montagne, et cela pour plusieurs raisons : d'abord, il n'est pas assez sûr de son monde; en outre, les difficultés de terrain sont un obstacle dangereux pour sa tactique de courses vagabondes, qui imposent à nos troupes des fatigues et des privations incessantes. Aussi, préférant rester au grand air des plateaux, il choisit, pour le remplacer auprès des tribus de l'Ouen-Seris, un de ses plus intrépides lieutenants, El-Hadz-Sghir.

Dès le soir de notre arrivée au bivouac, les Kabyles descendent de leurs crêtes et viennent attaquer le convoi; la cavalerie les charge et les disperse. Puis, nous voyons sur toutes les hauteurs les burnous s'agiter, des hommes armés se réunir et se préparer pour le combat du lendemain.

Expédition contre les Beni-Boudouan. — Le 20 janvier, notre colonne pénètre dans la montagne des Beni-Boudouan, la tribu la plus importante de l'Ouen-Seris.

Pendant la journée, puis les 21, 22, 23, 24 et 25, nous avons à soutenir des luttes acharnées de jour et de nuit, à repousser les attaques inopinées de ces intrépides montagnards. Pour avancer dans ce massif, coupé de gorges profondes, avec des pentes abruptes, couvert de broussailles et de bois, il faut enlever successivement les hauteurs dominantes. El-Hadz-Sghir est au milieu des combattants, les excite, leur donne lui-même l'exemple en s'avançant hardiment contre nos tirailleurs. Chaque jour il nous harcèle pendant notre marche, ne laissant jamais un moment de répit à notre arrière-garde. Souvent, à peine arrivés au bivouac, on fait prendre les armes, déposer les sacs, et de petites colonnes très mobiles prennent l'offensive, parcourent le pays des environs, incendient les villages, cherchent à enlever les troupeaux. Parfois, pendant la nuit, des détachements bien commandés se jettent sur les avant-postes ennemis et les massacrent. Il nous arrive aussi d'être obligés de doubler les grand'gardes, même de tirer le canon pour mitrailler des masses qui veulent se ruer sur nous.

Pendant ces journées de crises plus ou moins sérieuses et d'engagements journaliers, il a été facile de se rendre compte combien il est essentiel, à certains moments, d'avoir parmi les têtes dirigeantes un caractère bien trempé et ayant l'instinct militaire. Eh bien, nous avons eu l'heureuse chance de trouver dans le commandant d'Aurelle de Paladines, du 64e, un instrument des plus précieux.

Dans les attaques, dans les surprises et dans les retraites, il n'a cessé de se faire remarquer par son tact, son calme, son entrain et son coup d'œil de tacticien ; toujours on l'a vu réussir dans ses entreprises et dans ses combinaisons. On ne saurait en dire autant du colonel Répond, du 56°, qui, lourd, peu entreprenant, peu actif, joua un rôle tout à fait secondaire. Quant à notre commandant des zouaves, connu par son incapacité et par son inaptitude à diriger un mouvement de troupes, jamais le chef de la colonne n'osa lui confier la moindre mission.

Pour les marches journalières, le colonel Eynard prenait généralement les dispositions suivantes : il détachait successivement les compagnies de zouaves pour aller occuper, à droite et à gauche de la route à suivre, des positions dominantes et protectrices. Le commandant d'Aurelle, à l'arrière-garde, avec son bataillon, était chargé de rappeler ces compagnies en temps opportun et d'en disposer ensuite suivant sa volonté. De même, quand il s'agissait de faire agir un détachement très mobile, on mettait sous les ordres du commandant d'Aurelle des compagnies isolées, prises dans différents bataillons.

Le 24 janvier au soir, arrive la nouvelle que de nombreux contingents se réunissent au col du Sebt[1], où nous devons passer pour aller attaquer les Attaffs. Le colonel Eynard, peu audacieux et peu entreprenant par nature, redoute les dangers qu'auront à courir ses faibles effectifs dans ces montagnes tourmentées, et ayant à lutter contre des contingents concentrés sur des positions difficiles à enlever. Aussi, il se décide à opérer sa retraite et à gagner la plaine. Les ordres sont donnés en conséquence.

Le 25 au matin, le mouvement commence ; les troupes défilent par le flanc, un à un, dans un pays très accidenté, plein de broussailles et de rochers, très propice aux embuscades. Dans cette marche rétrograde, nous aurions pu perdre beaucoup de monde ; heureusement les Kabyles se sont

1. Le col du Sebt est à peu de distance de l'endroit où se trouvaient la demeure et la smalah de Bou-Raidem, grand chef de l'Ouen-Seris.

trompés sur nos intentions : ils nous attendaient sur les crêtes dans la direction du col. A huit heures seulement ils s'aperçoivent de leur erreur : aussitôt la montagne retentit de cris sauvages, tous s'appellent et s'excitent ; mais quand le combat s'engage, nous avons déjà franchi les plus grands obstacles ; néanmoins ils se jettent sur l'arrière-garde ; les zouaves et le 64e, qui tiennent les positions, les reçoivent à petite distance et leur font éprouver des pertes sérieuses. Malgré cela, la lutte continue ; mais à quatre heures, étant arrivés dans la plaine, les Kabyles n'osent pas nous y poursuivre et se retirent dans la montagne.

Nous avons eu trente hommes tués ou blessés, entre autres le brave et sympathique sergent-major Redon, qui fut amputé de la jambe. Deux de nos soldats sont restés au pouvoir des Kabyles : eh bien, ces sauvages, comme de véritables cannibales, se sont mis à les mutiler, à leur couper les membres, à promener les têtes au bout de leurs piques. C'est avec un profond regret qu'il nous faut les voir jouir de leur sanglant triomphe, sans avoir la possibilité, en raison des distances, de tirer une vengeance éclatante de pareilles infamies.

Ces journées critiques, ces luttes acharnées, nous ont permis de faire bien des réflexions, d'observer les variétés de caractères, des aptitudes militaires, de courage et de faiblesse des cadres et des hommes. Plusieurs, admirablement doués au moral et au physique, n'ont cessé d'être toujours au premier rang des combattants. Certains, timorés un jour, se sont montrés le lendemain, par la force de la volonté, par le stimulant de l'amour-propre, pleins d'un zèle ardent et d'une grande vigueur. D'autres, enfin, ont su s'esquiver dans les moments critiques, tout en ayant l'adresse de ne jamais se compromettre.

Dans ces engagements journaliers, des compagnies isolées et même des fractions de compagnie étaient aux prises avec l'ennemi ; il en résultait des faits d'armes particuliers, un esprit spécial dans les plus petites unités organiques dont, en maintes circonstances, on a su fructueusement tirer parti pour le bien de la chose publique et pour la réputation du corps.

Le 26 janvier, les émissaires d'Abd-el-Kader ayant été signalés dans la vallée du haut Chelif, on nous fait marcher dans la direction de Milianah ; mais, arrivés sur l'Oued-Foddah, nous recevons l'ordre de rétrograder sur Orléansville, où notre présence devenait nécessaire par suite de l'insurrection des tribus du Dahra, fanatisées par Bou-Maza. Le soir, les Attaffs viennent tirer sur notre camp et, pendant la nuit, nous enlèvent plusieurs chevaux. Le lendemain, 27, nous surprenons plusieurs douars de cette tribu, on pille les tentes, on fait plusieurs prisonniers ; le 28, après une marche pénible, nous arrivons à Orléanville.

Pendant nos opérations dans la montagne, nous avons toujours eu un très beau temps, une température douce et peu ordinaire dans une contrée de plus de huit cents mètres d'altitude. Nous n'avons pas obtenu de bien sérieux résultats matériels ; on a montré néanmoins aux tribus dissidentes que, même avec peu de troupes, nous pouvons aller les chercher dans leurs repaires escarpés, leur faire éprouver des pertes sensibles en hommes et en richesses. D'un autre côté, comme les colonnes du maréchal et du général Youssouf ont opéré sur les flancs de la montagne, on a pu saisir des troupeaux, empêcher les tribus voisines de venir à leur secours ; les Kabyles de l'Ouen-Seris ne tardent pas à venir se soumettre et à envoyer leurs chefs recevoir une nouvelle investiture des mains du gouverneur.

Bou-Maza. — Expédition dans le Dahra, sous le colonel de Saint-Arnaud (février 1846). — Après avoir tenu le Dahra dans sa main pendant une partie de l'année précédente, y avoir commandé en maître, nous avoir forcés à faire contre lui une campagne longue, difficile et glorieuse pour nos armes, Bou-Maza avait dû s'enfuir et se réfugier dans le désert, et même avait fait courir le bruit de sa mort, quand tout à coup on apprend son apparition au milieu des siens, s'annonçant comme ressuscité et comme le représentant chéri de Dieu et de son prophète[1].

C'est pour combattre les fanatiques partisans de ce chef que le colonel de Saint-Arnaud est chargé d'organiser une colonne légère (notre bataillon est désigné pour en faire partie).

Dans les premiers jours de février, nous entrons dans le Dahra et allons faire jonction avec la petite colonne de Tenez, commandée par le lieutenant-colonel Canrobert. Cette dernière colonne, composée d'un bataillon et demi seulement, ne cesse de marcher et de se battre contre un ennemi entreprenant et très alerte; mais, grâce à l'énergie, à l'intrépide initiative de son vaillant chef, elle a pu lutter avec avantage contre les insurgés et, en toute circonstance, remplir noblement sa mission.

Quand les deux colonnes sont réunies, le colonel de Saint-Arnaud prend partout une vigoureuse offensive; il nous fait parcourir en tous sens les plateaux du Dahra, frapper sur les tribus hostiles, faire des razzias sur différents points. Vers la fin de février nous rencontrons la cavalerie de Bou-Maza, renforcée par des contingents du Chelif et de la Mina, et appuyés par des fantassins de la montagne. Ces audacieux n'hésitent pas à s'avancer contre nous et à nous attaquer; seulement cela ne dure pas longtemps : notre colonne a bien vite fait de changer les rôles; elle écrase les assaillants, les poursuit toute la journée, l'épée dans les

---

1. Le Dahra se compose de plateaux et de crêtes qui se dressent de l'embouchure du Chelif à la Mitidja, entre la mer et la vallée du Chelif, et forment un ensemble assez régulier avec des hauteurs variables. On y trouve des arêtes à peu près parallèles aux côtes et coupées de gorges profondes. Du côté de la mer, les terres se terminent parfois en falaises de 60 à 120 mètres.

reins, sur les plateaux, dans les montagnes, partout enfin où ils essayent de se réfugier. Les chasseurs, les spahis, les zouaves, rivalisent d'entrain et de vigueur de jambes; un moment notre cavalerie, engagée dans un pays difficile, doit mettre pied à terre et faire le coup de feu contre les Kabyles; heureusement les zouaves ont pris le pas de course, arrivent essoufflés sur le terrain; cela suffit pour faire cesser le combat.

Pendant notre marche pour rentrer au camp, Bou-Maza parvient, après beaucoup d'efforts, à rallier un certain nombre de ses plus intrépides cavaliers, à les lancer sur les zouaves chargés de l'arrière-garde; il cherche même à les tourner et à les mettre entre deux feux; mais bientôt, malgré les charges réitérées sur nos tirailleurs, se trouvant menacés du même danger d'isolement, Bou-Maza ayant été blessé au bras, les Arabes sont obligés d'emporter leur chef et, par suite, d'abandonner le terrain par une fuite précipitée.

Les jours suivants on continue à harceler les tribus hostiles, à couper des oliviers, des figuiers, à brûler quelques maisons. Devant de pareils désastres, comme Bou-Maza n'est plus là pour exciter les siens et leur donner confiance, un grand nombre des habitants s'empressent de venir faire acte de soumission et solliciter l'aman. Après avoir donné l'investiture aux chefs des tribus soumises, nous poursuivons notre course, afin de pacifier le pays; bientôt, en arrivant auprès de la petite ville de Mazouna, les principaux habitants viennent au-devant de nous pour se soumettre; mais comme, pendant toute la campagne, ils n'ont cessé de donner asile et aide à Bou-Maza et à ses partisans, notre commandant de la colonne leur impose une assez forte amende[1].

A la suite de cette expédition, Bou-Maza étant hors d'état

1. Mazouna est situé au centre du Dahra, dans une charmante vallée où des eaux vives arrosent le sol et vont se jeter dans le Chelif. C'est dans cette petite ville que naquit Mohammed-ben-Ali-Senoussi; ce fondateur de

de reprendre la campagne, et le Dahra se trouvant à peu près pacifié, les deux colonnes se séparent; celle du lieutenant-colonel Canrobert rentre à Tenez, avec mission de surveiller et de maintenir les tribus qui viennent de faire leur soumission. Celle du colonel de Saint-Arnaud se dirige sur Orléansville et y arrive vers le 24 mars.

Excursion dans l'Ouen-Seris (colonel de Saint-Arnaud). — Le 2 avril, les zouaves et deux bataillons du 53°, sous les ordres du colonel de Saint-Arnaud, partent pour l'Ouen-Seris; ils parcourent le pays de Bou-Raiden sans éprouver de résistance sérieuse : c'est qu'alors Abd-el-Kader s'était dirigé dans le sud de Boghar et se heurtait à la colonne du général Marez-Monge.

Quoi qu'il en soit, après pas mal de marches et de contre-marches, ne trouvant de résistance nulle part, la colonne de Saint-Arnaud rentre à Orléansville vers le 15 mai. De là, notre bataillon va à Milianah travailler encore à la route. Enfin il arrive vers le 10 juin à Blidah.

Soumission des tribus. — La paix en Algérie. — Pendant nos excursions dans l'Ouen-Seris et dans le Dahra, l'émir Abd-el-Kader, après avoir parcouru le sud de la province d'Alger, après s'être soustrait à la poursuite de nos colonnes, avait fini par se diriger sur le Djurjura, espérant gagner à sa cause toute la Grande Kabylie; mais, ayant échoué dans son projet d'entraîner à sa suite ces montagnards, fiers de leur indépendance et rebelles à l'idée de se donner un maître, il cherche à soulever les tribus des environs d'Alger. Heureusement le maréchal a eu la sagesse d'organiser des colonnes mobiles, toujours prêtes à la lutte, et à empêcher un mouvement insurrectionnel; aussi quand Abd-el-Kader se présente pour enlever le col de Ben-Aïcha, et de là envahir la Mitidja, il trouve des troupes disposées à lui

---

l'ordre puissant qui prêche avec le plus de ferveur la foi musulmane et la haine des chrétiens.

barrer le passage et à l'arrêter dans son audacieuse entreprise d'arriver jusqu'aux portes d'Alger. Cette campagne agressive n'ayant pas réussi, et n'ayant aucun espoir de fanatiser le pays, il se décide à gagner la frontière du Maroc, pour y attendre des occasions favorables à ses desseins.

Ainsi donc, après six ans de courses et de combats, presque toutes les tribus du Tell sont obligées de faire leur soumission, afin d'éviter de plus grands malheurs, étant impuissantes à lutter contre nous.

La paix et la tranquillité règnent sur toute la surface du territoire, le calme se fait peu à peu dans les esprits et dans les cœurs ; les habitants se livrent avec ardeur à leurs travaux agricoles, qui ont été si négligés pendant cette longue et terrible période insurrectionnelle.

Pendant tout le deuxième semestre, nos zouaves peuvent enfin se reposer, se livrer aux manœuvres réglementaires, passer l'inspection générale, puis aller travailler aux routes et à l'établissement des postes militaires.

Je profite de ce calme dans la colonie pour demander un congé, afin d'aller un peu me retremper en France, au sein de ma famille. Mon absence a duré cinq mois. Je dois dire que j'ai conservé de cette période de mon existence un bien agréable et doux souvenir. Combien je fus heureux de revoir des parents si chers à mon cœur, des amis de ma première enfance, de me retrouver au milieu de ces campagnes pittoresques et agrestes de mon pays natal, de parcourir ces collines granitiques parfois couvertes de bois ou ombragées par des masses de châtaigniers verdoyants, ces petites vallées étroites et sinueuses où se trouvent souvent de riches tapis de verdure ! En humant l'air de la petite rivière de la Sedelle, j'en arrivais parfois à me demander si ces quatre années d'expéditions continuelles, de fatigues et de privations n'étaient pas simplement un rêve ou un effet fugitif de mon imagination.

CHAPITRE VII

1847-1848

Fondation d'Aumale. — Travaux. — Je reviens en Afrique au mois de janvier 1847. Pendant mon absence, au mois d'octobre 1846, mon bataillon est parti pour Aumale afin de participer aux travaux de ce poste militaire, placé sous le commandement de notre colonel de Ladmirault. A peine débarqué à Alger, je m'empresse d'aller rejoindre ma compagnie.

La garnison se compose de deux bataillons de zouaves (1er et 3e), d'un bataillon de chasseurs à pied et de tous les services administratifs nécessaires à une subdivision militaire importante.

Au printemps de 1847 a lieu la grande expédition de Bougie, sous la haute direction du maréchal Bugeaud; les deux colonnes d'Alger et de Constantine (cette dernière conduite par le général Bedeau) font leur jonction dans l'Oued-Sahel; ensemble elles attaquent avec vigueur les montagnards de la Grande Kabylie, livrent les combats les plus brillants, où les zouaves du 3e bataillon sont signalés d'une manière toute particulière. Malheureusement, le 1er bataillon, auquel j'appartiens, est resté à Aumale pour servir de réserve et afin de maintenir les populations environnantes.

Cette expédition a un plein succès; elle montre à ces indomptables Kabyles ce dont sont capables nos soldats pour les atteindre dans leurs villages et sur les pics les plus élevés. L'on obtient plusieurs soumissions et l'on prépare celle de tout le massif. Mais par le fait des circonstances politiques, de manque d'esprit pratique dans les régions gouvernementales et de la fatale révolution de 1848, elle n'eut lieu que dix ans plus tard, en 1857.

Malgré les magnifiques résultats de cette campagne si habilement conduite, le gouverneur, qui s'était toujours montré aussi prévoyant administrateur et organisateur des peuples vaincus que maître estimé en l'art de la guerre, dégoûté par les attaques incessantes dont il est l'objet de la part des politiciens de la Chambre et de journalistes peu patriotes, sans jamais être soutenu par les ministres, se décide à s'embarquer à Bougie, pour de là rentrer en France en laissant son œuvre inachevée, et terminant sa brillante carrière militaire par une série d'opérations bien dirigées, qui ajoutèrent un nouvel éclat à notre prestige et à nos gloires nationales.

Au mois de décembre de la même année, Abd-el-Kader, ne trouvant plus d'appui dans les tribus de l'Algérie et repoussé par le Maroc, est obligé de faire sa soumission au général de Lamoricière, délégué du duc d'Aumale, gouverneur de l'Algérie. Aussi, à part l'expédition du printemps et de courses tout à fait locales, le calme le plus complet ne cesse de régner en Algérie.

Pendant toute cette période de paix, nos hommes sont exclusivement occupés à des travaux de construction de casernes, de baraques, d'hôpital, de fortifications et autres.

Aumale, la nouvelle ville que nous avons mission de relever, est à cent vingt kilomètres d'Alger.

C'est l'ancienne *Auzia* des Romains, fondée sous le règne d'Auguste. Du temps des Turcs, elle était connue sous le nom de *Sour-Ghoslan*. Elle est dominée, à distance, par le pic boisé du *Djebel-Dirah*, haut de dix-huit cents mètres. Nous y trouvons de nombreux débris de constructions romaines; les environs sont accidentés, ravineux, très pittoresques; avec cela de belles forêts où il y a une grande variété d'arbres : chênes-lièges, cèdres, frênes, etc.; sur de vastes espaces le sol est couvert de belles terres végétales.

Vie des officiers à Aumale. — Certes, nous avions là une belle mission à remplir, un poste militaire important à fonder; mais, en somme, ce fut pour les officiers un séjour peu agréable et peu fructueux pour leur instruction militaire. Tous les jours, nos soldats sont employés à des travaux manuels : les uns vont dans les forêts couper des arbres, puis les équarrir, préparer des planches et des poutres; d'autres chercher des pierres et les tailler, faire des briques et des fours à chaux : voilà pour l'extérieur. Dans l'intérieur, il faut construire les murs des bâtiments, poser les charpentes, couvrir les toits, remuer les terres, paver les rues, préparer des routes. Tout cela dans l'intérêt de la chose publique et du pays. Pendant ce temps, nous n'avons aucun exercice à faire, nous sommes très rarement en contact avec nos soldats, sauf les officiers de service, chargés de conduire les corvées dans leurs chantiers respectifs. Notre seul rôle est donc de veiller à la nourriture et aux différents soins de propreté.

Quant aux officiers, en général, à part les constructions tout à fait primitives qu'ils font élever pour les abriter, ils n'ont d'autres distractions que de se promener, de courir la campagne et de causer entre eux, quelques-uns de se créer des ménages irréguliers; il n'y a pas encore de bibliothèques organisées, par conséquent aucun élément pour le travail intellectuel.

Très préoccupé des sérieux inconvénients d'un pareil désœuvrement et afin de ne pas me laisser aller à la somnolence d'esprit, je me décide à me lancer dans l'étude de la langue arabe et d'y consacrer une bonne partie de mon temps. Je me mis à travailler avec mon sympathique camarade le capitaine Petit, du bataillon de chasseurs à pied[1]. Lui était déjà passablement versé dans l'usage des mots et de la prononciation. Ensemble nous nous servons d'un interprète indigène, qui tous les jours vient causer avec nous, nous expliquer la signification des mots, les prononciations, la lecture et l'écriture.

En dehors des courts moments où je suis de service et où je me livre à mes études linguistiques, il y a les relations journalières avec les officiers de tous grades; elles sont généralement faciles et sympathiques; c'est une compensation aux ennuis de la vie un peu claustrale qui nous est imposée.

J'ai déjà parlé de notre excellent colonel de Ladmirault, chef honnête, juste, sachant maintenir une discipline exacte à tous les degrés de la hiérarchie, et cela sans dureté ni brusquerie, se faisant aimer de ses subordonnés et les traitant avec une certaine bienveillance.

Notre lieutenant-colonel Bouat, d'une éducation et d'une instruction inférieure à celle du colonel, est bon, quoique brusque; brave soldat, s'est distingué en Crimée et est mort au moment de la guerre d'Italie en 1859, — étant général de division. — Le commandant de notre premier bataillon a déjà été signalé: c'est toujours un triste chef, sans aucune aptitude militaire, n'ayant ni intelligence, ni éducation, ni moralité, ni instruction; continue à être un joueur effréné, songe surtout à lui, ne s'occupe jamais de ses hommes, à tel point qu'ayant à faire la répartition de peaux de mouton accordées aux soldats pour les garantir des froids rigoureux

---

1. Le capitaine Petit était un officier très bien doué. A de belles qualités militaires il joignait une intelligence vive, bien ouverte; avait un caractère sympathique et une grande énergie de caractère. Il est mort vers 1849, autant que je me puis souvenir, juste au moment où il allait passer chef de bataillon, et avec un très bel avenir devant lui.

de l'hiver, il a soin, avant de les envoyer dans les compagnies, de faire couper la laine à beaucoup d'entre elles, afin de s'en faire des matelas et même pour la vendre, et de laisser le cuir seulement à des malheureux couchés sous la tente et sur une terre refroidie. Il y a naturellement un cri général de mécontentement; des plaintes sont portées contre ce méfait et contre beaucoup d'autres. Eh bien, au lieu de sévir, le colonel pense, faiblesse du cœur humain, que le meilleur moyen de se débarrasser de ce chef et d'éviter tout scandale est de le faire passer au grade supérieur, ce qui a lieu en novembre 1847. Cet officier est mort en 1856 ou 1857, étant général de brigade, après avoir joué dans les autres grades supérieurs un bien triste rôle et les avoir obtenus par les mêmes procédés.

Le commandant Espinasse, du 3ᵉ bataillon, est jeune, plein d'entrain, de vigueur et d'ambition; il a de très sérieuses qualités militaires, mais n'est pas toujours d'un commerce facile; parfois sec et raide; du reste, j'aurai plus tard l'occasion de le signaler, dans des circonstances difficiles et glorieuses.

Quant aux officiers subalternes, plusieurs des anciens ont disparu : les uns par le fait d'avancement, d'autres, fatigués, ont permuté pour rentrer en France. Un certain nombre sont morts, soit par le feu de l'ennemi, soit à la suite de maladies. Parmi ceux présents à Aumale, on trouve les qualités et les défauts qui sont la conséquence de l'éducation, de l'instruction première et des aptitudes variées des uns et des autres. Malgré cela, il y a entre tous, indistinctement, une grande camaraderie, un véritable esprit de solidarité et d'esprit de corps; et même un lien d'amitié et de fraternité unit beaucoup d'entre eux. Des exceptions existent, mais elles sont rares et peu sensibles.

En dehors du régiment, il y a avec nous à Aumale le capitaine Ducrot, mon ancien à Saint-Cyr; il remplit les fonctions de directeur des affaires arabes, d'auxiliaire et de conseiller du commandant supérieur (passe chef de bataillon à la fin de l'année 1847). Déjà connu dès cette époque comme un des plus brillants et des plus dignes. Sa belle carrière militaire a pleinement répondu aux espérances de ses débuts. En Afrique, à Bomarsund, à Sedan, à Paris, partout enfin il s'est montré intrépide officier, chef estimé de ses soldats; après cela, comment comprendre que les sectaires politiques aient pu se montrer injustes et ingrats envers de tels services rendus à la patrie? Ces êtres sans cœur, sans conscience, n'ont ni su ni voulu honorer et récompenser les vertus guerrières de ce serviteur dévoué à la France, et toujours prêt à verser son sang et à donner sa vie pour elle.

Départ d'Aumale. — Dans les premiers jours du mois de février 1848, notre premier bataillon reçoit l'ordre de partir pour Alger; il doit, assure-t-on, faire partie d'un corps d'armée à envoyer dans le royaume de Naples, où une révolution est sur le point d'éclater. Dès le premier jour de notre marche, nous avons à subir des pluies diluviennes, puis, en approchant de la montagne, des bourrasques épouvantables de neige; de Tablat à Sakamaudi nous restons deux jours à piétiner sur place, nous avançons péniblement au milieu d'une tourmente qui nous aveugle et nous arrête. Il nous faut coucher sur une neige durcie par la gelée, sans feu possible, sans nourriture chaude; ce sont de durs moments à passer; mais, grâce à l'excellent moral de nos hommes, à leur tempérament solide, aux sages mesures prises par le lieutenant-colonel Bouat, notre chef de colonne, nous arrivons, après dix jours de dures épreuves, aux environs d'Alger, sans autres accidents un peu sérieux que quelques mulets de bagages tombés et broyés dans les ravins. Les compagnies du bataillon vont provisoirement s'installer dans la vieille caserne de *Birkadem* et sous des tentes établies dans le voisinage.

Nous avons pour chef de bataillon le commandant de Lorencez[1]; c'est un officier bien différent de son prédécesseur. Nous sommes heureux de l'avoir à notre tête, car il est digne de notre estime et de notre confiance. C'est un noble caractère, ayant des qualités viriles et surtout l'amour du métier. De haute taille, d'une figure calme, parfois triste et un peu sombre, modeste et peu intrigant, a eu une belle carrière; a commandé la première expédition du Mexique en 1862 et une division à Metz, en 1870, contre la Prusse.

Révolution du 24 février. — Depuis quelques jours, nous respirons l'air pur du sahel d'Alger; nous allons de temps en temps dans la ville pour y voir nos camarades du 2e bataillon arrivés d'Oran, et nous y divertir un peu, quand tout à coup nous arrive comme un coup de foudre la nouvelle de l'inepte révolution du 24 février. Elle trouve notre armée froide et peu enthousiaste du triomphe de la démagogie parisienne. Il n'y a chez nous ni démonstration ni indiscipline; tous continuent à accomplir régulièrement leurs devoirs; mais où le grotesque vient jeter un peu de gaieté dans ces moments troublés, c'est lorsque arrivent du gouvernement provisoire des instructions pour faire voter l'armée, à l'occasion des élections des députés. Dans notre bataillon, on doit réunir, dans la caserne ou sur les places publiques, quatre-vingt-six sections différentes, chacune composée des hommes de leur département respectif; le plus élevé en grade est le président et reçoit les bulletins, qu'il a à transmettre au préfet. Dans ma section j'ai trois hommes de la Creuse; je les engage à me remettre leurs bulletins de vote : tous paraissent très embarrassés, car depuis longtemps ils sont absents du pays et ne connaissent pas même les noms des candidats. Deux votent pour des cabaretiers de leur village, ayant eu avec eux, paraît-il, de très bonnes relations.

1. Fils d'un général du premier Empire et petit-fils du maréchal Oudinot.

Quoi qu'il en soit, comme une paix complète règne en Algérie, que nulle expédition n'est à prévoir et que l'on annonce notre départ prochain pour aller travailler à la Chiffa, je me décide à faire une demande pour entrer dans un bureau arabe, où il me sera possible d'utiliser mes connaissances acquises pendant mon séjour à Aumale. Peu de temps après je suis envoyé à Milianah comme adjoint au titulaire de l'emploi (le capitaine Fénelon).

Séjour à Milianah. — Je reste dans cette position la fin de l'année 1848, toute l'année 1849 et jusqu'au mois de septembre 1850.

Pendant cette période, les tribus du Tell font de bien rares démonstrations d'hostilité; on les considère comme complètement soumises à notre autorité; seulement, il n'a pas encore été possible de s'occuper du massif de la Grande Kabylie et des populations sahariennes. Cela tient à ce que les agitations gouvernementales, les questions de la politique intérieure et extérieure, empêchent de continuer l'œuvre si bien commencée par le maréchal Bugeaud et de compléter la conquête matérielle du pays.

Les Arabes et la religion. — Pendant ces deux années, à part quelques expéditions plus ou moins importantes contre des tribus isolées des environs d'Aumale, de Bougie et de Setif, à part l'expédition de Zaatcha en 1849, les troupes sont exclusivement occupées à des travaux de route, à des fondations de villages dont la plupart sont destinés à des colons sortis des faubourgs de Paris. Il est vrai que ces colons improvisés viennent y faire une bien courte apparition; au bout de peu de temps, le plus grand nombre s'empresse de les abandonner pour aller faire de la politique dans les villes.

Je profite de mon séjour à Milianah pour me mettre en rapports intimes avec les indigènes, pour étudier leurs habitudes, les tendances de leur esprit et de leurs aptitudes, et enfin pour compléter ma connaissance de leur langue. De plus, grâce à mes relations très cordiales avec plusieurs chefs influents, avec des tholbas un peu instruits[1], je puis saisir le côté moral des préceptes du Coran et de ses commentaires, comprendre les préjugés et les causes du fanatisme et les victimes d'un despotisme séculaire, pénétrer dans tous les détails d'organisation et de propagande des différents ordres religieux. Dans le courant de l'année 1850, j'envoyai au ministre, par l'intermédiaire de mes chefs hiérarchiques, plusieurs rapports sur cette dernière question, si pleine d'intérêt et trop souvent négligée par les gouvernants sceptiques et trop exclusivement occupés des causes et des effets matériels.

Dans les rapports je faisais connaître les noms et le nombre des khouans et des mokadems de chaque tribu de la subdivision, leur influence sur les indigènes, insistant sur l'importance qu'il y aurait à obtenir de semblables renseignements sur le territoire des trois provinces, à ce que les chefs militaires cherchent à entrer en relation avec les mokadems des différents ordres religieux, à les attirer par de bons procédés; que l'on aurait en eux un élément essentiel de pacification morale, seule capable, en sachant nous en servir, de nous attacher le corps et le cœur d'un peuple digne de marcher à côté de nous dans la voie du progrès et de la civilisation.

Ces associations musulmanes s'appuient sur le Coran. Elles sont le développement de l'œuvre de Mahomet; leur propagande se fait au grand jour; elles sont essentiellement natio-

---

[1]. Parmi ceux dont j'ai conservé le meilleur souvenir, je dois citer : *Si-Seliman*, agha de Milianah, Maure d'origine, homme honnête, sympathique, intelligent et tout dévoué à notre cause;

Bou-Alem-ben-Cherifa, bach-agha des Djendels, qui nous a toujours servis très fidèlement; avait une grande influence dans la vallée du Chelif; mort en 1885, étant commandeur de la Légion d'honneur;

Bagdadi, frère du précédent; — *Bou-Kaiden*, kaïd de l'Ouen-Seris.

nales, morales et respectueuses des croyances des autres[1]. Une seule, la secte de Derkaoua, est une société révolutionnaire, ennemie des Turcs, des Français, même d'Abd-el-Kader. On la trouve toujours prête à lutter contre tout pouvoir établi. C'est un peu comme notre franc-maçonnerie : comme elle, elle s'entoure de cérémonies plus ou moins fantasques et tenues secrètes. On y parle bien de fraternité et de bienfaisance, mais entre les membres de l'association seulement. Chez nous la secte est entre les mains de politiciens libres penseurs, matérialistes, révolutionnaires, conspirateurs et cherchant à s'en faire une arme pour arriver au pouvoir.

A propos des ordres religieux, j'ai conservé une profonde impression de la manière dont Mgr Dupuch, évêque d'Alger, a été accueilli par la population musulmane de la subdivision de Milianah.

En 1849, pour la tournée épiscopale, — c'était la première depuis la conquête, — l'évêque part d'Alger par terre pour se rendre à Oran, dans le but de visiter les paroisses nouvellement établies dans le rayon de sa route.

Je vais au-devant de lui à la limite de la subdivision, je le rencontre près du marabout de l'Oued-Dyer, monté sur un beau mulet et suivi par son personnel et par une escorte de cavaliers arabes. Les tribus des environs ont été prévenues, chefs et khames arrivent en grand nombre ; tous se montrent d'une prévenance, donnent des marques de respect, presque de vénération, qui m'étonnent ; et cela se continue pendant le voyage jusqu'à la ville, pendant le séjour,

---

[1]. Les plus importants de ces ordres religieux chez les musulmans d'Algérie se trouvent ceux de Mouly-thaiel, de Si-Mohammed-Bouzian, des Aïssaouas, de Mohammed-Bou-Kobari. — Les fondateurs et les différents ordres se sont dits être les descendants du prophète, avoir reçu de lui la *ocuarda* (parole sacrée), le *dekeur*, qui est la forme des prières ; ils sont donc les intermédiaires de Mahomet, les représentants de ses instructions et de ses principes. Lui seul a tracé la vraie voie à ses disciples.

et surtout en arrivant dans la vallée du Chélif. Jamais, pendant toute ma carrière, je n'ai vu les Arabes faire des démonstrations plus respectueuses vis-à-vis du maréchal, du gouverneur, du prince royal ou de tout autre représentant du gouvernement.

C'est que dans le Coran on ne cesse de faire l'éloge de Jésus, de Marie, tandis que l'on prêche une guerre acharnée contre l'ennemi, contre l'infidèle (c'est-à-dire contre les sectes *dissidentes,* les *hérétiques,* les *protestants de l'Arabie*).

En dehors de ces études, très intéressantes, j'ai à m'occuper des détails assez compliqués des services spéciaux concernant le commandement et l'administration des tribus soumises. Souvent à cheval avec mission de parcourir le territoire de la circonscription, dans la plaine du Chélif, dans les montagnes de l'Ouen-Seris, de Teniet-el-Had, des Matmatos, des Attafs, et de voir les indigènes, d'écouter les plaintes de tous, de faire des rapports sur ce que j'ai pu observer et apprendre, afin de permettre à l'autorité supérieure de réprimer les exactions et de faire à tous une justice équitable.

Quand, en 1849, j'apprends qu'il va y avoir une expédition dans le sud de Biskra, je demande à rentrer à mon corps; je n'ai pas l'heureuse chance de pouvoir l'obtenir, et je ne puis participer à la brillante campagne qui se termine par la prise de l'oasis de Zaatcha, après un siège meurtrier. En juillet 1850, j'obtiens la croix de la Légion d'honneur, ayant été proposé à cinq reprises différentes. A ce moment, on me propose d'aller commander le cercle de Boghar. Je refuse et j'insiste de nouveau pour rentrer à mon régiment; cela me fut enfin accordé au mois d'octobre 1850.

Peu de temps après, je vais rejoindre ma compagnie au camp sur la route d'Aumale (1ʳᵉ du 3ᵉ bataillon), heureux de pouvoir reprendre la vie active des expéditions et des bivouacs avec mes anciens compagnons d'armes, et de quitter celle, beaucoup plus tranquille, mais tout aussi nécessaire, de l'administration et de la direction des indigènes.

Du reste, je n'ai pas lieu de me plaindre de mon séjour de deux ans à Milianah. Mes occupations y étaient d'une tout autre nature qu'au régiment, mais dans mes nouvelles fonctions j'ai pu apprendre beaucoup, et surtout apprécier la distinction bien sensible entre une conquête matérielle faite à coups de fusil et à force de destruction, et une conquête morale, résultant des idées, et ayant pour bases essentielles un contact permanent entre le vainqueur et le vaincu, un esprit conciliateur et bienveillant, une justice complète pour tous (petits et grands), un respect des croyances, des préjugés, des coutumes. C'est le résumé du programme du maréchal Bugeaud, consigné dans sa circulaire de 1844. L'application qui en fut faite dans le cercle de Milianah a donné, alors et plus tard, les résultats les plus concluants, car jamais on n'a eu à constater ni mécontentement ni insurrection.

Quant à mes relations journalières avec mes chefs, avec mes camarades et avec les Arabes, elles ont toujours été des plus satisfaisantes; j'ai trouvé beaucoup de bienveillance de la part des premiers, une grande cordialité avec les seconds, et un vrai dévouement affectueux de la part des troisièmes.

Le général Camou, notre commandant supérieur, était un homme âgé, un des rares débris de l'Empire; de haute taille, avec une figure un peu commune, sans grande instruction ni beaucoup d'intelligence, il remplaçait ces lacunes par un grand bon sens, par un commandement ferme sans brusquerie, d'une grande loyauté, et possédant cette finesse caractéristique des pays basques où il était né. Plus tard a commandé une division en Crimée, puis la division des voltigeurs de la garde; est mort en 1868, étant sénateur.

Le capitaine de Salignac-Fénelon, directeur des affaires arabes et mon chef, était un officier très intelligent, très instruit, au courant des habitudes, des mœurs et de la langue des indigènes, qu'il parlait et écrivait avec la plus grande facilité. Homme du monde, bien élevé, mais parfois sec et hautain, n'avait pas toujours assez de mesure et de tact dans le commandement. Blessé en 1870, à Sedan ; mort en 1878, étant commandant de corps d'armée, à Toulouse.

CHAPITRE VIII

EXPÉDITION DANS LA KABYLIE ORIENTALE, SOUS LE GÉNÉRAL DE SAINT-ARNAUD

Mon bataillon a passé toute l'année 1850 et le premier trimestre de 1851 à faire des travaux de route et de constructions de villages. Quand j'arrive à ma compagnie, dont j'étais absent depuis deux ans, je trouve pas mal de changements dans les cadres du régiment. Et d'abord le tiercement a fait passer des compagnies d'un bataillon dans un autre; à peu près toutes ont changé de numéros; en outre, le colonel de Ladmirault, étant passé général, a été remplacé par le colonel Canrobert, et ce dernier par le colonel d'Aurelle de Paladines; le lieutenant-colonel Bouat, nommé colonel, a eu pour successeur mon excellent camarade Bourbaki. Le commandant Laure était le chef du 3⁰ bataillon[1]. Nous avions donc à ce moment des chefs de choix et tous très dignes, sous tous les rapports, de commander à des troupes d'élite. Dans le courant d'avril, le bataillon reçoit l'ordre de se rendre dans la province de Constantine pour

---

[1]. Le commandant Laure était un officier de forte corpulence, très intelligent, très capable, brave soldat, ayant de solides qualités militaires; mais, à côté de cela, certains défauts inhérents à son naturel un peu égoïste et peu franc. Avait un commandement ferme, savait se faire obéir, inspirait de la confiance à ses subordonnés, sans pouvoir obtenir d'eux ni estime ni affection. Tué à la bataille de Solférino, en 1859, étant colonel de tirailleurs algériens.

opérer sous les ordres du général de Saint-Arnaud. Le 20 avril nous quittons Blidah, prenant la route la plus directe, celle à travers les montagnes du Djurdjura ; nous avons à franchir les fameuses Portes de fer, où était passée la colonne du duc d'Orléans en 1839, ce qui avait été le prétexte saisi par Abd-el-Kader pour nous déclarer la guerre. Les environs de ce passage difficile sont tout ce que l'on peut imaginer de plus triste, de plus dénudé : partout un sol pierreux ; et quand on approche, on voit des coupures à pic avec des sentiers de chèvres, dominées par des escarpements de rochers de plus de cent mètres de hauteur. Tout est rabougri, végétation et produits naturels ; on a là un spectacle grandiose dans ce bouleversement terrestre.

Une fois sortis de ces parages ingrats où nous ne voyons pas une figure humaine, le bataillon arrive dans la riche vallée de l'Oued-Sahel, passe par Bordz-bou-Arreridz, Setif, et enfin, après quinze jours de marche, arrive le 5 mai à Milah, petit village arabe situé à quelques lieues au nord-ouest de Constantine. C'est là que doit avoir lieu la concentration des troupes expéditionnaires.

Les Chambres et le gouvernement ayant refusé, en 1850, au général d'Hautpoul, alors ministre de la guerre, les moyens de faire une expédition dans la Grande Kabylie, par crainte d'y trouver une trop vive résistance, et par suite d'imposer au pays de trop lourdes charges, on se décide à s'en tenir à une simple exploration dans la Petite Kabylie, c'est-à-dire à visiter et à rallier à notre cause les tribus situées à l'est des Babors, comprises dans le triangle formé par Milah, Djidjeli et Collo. On pense trouver là des populations peu agglomérées, sans liens entre elles et incapables, par suite, d'opposer à nos armes une résistance sérieuse. En outre, par cette opération on peut débloquer Djidjelli et Collo, où l'on se propose de former deux centres militaires, maritimes et agricoles.

Les préparatifs de l'expédition. — Le général de Saint-Arnaud, désigné pour cette mission, a sous ses ordres douze bataillons d'infanterie répartis en deux brigades, en outre de la cavalerie, de l'artillerie et des services accessoires[1]. Il a auprès de lui pour le seconder des chefs indigènes, ayant eu autrefois une grande influence sur les montagnards que nous allons combattre, entre autres Bou-Akkas, agha des Fedjioua, sur la rive gauche de l'Oued-Kebir, Ben-Azedin et son frère Bournane, chefs des tribus de la rive droite. Tous, à des degrés divers, nous ont rendu des services ; ils ont mis à notre disposition leur connaissance des hommes et des choses du pays ; malheureusement, ils se haïssent, cherchent à se nuire les uns les autres, à faire prévaloir près de nous des idées conformes aux desseins et aux ambitions de chacun d'eux ; aussi ils n'ont pas toujours été écoutés et ont été la cause indirecte de plusieurs fautes et de combinaisons peu pratiques.

Le général commandant la colonne a eu en outre dans son état-major les commandants Fleury, de la cavalerie, Waubert de Genlis, du corps d'état-major ; tous les deux sont envoyés en mission par le président de la République et par le ministre de la guerre.

---

1.   Composition du corps expéditionnaire.
        ─────

GÉNÉRAL DE SAINT-ARNAUD, commandant.

1re BRIGADE, général *de Luzy-Pélissac.*

20e de ligne : deux bataillons ; colonel Marules, lieutenant-colonel Espinasse, commandant Picard. — 10e de ligne : un bataillon. — 9e de ligne : un bataillon. — 2e chasseurs à pied : un bataillon. — Tirailleurs algériens ; un bataillon ; commandant Bataille.

2e BRIGADE, général *Bosquet.*

Zouaves : un bataillon ; Laure, chef de bataillon. — 16e léger : un bataillon ; lieutenant-colonel Périgot. — 8e de ligne : deux bataillons ; colonel Jamain. — Légion étrangère : un bataillon ; colonel Colineau. — Bataillon d'Afrique : un bataillon.

Deux escadrons de cavalerie, commandant de France : six pièces d'artillerie ; une compagnie du génie ; services administratifs.

Quoi qu'il en soit, pour aller débloquer Djidjelli, point essentiel comme centre de ravitaillement pour les excursions ultérieures, on a à choisir entre deux routes : l'une passe par le pays de Ben-Azedin, où nous devons rencontrer la puissante confédération des Ouled-Aïdoun, nos ennemis implacables, que nous allons avoir sur les bras dans tous nos combats, et aussi les Beni-Touffont et les Beni-Mimoun. En suivant cette route, on peut arriver dès les premiers jours au centre de riches vallées, et peut-être serait-il possible, par un grand coup frappé sur les tribus, de réduire en peu de jours le prestige attaché à leurs anciennes victoires sur les Turcs, par là de porter un frein à leur humeur guerrière et à leur ténacité dans la lutte.

L'autre route, beaucoup plus directe, nous mène tout droit dans le pays de Bou-Akkas ; on pense y trouver de petites tribus sans liens entre elles, établies dans une contrée pauvre, difficile, avec plusieurs cols et de nombreux ravins à traverser. Après plusieurs hésitations, on se décide pour cette dernière.

Le 9 mai, après avoir pris toutes les dispositions et donné toutes les instructions aux chefs de colonnes, on part de Milah avec sept jours de vivres dans le sac et trois seulement sur les mulets ; les *impedimenta* sont peu nombreux, afin de pouvoir plus facilement se plier à toutes les éventualités et se transporter rapidement sur les points les plus utiles à occuper. Bivouac sur la rive gauche de l'Oued-Endya, sans aucun incident pendant la marche et sans avoir rencontré l'ennemi. Le 10, nous arrivons au col de Fedz-Beinem ; de cette position, on aperçoit très distinctement les montagnes rocheuses des Ouled-Askeur et les nombreux contingents qui s'y réunissent pour nous en défendre le passage.

Combat du 11 mai. — Le 11 mai, au matin, on se porte près des pentes que nous devons gravir pour arriver sur les crêtes ; là, on organise trois colonnes d'attaque : celle de droite sous le général Bosquet, celle de gauche sous le général de Luzy-Pelissac, celle du centre sous le lieutenant-colonel Espinasse; enfin, en arrière, le convoi protégé par le colonel Jamain, avec deux bataillons.

Les trois colonnes, chacune avec une mission bien déterminée, précédées de leurs tirailleurs, s'avancent en bon ordre et s'arrêtent à petite distance des crêtes. A notre colonne, le général Bosquet met son artillerie en batterie, donne brièvement et clairement ses ordres, passe devant le front des troupes au milieu d'une grêle de balles; une d'elles lui fait une forte contusion à l'épaule. Au signal donné, les zouaves d'extrême avant-garde sont entrainés par le commandant Laure; ils montent hardiment des pentes raides et abruptes, sans tenir compte d'une grêle de balles qui pleuvent sur nous; ils enlèvent le col, se précipitent à la baïonnette sur les Kabyles, les chassent de toutes les positions, les poursuivent au pas de course, puis sont arrêtés un instant pour se rallier. A ce moment, le général Bosquet arrive au milieu d'eux, les félicite chaleureusement de leur entrain, et les lance de nouveau sur les traces de l'ennemi, qu'ils ne cessent de harceler pendant trois heures; enfin, à deux heures de l'après-midi, le succès est complet; toutes les troupes de la colonne ont fait glorieusement leur devoir, on se repose et l'on fait le café près du col de Menazel.

Pendant ce temps, la colonne de Luzy-Pelissac, après avoir enlevé vigoureusement les positions de gauche, se met à poursuivre les Arabes sur les pentes nord de la montagne, mais a le grand tort de ne pas faire occuper les positions dominantes, non loin des sentiers par où doit passer le convoi. Cette négligence va coûter cher et faire répandre bien inutilement le sang de nos soldats.

La colonne du centre, bien conduite, participe avec celle de droite aux brillants résultats des premières attaques. Enfin le moment arrive pour les bagages et le convoi de s'avancer péniblement sur ces montagnes sans route et parsemées d'obstacles de toute nature ; il leur faut arriver à El-Aroussa, bivouac situé au nord à plus de deux lieues du col, enlevé le matin par la colonne de gauche. La cavalerie et une partie des troupes du général Luzy-Pelissac y sont déjà installées.

Les Kabyles, en voyant les positions dominantes abandonnées, se concentrent, s'installent sur les hauteurs et menacent le convoi, son escorte et l'arrière-garde. Sur ces entrefaites, la nuit arrive ; les bataillons du 16e léger et du 10e de ligne, encore peu habitués à ce genre de guerre, se retirent trop vite de certaines positions de flanc, et, comme l'obscurité augmente, les Arabes en profitent pour se glisser à travers les broussailles de ce pays ravineux, attaquer le convoi et ses conducteurs, et pour faire éprouver à l'arrière-garde des pertes assez sensibles. A chaque instant le danger augmente, un peu de désordre en est la conséquence. Heureusement le général Bosquet, du haut de la position qu'il a su conserver et bien garder, voit la tournure fâcheuse des événements ; il se porte à gauche avec ses bataillons, prend le commandement de la retraite, fait relever par les zouaves et le 8e de ligne les deux régiments en déroute. A partir de ce moment, la marche peut se faire en ordre, avec pas mal de difficultés néanmoins, car nous avons contre nous l'audace et la confiance de nos adversaires et en outre une nuit obscure et une contrée très accidentée que nous ne connaissons pas.

Nos zouaves, après avoir fait l'avant-garde le matin, sont désignés pour tenir l'arrière-garde le soir. Le général Bosquet, après avoir pris les mesures les plus sages, avoir fait occuper plusieurs points de sécurité protectrice, fait commencer la retraite ; pendant tout le temps de cette opération, les officiers et les soldats ne cessent de se prodiguer ; ils ont parfois à lutter corps à corps avec un ennemi caché dans des buissons et qui se précipite sur des tirailleurs isolés. On lui tend des embuscades, on le charge à la baïonnette ; le combat dure ainsi plusieurs heures avec des incidents plus ou moins dramatiques et en faisant éprouver de nombreuses pertes à ces intrépides montagnards. Mais enfin nous pouvons sortir de ce fouillis de bois, de broussailles, de ravins, où l'on a la plus grande peine à se diriger et à se reconnaître, et arrivons au bivouac à onze heures du soir, ayant eu une trentaine d'hommes tués ou blessés. Notre excellent camarade le capitaine de Berthier est blessé assez grièvement à l'épaule[1].

Sortie du 12 mai. — Le 12 mai au matin, nous voyons toutes les hauteurs qui dominent la route de Djidjelli, où nous devons passer, occupées par de nombreux contingents ; on les entend pousser des cris, s'exciter les uns les autres et paraissant bien disposés à nous combattre et à nous harceler.

Devant de pareilles démonstrations, le général de Saint-Arnaud n'hésite pas : laissant la garde du camp à un certain nombre de compagnies, il organise trois colonnes très mobiles, avec des soldats sans sacs ; à chacune il donne des instructions précises : c'est de marcher hardiment contre les Kabyles, de les attaquer et de les atteindre le plus possible dans leurs intérêts matériels.

Notre colonne, sous le général Bosquet, se dirige au nord-est ; elle enlève successivement toutes les positions, poursuit l'ennemi sur le versant et dans les ravins de l'Oued-Guerdjana.

Quelques-unes de nos compagnies sont un moment fortement engagées ; les Ouled-Mimoun et les Beni-Aïdoun, après avoir été obligés de battre en retraite, cherchent à

1. Le capitaine de Berthier a toujours été un solide officier et un sympathique camarade. A été blessé grièvement en Crimée ; passé général de brigade pendant la campagne de 1859, a dû se retirer du service pendant la campagne du Mexique, où il fut atteint d'une insolation ; est mort il y a quelques années, 1880, je crois.

différentes reprises à prendre l'offensive et même à cerner deux compagnies de zouaves un peu trop isolées; mais nos hommes tiennent ferme sans reculer d'une semelle; longtemps le lieutenant Bérard[1], avec sa section, reste exposé à un feu meurtrier; il fait preuve, dans cette critique circonstance, d'une grande ténacité, d'un calme et d'une vigueur dignes d'éloges. Nos compagnies sont enfin dégagées, mais le combat n'en continue pas moins toute l'après-midi. Le 8ᵉ de ligne a été tout le temps à côté de nous et a pris une large part aux émouvantes péripéties de cette journée.

Pour rentrer au camp, le commandant Laure, chargé de l'arrière-garde, place successivement les compagnies en échelons et en embuscades quand le terrain s'y prête. L'ennemi, déconcerté par notre attitude et par les pertes qu'il vient de faire, se décide à se retirer et à abandonner la poursuite. Ces opérations, bien conçues et bien exécutées dans les diverses colonnes, indiquent aux Kabyles que nous sommes parfaitement en état de les chasser des hauteurs d'où ils viendront nous menacer. On leur a brûlé plusieurs villages, enlevé quelques bestiaux ; c'est peu, mais enfin c'est un premier résultat, qui peut produire un certain effet moral sur les esprits.

Journée du 13 mai. — Offensive des Kabyles. — Le lendemain, 13, on reprend la marche sur Djidjeli; il nous faut pénétrer dans le pays des Beni-Aïcha, qui est très accidenté et très fourré, suivre un sentier dominé par des arêtes rocheuses et boisées.

Avant d'arriver à la grande halte, nous apercevons de

---

1. Le lieutenant Bérard, officier dans ma compagnie, sortait des rangs, avait une instruction tout à fait élémentaire, mais était un solide soldat, un serviteur précis, plein d'entrain, ayant une grande influence sur ses hommes. Combien il était préférable, pour les nobles fonctions des grades subalternes, à ces demi-savants infatués de leur personne, incapables d'enlever quatre hommes sous le feu de l'ennemi, mais sachant faire évoluer une division sur un tableau noir !

forts rassemblements sur les hauteurs de gauche. Le général désigne trois compagnies de notre bataillon, placées sous les ordres du capitaine Bessières, pour les chasser des positions les plus rapprochées; le combat s'engage vite; mais, après une lutte assez vive, les Arabes, malgré plusieurs retours offensifs de leur part, nous abandonnent le terrain. Cela nous permet d'aller brûler le village de Tsaima.

Quand le convoi et les troupes de l'arrière-garde nous ont rejoints, on fait le café, puis, avant le départ, on envoie le bataillon du 10e de ligne de la brigade d'arrière-garde relever les trois compagnies de zouaves détachées sur le flanc de la colonne. Malheureusement, sans tenir compte des renseignements fournis par le capitaine Bessières, le commandant du 10e de ligne fait former les faisceaux et ne prend aucune mesure pour s'éclairer et se garder. Les Kabyles profitent de cette négligence pour se glisser comme des serpents à travers les bois et les broussailles et tirer presque à bout portant sur des soldats déconcertés, dont plusieurs tombent tués ou blessés; les autres, pris de terreur en voyant leurs camarades frappés par les balles, en entendant les cris forcenés de nos ennemis et en se voyant cernés de tous côtés, cèdent à la panique et se sauvent éperdus. En vain les officiers veulent les retenir, tous leurs efforts sont impuissants; beaucoup abandonnent armes et bagages pour pouvoir échapper plus vite aux coups du yatagan. Les Kabyles se jettent comme des vautours sur ces pauvres démoralisés. Cinq officiers et quarante-trois hommes restés sur le terrain ont la tête tranchée et les membres mutilés. Ceux qui ne sont pas atteints arrivent comme une avalanche au milieu des troupes d'arrière-garde. Il y a un instant de trouble dans la colonne, surtout quand on voit apparaître de tous côtés les burnous blancs, fiers de leur succès et poussant des cris aigus; mais l'émoi ne dure pas longtemps, et les événements ne tardent pas à changer de face, car les Kabyles viennent se heurter contre le bataillon de tirailleurs, commandé par l'intrépide chef de bataillon Bataille, et contre les troupes du lieutenant-colonel Espinasse, qui les repoussent vaillamment et les poursuivent chaque fois qu'ils se hasardent à se jeter sur nos fantassins.

Pendant qu'avaient lieu cette crise et ces luttes, l'avant-garde et le convoi sont arrivés au bivouac (dans la plaine près de l'Oued-Guerdjana, pays des Taïlmen); à peine installés, la nouvelle nous arrive des attaques violentes dirigées contre l'arrière-garde, du désastre du 10e de ligne, que l'on dit enlevé. De suite on nous fait prendre les armes, et au pas de course nous partons au secours de nos compagnons d'armes. Quand nous arrivons sur les hauteurs, tout était terminé, et alors on nous apprend tous les détails de cette malheureuse affaire.

Il faut bien le dire, dans cette marche dans un pays difficile, devant un ennemi infatigable, mal armé, mais vigilant et habile à profiter de tous les obstacles répandus dans ses montagnes, outre le manque de prévoyance de certains chefs, du manque de moral des troupes arrivées depuis peu en Afrique, et non encore habituées à cette guerre, on n'a peut-être pas assez tenu compte de l'allongement de la colonne, de la trop grande distance entre la tête et la queue, et par suite de l'éparpillement de faibles unités tactiques.

14 mai. Toute la nuit, les Arabes promènent dans les tribus les têtes et les armes de nos pauvres soldats; ce spectacle exalte les esprits, les feux s'allument de tous côtés, on voit que de nouveaux combats se préparent pour le lendemain.

Dès la pointe du jour, les Kabyles descendent des crêtes, ils s'appellent, s'encouragent et s'apprêtent à se jeter sur nous.

Devant de pareilles manifestations, le général de Saint-Arnaud juge prudent de constituer une forte arrière-garde pour protéger la marche des troupes; il en donne le commandement au général Bosquet et met sous ses ordres le lieutenant-colonel Espinasse, qui, avec le bataillon de zouaves et celui des tirailleurs, se tiendra à l'extrême arrière-garde, avec mission de protéger les flancs de la colonne.

A peine sommes-nous en mouvement que la fusillade commence sur les flancs et en arrière; les Kabyles sont plus entreprenants que jamais; ils s'approchent de nos lignes, cherchent à enlever de petits détachements; un instant ils cernent notre 2ᵉ compagnie, arrêtée dans sa marche par un marais vaseux; mais elle est vite soutenue par la 3ᵉ, enlevée vigoureusement par le sous-lieutenant Schobert[1].

Pendant cette journée, notre bataillon doit, à plusieurs reprises, charger à fond contre ces fanatiques et les poursuivre la baïonnette dans les reins; enfin les attaques se ralentissent, et à la tombée de la nuit nous bivouaquons sur l'Oued-Kebir (rivière qui passe à Constantine).

Le 15 mai, nous descendons la vallée pendant quelques heures, puis nous tournons à gauche pour marcher à travers les dunes sur le bord de la mer, dans un pays bien découvert, avec des ondulations et des déchirures peu profondes; néanmoins les Kabyles, encore renforcés, viennent tirer sur l'arrière-garde et sur notre flanc gauche. Le bataillon de chasseurs, attaqué sur une position assez abordable, se défend énergiquement et repousse l'ennemi. En somme, notre colonne éprouve peu de pertes ce jour-là, toutes les mesures ayant été bien prises, et ayant eu à parcourir une contrée moins difficile. Nous bivouaquons sur l'Oued-el-Nil, dans le pays des Beni-Mameur. En avant du camp, plusieurs villages des Ouled-Aloul sont brûlés par la cavalerie.

Le 16 mai, on marche par une pluie battante sur les bords

---

1. Schobert était un charmant officier, récemment sorti de Saint-Cyr; il avait su se rendre sympathique à tous par ses qualités militaires, son entrain et sa franchise; tué en Crimée en 1854.

de la mer ; on traverse la plaine peu accidentée des Beni-Amran ; c'est un pays riche, bien cultivé, où nous n'éprouvons aucune résistance, les habitants ayant tous fui à notre approche. A midi le bivouac est établi sur l'Oued-Kontra, à deux kilomètres de Djidjeli[1], où l'on s'empresse d'envoyer les douze officiers et les trois cents soldats blessés dans les journées précédentes. Nous avons eu une centaine de tués.

17 et 18 mai. On fait séjour et l'on prend un peu de repos, afin de se préparer à de nouvelles privations et à de nouveaux combats. On touche des vivres, on embarque les blessés et les quelques rares malades.

Combats autour de Djidjeli. — Le 19 mai, la colonne se porte sur le territoire des Beni-Amran ; mais à peine avons-nous fait quelques lieues et traversé l'Oued-Mencha, que nous sommes cernés par de nombreux contingents du massif de la Petite Kabylie ; ils viennent nous braver dans un pays complètement découvert, ils s'approchent même de nos tirailleurs et font avec eux le coup de feu à très petite distance. En présence d'un défi aussi audacieux, il n'y avait pas à hésiter ; avant de s'avancer dans la montagne avec le convoi et les *impedimenta*, il fallait au préalable attaquer et battre nos assaillants.

On commence par installer le camp sur un plateau qui domine plusieurs villages ; on en confie la garde à des détachements bien encadrés, puis on forme trois colonnes très légères et sans sacs : celle de gauche, sous le général Luzy-Pelissac, doit descendre dans la vallée, prendre l'ennemi à revers ; pendant ce temps, celle du centre, dirigée par le général de Saint-Arnaud, le tiendra en respect ; la nôtre, celle de droite, sous le général Bosquet, doit attaquer de front et chercher à rejeter les Kabyles sur l'une des deux autres colonnes.

1. Djidjeli était connu anciennement sous le nom de *Igigellis*. A été une ville importante par son commerce aux seizième et dix-septième siècles.

Au signal donné, nous nous dirigeons sur le rassemblement le plus nombreux et le plus solidement établi de l'autre côté du ravin. Quand enfin sonne la charge et quand nos zouaves, entraînés par les officiers, s'élancent en avant, c'est à peine si nos adversaires paraissent s'émouvoir; seulement quand, le ravin une fois franchi, nous gravissons au pas de course la berge opposée, ils font sur nous un feu roulant qui ne ralentit en rien l'élan de nos hommes; en peu de temps nous les chassons de toutes leurs positions et les poursuivons vivement. Les uns s'empressent de gagner la montagne, d'autres se jettent sur notre gauche et vont se faire fusiller par la colonne Luzy-Pelissac, d'autres enfin se dirigent sur notre droite pour rejoindre des contingents envoyés à leur secours. Tout le terrain de nos environs se trouvant dégagé, on envoie des détachements sur les hauteurs dominantes; mais bientôt deux de nos compagnies se trouvent avoir sur les bras des masses compactes, dont il leur faut repousser les attaques et contre lesquelles elles doivent souvent prendre une offensive énergique. Ces compagnies, isolées, sans point d'appui, parviennent cependant à se dégager, grâce à la ténacité et à la fière attitude des lieutenants Narbonne-Lara et Schobert.

Pendant ces attaques un peu éparses, les Kabyles, croyant notre camp privé de forces suffisantes, cherchent à enlever notre convoi; heureusement le colonel Jamain, qui commande l'arrière-garde, sait prendre de bonnes dispositions et repousser toutes les attaques en faisant éprouver à l'ennemi des pertes sensibles. La lutte n'en continue pas moins de tous côtés, mais c'est surtout sur les positions occupées par les zouaves et par les zéphyrs que les engagements sont le plus longs et le plus acharnés. Le général Bosquet arrive avec l'artillerie, parvient à nous dégager, nous donne toute facilité pour enlever nos tués et nos blessés; puis notre colonne peut rentrer au camp sans être poursuivie.

La colonne Luzy-Pelissac, établie dans la plaine, a peu de résistance à vaincre; elle frappe les fuyards, brûle plusieurs villages, vide les silos.

Quant à la colonne du centre, réserve des deux autres, elle doit, à différentes reprises, envoyer des renforts aux fractions les plus engagées.

Cette disposition de nos ennemis fut loin de les déconcerter; toute la nuit ils allument des feux dans la montagne; par des cris poussés sur toutes les crêtes, ils cherchent à concentrer les contingents des tribus voisines pour les luttes des jours suivants.

Combat chez les Beni-Amram. — Le 20 mai, dès le matin, on aperçoit les hauteurs des environs couvertes de burnous blancs, de fusils prêts à partir. De suite on nous fait prendre les armes et marcher contre les rassemblements. Les zouaves d'extrême avant-garde suivent des arêtes bien découvertes et assez larges, ils ne trouvent aucune résistance; les Arabes se retirent à leur approche pour aller plus loin prendre de nouvelles positions. C'est la tactique habituelle des montagnards, qui, après avoir forcé leur ennemi à disséminer ses forces, vont occuper des points difficilement abordables, entourés de broussailles, de ravins, de sentiers étroits et raides, cherchant ainsi à les attirer dans une véritable embuscade.

Cette fois, pour ne pas tomber dans le piège et pour les maintenir dans leur confiance, on envoie deux de nos compagnies en tirailleurs; elles sont chargées d'entretenir un feu constant sur toute la ligne; pendant ce temps, on masque le reste du bataillon derrière un pli de terrain, les autres bataillons de la brigade viennent le rejoindre; puis les ordres sont donnés à la cavalerie de prendre à gauche par des chemins creux où on ne peut l'apercevoir, et qui lui donnent la facilité de prendre les positions à revers; sur la droite on fait filer un bataillon de tirailleurs pour empêcher les Kabyles de se rabattre dans le ravin qui conduit à notre camp.

Ces dispositions, sagement étudiées et coordonnées, sont exécutées avec le plus grand ordre; la fusillade continue toujours. L'ennemi, ne nous voyant pas avancer pour gravir les hauteurs, se décide à descendre afin de nous écraser sous son nombre; sur ces entrefaites, le signal ayant été donné par un coup de canon, le commandant Laure entraîne le bataillon au pas de course, avec défense de tirer. Bientôt nos zouaves sont pêle-mêle avec les Arabes, la baïonnette fait son jeu; étant appuyés par le 8° de ligne, nous continuons la poursuite contre des fuyards déconcertés qui abandonnent burnous et fusils; plusieurs évitent nos baïonnettes pour aller tomber sous les sabres des chasseurs; d'autres, acculés au bord d'un précipice, s'y jettent ou se blottissent dans les broussailles comme des lapins. Un certain nombre cherchent à se réfugier sur le sommet rocheux du Kef-Mouboub; bientôt cernés dans la mosquée de Sidi-Brahim, ils sont saisis et fusillés.

Pendant trois heures ce fut, dans ce pays tourmenté, une véritable battue à l'homme; les Kabyles sont traqués de tous côtés par nos soldats, et nous assistons à de nouvelles scènes, à de nouveaux épisodes. Quant à ceux qui, plus heureux, ont pu s'échapper, ils regardent de loin et avec terreur, du haut de leurs rochers, les massacres de leurs coreligionnaires, et comprennent enfin la nécessité pour eux de venir faire leur soumission. A cinq heures du soir, nous rentrons au camp sans plus voir une seule figure d'adversaire. Ils ont eu cinq à six cents tués et pas mal de blessés. Un grand nombre de fusils sont restés entre nos mains.

A cette brillante journée, deux bataillons seulement ont eu à supporter la plus grosse part des efforts, les zouaves et le 8° de ligne; la cavalerie et les tirailleurs ont, eux aussi, participé à la lutte, mais dans de bien moindres proportions.

Les autres bataillons, tenus en réserve, sont restés spectateurs des événements.

On ne tarda pas à obtenir des résultats sérieux de cette journée sanglante, car dès le lendemain, 21 mai, la grande confédération des *Beni-Amran* vint demander à se soumettre, acceptant toutes les conditions du général en chef, promettant de payer l'impôt et obéissance à l'autorité française. Quant aux contingents des autres tribus, ils disparaissent comme par enchantement; il n'y a plus un seul ennemi devant nous; tous se sont empressés de regagner leurs pénates. Aussi nous pouvons franchir le col des Beni-Amran, descendre sur le sud de la montagne, sans rencontrer le moindre signe d'hostilité.

Le 24 mai, nous arrivons chez les *Ferdjioua*, pays de Bou-Akkas, n'ayant eu à tirer, le dernier jour, que de rares coups de fusil contre une petite fraction des Beni-Khetab, désireux d'avoir, eux aussi, leur journée de poudre et de faire acte de protestation. Le soir, nous bivouaquons au col de Tereiben, par un temps épouvantable, après avoir franchi le sommet rocheux et très pittoresque de Koff-Mouboub. Ce même jour, dans la soirée, notre général de brigade Bosquet reçoit l'ordre d'aller rejoindre la colonne du général Camou, chargé d'opérer entre Sétif et Bougie.

Dès le lendemain matin, le général Bosquet part, emmenant avec lui les deux bataillons du 8e de ligne. De suite, on réorganise les deux brigades[1]. Ce fut pour nous tous, aux zouaves, un pénible moment de se séparer d'un chef

---

1.   1re BRIGADE, général *de Luzy-Pelissac*.
9e de ligne : un bataillon ; 10e de ligne : un bataillon ; 2e bataillon de chasseurs : un bataillon ; bataillon d'Afrique : un bataillon ; tirailleurs indigènes : un bataillon.
    2e BRIGADE, colonel *Marulas*.
20e de ligne : deux bataillons ; 16e léger : un bataillon ; légion étrangère : un bataillon ; zouaves : un bataillon.
Cavalerie : deux escadrons ; artillerie : six pièces de montagne; génie : une compagnie ; services administratifs.

aimé et estimé de tous, et qui, depuis le commencement de la campagne, avait fait preuve d'une grande énergie et de véritables qualités militaires.

Soumission des tribus, près Djidjeli. — Les Beni-Foughal. — Le 26 mai, nous pénétrons sur le territoire des Beni-Foughal; les chefs viennent au-devant de la colonne pour parlementer; mais à ce moment on se met à tirer des coups de fusil sur nos éclaireurs; le général, croyant à un guet-apens, fait envahir les villages où vient de se produire cette manifestation d'hostilité. Nous n'éprouvons de résistance nulle part; à peine si on échange quelques coups de fusil au moment où l'on se met à brûler les cases.

Cette courte opération ne nous donne pas une haute confiance en notre nouveau chef de brigade; il ne dirige rien, ne donne aucun ordre, laisse chacun opérer à sa guise et se débrouiller comme il l'entend. Heureusement, l'ennemi est peu agressif et cherche peu à nous inquiéter pendant la retraite. Bivouac à Outa-Amran.

Pendant la nuit, des contingents se réunissent et occupent les hauteurs, en face de notre camp; puis, le matin, quand nous gravissons les pentes, ils font des décharges sur nos colonnes; alors on fait sonner la charge, les bataillons d'avant-garde les chassent de leurs positions, les poursuivent à outrance, brûlent les gourbis, coupent les oliviers des *Msia*, des *Sendla*, etc. Dès le lendemain, 28 mai, les Beni-Foughal viennent se soumettre et promettre leur concours.

Les jours suivants, nous parcourons le pays des Ouled-Tahar, des Ouled-Merabet, des Beni-Ouezzadin et autres fractions des Beni-Foughal. Toutes successivement viennent demander l'aman.

Les montagnes où nous pénétrons sont des plus pittoresques; on se croirait parfois dans certaines parties des Alpes suisses. Nous y voyons des ravins profonds et boisés, des pics escarpés, entre autres le Tzagraout-el-Manoura, de petites vallées avec des eaux claires, de fort belles forêts de chênes ; enfin, sur les pentes et dans les parties basses, il y a une riche végétation et des terres bien cultivées.

Le 1er juin, nous continuons la marche à travers des bois très serrés et des plus variés, puis nous arrivons dans le pays découvert des Ouled-Chraia, des Ouled-Sâad. A Ouena, nous trouvons un curieux rocher complètement percé et connu dans le pays sous le nom de Hadjar-Melkoub. Enfin, le soir, la colonne arrive sur le bord de la mer et va bivouaquer à Agadi, sur l'Oued-bou-Scheid.

Le lendemain, 2 juin, nous allons camper près de Djidjeli. Pendant ces dernières journées, nous n'avons plus rencontré de résistance ; partout les tribus se sont empressées de venir se soumettre.

Opérations dans l'ouest de Djidjeli. — Plusieurs tribus des contrées occidentales, où nous n'avions pas encore paru, avaient promis de venir se soumettre et de payer l'impôt ; seulement, nous ayant vus retourner sur nos pas, ils se crurent dégagés et ne donnèrent plus signe de vie. Comme il était indispensable de punir ce manque à la parole donnée et d'achever la pacification du pays de la circonscription, on nous fait quitter Djidjeli le 5 juin ; mais à peine au bivouac, à Agadi, nous sommes surpris par des pluies torrentielles, qui rendent impossible pendant plusieurs jours toute marche en avant.

Le 9 juin, la colonne peut enfin se mettre en route pour entrer dans le pays accidenté et ravineux des Beni-Aïssa, où elle est reçue à coups de fusil. Pour avoir raison de cette attaque, il nous faut envahir la montagne, brûler les gourbis, et cela sans éprouver une sérieuse résistance. Nous bivouaquons sur l'Oued-Thaza.

Le 10, nous traversons le territoire des Ouled-Khessent, qui viennent se soumettre. Là encore nous trouvons un pays fortement accidenté, mais riche et bien cultivé. A onze heures, on fait la grande halte à Dar-el-Oued; à ce moment, nous voyons les hauteurs voisines couvertes de contingents hostiles : aussitôt trois compagnies (1re, 7e et 8e) sont envoyées pour les attaquer. Les Kabyles, après une courte résistance, sont repoussés énergiquement de toutes leurs positions; nous envahissons et brûlons les Dacheras, et les forçons à se réfugier sur les arêtes escarpées du Djebel-Hadid; mon lieutenant Bérard et le sous-lieutenant Piellat, de la 8e, se sont particulièrement distingués par leur entrain, leur calme et leur habileté à savoir profiter des accidents du terrain. Je me suis fait un plaisir et un devoir de les signaler à mes chefs.

Sur le soir, la colonne vient établir le bivouac au pied du grand pic, le 16e léger reçoit l'ordre d'aller en déloger les Arabes, ce qu'il fait avec une vigueur remarquable; aussi, dès le soir, toutes les tribus des environs viennent faire leur soumission. A partir de ce dernier fait d'armes, nous n'éprouvons plus de résistance; dès le lendemain on organise le pays et on donne l'investiture aux chefs choisis par nous.

Le 12 juin, on va bivouaquer à Ziama, sur le bord de la mer [1] : c'est la limite entre les cercles de Djidjeli et de Bougie. Les dernières tribus de la contrée (les Ait-Achour, les Ouled-Ali, les Beni-Seghoual, etc.) se hâtent de venir demander l'aman et de payer tribut.

Cette excursion dans l'Ouest, sagement et énergiquement conduite, nous donne un nouveau prestige auprès des indigènes; c'est que tous, après plusieurs engagements peu meurtriers, subissent le contre-coup moral des désastres du 20 mai, drame où ils ont joué un rôle plus ou moins actif, et, redoutant pour eux-mêmes une semblable catastrophe, ils renoncent à la lutte et se soumettent à la volonté de Dieu.

A notre retour, nous trouvons sur notre passage des po-

1. A Ziama, nous trouvons pas mal de ruines romaines. Il devait y avoir là un poste maritime d'une certaine importance.

pulations amies, empressées à nous offrir leur concours et à nous apporter les approvisionnements dont nous avons besoin. Le 16 juin, bivouac à l'Oued-Kontra, près de Djidjeli.

Expédition entre Djidjeli et Collo. — Certes, nous pouvions être fiers des résultats obtenus jusqu'à ce jour, mais ce n'était pas fini. Nous avions encore à soumettre les tribus kabyles établies dans le massif entre Djidjeli et Collo; toutes avaient pris une part considérable aux premiers engagements du mois de mai; elles étaient fières de ce qu'elles considéraient comme des succès; aussi, nous sachant disposés à marcher à l'est, elles se préparent à recommencer la lutte, ayant pour les soutenir de nombreux contingents, et même plusieurs des tribus qui viennent de se soumettre.

Le 18 juin, nous quittons Djidjeli, traversons le territoire des Beni-Amran, déjà soumis, et celui des Ouled-Afou, qui viennent demander l'aman. Le camp est établi à Oul-el-Nemel (la mère des fourmis). Le lendemain, la colonne passe l'Oued-Djenden et entre chez les Ouled-Salah (fraction des Beni-Siars). Bientôt nous voyons des masses armées en avant des villages; on fait filer les troupeaux pour les empêcher de tomber entre nos mains.

La légion étrangère est envoyée en avant; elle envahit les bois d'oliviers, poursuit l'ennemi, s'empare de plusieurs dacheras, malgré une vive résistance; on envoie à son secours les zouaves, les chasseurs à pied et les turcos; la fusillade n'en continue pas moins toute la journée; l'on brûle quelques maisons, on coupe des oliviers, on vide des silos.

Sur ces entrefaites, le général de Luzy-Pelissac, qui s'est engagé un peu témérairement, est poursuivi dans sa retraite; heureusement le lieutenant-colonel Espinasse lui est envoyé avec nos zouaves; cela facilite la rentrée au camp.

L'ennemi, qui a fait peu de pertes et a vu incendier ses villages, est très exalté contre nous; il descend dans la vallée, fait toute la nuit un feu nourri sur nos grand'gardes; cela nous force à prendre des précautions pour empêcher l'investissement du camp.

Le colonel Marulas n'a pris aucune mesure préservatrice sur les faces occupées par ses troupes; comme d'habitude, il ne s'occupe de rien, ne visite aucune grand'garde, laisse chacun agir à sa guise; un moment, le 20° de ligne, chargé de la garde du troupeau, se trouve compromis; on doit envoyer deux compagnies de zouaves pour l'appuyer et prévenir un accident, ou même une panique.

20 juin. La journée se passe en pourparlers. Trois fractions des Beni-Ydeur viennent faire des semblants d'ouverture de paix; pendant ce temps, les contingents se concentrent et, dès le commencement de la nuit, viennent faire le coup de feu sur les quatre faces du camp. Nos zouaves, sur la recommandation de leurs officiers, s'abstiennent de tirer; ils ont des détachements en embuscades, les grand'-gardes restent éveillées, attendant l'ennemi, la baïonnette au canon; aucun d'entre eux n'est blessé. D'autres corps, au contraire, ont l'imprudence de tirer toutes leurs cartouches sur un ennemi invisible, qui, par là, sait où est le danger et où il a chance de faire du mal. Aussi ont-ils pas mal de tués et de blessés. Dans ces circonstances, il aurait fallu s'inspirer de l'expérience de la guerre, se rendre compte des précautions à prendre dans les attaques de nuit, et surtout chercher à obtenir des soldats le calme, le sang-froid et une grande vigilance, les empêcher de tirer à tout propos, placer de petits détachements dans des embuscades judicieusement choisies, les tenir toujours en éveil, toujours prêts à se jeter sur l'ennemi la baïonnette en avant, ayant derrière eux des réserves pour les appuyer.

Quoi qu'il en soit, après avoir passé une nuit sans sommeil, on se met en marche pour pénétrer chez les Ouled-Zekri et chez les Beni-Yden. On enlève plusieurs villages évacués par les habitants, et un peu plus tard l'avant-garde et l'arrière-garde sont attaquées avec une sorte d'acharnement ; mais on a eu le temps de prendre des dispositions, on repousse avec vigueur les assaillants ; le lieutenant-colonel Espinasse se fait remarquer par son entrain et par les sages mesures qu'il sait prendre. Nous pouvons arriver sans encombre et avec peu de pertes chez les Ouled-Tharias et établir notre bivouac sur un plateau, en face du col des *Beni-Askeur*, enlevé par notre colonne le 11 mai.

Le 22 juin, les contingents des *Habibi* et des *Beni-Mameurs* se sont réunis sur les crêtes, en face de notre camp ; pour les attaquer et les tourner, on organise trois colonnes légères : la 1re, dont les zouaves font partie, est placée sous la direction du général Luzy-Pelissac ; elle doit gravir les montagnes rocheuses des *Beni-Mameurs* et incendier les villages ; seulement les dispositions sont assez mal prises ; on fait descendre les zouaves dans d'affreux ravins, par des chemins détestables et dominés de toutes parts. C'est à grand'peine s'ils parviennent à saisir quelques rares animaux et à pouvoir les ramener péniblement au camp. Pendant ce temps, le reste de la colonne, après avoir chassé l'ennemi de ses positions, ne le poursuit pas ; il reste immobile pendant plusieurs heures avant sa retraite. Les Arabes ont su profiter de cette inertie pour se rallier, pour se montrer très ardents et très audacieux contre nous, et enfin nous faire éprouver des pertes assez sérieuses, dans une marche difficile et mal conduite. Cela tient à ce que le général Luzy-Pelissac, peu au courant de cette guerre d'Afrique, ne sait pas comprendre la tactique à suivre pour lutter avec fruit contre ces agiles montagnards. Ainsi, après avoir enlevé une position, il ne se préoccupe pas de pourchasser et d'intimider son adversaire, et quand il s'agit de battre en retraite, au lieu de placer des échelons sur des points saillants, il laisse les troupes de l'arrière-garde complètement isolées, sans protection sur les flancs, et obligées de marcher par files par des sentiers étroits ; aussi on eut pas mal de tués et de blessés, et le plus fâcheux fut de donner confiance aux Arabes et d'affaiblir momentanément le moral des jeunes soldats, ardents et fiers dans la victoire, mais trop prompts à faiblir après un échec.

A l'autre colonne, commandée par le lieutenant-colonel Espinasse, on procède d'une tout autre manière ; après avoir envahi les villages des *Beni-Hababi*, on les poursuit la baïonnette dans les reins, on coupe les oliviers, on brûle des maisons, et finalement ces tribus viennent demander l'aman, et proposent même d'envoyer des otages.

Quant à la colonne Marulas, sa mission fut de tourner autour du camp, afin de le protéger, en cas de surprise.

Le lendemain, plusieurs tribus envoient des émissaires pour traiter de la paix ; mais on ne tarde pas à s'apercevoir que c'est pour nous tromper et pour se donner le temps de réunir de nouvelles forces sur la montagne par où nous devons passer. Le général ne se laisse pas prendre dans le piège ; le 24, au matin, il aborde carrément les pentes raides du massif des Habibi et des Tachtas ; devant nous se trouvent de nombreux rassemblements armés, qui, dans les premiers moments, semblent disposés à faire leur soumission ; mais, excités par les Ouled-Aïdoun, nos implacables adversaires du mois de mai, ils font sur nos avant-gardes un feu des plus vifs. De suite on prend une offensive préparée d'avance : deux compagnies de zouaves sont dirigées sur les hauteurs de gauche et s'en emparent, en faisant très peu de pertes ; le reste du bataillon part au pas de course sur la droite, se jette hardiment sur les contreforts de Taoumil-oum-el-Aziz, d'où sont chassés les Kabyles ; ce mouvement est ralenti par un épais brouillard ; mais, le soleil l'ayant dissipé, le bataillon continue pendant plus d'une heure à poursuivre l'ennemi.

Pendant cette opération, une autre colonne (20ᵉ et 16ᵉ léger) enlève vigoureusement l'arête parallèle à la nôtre. Alors les Arabes, acculés des deux côtés, et voyant leur retraite compromise, se jettent pêle-mêle dans le ravin. C'était bien le cas d'aller jusqu'aux extrémités des contreforts pour se rabattre sur les fuyards et les tenir entre deux feux ; malheureusement, notre chef de brigade ne sait pas profiter de la circonstance et se servir des premiers succès de la matinée pour écraser l'ennemi. Suivant son habitude, il ne sait donner aucun ordre d'ensemble, il laisse chaque fraction agir pour son compte : les unes sont occupées à entretenir une fusillade insignifiante du haut des mamelons, d'autres à faire des marches et des contremarches pour aller piller et brûler des gourbis, couper des arbres fruitiers, ramasser des dépouilles.

Quand commence la retraite, les Kabyles, enhardis par nos hésitations et par notre inertie, se précipitent avec frénésie sur notre arrière-garde ; deux compagnies de zouaves, détachées depuis le matin sur le piton d'El-Kolla, facilitent le mouvement général des troupes de la colonne ; à plusieurs reprises, elles simulent la retraite, afin d'attirer l'ennemi, puis, par des retours offensifs, chargent à fond et les rejettent dans les ravins. Exposé au feu des bataillons qui descendent de la crête, on lui fait éprouver pas mal de pertes. Enfin on arrive au bivouac, à Tebana, sur l'Oued-Boghrly, sans aucun accident grave.

Cette journée, pleine de péripéties diverses et d'émotions, nous coûte plusieurs tués et blessés, mais nous donne de bien faibles résultats, et cela par la faute et le manque d'expérience de certains chefs peu habiles, ne sachant pas agir à propos et manquant de fermeté et d'aptitude dans la conduite des troupes.

Le 25 juin, on fait des excursions dans les ravins des environs du camp, on coupe quelques oliviers. Vers le soir, les

Habibi envoient de nouveau des émissaires; ils se disent tout prêts à se soumettre, espérant par là nous ôter toute méfiance, toute préoccupation sur l'avenir, et pouvoir impunément préparer les embûches où ils espèrent nous attirer.

Combat contre les Habibi et les Beni-Mameurs (26 juin). — Le 26 juin, au départ de la colonne, on peut croire un instant à la soumission des Habibi et des Beni-Mameurs, et même espérer voir arriver au-devant de nous toutes les tribus de la rive gauche de l'Oued-Kebir. L'illusion fut de courte durée, car à peine le convoi et le gros de la colonne sont-ils engagés dans la montagne, que l'on voit surgir, du fond de tous les ravins, de toutes les hauteurs, de nombreux essaims de Kabyles. On les entend s'exciter, s'appeler, se préparer enfin à nous attaquer. Le colonel commandant notre brigade, suivant sa malheureuse habitude, ne sait prendre aucune mesure opportune; il semble ne rien comprendre aux événements, épuise bien inutilement les approvisionnements de nos deux pièces d'artillerie, pour tirer à de trop longues distances sur des fractions isolées et hors de nos atteintes.

Pendant cette tirerie bien inutile, l'arrière-garde est fortement engagée; mais, grâce à l'énergie et à l'entrain du lieutenant-colonel qui la commande, la marche a lieu avec un certain ordre, malgré plusieurs combats acharnés où nous avons un assez grand nombre de tués et de blessés. Peu à peu l'ennemi se concentre, la poursuite devient plus vive, les Kabyles sont plus acharnés dans leur attaque; d'un autre côté, la marche du convoi et de nos troupes est plus lente et plus difficile, ayant à suivre des sentiers étroits et encombrés d'obstacles. Dans ces conditions, le colonel Espinasse, craignant de voir s'affaiblir l'ardeur de ses soldats, fait demander les zouaves pour le soutenir matériellement et moralement.

La 3ᵉ compagnie de notre bataillon reçoit l'ordre d'aller prendre position sur le flanc de la colonne. Cela permet à l'arrière-garde de continuer sa route sans être trop inquiétée. Pendant ce temps les zouaves attendent l'ennemi à bonne portée, chargent sur lui, le tiennent à distance, et enfin peuvent rejoindre le régiment sans avoir subi de pertes.

Un peu plus loin notre compagnie a été placée sur une hauteur à gauche de la route, afin de pouvoir, elle aussi, protéger la retraite, ayant l'ordre de ne quitter la position qu'après le passage de toute la colonne.

Entre temps, la compagnie du 20ᵉ de ligne ayant été abordée par les contingents kabyles, un officier et plusieurs soldats sont atteints par les balles et sur le point de tomber au pouvoir de l'ennemi. En face de ce danger, le colonel Espinasse s'est mis à la tête de ses grenadiers et est arrivé à moins de quarante mètres des Arabes. Par cette marche audacieuse il a pu ranimer le courage et l'entrain de ses soldats et, après de vigoureux efforts, dégager l'officier et ses hommes.

A la suite de ces luttes, la retraite a pu continuer ; malheureusement il est resté dans les rangs du 20ᵉ de ligne un peu d'appréhension et même un peu de hâte dans la marche en arrière. Bientôt le désordre devient tel que l'on oublie de rappeler les compagnies détachées sur les hauteurs de flanc et de les appuyer par des échelons protecteurs. Aussi, la 4ᵉ compagnie de zouaves ayant vu disparaître toutes les troupes, et se trouvant isolée et cernée sur son mamelon, le capitaine prend sur lui de commencer son mouvement : il charge les Kabyles et se retire en ordre avec ses hommes sur l'arrière-garde. Mais là, le colonel Espinasse, qui fait de vains efforts pour rallier les compagnies de son régiment, profite de cette rencontre pour envoyer de nouveau cette compagnie sur une position dominante ; pendant plus d'une heure elle a à lutter contre de nouvelles attaques ; plusieurs fois elle doit charger à la baïonnette. Le sous-lieutenant

Chadrin[1] est tué, atteint de trois coups de feu; quinze hommes sont tués, six sont blessés; malgré cela, la compagnie tient bon et peut enfin rejoindre l'arrière-garde, sans laisser un seul blessé sur le terrain.

Plus loin, des compagnies du 20ᵉ occupent les pitons de Hadjen-el-Biodh et de Collo; l'officier qui commande a le tort de trop masser ses hommes et de ne pas assez s'éclairer; cela permet aux Kabyles de s'avancer à petite distance et de ne pas s'émouvoir de plusieurs charges faites mollement et sans entrain.

Trois compagnies du 16ᵉ léger viennent relever celles du 20ᵉ sur ces deux points; mais, à peine arrivées sur les crêtes, elles subissent une vive fusillade : en quelques minutes elles ont trente-huit hommes hors de combat; aussitôt les compagnies des deux régiments descendent au pas de course. En vain les officiers font tous leurs efforts pour les arrêter et les rallier; en vain Espinasse et le chef de bataillon Picard se multiplient, se portent en avant, cherchent par tous les moyens à relever le moral de leurs hommes : un petit nombre reste à côté d'eux.

A ce moment, les zouaves sont chargés de l'arrière-garde; immédiatement, le commandant Laure forme trois échelons sur l'arête qui relie Collo avec le Djebel-Sedet. Cela permet de mettre un peu d'ordre et de méthode dans la retraite qui se continue. La 1ʳᵉ compagnie n'a plus que vingt hommes; malgré cela, elle tient tête à l'orage, repousse l'ennemi toutes les fois qu'il se présente; puis, comme les contingents ne peuvent passer qu'à la file sur cette arête assez étroite, où ils trouvent une vigoureuse résistance, ils cherchent à nous tourner en se jetant dans les ravins. On a vite deviné le but de cette manœuvre; pour la déjouer, les 5ᵉ et 7ᵉ compagnies sont détachées sur les contreforts de droite et pendant deux

---

[1]. **Le sous-lieutenant Chadrin, sorti tout récemment de Saint-Cyr, avait su conquérir l'estime et l'amitié de ses chefs et de ses camarades des zouaves.**

heures tiennent l'ennemi en haleine et l'empêchent de donner suite à ses projets. Dans cette circonstance, nous avons pas mal d'hommes atteints ; malgré cela, nos compagnies rejoignent la portion centrale, abandonnant seulement quelques sacs d'hommes blessés ou tués, car nous n'avons aucun moyen de transport.

Une fois arrivés près du Djebel-Sedet, nous sommes sur un terrain plus large, on peut davantage étendre la ligne de tirailleurs. Malgré cela, l'ennemi, toujours audacieux, se jette encore sur nous avec frénésie, cherche à enlever nos tués et nos blessés ; à deux reprises notre commandant arrête le bataillon et le fait charger à la baïonnette sur l'assaillant. Je dois ajouter que dans cette circonstance nous avons eu le très utile concours de quelques compagnies du 20e, maintenues à nos côtés par le commandant Picard, qui, par son flegme, son énergie et sa bravoure, a su les enflammer et les entraîner[1].

Quand, enfin, nous avons atteint le vaste plateau au pied de la montagne, la poursuite cesse. Nous trouvons là plusieurs bataillons envoyés de la tête de colonne à notre secours, le bruit ayant couru que nous étions menacés d'un désastre. Nous arrivons à six heures du soir au bivouac de l'Outa-el-Senoun, où nous étions le 15 mai.

Dans cette journée du 26 juin, les trois bataillons les plus engagés ont eu cent soixante-dix-huit hommes tués ou blessés, après huit heures de luttes émouvantes et parfois même un peu homériques. Le général de Saint-Arnaud vient au-devant de nous et nous prodigue des éloges.

A peu près tous les contingents des tribus de la rive droite de l'Oued-Kebir ont figuré dans les luttes de cette journée ; les plus acharnés d'entre eux ont été ceux des Beni-Aïdoun

1. Le commandant Picard a parcouru la carrière militaire la plus honorable et la plus digne. Après un long séjour en Afrique, où il se distingua par sa bravoure, fut gravement blessé à Sébastopol, se fit remarquer en 1859 en Italie, y fut nommé général de division ; a commandé le 13e corps d'armée à Clermont.

et des Beni-Touffout; plusieurs de ceux de la rive gauche y étaient également, et même ceux dont nous avions, peu de jours avant, reçu la soumission et qui nous avaient promis leur amitié et leur concours, les Habibi entre autres.

Après un jour de repos, on descend au bord de la mer, on en parcourt les dunes, pays des Beni-Salah et des Lendjena, sans aucun incident. Le 29, la colonne passe sur la rive droite et entre dans le pays des Bel-Aïd pour aller bivouaquer près de l'embouchure de l'Oued-el-Kantara, où nous trouvons des bateaux chargés de vivres. Ils sont les bienvenus, nous les touchons avec plaisir; ils vont nous permettre de continuer la campagne. Nous embarquons les blessés et les malades, et continuons à nous avancer en pays découvert ou sur le bord de la mer sans rencontrer de résistance et sans avoir à tirer un coup de fusil.

Expédition dans le massif de Collo (juillet). — Le 1er juillet, la colonne se met en marche pour se diriger au sud-est chez les Beni-bel-Aïd; mais, à peine en route, nous voyons sur les hauteurs de nombreux Kabyles armés et bien disposés à nous faire résistance. Le général de Saint-Arnaud n'hésite pas un instant; il arrête les troupes, fait établir le camp sur le plateau de Bou-Adjoul, et de suite organise deux colonnes très mobiles et sans sacs. Celle de droite, sous le lieutenant-colonel Espinasse[1] (zouaves, 20e et 9e de ligne), doit prendre la montagne à revers pour chercher à surprendre l'ennemi; celle de gauche (colonel Périgot) a l'ordre d'aborder les villages de front là où se trouve concentré le gros des contingents, afin de détourner l'attention sur ce qui se passe en arrière.

La colonne Espinasse a à suivre des ravins accidentés,

---

1. Le lieutenant-colonel Espinasse participa au coup d'État du 2 décembre 1851; ministre de l'intérieur en 1857; après s'être distingué en Afrique et en Crimée, où il fut nommé général de division, a été tué à la bataille de Magenta, en 1859.

broussailleux, couverts de bois. Cependant, malgré les difficultés du terrain et après une marche des plus pénibles et des mieux conduites, elle finit par couronner les hauteurs ; déjà elle s'apprête à faire une charge à la baïonnette sur un ennemi que l'on doit croire pris entre deux feux. Malheureusement notre attaque projetée et bien préparée ne peut réussir, car la colonne de gauche, au lieu de chercher à faire sa jonction avec celle de droite, s'est contentée, par suite d'instructions mal comprises, de brûler quelques villages, et est rentrée au camp sans nous attendre. Aussi les Kabyles, n'ayant rien à craindre de ce côté et voyant notre petit nombre, n'hésitent pas à se jeter sur nous et à nous harceler dans notre retraite. Mais nos chefs ont su prendre d'excellentes mesures et placer très judicieusement des échelons successifs, ce qui nous permet de résister pendant deux heures à toutes les attaques et de repousser les assaillants avec calme et vigueur.

Un instant, quelques hommes de l'arrière-garde, s'étant trompés de sentier et se trouvant au milieu de fourrés inextricables, sont sur le point de tomber au pouvoir de l'ennemi ; le lieutenant Ritter, de la 6ᵉ compagnie, n'hésite pas à se lancer au secours de ces soldats ; il repousse les agresseurs qui s'apprêtaient à leur faire un mauvais parti. Après cet épisode, notre colonne peut rentrer au camp, ayant eu quelques blessés seulement.

Pendant la nuit, les contingents des Beni-Meslem et des Bel-Aïd sont renforcés par ceux des Beni-Aïdoun, des Beni-Touffout, des Attia et des Beni-Ferghen ; tous paraissant bien décidés à continuer la lutte, on organise de nouveau deux colonnes de soldats sans sacs.

Le matin, au moment du départ, des pourparlers s'engagent, mais c'est encore pour gagner du temps et nous tromper. On ne tarde pas à tout rompre et à se mettre en mouvement.

Cette fois encore, comme dans la journée précédente, les

colonnes opèrent séparément, sans cohésion, et obtiennent un bien faible résultat.

Ainsi, la colonne Luzy-Pelissac enlève avec beaucoup d'entrain et de hardiesse les sommets du Djebel-ould-el-Cholli, elle brûle les Dacheras et chasse l'ennemi de toutes ses positions. Pendant ce temps, notre colonne, celle de droite, a à parcourir un terrain difficile, long et rocailleux ; elle brûle quelques gourbis, puis, par suite d'une direction un peu excentrique, ne prête aucun concours efficace à l'autre colonne, et par là empêche d'atteindre le but principal que l'on s'était proposé, à savoir la déroute générale du rassemblement.

Les Kabyles, habitués à se retirer devant une attaque bien conduite, ne tardent pas, quand ils n'ont été ni poursuivis ni coupés, à prendre l'offensive pendant la retraite de leurs adversaires et à se montrer alors plus confiants et plus acharnés. Aussi, au moment où notre colonne, isolée de l'autre, commence son mouvement en arrière, elle doit être sans cesse en éveil, repousser les attaques, faire des charges à la baïonnette.

Pendant cette journée pénible, les turcos se montrèrent, comme toujours du reste, très brillants et très solides : entraînés par leurs officiers, ils ne se laissèrent jamais approcher, et parfois firent des charges la baïonnette dans les reins à longue distance. En somme, nous avons pas mal de blessés, entre autres plusieurs officiers. Le plus triste dans tout cela fut le manque d'entente et le manque de concours entre les deux colonnes ; cela contribua singulièrement à surexciter les passions fanatiques des montagnards.

Combat de nuit. — Les Beni-Meslem, dont nous occupons le territoire, craignant pour leurs intérêts matériels et pour les villages non encore brûlés, viennent demander l'aman et donnent des otages ; les autres tribus, nous voyant disposés à aller les attaquer chez elles, s'agitent, convoquent le ban et l'arrière-ban de leurs voisins, et même des tribus déjà soumises. Vers six heures du soir, 3 juillet, les contingents descendent des hauteurs pour attaquer notre camp; la fusillade commence avec nos grand'gardes sur les quatre faces. La nuit arrive et redouble leur ardeur; ils s'approchent de plus près, rampant comme des serpents pour éviter les embuscades; enfin, après bien des tentatives et des efforts, ils découvrent une face moins bien gardée que les autres; ils s'y portent par groupes compacts, dirigent sur le camp le feu le plus vif, blessent plusieurs hommes dans leurs tentes; déjà même, sur une des faces, ils se trouvaient entre la grand'garde et le bivouac. Persuadés que la victoire est certaine, on les entend se partager nos dépouilles, — telle tribu doit avoir les chevaux et la cavalerie, telle autre la tente et les bagages du général commandant, etc., — tout en continuant à vociférer et à s'appeler les uns les autres. Cette crise se prolonge ainsi jusqu'à près de minuit; elle cesse bientôt, à la suite d'une décharge faite par une compagnie de chasseurs à pied qui aborde, son capitaine en tête, les montagnards par devant et par derrière, les poursuivant à la baïonnette et les forçant à une fuite précipitée, et fous de terreur. Le reste de la nuit est calme, on n'entend plus ni un cri ni un coup de fusil.

Combat chez les Djabalas. — Leur soumission. — Le 4 juillet, la colonne remonte la vallée de l'Oued-Adjoul, traverse le défilé de Mekhares et se porte chez les Djabalas, dans un pays où se trouvent des ravins profonds et des échancrures étroites. Bientôt nous voyons sur les crêtes des populations prêtes à défendre leurs villages; elles sont soutenues par les contingents que nous avons eu à combattre les jours précédents.

Pour pouvoir prendre l'offensive, le général fait masser le convoi à Raz-Zaouia et, de suite après, dirige la colonne sur les contreforts d'El-Kollo. La résistance est opiniâtre.

Les turcos d'avant-garde, dirigés par le capitaine Jolivet, doivent, à diverses reprises, enlever, puis reprendre des positions importantes; enfin, l'ennemi ayant été repoussé, nous pouvons établir le bivouac sur le plateau dominant d'El-As-Rera.

Dans l'après-midi, on envahit les dacheras des Tsakis et des Haroubs, situés sur les versants des hauteurs que nous occupons.

On détruit les habitations, on coupe les oliviers; puis, comme, dans ces contrées riches et bien cultivées, les habitants ont tout à perdre en continuant à nous être hostiles, la plupart viennent à notre camp demander à se soumettre. Dès le soir, nous voyons défiler sur les crêtes voisines les contingents des Beni-Touffout, des Beni-Aidoun et autres. Tous disparaissent et regagnent séparément leurs foyers, sentant bien qu'ils vont avoir à les défendre, sous peu de jours.

Le 5 juillet, une colonne sans sacs sort du camp et va couper les oliviers, brûler les dacheras de deux fractions récalcitrantes des Djabalas : ces fanatiques préfèrent voir détruire leurs habitations et leurs arbres fruitiers plutôt que de se soumettre à des chrétiens. C'est à peine s'ils viennent tirer quelques coups de fusil comme protestation de notre passage et pour affirmer leur désir de rester nos ennemis.

Combat chez les Ouled-Aidoun. — Le 6 juillet, on quitte les Djabalas pour entrer dans le pays de la vaste confédération des Ouled-Aidoun; nous descendons les pentes sud qui conduisent dans la vallée de l'Oued-Kebir. Pendant notre marche, nous rencontrons les Beni-Mechat sous les armes et tout prêts à défendre leurs villages et leurs magnifiques forêts d'oliviers; ils sont renforcés par les contingents voisins et occupent des positions où nous devons forcément passer. Les zouaves et les chasseurs à pied d'avant-garde sont lancés sur l'ennemi, le poursuivent dans toutes les directions, et bientôt nos tirailleurs sont tellement disséminés qu'il n'y a plus ni cohésion ni direction; chacun opère un peu pour son compte. Cela nous met hors d'état de cerner et d'atteindre les fuyards, protégés par des fouillis de broussailles et des ravins peu accessibles. Le commandant Laure parvient à rallier une partie de nos compagnies; il fait occuper les hauteurs et lance des éclaireurs dans les environs. Malheureusement, comme dans les journées précédentes, on ne sait pas profiter du désarroi de nos adversaires, leur couper la retraite par un mouvement tournant, ce qu'auraient pu faire les bataillons de ligne, prévenus à différentes reprises de la situation de l'avant-garde. Mais ils arrivent trop tard, les Kabyles ont eu le temps de disparaître et d'échapper à un désastre qui aurait pu être semblable à celui du 20 mai.

Du reste, on ne saurait s'étonner d'un pareil insuccès : à la journée du 20 mai, nous avions à notre tête le général Bosquet, chef actif, prévoyant et bon tacticien. Son départ a été un véritable chagrin pour tous. A la journée du 6 juillet, au contraire, nous avons dans son successeur un homme inerte, laissant les bataillons errer à l'aventure, sans direction et sans but défini.

Dans tous les cas, nous ne tardons pas à ressentir les conséquences des fautes commises, car à peine commençons-nous notre marche rétrograde pour rentrer au bivouac, que l'ennemi, réconforté, se met à notre poursuite et nous accompagne à coups de fusil jusqu'au camp. Les Turcos perdent plusieurs hommes, et tous nous avons beaucoup à souffrir d'un sirocco épouvantable.

Le lendemain, 7 juillet, après avoir traversé deux fois l'Oued-bou-Sieba, nous entrons dans une vallée d'une luxuriante végétation; de tous côtés il y a des villages et de véritables forêts d'oliviers. Tous les habitants ont disparu et, comme les Djabalas, ne paraissent pas disposés à se rendre, préférant, malgré la ruine dont ils sont menacés, nous faire la guerre avec acharnement; c'est du moins ce qu'ils nous font dire par des émissaires.

Le soir, on établit le bivouac à Miliah. Nous y restons les 8, 9, 10 et 11 juillet; on fait venir des vivres de Milah (éloigné de nous de vingt-cinq à trente kilomètres); en outre, on nous fait parcourir, dans tous les sens et du matin au soir, la vallée et les plateaux des environs, coupant les arbres, enlevant les récoltes. Devant de pareils désastres, plusieurs fractions de ces farouches Aidoun changent d'attitude et viennent demander l'aman.

Le 12 juillet, pour avoir raison des fractions encore dissidentes des Aidoun, nous marchons au sud jusqu'aux mamelons où sont leurs dacheras. Pendant tout le temps, les turcos qui sont à l'arrière-garde ont à se défendre contre leurs attaques. Ils le font avec succès, étant bien dirigés et toujours entraînés par leurs officiers. Ils arrivent au bivouac sur l'Oued-Achaiche, ayant eu une vingtaine d'hommes tués ou blessés seulement.

Le soir, on envoie une colonne mobile, commandée par le colonel Marulas, pour tâcher de saisir les troupeaux des fractions contre lesquelles nous venons de soutenir une lutte longue et pénible; l'opération, mal conduite, ne donne aucun résultat.

Excursion chez les Beni-Touffout. — Le lendemain, la colonne marche au nord chez les Beni-Touffout; elle a à traverser un pays difficile, couvert de bois et de broussailles; sur sa gauche se trouvent deux grands rochers noirs qui dominent la vallée de Hadjar-el-Heff. Dans les premiers moments, l'ennemi ne paraît pas; mais à peine avons-nous fait quelques kilomètres que l'on voit les contingents se précipiter sur l'arrière-garde et sur nos flancs. Les zouaves, chargés de protéger la marche, ont su prendre les précautions les plus préservatrices et repousser toutes les premières attaques. Un peu plus tard, à la sortie d'un bois épais où le convoi et la colonne se sont beaucoup allongés, on doit masser et concentrer les troupes sur le plateau de Fedz-Ain-Kachera, où l'on fait la grande halte. Quatre de nos compagnies restent plus de quatre heures sur leurs positions pour permettre à la colonne de s'écouler; plusieurs fois elles doivent repousser à la baïonnette les plus audacieux assaillants; puis, quand on se remet en marche, les Kabyles, encouragés par les difficultés du terrain à parcourir, par les escarpements qui dominent notre route, redoublent d'ardeur dans leurs attaques, quoique toujours repoussés avec perte. Enfin, après avoir franchi le col de Fedz-el-Kakin, nous descendons dans la vallée de l'Oued-Yssoughar.

Pendant cette journée, nous avons eu à soutenir les attaques incessantes des Beni-Touffout, à parcourir un pays affreusement tourmenté, des sentiers presque partout dominés. Malgré cela, grâce à la bonne contenance de nos hommes, à leur habitude de cette guerre de montagne, nous arrivons au bivouac ayant eu huit blessés seulement. Le général de Saint-Arnaud vient au-devant de nous pour féliciter les officiers et les zouaves de leur belle conduite.

Le 14 juillet, la colonne continue à parcourir un pays accidenté, puis des collines plus ou moins abruptes. Elle traverse la rivière à sec de l'Oued-Berouka, entre chez les Ouled-Mehenn et va bivouaquer à El-Haman, près de la riche vallée de l'Oued-Guebly. Le lendemain, nous allons nous établir à une demi-lieue de Collo[1], après avoir suivi le cours de la rivière et laissé sur notre droite les gourbis des Beni-Mazoug.

Depuis deux jours, nous n'avons pas eu de coups de fusil à tirer : les Kabyles paraissent déconcertés de nous voir pénétrer dans tous les coins de leur montagne, aller brûler

1. Collo est le *Cullada* des Romains et le Koullou des indigènes.

leurs demeures, détruire leurs récoltes, et cela dans les endroits les plus inaccessibles et malgré leur résistance. Tout cela leur donne à réfléchir; comme il y a les intérêts matériels, les besoins pour l'existence à sauvegarder, la plupart des tribus avec lesquelles nous avons eu à lutter depuis notre passage de l'Oued-Kebir viennent demander l'aman, nous promettant fidélité pour l'avenir.

Soumission des tribus. — A partir de ce jour, notre campagne peut être considérée comme terminée, et, malgré plusieurs fautes de tactique, elle a donné les plus heureux résultats.

Le 18 juillet, nous quittons Collo pour nous diriger sur Constantine. La dissolution de la colonne expéditionnaire a lieu le 19 à Souq-el-Khamis. Le colonel Périgot, avec son régiment, se dirige sur Philippeville; notre colonne remonte la vallée de l'Oued-Gheubly, et le 24 va bivouaquer à Coudiat-a-tati, près Constantine[1].

Notre bataillon part le 29, passe par Sétif, Bordz-bou-Arredz, Aumale, et arrive à Blidah le 23 août, ayant très peu d'hommes malades. Le lendemain de notre arrivée, j'appris avec plaisir que mon camarade de Berthier et moi avions été proposés pour chefs de bataillon; Berthier seul fut nommé, et c'était justice : il était plus ancien et, en outre, avait été blessé grièvement à l'affaire du 12 mai. Ma nomination eut lieu quelques mois plus tard, à la suite d'une nouvelle expédition en Kabylie.

Observations sur le personnel et sur la campagne. — Pendant cette campagne de près de quatre mois, dans des montagnes difficiles, parfois sous une température tropicale, où nous avions eu à combattre presque journellement des popu-

1. De suite après notre arrivée à Constantine, le général de Saint-Arnaud, les commandants Fleury et Vaubert de Genlis, partent pour Paris. — Tous les trois, dans des proportions fort inégales, prêtèrent leur utile concours au coup d'État du 2 décembre, qui débarrassa la France d'une république arrivée par l'émeute.

lations guerrières, fanatiques et jalouses de leur indépendance, il nous a été possible d'apprécier la valeur militaire de nos chefs, de nos camarades et de nos subordonnés, et aussi d'étudier certains phénomènes inhérents à la nature humaine, aux effets de l'habitude et aux impressions morales. Entre autres particularités, parmi les officiers de zouaves il s'en trouvait un, aimé de tous à cause de son caractère sympathique et jovial, plein d'esprit, de beaucoup d'instruction : eh bien, aussitôt que les balles commençaient à pleuvoir autour de lui, le pauvre garçon était pris d'un tremblement nerveux; il s'affaissait. Brisé par les émotions et par une fièvre brûlante, il était obligé d'entrer à l'ambulance, et cela à peu près toutes les fois que sa compagnie était sérieusement engagée. On ne pouvait guère lui en vouloir : c'était un effet organique et nerveux. Les autres surmontaient vite ces premières émotions, puis, par la force de l'habitude, en faisant appel à l'amour-propre, au sentiment du devoir, marchaient quand même et bravaient tous les dangers avec plus ou moins de calme, plus ou moins d'ardeur, chacun suivant son tempérament et sa nature.

Plusieurs bataillons de la ligne, qui s'étaient montrés faibles et hésitants dans les premières opérations, avaient fini, sous l'impulsion de leurs officiers et stimulés par l'exemple de leurs voisins, par marcher et combattre avec beaucoup de ténacité et de valeur.

Nos sous-officiers de zouaves, tous dans la vigueur de l'âge, plusieurs ayant dépassé la trentaine, étaient peu instruits, peu aptes à passer des examens pédagogiques. En revanche, étant rompus à tous les détails du service, toujours au milieu de leurs hommes, auxquels ils donnaient l'exemple de toutes les vertus militaires, leur montrant comment on porte les sacs les plus lourds, comment on supporte gaiement les fatigues, les privations, la soif et la faim, ils composaient un élément précieux et essentiel; combien ils nous étaient plus utiles que ces jeunes bacheliers, sortis des écoles, incapables de porter longtemps un sac sans vivres, un fusil sans cartouches !

Quant à nos soldats, ils furent, comme toujours, des modèles pour les autres troupes, intrépides à la marche, ne se laissant arrêter ni par les buissons ni par les épines qui leur déchirent les pieds, n'hésitant jamais à se jeter dans les ravins, ou à gravir les pics les plus escarpés pour y attaquer l'ennemi, au milieu d'une grêle de balles. A ces moments critiques, oubliant leurs fatigues, la chaleur, ils marchent de l'avant sans être gênés par le poids de leur sac, sans penser à leurs souffrances, et arrivent essoufflés, mais conservant le courage calme qui soutient et donne cette franche gaieté de la race gauloise.

Cette campagne fut, en outre, une véritable école pour les futures opérations tactiques dans la montagne ; elle nous fit comprendre combien les difficultés du terrain donnent confiance à nos ennemis et de facilités pour la résistance d'abord, pour l'attaque ensuite. Car s'ils abandonnent leurs positions et s'ils reculent, c'est à petite distance, pour se jeter ensuite sur les côtés, puis pour attaquer les flancs ou la queue de la colonne, aussitôt qu'elle est engagée dans des sentiers étroits. Aussi, dès l'entrée dans le pays, on peut se considérer comme en retraite et prendre des dispositions en conséquence, c'est-à-dire faire occuper par des bataillons d'avant-garde des positions dominantes, permettant aux troupes et au convoi de s'écouler, sous la protection de tirailleurs judicieusement placés et vigoureusement conduits.

Du reste, c'est peu de traverser les montagnes comme un trait, de battre plusieurs fois les Kabyles ; il faut, pour les amener à demander l'aman, s'attaquer à leurs intérêts, s'appesantir sur le territoire de chaque tribu, avoir assez de vivres pour y rester, pour y menacer les villages, couper les arbres fruitiers, vider les silos, fouiller les ravins, les rochers, les grottes, saisir les femmes, les enfants. Comme cela seulement on obtient la soumission.

Nous restons à Blidah la fin du mois d'août, tout le mois de septembre et une partie d'octobre. Ce temps est employé à des exercices et à l'inspection générale. Le colonel d'Aurelle veut bien me faire venir chez lui pour me dire que, le tableau pour chef de bataillon étant rempli par les candidats de l'année précédente, il va me présenter pour major et m'engage à me préparer pour les examens. Je n'avais aucun goût pour les fonctions administratives; néanmoins, devant cette bonne volonté à mon égard, je me résigne, et je me mets à travailler le règlement.

Je n'eus pas longtemps à m'y absorber : une nouvelle expédition m'enleva à mes travaux de cabinet, ce dont, je l'avoue, je ne fus nullement contrarié.

CHAPITRE IX

EXPÉDITION DANS LA KABYLIE OCCIDENTALE
SOUS LE GÉNÉRAL PÉLISSIER

Depuis plusieurs mois, un fanatique, nommé Bou-Baghla, cherchait à soulever contre nous les tribus de la Kabylie occidentale, entre autres les *Maatkas*, les *Beni-Aissi*, les *Guechtoulas*, et à entraîner les Flissas et celles du Sebaou que nous avions eu à combattre et à soumettre en 1844.

En présence de cette fermentation dangereuse, le gouverneur s'empresse de prendre les mesures les plus énergiques et d'organiser une forte colonne, dont on donne le commandement au général *Pélissier*.

Comme il est essentiel de maintenir dans le devoir les tribus déjà soumises et, autant que possible, d'arrêter tout mouvement de concentration entre les récalcitrants, on partage, tout d'abord, la colonne en deux fractions : la principale, sous les ordres directs du général Pélissier, doit remonter la vallée de l'Oued-bou-Gdoura, un des affluents du Sebaou, pour empêcher toute communication entre les tribus établies sur les versants nord et sud des massifs du Djurdjura, aux pieds desquels coulent les rivières. Quant à l'autre fraction, elle est placée sous les ordres du général Cuny et a pour mission d'aller occuper Tizi-Ouzou, d'opérer dans les environs afin de s'assurer de la fidélité des tribus du Sahel de Delhis, puis, à un moment donné, de venir se joindre à la première dans les montagnes des Maatkas.

Dans les derniers jours d'octobre, notre 3ᵉ bataillon, sous les ordres du commandant Laure, part de Blidah pour aller rejoindre la colonne du général Cuny; les deux autres bataillons de zouaves, commandés par le lieutenant-colonel Bourbaki, doivent aller avec le général Pélissier.

Après dix jours de marche, nous arrivons à Tizi-Ouzou[1]. Dès le lendemain nous commençons une série d'excursions chez les tribus voisines, afin de les affermir dans l'obéissance et de leur bien montrer notre ferme volonté de faire agir la force à la moindre velléité de mauvais vouloir. Les Amaraoua et toutes les autres ne cessent de nous faire les démonstrations les plus amicales.

Quelques jours après, le général Cuny reçoit l'ordre de se mettre en route et de venir concourir à l'attaque contre les Maatkas; mais la pluie commence; elle devient de plus en plus abondante, la plaine est inondée, la marche devient pénible. Alors le général, craignant de compromettre le convoi, et surtout manquant de cette énergie si nécessaire pour surmonter certaines difficultés du moment, croit devoir prendre sur lui de rester vingt-quatre heures dans une immobilité complète. Pendant ce temps, le général Pélissier, lui, n'hésite pas; il marche de l'avant malgré la pluie, envahit la montagne, a de rudes combats à livrer contre des fanatiques qui, ne se voyant pas menacés sur leurs flancs, se défendent avec vigueur. Néanmoins, après avoir eu à lutter contre le temps et contre l'ennemi, la colonne arrive sur le plateau un peu accidenté de Souk-el-Khamis. Nous la rejoignons le lendemain seulement.

---

1. Tizi-Ouzou est situé sur un petit seuil de collines assez élevées, à l'ouest de la vaste et fertile plaine où se réunissent l'Oued-Sebaou et l'Oued-Yssi. Les Turcs avaient là un bordz d'où ils surveillaient les Kabyles. Nous trouvons pas mal de restes d'établissements romains.

Pendant notre marche dans un pays plein de ravins escarpés, de torrents gonflés par la pluie de la veille, nous avons quelques rares coups de feu à tirer. Un instant notre cavalerie se prépare à charger sur des groupes qui font filer... et protègent leurs troupeaux ; mais, craignant les difficultés d'un terrain détrempé et d'un vallon un peu dominé par des hauteurs, elle hésite et ne sait pas profiter de l'occasion pour infliger à l'ennemi, un peu déconcerté et menacé par l'infanterie, un échec à peu près certain.

Quoi qu'il en soit, nous arrivons dans la soirée au bivouac, nous y rencontrons nos camarades des deux autres bataillons ; ensemble nous sommes envoyés, les jours suivants, frapper à droite et à gauche sur les tribus qui refusent toujours de se soumettre, nous brûlons des gourbis, coupons des arbres fruitiers. Fatigués de tous ces désastres et nous voyant persévérer dans nos excursions, plusieurs fractions des Maatkas et des Beni-Aissi viennent demander l'aman.

Ces résultats obtenus, toute la colonne descend dans la vallée de l'Oued-Bou-Gdoura. C'est un pays charmant, avec de véritables forêts d'oliviers. On va établir le bivouac sur un versant, au pied de collines abruptes, où se trouvait le *Bordz-Boghni* des Turcs ; il leur servait à surveiller les Guechtoulas, que nous allons, nous aussi, avoir à combattre dans leur montagne, tandis que les Turcs les attendaient et les rançonnaient quand ils venaient dans les plaines cultiver ou faire des échanges.

Nous sommes au mois de novembre, les pluies ne cessent pas ; elles nous arrivent par rafales, nous trempent jusqu'aux os ; néanmoins il faut agir. Le général Pélissier est tenace, il met une persistance absolue dans la poursuite de ses projets. Aussi, profitant d'un léger éclairci, il lance nos bataillons sur les pentes accidentées des Guechtoulas.

A travers des ravins profonds, des escarpements broussailleux, dominés par des pics d'où l'on nous crible de balles, la marche n'en continue pas moins, mais l'on ne peut atteindre l'ennemi, qui s'échappe quand nous nous avançons sur lui. Un instant, ma compagnie est assez compromise : elle est au milieu de bois inextricables, encombrés d'obstacles. On ne voit pas à vingt pas devant soi, il n'y a ni route ni sentier, nous allons à l'aventure, un peu au hasard et dans la direction du feu ; bientôt nous sommes cernés de tous côtés, obligés de nous servir de la baïonnette pour nous ouvrir un passage ; enfin, après plus d'une heure de lutte, grâce à la bravoure et au calme de mes zouaves, nous refoulons les Arabes et ramenons, sans être poursuivis, nos tués et blessés, au nombre d'une quinzaine, à notre point de départ. Nos chefs adressent à la compagnie de chaleureuses félicitations.

Les Kabyles, déconcertés de notre attitude, de notre acharnement à les poursuivre dans tous les terrains, les attaquer dans les moins abordables, voyant en outre leurs propriétés menacées, leurs gourbis en flammes, leurs oliviers sur le point d'être détruits, envoient, dès le lendemain, leurs grands chefs pour demander à faire leur soumission. Après quelques jours de pourparlers, on donne l'investiture à ceux qui promettent fidélité et leur concours en toutes circonstances.

Après avoir rempli la mission dont il était chargé, avoir maintenu dans le devoir nos anciens alliés, avoir gagné à notre cause plusieurs des importantes tribus des versants nord du Djurdjura, le général Pélissier, vu l'état avancé de la saison, donne des ordres pour faire rentrer les régiments dans leurs garnisons. Les zouaves se mettent en route dans les premiers jours de décembre, passent par Dra-el-Mizan, Bordz-Menail, puis au col de Beni-Aicha, et arrivent le 10 décembre à Blidah.

Le 26 du même mois, je suis nommé chef de bataillon au 12º de ligne, à Médéah. Je rejoins mon nouveau régiment dans le courant de janvier 1852. Je me trouve avoir pour colonel M. Daulomieu-Beauchamp, très digne chef, très honorable, très bon pour diriger l'instruction et maintenir la discipline en temps de paix, dans une garnison de France, mais ne pouvant guère monter à cheval, ayant peu l'habitude de la vie d'Afrique et des exigences qu'elle comporte.

Je me trouvais bien dans ce régiment; mais, moins de deux mois après mon arrivée, je le quitte, dans les premiers jours de mars, ayant été nommé chef de bataillon au 3° régiment de zouaves, de nouvelle formation.

Organisation des trois régiments de zouaves (1852). — Les rudes et glorieuses expéditions en Kabylie, dans les plaines et sur les hauts plateaux du Titteri, avaient fait sentir toute l'importance, pour combattre les tribus hostiles et maintenir dans l'obéissance les tribus soumises, d'avoir toujours sous la main des troupes bien encadrées, bien préparées à supporter virilement les fatigues et les privations, à se porter rapidement sur un point quelconque du territoire, et cela par tous les temps et au milieu de toutes les difficultés; s'appuyant sur ces idées très sages, et comme on avait vu les zouaves, depuis leur formation, faire preuve des qualités militaires les plus éminentes, être choisis par tous les chefs pour aller combattre soit à l'avant-garde, soit à l'arrière-garde, poste d'honneur où il y avait le plus de dangers à courir et de luttes à soutenir, le gouvernement pensa qu'il était très opportun d'attribuer un régiment de zouaves à chacune des trois provinces, se donnant par là la possibilité de diminuer l'effectif des troupes d'occupation, la qualité compensant largement la quantité.

Pour l'application de ces sages principes, un décret ministériel du 13 février 1852 décida que les trois bataillons du régiment de zouaves serviraient de noyau pour la formation des trois régiments de nouvelle formation.

Par suite, le 3° bataillon de l'ancien corps part de Blidah

pour aller à Constantine, pour servir de base au 3ᵉ régiment.

Dans le courant de mars, le colonel Tarbouriech, désigné pour commander ce nouveau corps, se met à l'œuvre et, avec le plus grand zèle et la plus haute sollicitude, s'occupe de tous les détails administratifs et d'encadrement. Cette mission était délicate ; mais elle fut rendue facile à notre chef par l'excellent esprit dont étaient animés les nouveaux cadres et leurs subordonnés, tous heureux et fiers de concourir à cette formation.

A peine les éléments constitutifs de mon bataillon sont-ils réunis que nous allons nous embarquer à Philippeville pour nous rendre à Bougie[1] ; dès le lendemain de notre débarquement, nous partons rejoindre la colonne du général Maissiat pour travailler à la route qui doit relier Sétif à Bougie par la ligne la plus directe, mais la plus difficile, en raison d'un massif de montagnes à traverser.

Arrivés au camp de *Taki-Touch,* chez les Beni-Seliman, nous y trouvons deux bataillons d'infanterie, et ensemble, pendant les mois de mai, juin et partie de juillet, nous ne cessons d'avoir la pioche à la main, changeant de bivouac tous les quinze jours, au fur et à mesure de l'avancement des travaux[2].

1. Bougie, la *Saldæ* des Romains, fut deux fois capitale de royaume : d'abord, sous les Vandales, avant la prise de Carthage; puis, sous Beni-Hamed, à la fin du onzième siècle. Le port, bien abrité des vents d'ouest, est un des meilleurs de la côte ; a été commerçant autrefois; fut un nid de corsaires au quatorzième siècle.
2. Pendant ces travaux de route, je me suis trouvé pour la première et dernière fois en relation avec le général Maissiat. — J'ai trouvé en lui un chef des plus corrects, de relations faciles ; un peu taciturne et sombre. Il passait pour avoir vaillamment gagné tous ses grades. En 1885, il était encore vivant, — il a plus de quatre-vingts ans, — retraité comme général de division.

Il avait comme chef d'état-major le capitaine Besson, brave et digne officier, major de tranchée au siège de Sébastopol, — tué le 7 avril 1871 par les insurgés de Paris (étant général de brigade).

Comme chef du génie, il y avait le capitaine Schmidt, officier très bien

Vers le 15 juillet, mon bataillon quitte la colonne Maissiat pour se rendre à Sétif, où se trouve le général Bosquet, commandant la subdivision ; je suis très heureux d'avoir à servir sous les ordres de mon ancien chef, à l'expédition de l'année précédente; avec lui, on a toute chance de pouvoir augmenter ses connaissances militaires. Nous restons à Sétif la fin du mois de juillet et tout le mois d'août à faire des exercices et occupés à des travaux du génie.

Dans les premiers jours de septembre, je reçois l'ordre de partir avec tout mon monde pour les montagnes du Bou-Haleb, sud de Sétif; il s'agit d'utiliser, pour la construction des casernes de la subdivision, les essences de cèdres, de chênes, de sapins, qui forment des forêts de toute beauté et non encore exploitées. Nous travaillons pendant un mois et demi à abattre des arbres, à les descendre dans les ravins (ce qui n'est pas toujours facile) et à les préparer en solives et en planches, afin de les rendre transportables par les voitures du train et par des mulets. Ce fut, en raison des difficultés du terrain et d'un outillage très élémentaire et très imparfait, un dur travail pour nos zouaves; néanmoins ils s'y livrèrent de tout cœur et avec un véritable entraînement.

Les officiers non de service se trouvent sans occupations, sans moyens de se distraire; ils profitent de ce séjour et de ces loisirs pour faire de très curieuses excursions dans les montagnes, qui, sous bien des rapports, font songer à la chaîne des Vosges; seulement, en Algérie les routes et les sentiers font complètement défaut. En revanche, on y a des points de vue charmants : ainsi les plaines du Tell au nord, celles du Hodna au sud, toutes sont éclairées par un soleil brillant et sans nuages; sur tout le pourtour, on aperçoit, comme des taches à l'horizon, des tentes disséminées par agglomérations plus ou moins importantes, une grande va-

---

doué, très intelligent; promettait beaucoup; a été tué en 1854 dans les tranchées de Sébastopol. — Était le frère du général.

riété de bois, des ondulations et des plateaux avec de belles végétations.

Pendant que nous sommes dans la montagne, le général Bosquet vient faire une tournée dans la circonscription, afin de se rendre compte de l'état des esprits et s'assurer si tous les fonctionnaires arabes remplissent bien leur mission. Les grands chefs des tribus lui offrent une magnifique diffa, à laquelle je suis convié avec plusieurs de mes officiers[1].

A la fin d'octobre, nous rentrons à Sétif, d'où, quelques jours après, nous repartons pour aller à Constantine. A ce moment, toutes les compagnies du nouveau régiment étant enfin réunies, on en profite pour faire la fusion et le tiercement entre tous les éléments d'origine différente des trois bataillons. Cette opération a lieu le 1er novembre, à la suite de l'inspection générale passée par le général de Mac-Mahon, et, dès le 6, je pars avec mon bataillon pour aller travailler sur la route de Batna[2].

---

1. Dans ce repas officiel, comme dans tous les autres, du reste, il n'y a ni table, ni bouteille, ni verres, ni assiettes, ni couteaux, ni fourchettes ; on fait entrer les invités sous une grande tente, on les installe en rond sur un vaste tapis, les jambes sont croisées comme celles des tailleurs de nos habits, ce qui est très gênant pour ceux qui ont des sous-pieds et des éperons.

Les mets sont des plus variés ; le premier et le plus important est le couscoussou. Ce mets national, par excellence, est un composé de farine de blé passée au tamis, puis roulée sous les doigts des femmes ; il est arrosé soit avec du bouillon, soit avec du lait ; on y met de la viande de poulet, de mouton, et des œufs durs, des fèves, des artichauts sauvages, des raisins secs, et le piment et le poivre n'y sont généralement pas épargnés ; trop souvent, il est empoisonné par les plus odieux parfums, les plus écœurantes sucreries, et des mélanges de pommade et de beurre rance.

Parmi les autres plats, nous voyons arriver successivement un beau mouton tout entier, parfaitement rôti et excellent au goût ; une cuisse entière de bœuf, des sortes de gâteaux au miel, des sucreries, des dattes, des figues. Pour toute boisson, de l'eau, que l'on fait circuler dans des écuelles en bois et dans des vases en cuivre. — Pour prendre les aliments, on a ses doigts, et pour certaines parties une sorte de cuiller en bois.

2. Après le tiercement, les cadres supérieurs comprennent : le colonel Tarbouriech, commandant le régiment ; le lieutenant-colonel Jeannin, ancien capitaine de zouaves, au 1er bataillon ; le commandant Montaudon ; — au 2e bataillon, le commandant du Bos ; — au 3e bataillon, le commandant Dupin de Haudré. — Major, Bertin, ancien capitaine d'habillement aux zouaves. J'ai

Marche sur Bou-Saada, sous le général Bosquet. — Le géné ral Pélissier, occupé à faire le siège de Laghouat, éprouvait une très vive résistance de la part des habitants ; de plus, les Arabes des hauts plateaux, travaillés par des fanatiques, menaçaient de prendre les armes pour aller soutenir les assiégés. Le gouverneur, comprenant combien il était important d'envoyer sans retard des renforts, afin de pouvoir prévenir toute insurrection et peut-être un échec, donne des ordres pour l'organisation d'une colonne très légère, qui, sous les ordres du général Bosquet, devra se concentrer en toute hâte à Bou-Saada, et de là opérer dans la direction du sud, vers Laghouat.

Le 30 novembre, mon bataillon, désigné pour faire partie de cette colonne, quitte ses travaux de routes, part immédiatement, et le soir va bivouaquer chez les Beni-Selem, à trois lieues de Constantine, après avoir fait une étape de près de dix lieues[1]. Le 1er décembre, nous avons un temps épouvantable ; toute la journée, un vent glacial des plus violents projette la poussière dans les yeux et contrarie la marche ; malgré cela, il faut avancer quand même. Les deux jours suivants, c'est encore pis : le froid augmente, et sur le plateau dénudé, sans abri et sans ressources, la pluie, la grêle, alternent pour apporter les plus durs et les plus dissolvants obstacles à l'ardeur et à la bonne volonté de nos hommes. Aux grandes haltes et aux bivouacs, il devient impossible de faire du feu avec les quelques broussailles que nous trouvons, vite enlevées par le vent ou éteintes par la pluie, et, par suite,

---

pour adjudant-major le capitaine Martin, brave et digne officier qui a toujours été pour moi un véritable ami ; je l'ai eu plus tard comme chef de bataillon au 4e régiment de voltigeurs ; tué au Mexique, au moment où il venait de recevoir la nomination de colonel, dans une affaire des plus glorieuses pour nos armes et où il était commandant de la colonne.

1. En même temps que nous, arrive de Constantine le lieutenant-colonel Jeannin, qui nous amène un complément à notre effectif, ce qui le porte à seize officiers et huit cent soixante-sept sous-officiers et soldats.

de préparer la soupe ou le café; on ne peut même pas dresser les tentes, qui sont renversées par la tempête. Pendant trois jours nous souffrons affreusement, ne pouvant prendre aucun repos et n'ayant aucun aliment chaud pour nous réconforter pendant ces nuits glaciales. Beaucoup de nos zouaves ont les pieds gelés ou blessés, les jambes gonflées; aussi quand, le 3 au soir, nous arrivons à Sétif, la plupart sont dans un état pitoyable; néanmoins ils ont bon courage, un excellent esprit. Mais plusieurs n'ont pu lutter contre des blessures matérielles, contre les privations d'aliments substantiels, pendant cette marche de quatre jours où ils ont eu à faire plus de trente lieues (trente-cinq à trente-six); aussi, dès le soir même, deux cent un sont obligés d'entrer à l'ambulance.

Le lendemain, 4 décembre, nous continuons notre marche avec six cent soixante-six sous-officiers et soldats présents; tous les officiers sont à leur poste. Le froid est un peu moins intense, mais nous avons de la pluie toute la journée. Nous bivouaquons à Aïn-Tagrout, après avoir fait une étape de dix lieues.

Enfin, le 5 décembre, nous arrivons à Bordz-bou-Arreridz, après avoir parcouru plus de cinquante lieues en six jours, et cela par le temps le plus défavorable, des tempêtes continuelles de vent, de pluie, de grêle, et le froid par-dessus le marché. C'est certainement une des marches les plus belles et les plus pénibles de l'époque; elle fit merveilleusement ressortir les qualités de nos troupiers, qui n'ont jamais cessé de montrer la plus grande patience à supporter les fatigues, les intempéries, les privations de toute nature; beaucoup, qui avaient les pieds abîmés, n'ont pas voulu quitter leur rang. Jamais de tout jeunes soldats n'auraient pu supporter de pareilles épreuves.

Nous faisons séjour à Bordz-bou-Arreridz. L'on peut enfin se reposer, prendre des aliments réconfortants. La gaieté renaît sur tous les visages ; les officiers et les hommes sont cordialement accueillis par la petite garnison de zéphyrs, les expansions de la soirée font oublier les misères des jours précédents[1].

Le 7 décembre, nous nous remettons en route, laissant un officier et trente-deux hommes seulement ; la plupart ont des blessures aux pieds ou aux jambes qui les empêchent de continuer la marche. Nous bivouaquons sur l'Oued-Ziatni. Le 8, nous arrivons à Meliliah, le 9 à Oued-Edgin, où nous apprenons la prise de Laghouat, à la suite d'un assaut des plus glorieux.

La marche dans le désert. — Le 10, nous sommes en plein dans les sables mouvants : partout l'espace s'étend nu et monotone à perte de vue, la marche est des plus pénibles. Nous trouvons épars çà et là des broussailles, de petits arbustes, de l'alfa, mais surtout le kataff[2] ; puis, à certains moments, des effets de lumière pittoresques, des mirages grandioses : parfois on croit voir devant soi des montagnes abruptes, des arbres gigantesques, des monuments, et quand on approche, on se trouve en présence d'un léger amoncellement de sable, de plantes insignifiantes et microscopiques ; c'est à n'y pas croire. Il faut un certain temps pour s'habituer à ces phénomènes particuliers au pays du sable et du soleil.

Le 11 décembre, nous arrivons enfin à Bou-Saada, où nous trouvons les troupes du général Bosquet, soit deux bataillons du 20⁰ de ligne, un bataillon du 16⁰ léger, un esca-

---

1. Ce poste militaire de Bou-Arreridz est commandé par le chef de bataillon d'Argent. C'est la seule fois que je me suis trouvé en rapport avec cet officier. Est resté très longtemps en Algérie, est devenu général de division. A cette époque, était marié avec une femme arabe, dont il a eu plusieurs enfants.

2. Le kataff est une espèce d'arbrisseau de un à deux pieds d'élévation. — C'est la richesse du pays ; il nourrit les troupeaux de moutons et les chèvres.

dron de chasseurs, un peloton de spahis, du train et les services administratifs.

Le 12 décembre, il y a une grande revue de toutes les troupes; le général Bosquet nous y annonce la proclamation de l'empire.

Le 13, l'infanterie, sauf les zouaves, part pour retourner à Sétif.

Le 14, notre bataillon doit être dirigé dans le sud pour faire une expédition contre les Ouled-Nail; mais, au moment de prendre les armes, on nous donne contre-ordre. Nous restons à Bou-Saada jusqu'au 19; les officiers en profitent pour faire des excursions dans les environs [1].

La chasse au faucon dans le Hodna. — Entre temps, les grands chefs arabes ayant offert au général Bosquet de le faire assister à une chasse au faucon, plusieurs officiers montés sont invités par le général à l'accompagner.

Le rendez-vous est donné à six kilomètres de l'oasis de Bou-Saada; nous trouvons là tous les chefs des tribus de la région, qui ont amené avec eux vingt de leurs cavaliers et dix fantassins, tous connus par leur adresse et leur perspicacité à découvrir le gibier; la plupart, cavaliers et fantassins, ont sur leur tête ou sur leurs poings un et deux faucons choisis parmi les mieux dressés; ces faucons sont encapuchonnés et attachés par la patte.

A peine arrivés, nous entrons en chasse : les dix fantassins sont en avant comme éclaireurs. Pendant assez longtemps, enfoncé dans le sable, on saute, on tourne, on fouille les broussailles de kattaf, sans rien apercevoir; enfin

---

[1]. Bou-Saada (dite Ville de bonheur) est le centre le plus important du Hodna; il est établi sur les pentes nord des montagnes du *Ziban*, ligne de séparation des plateaux du Hodna et des régions sahariennes. Les maisons de la ville sont des masures basses, plusieurs avec des cours intérieures. Il y a de l'eau en abondance, des canaux d'irrigation pour les jardins, lesquels sont très riches en arbres fruitiers, mais ont surtout de magnifiques palmiers, qui produisent des dattes en abondance.

un des éclaireurs, avec une agilité rare et un flair de vrai chien de chasse, fait lever un lièvre. Aussitôt le chef fauconnier décapuchonne un de ses oiseaux et le lâche dans la direction du gibier. En moins de trois minutes l'animal n'existait plus. Nous continuons pendant plusieurs heures encore, et l'on prend quatorze lièvres sans avoir eu à se servir ni de fusils ni de chiens.

Voici brièvement comment on procède : aussitôt qu'un lièvre est levé, un des faucons est lancé ; mais comme le faucon a un vol droit, il ne peut suivre tous les écarts du lièvre ; il se trompe souvent quand il s'abat sur sa proie ; il doit reprendre son vol, fondre de nouveau, et cela trois et quatre fois, avant d'arriver à saisir le gibier. C'est avec le plus vif intérêt que les officiers français suivent à cheval toutes les péripéties de ces mouvements successifs. Quand une fois le faucon est tombé sur le lièvre, il l'étreint avec ses griffes et, avec son bec crochu, lui crève les yeux, les arrache, en fait autant de la cervelle ; puis, si on le laissait faire, si on ne lui enlevait pas de suite le gibier, il le déchiquetterait tout entier, ce qui aurait l'inconvénient de lui ôter toute envie de se remettre en chasse.

Nous avons été surtout très frappés de l'adresse du chef fauconnier, on pourrait presque dire du fluide électrique qu'il communique parfois au gibier ; ainsi, quatre lièvres ont été pris par lui à la main, en notre présence. Voici comment : quand un piéton, un cavalier ou un officier voit un lièvre se réfugier dans les broussailles, les Arabes s'y dirigent, font le cercle ; le chef fauconnier, averti, arrive, entre dans le cercle, s'approche de la broussaille en moulinet, avance la main, saisit le lièvre par les oreilles et nous l'apporte. Les quatre ainsi saisis ont été lâchés ensuite, afin de nous donner le plaisir de les faire arrêter par les faucons. Dans ces immenses plaines de sables, un lièvre vu est un lièvre mort ; il ne peut éviter sa destinée. Quelquefois on lance deux ou trois faucons à la fois : il est curieux alors de les voir étendre dans les airs leurs vastes ailes, puis se précipiter dans la direction des lièvres et tomber sur eux comme la grêle.

Après la chasse est venue la curée. Pour dresser les jeunes faucons, on leur abandonne deux ou trois lièvres à dévorer; c'est un spectacle peu attrayant : il y a tant de férocité de la part de ces oiseaux, qui s'acharnent sur les entrailles et sur les intestins de ces pauvres bêtes, que l'on ne tarde pas à éprouver une sorte de dégoût et de malaise; mais ce repas dans le sang est indispensable pour les préparer et leur donner le fanatisme de la chasse.

Ces fêtes cynégétiques se donnent seulement dans les grandes occasions, quand on reçoit un haut personnage du gouvernement, ou bien à l'époque du mariage du fils ou de la fille d'un très grand chef indigène.

Le 19 décembre, mon bataillon quitte Bou-Saada, traverse la plaine du Hodna, passe sous les murs de Milah[1], puis à Bou-Arreridz; enfin, le 24, nous arrivons à Sétif, ayant eu de la pluie toute la journée.

Pendant ces marches du mois de décembre, où nous n'avons pas eu de combats à livrer, mais de rudes fatigues et surtout des froids exceptionnels à supporter, les six cent onze sous-officiers et soldats que nous ramenons, après être restés tout le temps à leur poste, ont fait preuve de la plus grande énergie, d'un excellent esprit de discipline et de beaucoup de bonne volonté.

A notre arrivée, la presque totalité des deux cents hommes laissés pour blessures aux pieds et aux jambes reprennent leur place dans le rang.

Nous restons trois mois à Sétif, occupés à faire des exer-

---

1. Milah est une petite ville arabe, au centre du Hodna, au nord du Schot-el-Hodna; nous n'entrons pas dans la ville. Nous constatons seulement qu'il y a d'assez beaux jardins et pas mal d'arbres fruitiers.

cices et à des travaux de construction. Puis, à partir du 29 mars, nous allons travailler à la route de Sétif à Bougie.

1853. — Expédition dans les Babors, sous le général Randon. — Le 15 mai, mon bataillon rentre à Sétif; là se concentrent les troupes destinées à une grande expédition dans les Babors. Il s'agit de continuer l'œuvre militaire si bien commencée, en 1851, par le général de Saint-Arnaud, c'est-à-dire de soumettre les tribus encore récalcitrantes de toute cette région montagneuse, riche et peuplée.

A notre arrivée, nous avons le plaisir de nous rencontrer pour la première fois avec les bataillons des deux autres régiments de zouaves; pendant deux jours il y a de véritables fêtes de famille entre les officiers, les sous-officiers et les soldats des trois corps; tous se regardent comme des amis, comme des compagnons d'armes, solidaires les uns des autres, tous se rattachant aux mêmes souvenirs glorieux du passé; la camaraderie la plus cordiale s'établit à tous les degrés de la hiérarchie.

Mon bataillon fait partie de la division Bosquet, brigade de Failly[1].

Le 18 mai, la colonne expéditionnaire se met en route; la première division prend à droite et se dirige directement

---

1.   Colonne expéditionnaire.

Général Randon, gouverneur de l'Algérie, commandant en chef.

1re Division, général *de Mac-Mahon*.

1re *Brigade*, général Paté : deux bataillons du 1er zouaves; deux bataillons du 3e zouaves.
2e *Brigade*, colonel Thomas : deux bataillons du 11e léger; un bataillon du 3e tirailleurs.

2e Division, général *Bosquet*.

1re *Brigade*, colonel Vinoy : deux bataillons du 2e zouaves; un bataillon du 68e de ligne; 7e bataillon de chasseurs à pied.
2e *Brigade*, colonel de Failly : deux bataillons du 20e de ligne; un bataillon du 3e zouaves.

En outre, six pièces d'artillerie de montagne, — peu de cavalerie, — une compagnie du génie, du train et des services administratifs.

sur les Babors ; la deuxième prend la route de Bougie et va bivouaquer à Djebel-Chilkana.

Pendant deux mois, les deux divisions, tantôt réunies, tantôt séparées, ne cessent de parcourir dans tous les sens le massif très accidenté compris dans le quadrilatère *Sétif, Milah, Oued-Kébir, Bougie*. Dans les premiers jours seulement, nous avons eu un engagement un peu sérieux contre les *Djeber-Mouna* et les *Ouled-Salah;* il nous fallut escalader des pentes très raides et dominées par des rochers à pic, traverser des ravins profonds et boisés, enlever plusieurs positions bien défendues et d'un difficile accès.

Les opérations, bien dirigées par le général Bosquet, furent couronnées par les plus brillants faits d'armes ; les Arabes, repoussés et poursuivis de toutes parts, viennent se soumettre ; ce fut pour eux une bien pénible nécessité ; mais, nous voyant au milieu de leurs gourbis et de leurs silos, maîtres de toutes leurs ressources, que nous pouvions anéantir à volonté, leur fanatisme dut céder afin de pouvoir sauvegarder des intérêts matériels.

Dans une de ces affaires, le 21 mai, mon bataillon fut un instant fortement engagé ; heureusement j'avais des cadres et des hommes admirablement préparés. Ils enlevèrent les hauteurs avec un superbe entrain et, dans la lutte, se firent admirer par leur calme et la hardiesse dans les attaques à la baïonnette ; le petit capitaine Dechard et le lieutenant Jousselin s'y firent surtout remarquer. Nous eûmes une dizaine de blessés en tout. Le colonel de Failly, notre chef de brigade, se montra très vaillant et sut prendre les dispositions les plus sages et les plus intelligentes, dans l'ensemble des mouvements faits par les bataillons sous ses ordres [1].

1. Le général de Failly, devenu général en Crimée, se fit de nouveau remarquer par son entrain et de très solides qualités militaires. Plus tard, vainqueur à Mentana des bandes de Garibaldi. Nos démagogues français, très peu patriotes, n'ont jamais pu lui pardonner la défaite du condottiere ; ils ont poursuivi ce général si français d'une haine acharnée.

En dehors de ces premières luttes, nous eûmes très peu de coups de fusil à tirer; on frappa à droite et à gauche, on incendia quelques gourbis, on détruisit quelques arbres fruitiers. Cela fut suffisant pour engager les chefs à venir faire leur soumission et à recevoir l'investiture.

Une fois descendus sur le bord de la mer, les bagages, avec un certain nombre de bataillons, marchent à travers les sables de la plage; pendant ce temps des colonnes très mobiles sont lancées dans les montagnes au sud de Djidjelli, là où nous avons opéré en 1851. Partout notre présence raffermit nos alliés, nous ramène les hésitants, et à tous inspire une crainte salutaire de notre puissance et de notre ferme volonté de réprimer tout mauvais vouloir.

Puis on continue les excursions dans les montagnes qui s'étendent jusqu'à la vallée de l'Oued-Kébir; enfin on se dirige sur Milah, s'arrêtant une quinzaine de jours pour faire travailler nos soldats à la route qui doit relier cette ville à Djidjelli.

Le 11 juillet, la colonne est dissoute, les troupes se dirigent isolément sur leurs garnisons respectives.

Pendant cette campagne eurent lieu, à différentes reprises, des messes militaires devant les bataillons sous les armes; les Kabyles parurent très impressionnés par ces démonstrations religieuses, et, par le fait, elles eurent pour résultat de tempérer, bien plus que d'exciter leur fanatisme. C'est généralement avant la cérémonie que se distribuaient les burnous d'investiture.

Le dernier jour, l'autel fut dressé sur une hauteur au pied de pics abrupts et surmontés d'une croix un peu rustique; de là on dominait la mer à petite distance. Ce fut pour tous un spectacle des plus émouvants. La messe fut dite par le P. Regis, toutes les troupes en tenue de campagne.

Parti le 11 juillet de Milah, mon bataillon se dirige sur

Sétif en passant par Djemilah[1]; nous y arrivons le 15, ayant encore huit cent quatre-vingt-six hommes présents sous les armes, trente à peine de moins qu'à notre départ; là-dessus une quinzaine avaient été blessés.

Le 8 août, le général de Mac-Mahon vient nous passer l'inspection générale. Peu de jours après, je reçois ma nomination d'officier de la Légion d'honneur, ayant été proposé à la suite de notre dernière expédition.

1853. — Nouvelle expédition dans les Babors, sous le général de Mac-Mahon. — Le 23 septembre, mon bataillon quitte Sétif pour aller à Constantine. Il y arrive le 27 et en repart le 12 octobre, sous les ordres de notre colonel Tarbouriech, pour se rendre à Milah, point de concentration d'une colonne expéditionnaire que doit commander le général de Mac-Mahon. Jusqu'au 31, nous sommes employés à des travaux de route, puis les deux brigades se réunissent pour aller opérer dans les Babors[2].

A partir du 1er novembre, nous parcourons les montagnes des Beni-Ydeu, des Habibi, des Beni-Aidoun, des Beni-Aicha, des Beni-Boukanous, tribus chez lesquelles nous avons eu tant à batailler pendant notre expédition du printemps de 1851. Nous ne trouvons de résistance nulle part;

---

1. Djemilah est l'ancien *Curtculum* des Romains; nous voyons là des amas de décombres au milieu desquels se dressent encore les restes conservés de quelques monuments: un arc de triomphe, un théâtre, un temple, une basilique.

2. **Composition de la colonne.**

Commandant en chef : GÉNÉRAL DE MAC-MAHON.

1re BRIGADE, général *de Serre*.

16e léger : deux bataillons. — 7e bataillon de chasseurs. — Tirailleurs : un bataillon.

2e BRIGADE, colonel *Tarbouriech*.

3e zouaves : deux bataillons. — Bataillon d'Afrique : 4 compagnies.

Quatre pièces d'artillerie de montagne, deux escadrons de cavalerie. Services administratifs.

partout les chefs viennent faire acte de soumission. On consacre une bonne partie du temps à des travaux de route et à la construction d'un bordz à Fedz-el-Arbâa.

Le 11 novembre nous rentrons à Milah, le 13 à Constantine, et dès le 15 mon bataillon ainsi que le 2ᵉ partent pour aller travailler à la route de Batna. On nous fait changer d'emplacement à peu près tous les dix à douze jours, au fur et à mesure de l'avancement des travaux. Pendant l'hiver, nous avons à supporter des pluies fréquentes, la neige et le froid. Ces intempéries en plein air, ayant la tente pour tout abri, des occupations essentiellement matérielles, très utiles pour le pays et pour la colonie, mais sans intérêt au point de vue professionnel et technique, constituaient un véritable dissolvant pour les officiers, privés de toute distraction, de toute possibilité de s'instruire ou de se livrer à des exercices militaires. Aussi, comme dérivatif, et pour éviter, autant que possible, une sorte de marasme et de nostalgie dans les cadres, je m'occupai de faire faire des conférences pouvant offrir un certain attrait et exciter l'attention des officiers et même des sous-officiers, tantôt sur les événements de la guerre d'Afrique, sur l'historique de l'ancien corps, sur quelques campagnes d'Europe, ou des détails géographiques, tantôt sur les mœurs, le caractère des Arabes, sur les moyens de les rallier à notre cause.

Nous en étions là, lorsque tout à coup, dans le courant de février 1854, je vois arriver à mon bivouac, au galop de son cheval, le jeune lieutenant de l'Épée, officier d'état-major, stagiaire au régiment. Il m'apportait la nouvelle des préparatifs de guerre contre la Russie, avec l'ordre de lever le camp et de me rendre immédiatement à Philippeville avec mon bataillon[1]. Ce fut avec un véritable enthousiasme que

---

1. Le lieutenant de l'Épée, après avoir été attaché au général Ducrot, a épousé sa fille, est devenu un brillant officier d'état-major. A la suite de la dissolution du corps, en 1880, a eu le commandement d'un régiment d'infan-

tous, officiers et soldats, nous abandonnâmes la pioche du travailleur pour reprendre le fusil du combattant. On est heureux de la perspective de nouvelles chances de gloire et de dangers, de pouvoir se mesurer avec des troupes d'Europe, afin de démontrer que la guerre d'Afrique, où l'on a un ennemi moins redoutable, a su néanmoins former des soldats vigoureux et très dignes de marcher sur les nobles traces de leurs aînés.

terie. Enfin, à l'époque de l'expulsion des congréganistes par Ferry, en 1881, il fut dénoncé et mis en non-activité. C'est ainsi que la justice républicaine sait reconnaître et honorer les glorieux services de guerre.

OBSERVATIONS SUR LA GUERRE D'AFRIQUE

SES CONSÉQUENCES AU POINT DE VUE MILITAIRE

Comme nous le verrons dans la suite, et comme l'expérience des guerres en Europe va bientôt nous en donner des preuves bien accentuées, si dans nos campagnes d'Afrique, où nous avons eu à lutter contre des adversaires fanatiques, audacieux et braves, mais sans organisation militaire, sans esprit de corps, et se présentant en masses incohérentes, il n'a été guère possible d'apprendre le grand art de la guerre et d'acquérir la science nécessaire pour entrer en lutte avec avantage contre des armées solides, bien disciplinées et bien encadrées, néanmoins les nombreuses expéditions en Algérie ont été une excellente école préparatoire à tous les degrés de la hiérarchie, aussi bien pour les chefs que pour les soldats. Les généraux, ces têtes de colonne des armées, auxquels l'étude de l'homme, le génie de la réflexion, sont indispensables, ont pu, pendant cette période, approfondir et se rendre compte des moyens pratiques pour tout ce qui est relatif au bien-être du soldat, aux approvisionnements, aux moyens de transport; ils ont pu apprendre à connaître leurs subordonnés, à se servir d'eux sans excès de leurs forces, à établir des campements, à se garder contre les surprises, mais surtout à profiter largement de l'entraînement des officiers et des soldats, qui se sont aguerris par des combats incessants, se sont accoutumés à la faim, à la soif, aux privations de toute nature, à la marche sous toutes les températures, et cela sans se démoraliser et sans se plaindre ; car enfin la difficulté à la guerre n'est pas de savoir mourir avec honneur : il faut surtout savoir vivre pour le plus grand bien de la patrie.

En résumé, une chose incontestable, c'est qu'au point de vue militaire la guerre d'Afrique a été une excellente école et a fourni de précieux éléments aux généraux qui ont eu à livrer bataille contre des armées régulières d'Europe.

Tant il est vrai qu'il ne suffit pas à un chef d'armée d'être doué du génie de la guerre, d'être un profond tacticien ; il lui faut en outre des instruments bien préparés à l'avance, toujours utilisables pour l'exécution de ses projets et de ses combinaisons.

L'histoire de toutes les guerres anciennes et modernes nous instruit à cet égard d'une manière complète.

DEUXIÈME PARTIE

GUERRE DE CRIMÉE (1854-1855)

AVANT-PROPOS

En écrivant mes Souvenirs sur la guerre de Crimée, je n'ai pas la prétention de donner une histoire complète de cette mémorable campagne, de retracer dans tous leurs détails les travaux du siège de Sébastopol, les glorieux combats livrés contre nos infatigables adversaires ; déjà des récits officiels ont été publiés ; des écrivains très compétents, français et étrangers, ont renseigné le public sur les préliminaires diplomatiques, sur les marches stratégiques des armées, sur les batailles et sur les opérations du siège.

Mon but est plus simple et plus modeste : je m'occuperai surtout, et avant tout, de ce que j'ai vu, de ce qui s'est passé dans le corps et dans la division où j'ai eu à agir. Pour ce travail rétrospectif, je compte me servir des notes prises au jour le jour, des appréciations portées sur mon carnet au fur et à mesure de la marche des événements. Dans le développement de ces souvenirs, je m'efforcerai d'être toujours exact et impartial, de présenter les faits et les actes dans leur réalité, et non de faire appel à l'imagination, trop portée parfois soit à les embellir, soit à les dénaturer.

Maintenant, voici en peu de mots l'origine et les causes de cette guerre, si glorieuse pour nos armes, mais qui a été si peu profitable aux intérêts généraux du pays et à notre politique extérieure.

Le protectorat religieux dans les lieux saints avait fait éclater un différend entre la Russie et la Turquie.

En vain, après le passage du Pruth en 1853, a lieu à Vienne une conférence pour chercher à mettre l'accord entre les parties adverses : l'excitation était trop grande entre Saint-Pétersbourg et Londres pour qu'il fût possible d'arrêter l'explosion ambitieuse de l'empereur Nicolas et pour calmer les craintes qu'éprouve l'Angleterre de voir Constantinople occupée par son redoutable adversaire.

Pendant cette période de pourparlers diplomatiques, l'Angleterre est assez habile pour obtenir de la France une alliance intime, et enfin l'amener à la concentration de leurs deux flottes à l'entrée des Dardanelles, afin de pouvoir parer à toutes les éventualités.

De suite après le désastre de la flotte des Turcs à Sinope, les navires anglais et français quittent la baie de Bezika et se dirigent dans la mer Noire pour barrer aux Russes le passage du Bosphore. Dès ce moment, la guerre est déclarée de fait; mais si la marine est en ligne, prête à combattre, il n'en est pas de même de l'armée de terre; pour cette dernière, rien n'a été encore ni prévu ni organisé; les alliés doivent faire d'actifs préparatifs afin de pouvoir entrer en campagne dans le plus bref délai possible. C'est avec une hâte fébrile que les ordres sont donnés, soit en France, soit en Afrique, pour le transport des troupes et du matériel.

Voilà par suite de quelles circonstances il nous faut abandonner nos travaux de route en Algérie, et aller nous embarquer pour participer à cette nouvelle campagne.

Amiens. — Octobre 1886.

CHAPITRE PREMIER

LES PRÉLIMINAIRES DE LA CAMPAGNE.
EMBARQUEMENT. — GALLIPOLI. — ANDRINOPLE.
VARNA.

I

Départ d'Afrique. — Malte. — Nos deux bataillons du 3º régiment de zouaves, désignés pour faire partie du corps expéditionnaire, passent les mois de février et mars à Philippeville. Tous les jours ils sont occupés à faire des exercices, des tirs à la cible, des expériences avec le fusil à longue portée, des marches militaires, afin de se bien préparer pour les luttes prochaines. Tous, officiers et soldats, y apportent la meilleure volonté et même un véritable enthousiasme. Chaque matin, en prenant les armes, nos hommes, impatients de marcher à l'ennemi, regardent si les flots de la mer amènent les bateaux chargés de les transporter sur le champ de bataille de leur rêve.

Enfin, le 1ᵉʳ avril 1854, les bâtiments de l'État *le Cafarelli*, *le Veloce* et *le Brandon* entrent dans la rade de Stora. Grande joie dans toutes les compagnies ; les préparatifs sont vite achevés ; dès le 2 avril l'embarquement commence. Le colonel Tarbouriech va sur le *Cafarelli*, avec le gros de mon bataillon et les accessoires ; je vais, avec trois de mes compagnies, sur le *Veloce* (commandé par M. de Montlouis); le *Brandon* prend quelques hommes, et surtout du matériel.

Comme les trois navires n'ont pu embarquer les effectifs de nos deux bataillons avec leurs bagages, presque tout le 2ᵉ bataillon doit se morfondre pas mal de temps sur la plage africaine[1].

Dans la soirée, on lève l'ancre. Nous passons devant la Calle, puis près du cap Bon. Le 5 avril nous arrivons à Malte.

En entrant dans le grand port, nos bâtiments sont reçus au bruit du canon; nous restons là deux jours. Les officiers en profitent pour aller visiter la ville de Lavalette, les églises, le palais du gouverneur, le camp des Anglais; partout nous sommes reçus par les officiers avec la plus grande cordialité; ils semblent heureux de se mettre en relations avec nous, de nous initier à leurs mœurs, à leurs habitudes, à leurs règlements; ils nous pressent de questions sur notre guerre d'Afrique, sur nos campements, sur nos ordinaires, sur nos magasins, etc.

Ces officiers anglais sont généralement jeunes, instruits, observateurs. Quant à leurs soldats, ils sont bien vêtus, bien logés, bien nourris; tous sont d'une grande politesse : c'est militairement et avec beaucoup de déférence qu'ils nous saluent quand nous passons près d'eux. Dans les casernes ou dans les camps, il y a au moins huit à dix mille hommes tout prêts à s'embarquer et à nous suivre[2].

Les îles de la Grèce. — Ténédos, les Dardanelles. — Le 7 avril, notre bâtiment se met en route; mais à peine en pleine mer, un fort vent d'ouest agite les flots et rend la

---

1. Au moment du départ, les deux bataillons du 3ᵉ zouaves ont à leur tête : le colonel Tarbouriech, commandant le régiment; au 1ᵉʳ bataillon, le commandant Montaudon, avec Martin pour adjudant-major (tué au Mexique, dans une affaire où il s'est fait remarquer par sa bravoure); au 2ᵉ bataillon, le commandant du Bos, avec Letors de Crécy pour adjudant-major (tué en Crimée). Ce bataillon ne nous rejoint que le 25 mai, à Gallipoli.

2. Voir appendice A.

mer houleuse. Elle fait danser notre navire comme une coquille de noix. Nous sommes rudement secoués : nos fantassins en sont presque à regretter leur bivouac de la veille ; les officiers souffrent également ; les marins eux-mêmes ne sont pas exempts, plusieurs ont le cœur sur les lèvres et doivent se renfermer dans leurs cabines. Nous n'en continuons pas moins notre marche, laissant la Sicile à gauche, puis passant près du cap Matapan, non loin du port de Navarin, où fut détruite la flotte turque en 1827. Alors nous cheminons à travers les îles de l'Archipel, nous apercevons vaguement Cerigo (Cythère), Andros, Eubée, d'où l'armée grecque s'embarqua pour le siège de Troie ; toutes ces îles paraissent dénudées et arides.

Le 11, nous apercevons l'île de Chio, puis Meteline, grande et belle île près de la côte d'Asie. Le soir, notre bâtiment fait relâche dans la rade de Bezika (île de Ténédos), en face de la plaine où se trouvent les ruines de Troie. Nous restons là toute la soirée et toute la nuit. Grâce à nos cordiales et affectueuses relations avec le commandant du navire, nous pouvons nous renseigner, nous rendre compte des faits de l'antiquité, nous reporter à nos études classiques. Nous apprenons que nous sommes au lieu où se trouvait la flotte grecque avant la prise de Troie, et d'où partit le fameux cheval de bois du traître *Sinon*.

Dans cette plaine d'Asie qui est devant nous, on voit un terrain broussailleux, plein de marécages, et, au milieu, de bien maigres cultures, des bois rabougris, des tumulus épars, grandes ombres du passé.

Arrivée et séjour à Gallipoli. — Le 12 avril, nous entrons dans les Dardanelles, passons près d'Abydos[1], et à onze heures nous arrivons à Gallipoli.

Dans la même journée apparaît le superbe vaisseau *le*

---

1. Abydos est l'endroit le plus étroit des Dardanelles ; c'est là que Xerxès fit jeter un pont de bateaux pour passer en Europe avec son armée.

Napoléon, qui fait l'admiration des Anglais ; il porte dix-huit cents hommes des 20ᵉ et 27ᵉ de ligne. La mer étant trop mauvaise pour pouvoir débarquer, le 14 seulement nous pouvons descendre à terre. Immédiatement on nous conduit dresser nos tentes au bivouac de la *Grande Rivière* (ruisseau sans importance), à quatre kilomètres de Gallipoli. Nos bagages et nos montures viennent nous rejoindre le lendemain.

Pendant plusieurs jours, nous avons un temps froid et sec, des pluies abondantes, des tempêtes de vent. C'est un triste début, qui, trop souvent, s'est continué par intermittence dans le courant du mois, et même le mois suivant. Quoi qu'il en soit, les autres troupes arrivent successivement, mais lentement, les unes sur des bateaux à vapeur, les autres sur de gros bâtiments à voiles de l'État.

Quant au matériel, subsistances, services administratifs, cavalerie et autres accessoires, ils ont été embarqués sur des bâtiments marchands, nolisés pour la circonstance. La concentration est très lente, c'est un décousu complet ; les objets arrivent par pièces et par morceaux : des canons sans affût et sans chevaux, des tentes sans montants, des cavaliers sans montures ; et ainsi des autres éléments constitutifs, tant les préparatifs ont été livrés à l'imprévu et se sont faits sans prévoyance préalable et avec une précipitation désordonnée.

Nous restons aux environs de Gallipoli pendant les mois d'avril et de mai ; mais comme rien n'est prêt, que l'on ne peut songer à nous faire marcher de l'avant, pour nous rendre sur le Danube, où les Russes menacent les garnisons turques, on occupe nos hommes à des exercices, à des tirs, à des marches militaires, à des études sur le côté pratique des manœuvres russes, afin de nous en bien faire connaître tous les détails et les très sérieuses défectuosités[1].

1. Voir l'appendice B.

On ne tarde pas à trouver un autre dérivatif aux ennuis du camp, dont nos hommes pourraient être saisis sur cette terre étrangère : on les fait travailler à une longue ligne de fortifications passagères, avec fronts bastionnés, qui doit s'étendre de la mer de Marmara au golfe de Saros, afin, dit-on, de mettre la presqu'île de Gallipoli (Chersonèse de Thrace) à l'abri contre une invasion russe et d'en faire une base d'opérations offensives.

Grandes revues des troupes. — En dehors de nos occupations journalières de service, d'exercices et de travaux, nous avons plusieurs grandes revues. La première a lieu à l'occasion de l'arrivée du prince Napoléon, qui faisait ses débuts comme militaire et comme général, étant appelé à commander la troisième division du corps expéditionnaire, laquelle n'est pas encore formée.

A cette revue, on présente au prince les 1re et 2e divisions à peu près au complet, et bivouaquées aux environs de Gallipoli. Naturellement, les officiers sont très curieux de voir le neveu du vainqueur d'Austerlitz, et de savoir quelle impression il produira. Eh bien, il faut bien le dire, cette impression ne fut point favorable. Nous vîmes, dans ce général improvisé, un officier gros de corps, raide sur son cheval; avec cela une figure placide, une nature inerte, assistant à nos manœuvres avec un air indifférent et ennuyé même; chez lui rien d'émotionnant ni dans la physionomie ni dans la tournure. En somme, il nous parut ne pas être là dans son élément : embarrassé dans sa démarche, dans ses gestes, aucun éclair dans ses yeux, rien chez lui ne peut frapper l'imagination ou exciter l'enthousiasme sur ceux qui l'approchent. L'avenir démontrera combien ces premières impressions étaient justes[1].

1. Après la revue et pendant le repos, plusieurs officiers et généraux anglais viennent causer avec nous, regardent nos armes et nous disent que la revue a été *maagnifique*, s'extasient sur nos hommes, sur leur tenue, appré-

Revue de l'armée anglaise. — Le 6 mai, une première revue de six bataillons anglais est passée par le général sir Georges Browe. On les fait manœuvrer devant les généraux Canrobert, Bosquet, Bouat et beaucoup d'officiers supérieurs français : la troupe a une belle tenue, une fière attitude ; les mouvements sont corrects et raides ; mais, comme il fait une forte chaleur, plusieurs soldats se trouvent mal, ce qui n'a pas l'air de beaucoup émotionner nos alliés.

Le 31 mai, lord Raglan, général en chef, convoque le maréchal de Saint-Arnaud et de nombreux officiers français à assister à une grande revue de l'armée anglaise. Nous avons là un beau spectacle, des troupes parfaitement tenues, très disciplinées, très correctes dans tous les mouvements d'exercices. Elles défilent dans un ordre parfait, mais un peu trop automatique, au bruit d'une musique où dominent des fifres aux sons aigus ; avec cela, des airs lents et monotones [1].

Revue de l'armée française par le maréchal de Saint-Arnaud. — Le 27 mai, le maréchal de Saint-Arnaud passe la revue des trois divisions d'infanterie et de quelques fractions des autres armes ; il est accompagné par les généraux anglais et par de nombreux états-majors.

A cette revue, très belle du reste, il y eut un accident qui jeta un instant de tristesse au fond des cœurs et remua profondément certaines fibres superstitieuses des Arabes. Au moment où le maréchal remettait le drapeau envoyé par

---

cient beaucoup la tournure alerte de nos zouaves. L'un de ces officiers nous montre le croquis du bombardement d'Odessa, nous informe que trois frégates anglaises et deux françaises se sont embossées à cinquante mètres de terre et ont complètement détruit une batterie russe, et incendié des bâtiments qui se trouvaient dans les deux ports.

1. Le régiment anglais n'a qu'un bataillon. Malgré cela, il a deux drapeaux. Dans la tenue de campagne, les hommes ont des buffleteries sur la poitrine, des musettes de provisions sur le côté droit. Beaucoup d'officiers ont la même musette. Le schako de la troupe est à peu près semblable au nôtre, avec des jugulaires sous le menton.

l'empereur au régiment des tirailleurs algériens, le cheval du colonel de Wimpfen, commandant le régiment, eut peur, se cabra et s'abattit, entraînant son cavalier et brisant l'aigle dans la chute. Les soldats indigènes furent très émotionnés; longtemps ils crurent à un mauvais présage; il fallut bien des mois pour en faire disparaître l'effet moral.

Les bruits du camp. — Dans nos camps, la vie est un peu monotone; les distractions sont nulles, nos occupations intellectuelles bien limitées. Alors, pour nous réconforter, pour nous tenir au courant des nouvelles, nous allons visiter nos camarades, nous explorons les camps voisins, nous nous rendons à Gallipoli, où on nous fait part des bruits mis en circulation soit par les agents consulaires, soit par les journaux français et étrangers.

Un jour, on parle d'une entente entre les alliés, afin d'en arriver à l'expulsion des Turcs et au partage de leurs dépouilles. Seulement, il nous paraît difficile de croire à cette solution; car comment parvenir à satisfaire les appétits surexcités des copartageants, chacun d'eux ayant la prétention de se tailler la part du lion dans le gâteau musulman.

Une autre fois, la Prusse et l'Autriche font cause commune avec nous, et alors on donnerait la Serbie, la Macédoine et la Bessarabie à l'Autriche, sous la condition d'abandonner la Lombardie; à la Prusse on abandonnerait la Pologne, la Crimée à la Turquie, la Finlande à la Suède. Voici bien des provinces dont on dispose sans consulter les occupants; le tout est d'aller les prendre : ce sera difficile, et l'on aura bien des combats à livrer avant d'atteindre ce but imaginaire. Il est à remarquer que dans tous ces projets, on ne voit guère la part faite à la France; quant aux Anglais, ils s'arrangeront toujours pour se faire un bon lot, soit dans le Bosphore, soit dans l'Archipel.

D'autres prétendent que la Russie fait des propositions de paix, ayant pour base le maintien de toutes choses sur l'ancien pied. Elle abandonnerait les provinces danubiennes, mais les alliés disparaîtraient de la mer Noire et de Gallipoli. La Moldavie et la Valdachie seraient indépendantes, ayant un prince à leur tête, un Vasa par exemple. Pour la constitution de cette principauté, la Russie donnerait soixante-cinq millions, la France quinze, l'Angleterre vingt.

Voilà pour les nouvelles politiques. En ce qui concerne les opérations militaires et maritimes, on assure qu'Omer-Pacha a reçu l'ordre de nous attendre avant de rien risquer, de se tenir sur la défensive. Dans tous les cas, on ne peut tarder à savoir à quoi s'en tenir sur tous ces récits plus ou moins fantaisistes : le général Bosquet, envoyé en mission près du général turc à Schoumela, vient de rentrer au camp ; tous deux devaient s'entendre sur le plan de campagne à adopter pour marcher à l'ennemi, après la concentration des alliés. En attendant, on nous assure que les places fortes sur le Danube sont en parfait état de défense, qu'elles peuvent défier les attaques des Russes, Omer-Pacha ayant promis de résister tant qu'il lui restera un cheveu sur la tête.

Puis nous apprenons successivement l'investissement de Silistrie par les Russes, l'ouverture des tranchées, l'insurrection des Grecs et leur protestation contre notre alliance avec les Turcs. On dit même qu'ils envoient des bateaux pour débarquer des troupes à Salonique, mais des vapeurs français les ont poursuivis et en ont coulé plusieurs.

On nous annonce également les opérations de nos flottes dans la mer Baltique : on dit que l'amiral Napier a brûlé Cronstadt, puis il est question du bombardement d'Odessa.

C'est surtout quand nous allons à Gallipoli que nous sommes mis au courant des nouvelles qui circulent sur les opérations militaires et maritimes[1].

1. Voir appendice C.

L'armée anglaise. — Notre camp est assez rapproché de celui des Anglais ; les troupiers des deux nations sont un peu mêlés dans les travaux journaliers des fameux retranchements chinois, destinés à arrêter la marche des barbares ; de plus, ils se voient aux manœuvres, aux corvées et aux différents exercices extérieurs ; il en résulte un contact fréquent, qui a fait naître entre eux les relations les plus intimes, les plus cordiales et les plus sympathiques.

Les soldats de nos voisins viennent avec grand plaisir visiter les nôtres ; ensemble ils vont à la cantine et volontiers ils s'y grisent, surtout quand ils absorbent du mastick[1]. Alors ils deviennent très communicatifs, ils s'épanchent avec effusion, sont les meilleurs amis du monde, expriment leurs sensations par des gestes et par une pantomime des plus risibles ; ils se jettent dans les bras les uns des autres, s'embrassent et boivent de nouveau à l'extermination des Russes. Les highlanders (soldats d'Écosse) sont les plus expansifs et les plus démonstratifs ; ils semblent se souvenir des anciennes attaches de leurs pères à la royauté française.

Quant aux officiers, ici comme à Malte, nous trouvons en eux des gentlemen très polis, très fins, cherchant à lier conversation avec nous, demandant une foule de renseignements sur notre organisation, sur nos bivouacs, sur nos accessoires, sur notre administration, etc.

Dans tous les cas, dans le peu que nous avons vu et que nous avons pu étudier du personnel de leur armée et des détails de leur organisation, nous n'avons pu encore nous en faire une idée bien nette ; il nous en reste du moins cette impression, c'est qu'ils sont loin de la simplicité de nos

---

1. Le *mastick* est une liqueur d'Orient, extraite du lin, dit-on. Elle a des propriétés particulières de surexcitation. Ce qu'il y a de malheureux, c'est que pour dix centimes seulement quatre hommes ont le moyen de s'enivrer et de perdre complètement la conscience de leurs actes. Ce sont les Grecs qui vendent et colportent cette affreuse drogue ; l'autorité supérieure a dû intervenir et leur interdire l'entrée de nos camps.

rouages administratifs, si imparfaits qu'ils soient, de notre mobilité et de notre unité de commandement. Chez eux, le soldat ne porte ni ses vivres ni sa tente. Il y a six mulets par compagnie pour le transport de ces objets essentiels.

Dans leur armée, l'administration des subsistances et le commandement sont complètement distincts; l'un n'ordonne pas à l'autre, ce sont deux autorités qui marchent de front, avec des attributions particulières à chacune. Cela doit nécessairement amener des à-coups, des froissements, et enfin apporter des entraves à l'exécution du service. Si l'on demande à un général le moyen qu'il compte employer pour nourrir ses troupes, il répond : « Cela ne me regarde pas, c'est l'affaire du commissaire. » Les officiers ont pour unique mission de tirer le sabre, puis de commander l'exercice en paix et le feu devant l'ennemi. Quant aux vivres, « affaire du commissaire ». Si le soldat se plaint, c'est aux commissaires qu'il faut s'adresser. Aussi trop souvent, et dans maintes circonstances critiques, le soldat anglais est fort mal nourri; heureusement il est bien payé : ici il touche un franc vingt-cinq par jour; avec cela il peut acheter des galettes à Gallipoli et du mastick ou de l'eau-de-vie à la cantine. Mais il ne trouvera pas toujours une ville à sa portée. Ajoutez à cela que dans chaque compagnie on tolère six hommes mariés; nous voyons tous les jours de nombreux ménages dans les camps; ces *impedimenta* doivent singulièrement alourdir les marches des colonnes, surtout en campagne.

En résumé, les soldats anglais sont bien constitués, grands de taille, avec de larges épaules; seulement ils sont loin d'avoir les allures vives et dégagées de nos soldats, ni leur patience à supporter les intempéries et à se plier à toutes les épreuves de la vie militaire.

L'armée française à Gallipoli. — Pendant notre séjour de près de deux mois dans les environs de Gallipoli, la vie était un peu monotone; souvent, même pendant le mois de mai, nous avons eu un très mauvais temps : tantôt un froid sec et un vent glacial, tantôt des pluies abondantes, puis des chaleurs africaines; malgré cela, nos soldats ne cessent de se montrer pleins d'énergie et du désir de se lancer dans l'imprévu du champ de bataille; leur moral n'a jamais été affecté par les intempéries et par les travaux incessants auxquels ils sont soumis; leur grande aspiration est de pouvoir rencontrer l'ennemi le plus tôt possible. La plus grande gaieté règne dans les rangs, soit sur les chantiers et dans les courses, soit aux manœuvres et aux corvées. On est donc en droit de fonder les plus belles espérances sur des troupes qui se présentent dans de telles conditions morales, et surtout étant commandées par des chefs aussi expérimentés et aussi dignes de leur confiance.

Nos soldats profitent des courts moments de repos qui leur sont donnés, non pour se coucher et s'endormir, mais bien pour parcourir les champs, aller visiter les villages, recueillir enfin quelques-unes des nombreuses tortues de terre qu'ils trouvent à chaque instant sous leurs pieds, et dont ils se font des plats de luxe. Du reste, en dehors des vivres réglementaires distribués par l'administration, on trouve bien peu de ressources dans la campagne, occupée et cultivée surtout par les Grecs : quelques œufs, des poules, des oignons, de mauvais tabac, et voilà à peu près tout.

Ici les chevaux sont petits et rabougris, assez forts néanmoins, mais peu en état d'être utilisés pour notre cavalerie. Les Anglais cependant en achètent, puis les officiers, comme distraction et pour se conformer aux mœurs nationales, se lancent dans des steeple-chases effrénés; nous en profitons pour les suivre et admirer leur passion pour ces sortes d'exercices.

II

Marche sur Andrinople. — A la fin du mois de mai, la 3ᵉ division est dirigée sur Constantinople par voie de terre; la 1ʳᵉ est embarquée et doit aller occuper Varna.

Quant à notre 2ᵉ division, après avoir été envoyée à l'extrémité du golfe de Saros, elle reçoit l'ordre de se rendre à Andrinople[1].

Les régiments partent isolément, les uns après les autres; seulement le général Bosquet se met en route le premier, avec son chef d'état-major, son chef des services administratifs, un bataillon d'infanterie et quelques cavaliers, afin de veiller lui-même à la désignation des gîtes d'étapes, y faire venir des vivres pour des colonnes lancées inopinément dans un pays peu riche en ressources alimentaires. Il a soin de tout prévoir d'avance, de donner des instructions nettes et détaillées sur les emplacements des bivouacs, sur les vivres que l'on peut trouver sur place, sur ceux que l'administration aura à y transporter[2].

Notre régiment reste plusieurs jours à Boulair et aux environs du golfe de Saros; il s'avance ensuite au pied de la montagne, où il est employé à des travaux de route, afin de faciliter la marche des voitures du train, de l'artillerie et des arabas (voitures de réquisition du pays)[3].

---

1. Voir notice D pour la composition des trois divisions.
2. Voir note D', sur les renseignements demandés au pacha.
3. Les arabas sont d'informes voitures qui servent à tous les usages du commerce et au transport de nos vivres. Les unes sont à quatre roues assez basses et étroites, avec essieux en bois, ayant assez de ressemblance avec celles dont on faisait usage en Franche-Comté quand je m'y trouvais, en 1841; il y a aussi des voitures qui n'ont qu'une paire de roues pleines, des espèces de rondelles en bois, avec cercles de fer; elles sont petites et hors d'état de porter un fort chargement. Toutes sont traînées par des bœufs plus petits que ceux de France, ou par des buffles à cornes longues et recourbées,

Nous partons le 10 juin, ayant à notre tête le brave général d'Autemare et notre colonel Tarbouriech[1].

Arrivée et séjour à Andrinople. — Après avoir parcouru un pays légèrement accidenté d'abord, puis avoir suivi la vallée de la Maritza, où nous trouvons une belle végétation, plusieurs villages assez importants et parfois d'assez belles cultures, nous arrivons à *Andrinople* le 16 juin, par un temps magnifique, ayant fait en moyenne vingt-quatre kilomètres par jour.

Pendant cette marche dans un pays de peu de ressources et très peu habitué au passage de troupes, nous trouvons à chaque bivouac, préparés d'avance par la prévoyante initiative de notre général, des approvisionnements de viande, de paille, d'avoine, de bois[2].

Le général Bosquet est venu au-devant de nous, le jour de notre arrivée; il était accompagné par le pacha d'Andrinople, monté sur un mulet richement caparaçonné, comme pour une femme de grand seigneur; c'était un triste spécimen de guerrier turc. Nous traversons la grande rue de la ville; elle est pleine de monde, de curieux et de curieuses de toute race, tous très émerveillés de la marche hardie de nos zouaves. Nous allons établir notre bivouac dans l'île du Sérail, près du harem des anciens sultans; il y a là des arbres magnifiques, des canaux qui nous entourent de tous côtés.

Le 18 juin, il y a à notre camp une messe militaire à

---

museaux allongés comme ceux du cochon et le poil long de la chèvre. Ces véhicules vont très lentement, — il faut près de trois heures pour faire une lieue, — mais ils passent par tous les chemins sans verser. Les roues, mal ou peu graissées, font un bruit aigu et des plus désagréables.

1. Le général d'Autemare, notre chef de brigade, était un officier des plus énergiques et des plus sympathiques. Sortait de l'ancien régiment des zouaves. S'est distingué pendant le siège; a commandé la colonne qui a été enlever Kertch, dans la mer d'Azof. — Plus tard a commandé une division de la garde impériale. — Mort en 1891.

2. Voir la note E, itinéraire de Gallipoli à Andrinople.

laquelle on donne un certain éclat; toutes les troupes sont sous les armes. La population chrétienne (Grecs, Bulgares, Autrichiens) y assiste avec recueillement; beaucoup de musulmans sont à nos côtés dans l'attitude la plus correcte. Auprès de nos officiers généraux, on aperçoit le général Prim[1], entouré de tout son état-major. C'est une cérémonie des plus imposantes; elle produit un certain effet sur ces masses de races et de croyances si différentes.

Nous profitons de notre séjour dans cette seconde ville de l'empire pour étudier sur place les monuments, les mœurs des habitants, et chercher à nous rendre compte des effets matériels, intellectuels et moraux qu'ont pu produire sur ces populations le joug de la conquête turque et une administration gouvernementale spoliatrice et brutale[2].

Marche sur Varna du 24 juin au 6 juillet. — Pendant ce temps, nos chefs prennent des dispositions pour diriger sur Varna, point de concentration des armées alliées, les troupes d'infanterie, de cavalerie, d'artillerie et des divers services qui sont ici, et aussi ceux disséminés sur d'autres points de l'empire ottoman. C'est qu'à ce moment tout était bien changé : nous avions cinquante mille hommes présents, le matériel nécessaire arrivait journellement, le moral des Turcs était relevé et surexcité en nous sachant prêts à les soutenir; aussi ils résistaient vigoureusement à Silistrie, et les Russes, immobilisés sur le Danube, ne songeaient plus à se diriger sur les Balkans. Dès lors, les alliés pouvaient prendre des dispositions pour une offensive vigoureuse.

---

1. Prim. — Ce général espagnol, qui devait nous abandonner au Mexique, puis faire une révolution pour renverser la monarchie de son pays, a été la cause indirecte de la funeste guerre de 1870, car c'est lui qui a mis en avant la candidature d'un Hohenzollern pour le trône d'Espagne. Plus tard il a été assassiné par ses complices. En 1854, il nous a fait l'effet d'un général jeune, aux traits fins, à l'œil vif et intelligent; petit de corps, mais bien pris et solide.

2. Voir note F, excursion et observations sur la ville d'Andrinople.

En ce qui concerne notre 2ᵉ division, le général Bosquet, toujours prévoyant et plein de sollicitude pour les hommes, a soin de donner des ordres précis et clairs, et, pour en assurer l'intelligente exécution, il part, dès le 20 juin, avec un détachement de zouaves, des soldats du génie et quelques cavaliers, dans le but d'explorer la route à parcourir, de faire exécuter les réparations des chemins, de veiller à ce que l'on s'occupe des approvisionnements à réunir sur les différents points désignés comme gîtes d'étapes.

Comme dans les marches précédentes, les troupes doivent s'échelonner par fractions isolées, mesure motivée par le peu d'abondance de l'eau sur les différents points de l'itinéraire.

Le 24 juin, je pars avec quatre compagnies de mon bataillon; nous traversons un pays légèrement accidenté, peu cultivé; des villages assez misérables, avec de véritables huttes de sauvages pour habitations. En revanche, nous sommes émerveillés de la beauté des forêts, avec leurs arbres séculaires; parfois on se croirait dans de splendides allées d'un parc royal.

Le 30 juin, nous arrivons à *Aidos,* non loin de la grande chaîne; nous y faisons séjour et avons la bonne chance d'y trouver en abondance des vivres de toute nature.

A partir du 1ᵉʳ juillet, nous abordons les Balkans; là encore nous voyons de belles forêts et un pays des plus pittoresques.

Enfin, le 6 juillet, après avoir souffert pendant plusieurs jours d'une forte chaleur, nous allons établir notre bivouac à *Yeni-Keni,* sur un grand plateau situé à quatre kilomètres au nord de Varna, dont nous longeons les fortifications, laissant le lac sur notre gauche, ainsi que le camp des Anglais établi sur ses bords[1]. Nos hommes sont toujours

---

1. Voir la notice pour les détails de l'itinéraire d'Andrinople à Varna.

pleins d'entrain et de vigueur, malgré les fatigues de cette longue marche.

Les quatre divisions françaises sont réunies sur le même plateau, où le sol est sec et sain, l'air pur et bon. Nous avons près de nous de vastes forêts. Nos zouaves, toujours débrouillards, s'empressent d'en profiter pour se construire des gourbis, et par là se préserver de la chaleur du jour et de l'humidité froide de la nuit. En quelques jours notre camp ressemble à une bourgade improvisée.

Séjour près Varna. — Incidents, nouvelles. — Nous restons quinze jours au même emplacement; on emploie le temps à faire des exercices et des marches militaires; les officiers, à leurs moments perdus, vont dans les camps voisins visiter leurs camarades ou leurs amis, cherchent à se tenir au courant des nouvelles. Ainsi, entre temps, nous apprenons que le général Canrobert est parti en mission, avec des officiers anglais, pour aller reconnaître les côtes de Crimée. Un autre jour, on nous assure que les Russes ont levé le siège de Silistrie et occupent les deux rives du bas Danube avec plus de quarante mille hommes.

D'un autre côté, le bruit court que le choléra, apporté de France par les régiments de la 4e division, vient de faire de terribles ravages à Gallipoli; les généraux Ney, d'Elchingen et Carbuccio sont morts, ainsi qu'un assez grand nombre d'officiers et de soldats.

Enfin, le 18 juillet, quelques cas de choléra se déclarent à Varna; dans nos camps, plusieurs hommes sont atteints par des coliques, premiers symptômes de l'épidémie.

Sur ces entrefaites, nous sommes mis au courant, par nos officiers de l'état-major général, des événements qui se préparent; il nous assure qu'au moment où le maréchal de Saint-Arnaud et lord Raglan cherchaient à s'entendre sur les opérations à faire, soit sur le Danube, soit en Asie, le général anglais avait reçu du duc de Newcastle, ministre de la guerre, l'ordre impératif d'aller en Crimée. La lettre, écrite en anglais, disait à peu près textuellement : « Prenez vos dispositions pour marcher de suite sur la Crimée. C'est l'ordre du gouvernement. Le général français reçoit des instructions dans le même sens. » Le colonel Steele avait apporté cette lettre au maréchal, qui, après l'avoir bien lue et relue, avait envoyé son aide de camp à lord Raglan avec prière de lui demander s'il considérait cette lettre comme un ordre absolu, s'il se croyait lié. Lord Raglan aurait été très explicite, et dit à l'aide de camp : « C'est un ordre très impératif, rien n'est laissé à ma disposition; il faut que je parte, et du reste, croyez-le bien, cet ordre vient de plus haut que du ministère anglais; en cela il ne fait qu'obéir à l'opinion publique, à la pression des Chambres, qui dictent cette opération énergique, parce que l'on veut à toute force un résultat; il n'y a pas moyen de s'y soustraire[1]. »

Quelques jours plus tard, le maréchal de Saint-Arnaud recevait du maréchal Vaillant, ministre de la guerre, une dépêche bien moins absolue que celle reçue par lord Raglan. Le ministre français disait : « Si votre état moral et matériel vous permet de tenter une opération sérieuse, comme une campagne en Crimée, concertez-vous avec lord Raglan. » Puis, au milieu de considérations générales, il laissait à peu près carte blanche au maréchal de Saint-Arnaud. C'est de ce moment que fut résolue l'expédition de Crimée et que furent faits tous les préparatifs.

Seulement, avant de pouvoir embarquer le personnel et le matériel, non encore concentrés, nécessaires à une opération aussi importante, il fallait du temps, et surtout prévoir toutes les éventualités. En attendant le moment décisif de l'entrée en campagne, le maréchal, très préoccupé des accidents cholériques dont plusieurs corps ont déjà souffert à

1. Le principal résultat poursuivi par la politique anglaise est la destruction de la flotte russe.

Gallipoli et à Varna, et qui, d'un moment à l'autre, peuvent frapper les autres corps de troupes, craignant en outre de voir la nostalgie s'emparer de l'âme de nos soldats, pleins d'ardeur actuellement, très désireux des émotions du champ de bataille, mais un peu déconcertés de cette vie inerte des camps, songe à éloigner momentanément du foyer incandescent qui s'approche, les divisions non encore atteintes, à les préparer par des marches et des fatigues modérées aux luttes prochaines contre une vaillante armée, et enfin, par ce moyen, détourner l'attention de l'ennemi du point stratégique où les alliés se proposent de prendre une vigoureuse offensive.

Pour l'exécution de ce plan, le général Youssouf, à la tête des bachi-bouzoucks, nouvellement formés en escadrons actifs[1], est chargé de partir en reconnaissance vers Kustendji et de se mettre en contact avec les Cosaques, de chercher à leur faire évacuer la rive droite du Danube. Cette avant-garde de cavalerie indigène aura pour l'appuyer trois divisions d'infanterie françaises :

La 1re division doit longer la mer pour soutenir les efforts sur Kustendji;

La 2e doit prendre la direction de Bazardzick, puis aller vers Silistrie ou Rassowa;

La 3e doit marcher sur Choumla.

---

1. Les bachi-bouzoucks sont des volontaires musulmans, ramassés sur les côtes d'Asie dans l'écume de la population, gens fanatiques, indisciplinés, ne songeant qu'à piller et à voler. Ils sont arrivés en Europe, ayant à leur tête une vieille sorcière d'une cinquantaine d'années et un marabout de soixante à soixante-dix ans ; ce sont les seuls auxquels ils obéissent un peu. On espère que le général Youssouf, secondé par quelques officiers français, parviendra à les discipliner et à les utiliser. La course dans la Dobrutcha va enlever toute illusion à cet égard, et forcer le maréchal à les renvoyer dans leurs foyers.

III

Opérations dans la Dobrutcha. — Le choléra. — Les Turcs et les Grecs. — Le 22 juillet, notre 2° division se met en route, ayant le général Bosquet à sa tête. Nos hommes sont alertes et pleins d'entrain; ils voient dans ce déplacement le premier acte d'une campagne active, avec l'espoir de bientôt rencontrer l'ennemi.

Après deux jours de marche, nous arrivons à Bazardick, ayant eu à supporter une chaleur accablante et à déplorer quelques cas de choléra dans le 50° de ligne. Notre bivouac est établi près de la ville; mais quelle ville! quel aspect désolant! Elle est complètement abandonnée par les habitants; partout des décombres et des ruines, soit par le fait de l'occupation des Russes qui ont fait sauter les mosquées, soit par le pillage et l'incendie opérés par les bachi-bouzoucks.

Le 24, notre général lance des colonnes de deux bataillons dans la direction du Danube, mais par des routes divergentes, conservant près de lui, comme réserve, le 3° bataillon de chasseurs et le 7° de ligne. Après sept heures de marche, notre colonne de zouaves arrive à Moussou-Bey; l'arrière-garde et les arabas nous rejoignent à dix heures du soir seulement. Ce fut une marche des plus pénibles et des plus fatigantes, en raison du pays misérable que nous avons à parcourir et de l'absence à peu près complète d'eau potable. Quant aux autres colonnes du 50° et des tirailleurs algériens, elles sont à sept lieues sur notre droite et sur notre gauche.

Le 25 juillet, le 50° de ligne nous rejoint à dix heures du soir, après avoir fait une dizaine de lieues et laissé en arrière cinq à six cents hommes.

Le 26 juillet, toutes les troupes, éparpillées au nord et à l'ouest, reçoivent l'ordre de faire tête de colonne à droite, pour aller remplacer à Mangalia les troupes de la 1re division qui ont été lancées sur Kustendji, pour appuyer les escadrons du général Youssouf, aux prises avec la cavalerie russe.

Le 27, nous arrivons près de Mangalia; le bivouac de notre brigade est établi à Oqbah, à l'extrémité du lac.

Les 28 et 29, nous faisons des reconnaissances dans l'intérieur du pays et avons à déplorer la mort de plusieurs de nos hommes, atteints par l'épidémie qui nous accompagne. Ce n'était encore qu'un prélude.

Les steppes de la Dobrutcha. — Il faut songer qu'à ce moment nous étions au cœur de la Dobrutcha; nous venions de parcourir un pays désert et non cultivé, véritable expression de la misère et de l'incurie : partout des steppes immenses, tristes, monotones et désolés. De loin en loin, quelques arbres rabougris, des broussailles épaisses; pas de sources, pas de ruisseaux pour vivifier la terre, et seulement des puits qui fournissent une eau saumâtre et malsaine; un sol couvert de hautes herbes, qui, jamais fauchées, pourrissent sur place. Pour toute culture, on trouve des choux, des citrouilles, des concombres, disséminés autour de quelques misérables huttes en terre; puis des terrains où se trouve du chanvre mêlé de chardons d'une grande hauteur. Nos hommes disparaissent en les traversant et éprouvent un véritable malaise des odeurs nauséabondes qu'ils répandent.

Par-ci, par-là, des toits de chaume d'où sortent des habitants malingres et rachitiques; peu de bestiaux, sinon quelques moutons maigres et sales. Ajoutez à cela des marais allant se perdre dans la mer, envahissant la plaine en hiver, se desséchant en été et alors exhalant des miasmes pestilentiels.

Telles étaient ces contrées étranges et de lugubre mémoire. Comment s'étonner, après cela, que le fléau cholérique, dont nous portions le germe à notre suite, ait trouvé, au milieu de tels éléments délétères, un foyer tout prêt pour la concentration et pour l'expansion de l'épidémie? Aussi, le 30 juillet, après une marche hâtive vers le nord pour appuyer la 1re division et les bachi-bouzoucks, et à peine installés à notre nouveau bivouac, nous apprenons qu'au lieu d'une lutte à coups de fusils, les colonnes expéditionnaires viennent de se heurter contre des dangers autrement sérieux, contre un ennemi invisible et implacable, le *choléra* dans toute son horreur. C'est à la suite de l'orage de la veille qu'il est venu s'abattre sur elles comme la foudre. En quelques heures, on compte par centaines les morts et les mourants. C'est une véritable calamité [1].

Les désastres du choléra. — Il ne s'agissait donc plus de combattre un adversaire humain qui avait disparu, mais bien de gagner au plus vite une région plus salubre et moins empestée. Des ordres sont immédiatement donnés en conséquence, toutes les mesures sont prises pour se préserver le plus possible des atteintes de ces étincelles dévastatrices.

Pendant cette retraite, véritable marche funèbre, combien d'incidents caractéristiques nous avons vus se produire! quelle étude instructive on a pu faire sur l'état pathologique de la nature humaine pendant les périodes de crises aiguës!

Les bachi-bouzoucks. — Ainsi, à peine de retour à Mangalia, nous voyons arriver, pendant les journées des 1er et 2 août, les bachi-bouzoucks en complète débandade; beaucoup d'entre eux sont morts en route, les survivants entrent dans la ville pour la piller et se livrer aux excès les plus exécrables. Il nous faut faire d'incessantes patrouilles pour protéger les habitants contre les brutalités de ces bri-

---

[1] Dans cette journée néfaste, la 1re division eut en quelques heures près de deux cents morts et quatre cents fortement atteints. Le commandant Tristan Legros, du 1er bataillon de chasseurs à pied, que je devais remplacer quelques jours après, fut enlevé subitement. Le général Espinasse faillit subir le même sort : on dut l'embarquer au plus vite. Notre 2e division, moins avancée vers le nord, eut beaucoup moins à souffrir.

gands, dont plusieurs, frappés par le fléau, meurent dans les rues ou dans les maisons envahies. On en trouve jusque sur des balcons, les pieds pendants à travers les planches, et, pour compléter ces scènes lamentables de sauvagerie et d'égoïsme, nous voyons leurs compagnons s'éloigner de ces morts sans chercher à leur porter secours : ce sont nos soldats qui doivent ramasser les cadavres musulmans et les porter près de la mosquée.

C'est seulement après beaucoup d'efforts que l'on arrive à faire évacuer la ville et à empêcher ces forbans de rentrer pour continuer leur dévastation. Enfin, de ces bachi-bouzoucks, deux mille cinq cents environ étaient partis le 19 juillet; le général Youssouf en avait à peine trois cents, disséminés un peu partout.

Les jours suivants, on continue la marche en retraite; seulement, comme on avait peu de moyens de transport en raison de la mobilité des colonnes, que le nombre des cholériques augmentait à tout moment, les cacolets, les litières, les arabas, les chevaux d'officiers, ne pouvaient suffire au transport des survivants. Eh bien, dans ces douloureuses circonstances, nous avons eu la consolation, à différentes reprises, de voir nos zouaves, quand ils étaient d'arrière-garde, venir spontanément, armés de leurs montants de tente ou de bois de clôture, s'offrir pour faire des brancards avec leurs sacs de campement; puis deux d'entre eux transportaient un camarade, connu ou inconnu, atteint par le fléau. D'autres étaient occupés à creuser de nouvelles fosses pour ceux qui succombaient. Combien était émouvant et admirable ce spectacle de soldats toujours prêts à se dévouer pour venir en aide à de pauvres malades, et cela malgré les fatigues de la marche sous un soleil de plomb, à travers des marais desséchés d'où s'exhalait le souffle de la mort[1]!

---

1. Voir appendice H, journal de la marche dans la Dobrutcha.

Comment retracer l'aspect de notre camp après ces rudes épreuves de chaque jour? A peine au bivouac, il nous fallait creuser des fosses pour y déposer ceux qui s'étaient éteints, et la mort était toujours là, planant sur les plus énergiques et les plus forts, une mort froide, terrible avec toutes ses laideurs, n'ayant pas, comme au jour du combat, cet enthousiasme qui fait vibrer les cœurs et recevoir avec orgueil une mort glorieuse. A de certaines heures du jour et même de la nuit, les atteintes cholériques sont si fortes, si profondes, que quelques minutes suffisent pour faire d'un soldat bien constitué et bien portant un cadavre méconnaissable. Au milieu de toutes ces tristesses, nous avons du moins la consolation de voir nos braves zouaves conserver leur moral, chercher à s'entr'aider, à se consoler même; mais néanmoins, il faut bien le dire, les figures sont ternes et silencieuses : tous sentent les difficultés de la lutte, une sorte de marasme régner partout; on se résigne, sentant bien que c'est de Dieu seul qu'il faut attendre la délivrance[1].

La faim et le pain du capitaine Brincourt. — Certes, les miasmes des marais et des herbes pourries contribuaient largement à l'aggravation et à la propagation de la maladie; mais il est un autre élément qui vint encore en augmenter les effets désastreux : ce fut la faim, ou plutôt le manque d'une suffisante quantité d'aliments.

Par suite des circonstances où nous nous trouvions, en dehors des vivres de l'administration, c'est-à-dire d'un peu d'une viande bien maigre, d'une faible ration de biscuit et de riz, nous n'avions ni pain, ni vin, ni café, ni eau-de-vie,

---

1. J'ai vu tomber et mourir en quelques heures plusieurs de mes anciens zouaves qui avaient fait les dernières campagnes d'Afrique avec beaucoup d'entrain, sans avoir jamais souffert des fatigues et des privations ; c'étaient des hommes fortement charpentés, très énergiques, très sobres ; eh bien, en un rien de temps ils ont disparu, et à côté d'eux des camarades petits, grêles, pâles, chétifs, qui semblaient devoir succomber les premiers, ont parfaitement résisté et fait toute la campagne sans avoir eu la plus légère indisposition.

ni tabac ; beaucoup de ces denrées avaient été consommées, avariées ou perdues, et les compagnies n'ont aucune possibilité de se procurer des vivres d'ordinaire.

Comment s'étonner après cela si, dans de telles conditions hygiéniques et alimentaires, ces estomacs affaiblis et délabrés ont offert une proie facile à l'épidémie? A deux reprises différentes, nous avons eu la bonne chance, dans le régiment, de pouvoir nous mettre quelques morceaux de pain sous la dent. Voici dans quelles circonstances.

Le capitaine Brincourt, de mon bataillon, excellent camarade, officier des plus actifs, des plus ingénieux et aussi, il faut bien le dire, des plus débrouillards, tout dévoué à son métier et à ses soldats, ne négligeant aucune occasion de leur procurer le plus de bien-être possible et de leur épargner toute privation ou fatigue inutile, voyant les effets désastreux que produisait le manque d'aliments nutritifs, se donna spontanément la pénible et honorable mission de nous faire confectionner du pain, non seulement pour sa compagnie, mais encore pour presque toutes les autres compagnies du régiment.

A peine arrivé près d'un village, il se met en mouvement, entre en relations avec des Juifs, avec des Grecs, achète toutes les farines qu'il peut trouver, puis, avec le seul personnel de sa compagnie bien dressé, très énergique et plein de bonne volonté, il parvient, après un travail de jour et de nuit, à nous livrer un pain tout à fait primitif, un peu noir, mais ayant de très bonnes qualités nutritives. Ce fut, pour tous ceux qui purent en avoir, un vrai régal et un utile réconfortant. La seule dépense était la farine, payée séance tenante, au moyen des bonis d'ordinaire ou par les parties prenantes ; — la main-d'œuvre et tous les autres accessoires étaient à peu près gratuits[1].

1. Le capitaine Brincourt, qui s'était déjà distingué en Algérie, arriva en Crimée avec le 3ᵉ zouaves, et là ne tarda pas à attirer l'attention de ses chefs

Retour au camp de Varna. — Le 9 août, notre 2ᵉ division arrive au bivouac de Yeni-Keni, point occupé avant notre départ pour la Dobrutcha. Comme, depuis la veille, nous sommes sortis des marais et des plaines infectes, l'épidémie a à peu près disparu de nos rangs; néanmoins, chose triste à dire, quand nous passons près du camp d'une brigade restée sur place, et qui, par conséquent, n'avait pas eu à subir les dures épreuves de la Dobrutcha, les officiers et les soldats, au lieu de venir au-devant de nous, de demander de nos nouvelles, de nous apporter l'expression de leur sympathie, se blottissent sous leurs tentes, semblent nous fuir comme des pestiférés; et cependant tous nous avions des camarades et des amis dans ces régiments. Seulement il faut dire que cette appréhension ne dura pas longtemps : moins de quarante-huit heures après notre installation, des relations cordiales continuèrent comme auparavant.

Nous ne fûmes pas moins très affectés de cette courte sécheresse de cœur.

Devoirs des officiers pendant les crises. — Dans cette cruelle période de notre existence militaire, nous avons pu de nouveau nous rendre compte combien les officiers de tous grades ont un rôle important à jouer auprès de leurs soldats; comment, dans certains cas, est insuffisante l'application stricte des règlements militaires. Ce qui est autrement essentiel et efficace, c'est que les officiers soient

---

par sa valeur, son entrain et son énergie dans les tranchées devant Sébastopol; à une des attaques de Malakoff, il fut laissé pour mort sur le champ de bataille, ayant reçu plus de dix blessures, coups de sabre ou de baïonnette. — Plus tard, devient colonel du 1ᵉʳ zouaves, se fait remarquer à Melagnano (1859), puis fait toute la campagne du Mexique, où il est nommé général de brigade. — Était dans la garde en 1870, à Metz. — Nommé général de division en 1873, — grand-croix de la Légion d'honneur en 1882. — En 1885, commandait une division à Montpellier, quand, sur une dénonciation radicale, le gouvernement s'empressa de récompenser les brillants services de cet officier général en lui enlevant son commandement et en le mettant à la retraite. C'est ainsi qu'en république on récompense les services rendus au pays et les blessures reçues.

toujours au milieu de leurs subordonnés, le jour et la nuit, donnant l'exemple de la résignation, du zèle dans l'accomplissement de tous leurs devoirs, partageant leurs privations, leurs fatigues, toutes les intempéries, cherchant enfin, par leur entrain, par leur bonne humeur, par leur activité, à remonter le moral des pusillanimes, à réconforter les faibles, à les encourager par de sages conseils, par d'opportunes recommandations sur l'hygiène à suivre. C'est par ce moyen que beaucoup d'officiers ont pu obtenir les résultats les plus satisfaisants et lutter efficacement contre l'épidémie.

Quoi qu'il en soit, une fois établis sur notre ancien emplacement, sur le plateau au-dessus de Varna, contrée plus salubre et entourée de belles forêts, nous n'avons plus que quelques cas isolés de choléra.

Les vivres ne nous manquent plus; il y a auprès de nous tous les préservatifs, infirmeries, ambulances, hôpitaux, et surtout une alimentation réconfortante.

Quant à nos pertes, elles ont été bien sensibles; ainsi, la 1re division, partie le 21 juillet avec dix mille cinq cents hommes, est rentrée à Varna le 10 août avec quatre mille trois cents soldats à peu près valides; les autres sont morts, ou évacués, ou encore convalescents.

Notre 2e division a été beaucoup moins éprouvée. Elle n'a pas eu plus d'un millier d'hommes atteints. Au 3e zouaves, nous avons eu cent cinquante hommes frappés et entrés à l'ambulance, sur lesquels près de la moitié sont morts[1].

---

1. Pendant notre excursion dans la Dobrutcha, j'ai été deux jours sous l'influence cholérique, avec des vomissements, des crampes, des maux d'estomac et de la fièvre; mais, grâce à mon excellent ami et compagnon le docteur Gerrier, à ses excellents conseils et au régime qu'il m'a fait suivre, on a pu arrêter la crise et ne pas interrompre mon service près de nos hommes.

Le docteur Gerrier était médecin-major au régiment, homme de science et de dévouement. Fut attaché aux ambulances, où il rendit de grands services. — Plus tard, il fit la campagne d'Italie, puis de Chine en 1860, et du Mexique; devenu médecin inspecteur général, est mort à la peine en 1878, je crois.

Incendie de Varna (10 août). — Rentrés à notre ancien bivouac, nous espérions pouvoir un peu nous reposer et reprendre des forces pour les luttes futures de la guerre ; mais dès le 10 août, dans la soirée, on fait battre la générale dans nos camps. Un vaste incendie venait d'éclater dans Varna ; on apercevait distinctement d'immenses flammes qui s'élevaient dans les airs ; une partie de notre division descend de suite en ville pour faire le service, aider au sauvetage de la cité et de l'immense matériel de l'État qui y était concentré, dans la prévision d'un embarquement prochain. En arrivant sur les lieux, nous assistons à un bien affligeant spectacle : à côté d'une population affolée, de flammes qui dévorent les édifices publics, les maisons particulières et les bâtiments où sont entassés tous nos approvisionnements, habillements, équipements, campements, ambulances, dont une assez grande partie, malgré les efforts des soldats, sont déjà consumés, nous voyons certaines natures perverses songer surtout au pillage et au vol ; on doit sévir rigoureusement contre ces misérables, Grecs et Turcs, bien peu parmi nos hommes.

Malheureusement, plusieurs parmi les soldats, beaucoup trop, hélas ! cédant à ces instincts inconscients et sauvages, après s'être si bien conduits les jours précédents, n'hésitèrent pas à se lancer dans les émotions énervantes de l'ivresse, croyant peut-être se donner par là le moyen de se garantir contre les atteintes de l'épidémie régnante. C'est avec le mastick vendu par des Grecs ou avec des eaux-de-vie fortement alcoolisées qu'un certain nombre se laisse entraîner. De suite on s'empresse de prendre des précautions, de défendre la vente de ces liqueurs frelatées, afin de prévenir de nouveaux malheurs.

Pendant cette nuit néfaste, il y eut d'énormes dégâts dans notre matériel de guerre ; notre régiment, à lui seul, eut pour plus de soixante-dix mille francs de perte. Les bagages des officiers, qui avaient été déposés dans les magasins du corps, furent presque entièrement perdus.

La poudrière, où se trouvaient les approvisionnements des Anglais et des Français, faillit sauter ; déjà les flammes atteignaient les couvertures et menaçaient d'occasionner d'épouvantables désastres. Heureusement, on parvint à les sauver, et cela grâce à l'énergique intervention des artilleurs, qui n'hésitent pas à monter sur les toits, à y étendre des couvertures mouillées et à les asperger incessamment avec l'eau que nos hommes s'empressent d'aller chercher et de leur apporter dans des seaux en toile et dans des bidons.

Le 11, au matin, après avoir passé une affreuse nuit au milieu de ces brasiers, de maisons s'écroulant, de scènes indescriptibles, nous sommes relevés et rentrons à notre camp.

Le 13, à quatre heures du matin, notre brigade descend de nouveau dans la ville pour y faire le service ; le feu est désormais circonscrit, mais les maisons brûlent toujours.

Dans la journée, le maréchal de Saint-Arnaud vient, comme les jours précédents, visiter la ville[1], donner des ordres pour la sauvegarde des bâtiments, des encouragements à tous. En passant devant le front de mon bataillon, il m'annonce qu'il va me donner le commandement du 1er bataillon de chas-

---

1. Que dire de cette ville de Varna ? J'y suis entré pour la première fois le jour de l'incendie, et là, comme dans les autres villes turques, on trouve la malpropreté, l'incurie et la négligence habituelles chez les populations orientales. La plupart des maisons sont en planches, élevées parfois sur des rez-de-chaussée en pierres. Le premier étage surplombe le rez-de-chaussée et prive ainsi les habitants de la lumière et de l'air. Partout des rues étroites, sales, humides, des cloaques infects. A chaque pas on y rencontre des immondices et du fumier.

Les bouchers abattent leurs animaux au milieu des rues, ce qui force les passants à franchir des ruisseaux de sang, des débris d'animaux. Tout cela donne un aspect repoussant à l'ensemble de la cité.

D'après ce que l'on nous assure, l'incendie aurait été occasionné par l'imprévoyance de certains propriétaires qui avaient l'habitude et trouvaient plus commode, en été, d'installer leur cuisine à l'extérieur contre des cloisons en planches, donnant par là bien des chances pour les accidents.

seurs à pied, qui doit être tête de colonne de l'armée quand on débarquera en Crimée et dont le chef, Tristan Legros, venait d'être enlevé par le choléra. J'aurais dû être fier de cette marque de confiance et de sympathie de la part de notre général en chef; mais, je dois l'avouer, la perspective de me séparer, au moment de la lutte, de mes braves zouaves, des excellents officiers au milieu desquels j'avais vécu si longtemps, que j'avais appris à connaître et à estimer dans les bivouacs, dans les nombreux combats contre les indigènes algériens, me fut des plus pénibles et jeta un profond regret au fond de mon cœur.

Malgré tout, il fallait me soumettre et attendre les événements.

Nous rentrons à sept heures du matin à notre bivouac de Yeni-Keni.

Les jours suivants, nous restons au camp, et jusqu'à la fin du mois nous alternons avec les autres divisions pour envoyer à Varna faire le service de sûreté et déblayer les décombres des maisons incendiées. Dans l'intérieur du corps, on s'occupe, avec la plus vive sollicitude, des mesures préservatrices contre l'épidémie, des précautions hygiéniques recommandées par les médecins. Puis, comme l'alimentation est des plus satisfaisantes, l'état sanitaire s'améliore sensiblement, le moral se réconforte. C'est avec un certain entrain que l'on se prépare à l'embarquement, annoncé comme très prochain. Cette perspective amène un véritable enthousiasme dans les rangs; pour tous, c'est un grand soulagement d'avoir à abandonner cette terre néfaste et cette monotone vie du camp, sans aucune des émotions vivifiantes du champ de bataille.

Le 27 août, l'ordre m'arrive de quitter mes zouaves et la 3e division pour aller prendre le commandement du 1er bataillon de chasseurs à pied, à la 1re division. J'ai le cœur bien affecté, surtout quand il me faut faire mes adieux à mes sympathiques compagnons d'armes et au général Bosquet, qui veut bien m'exprimer tous les regrets qu'il éprouve de me voir quitter la division. Le même jour, je suis reçu devant mes nouvelles troupes par le général Canrobert, qui se montre très gracieux pour moi.

Le bataillon dont je viens d'être nommé le chef a été fortement éprouvé par le choléra; il a perdu beaucoup de monde; néanmoins je puis encore partir avec près de cinq cent cinquante hommes valides. Je trouve là de bonnes figures, un bon esprit de corps, un grand sentiment du devoir et de la discipline; les officiers se sont toujours montrés pleins de zèle et de bonne volonté.

Les populations de l'Orient. — Depuis près de cinq mois, nous sommes en contact à peu près journalier avec les Grecs, les Juifs et les Turcs. Il nous a été possible d'étudier leurs mœurs, leurs aptitudes, de nous faire une opinion sur les qualités et les défauts de chacune de ces races, de les apprécier au physique et au moral. Résumons donc nos impressions du moment.

Les Grecs. — Les Grecs, soumis à la domination turque depuis plusieurs siècles, ont à subir le joug le plus despotique et le plus arbitraire; toujours ils sont pressurés et ruinés par les impôts les plus vexatoires et les plus lourds. En tout ce qui concerne les questions civiles, sociales ou politiques, on les tient sous une sorte de servage des plus odieux; ainsi, on nous assure qu'ils ne peuvent témoigner en justice, ne peuvent posséder le sol, ni par conséquent faire aucune transaction immobilière, et qu'ils ne sont admis à aucun emploi public, à moins d'avoir renié leur religion et embrassé l'islamisme.

Sur un seul point, on leur laisse une liberté relative : on respecte leurs croyances religieuses, on ne les gêne en rien dans la pratique de leur culte (c'est ce que ne font pas les républicains de France).

Malgré cela, ce peuple, dont les ancêtres nous ont légué de si merveilleux ouvrages du génie humain, est resté intelligent, industrieux, actif, patient; mais, à côté de ces qualités, combien de défauts nous avons eu à constater! Ainsi, beaucoup sont fourbes, menteurs, d'un commerce déloyal, mauvais soldats, vantards, de mœurs dissolues. En somme, notre impression est qu'ils sont loin de mériter l'intérêt sentimental que depuis bien longtemps leur prodigue l'Europe. Ce peuple ne semble pas encore mûr pour la liberté et pour l'indépendance : il lui faudrait d'abord de belles institutions provinciales et communales, mais surtout un gouvernement honnête et solide.

Je dois ajouter qu'en toutes circonstances les Grecs nous ont accueillis avec la plus grande cordialité; leurs prêtres se sont mis, dans tous les villages, à notre entière disposition pour nous montrer leurs églises, nous expliquer les détails d'ornementation, nous mettre au courant de leurs plaintes et de leur état, parfois dans une langue qui ne nous paraissait pas être exactement celle d'Homère ou de Démosthènes.

Les Juifs. — Quant aux Juifs, ils sont ici ce qu'on les trouve partout, habiles à faire le commerce de toutes choses dans nos camps, volant autant qu'ils peuvent nos soldats; avec cela intelligents, actifs, obséquieux et rapaces.

Les Turcs. — Maintenant, parlons des Turcs. Nous avons pu nous faire une opinion sur leur compte, non seulement d'après nos impressions et nos observations journalières, mais encore d'après des renseignements officiels, ou donnés par des personnes établies depuis longtemps dans le pays.

Eh bien, envisagé comme homme et au point de vue moral, le Turc est honnête, loyal, fidèle à ses engagements, hospitalier, d'une bravoure toute passive et inerte, sobre; mais à côté de ces qualités naturelles, on trouve en lui un paresseux de corps et d'esprit, un indolent sans aucune initiative, un fataliste regardant les travaux manuels comme au-dessous de sa dignité. Sectateur de Mahomet, il se croit supérieur à tous les autres peuples.

Dans la vie oisive de son existence, trois occupations absorbent à peu près tout son temps : prier à la mosquée, fumer le chibouck au café ou sur le devant de sa porte, enfin se livrer aux plaisirs sensuels dans l'intérieur de son harem. Ne lui demandez pas autre chose, car sa tête ne travaille pas plus que son corps[1].

Réciter les versets du Coran, voilà sa seule distraction intellectuelle.

Si de l'homme nous passons à l'état social et gouvernemental, c'est bien autre chose. Chez les Turcs, il n'y a ni classes ni hiérarchie sociale; il n'y a nulle association civile, pas de bourgeoisie, pas de noblesse, mais seulement une masse inerte, sans volonté, sans droits, sans prestige; et à côté de nombreux fonctionnaires de divers degrés, au-dessus de tous, le Padischah, qui est le représentant de Dieu sur la terre. Il est le chef de l'État, le chef religieux; il commande aux hommes, aux choses; il est le maître des âmes et des corps; le sort de tous ses sujets est entre ses mains : il n'a d'autre règle de sa conduite que le Coran et les traditions des ancêtres.

Pour l'aider dans sa mission, le sultan a auprès de lui des courtisans plus ou moins bien choisis; ce sont eux qui distribuent les fonctions publiques de la façon la plus arbitraire; très souvent le premier venu, quelle que soit son origine ou sa capacité, est nommé aux postes les plus importants,

---

1. Il faut voir le Turc dans les bazars exerçant un petit commerce. Il est assis comme un tailleur, ses jambes croisées. Vous lui demandez un objet, il reste immobile, impassible; il ne se dérange pas, il vous le montre. Puis, après l'avoir examiné, on lui en demande le prix. Après l'avoir indiqué, il ne répond plus aux autres questions : c'est à prendre ou à laisser. — Pendant tout le temps, il continue, imperturbable, à fumer son chibouck.

civils ou militaires, aussi bien colonel ou général que caporal : tout dépend de l'influence du protecteur.

Dans les provinces, les pachas sont des chefs tout-puissants, richement dotés, vivant au milieu d'un luxe tout oriental; ils administrent le pays sans avoir à subir aucun contrôle, suivant l'arbitraire le plus absolu et le plus fantaisiste, se permettant même de faire bâtonner leurs administrés pour les motifs les plus futiles. Ces pachas ont comme auxiliaires, dans les multiples questions de police, d'impôts à percevoir, de réquisitions à faire, un très nombreux personnel de fonctionnaires et d'employés; beaucoup, dans les degrés de la hiérarchie, sont très mal payés, restent souvent de longs mois sans rien toucher de leur traitement officiel; alors, comme néanmoins il faut vivre et surtout songer à s'enrichir dans ces positions temporaires, ces subalternes n'hésitent pas à se livrer aux exactions les plus dures, à imposer des taxes multiples, à faire enlever les bœufs, les charrues, les grains et produits de toute nature des retardataires ou gens aisés, au risque d'arrêter les travaux d'agriculture et de ruiner les habitants. Quant aux réclamations qui peuvent se produire, les victimes viennent se heurter à une justice vénale, dont on ne peut rien espérer, les spoliateurs étant toujours sûrs de trouver en haut lieu des patrons pour les soutenir, faire trembler les spoliés, les faire punir même, et finalement partager les rapines.

En ce qui concerne l'armée, nous en avons vu de bien faibles échantillons; on nous assure que celle sur le Danube est bien organisée, manœuvre bien, se bat avec vigueur : c'est qu'elle a à sa tête un chef vaillant et énergique, Omer-Pacha, qui inspire toute confiance à ses soldats[1]. Nous aurons plus tard à parler des troupes et des cadres.

---

1. Omer-Pacha est d'origine croate, de religion grecque; à ses débuts, servit comme officier dans l'armée autrichienne. Puis, par suite de diverses circonstances de famille, se rendit en Turquie, se fit mahométan pour pou-

Seulement, à côté de l'armée régulière, il y a les bachi-bouzoucks; ceux-là sont un ramassis de misérables sans aveu, pillards et voleurs, ne tenant nulle part devant l'ennemi, pillant les villages, violant les femmes (de véritables garibaldiens).

Il n'y a pas seulement les bachi-bouzoucks : nous trouvons une autre plaie du pays dans les cavas, espèce de gendarmerie locale, qui, trop souvent, vont s'établir en garnisaires chez l'habitant, le rançonnent à qui mieux mieux; cela compense la solde, bien rarement payée.

En résumé, pour nous, soldats d'Afrique, qui avons déjà eu occasion d'étudier les souvenirs et les œuvres laissés par les Turcs en Algérie, nous voyons dans ce peuple : des voraces en haut, qui ne cherchent qu'à s'enrichir et à jouir; en bas des masses inertes, inconscientes, sans culture intellectuelle, sans initiative, taillables et corvéables à merci. Eh bien, pour qui raisonne et observe, il paraît impossible que les Turcs puissent rester longtemps au milieu de puissances européennes. Leur place est ailleurs, ils doivent retourner à leur point de départ. La question brûlante de Constantinople et des détroits, que l'on ne veut pas laisser entre les mains des Russes, est la seule cause de notre présence ici; on ne peut expliquer autrement cette intervention en faveur d'un gouvernement pétrifié et à peu près moralement mort, car on voit dans ses mains tout périr.

Partout où il domine, il apporte la ruine et la désolation; nulle part on ne trouve trace de ses œuvres, il ne fonde rien, ne travaille à rien. De plus, par son incurie, il trouve le moyen de stériliser les terres les plus riches, de pressurer les peuples, de sucer le plus pur de leur sang, sans se préoccuper du lendemain.

voir parvenir; puis, à force de courage, d'énergie et d'intelligence, est parvenu à commander brillamment l'armée turque à Silistrie, et surtout à la bien administrer et à maintenir une exacte discipline.

CHAPITRE II

EMBARQUEMENT DES TROUPES. — LA TRAVERSÉE.
DESCENTE A OLD-FORT. — BATAILLE DE L'ALMA.

I

Dans les derniers jours d'août, les 2ᵉ, 3ᵉ et 4ᵉ divisions partent du camp pour aller à Baltchick, où se trouve le gros de notre flotte.

Quant à la 1ʳᵉ division, qui doit s'embarquer à Varna, ainsi que l'armée anglaise, c'est avec un véritable entrain, avec enthousiasme, qu'elle fait ses préparatifs, bien heureuse de quitter cette terre maudite.

Revue du général Canrobert (31 août). — Le 31 août, le général Canrobert nous passe en revue, afin de constater l'état physique et moral des hommes de sa division, de faire sortir du rang les malingres et les convalescents. Eh bien, dans cette circonstance nous avons vu pas mal de braves soldats, à peine remis de maladie ou des atteintes du choléra, solliciter comme une grâce d'être compris parmi les partants. Plusieurs furent acceptés; mais combien d'autres durent rester dans les ambulances, ayant le cœur navré, la larme à l'œil, et dont les forces étaient épuisées!

De suite après la revue, le général Canrobert réunit autour de lui les officiers des corps de troupes; et alors, d'une voix vibrante et chaleureuse, il nous annonce notre embarquement pour le lendemain, nous met au courant des projets d'attaque contre Sébastopol, rappelle les devoirs des officiers dans les phases critiques des combats, leur rôle auprès de leurs subordonnés, leur action morale de tous les jours, par l'exemple qu'ils doivent donner de toutes les vertus militaires. Puis il nous donne des détails intéressants sur notre ennemi, sur sa ténacité dans l'action, sur sa tactique, sur son organisation, sur les meilleurs moyens de l'attaquer et d'avoir des chances de le vaincre. Par les descriptions qu'il nous fait, il enflamme les cœurs, il nous rend fiers de la noble et glorieuse mission dont nous sommes chargés; aussi est-ce avec bonheur que l'on songe aux luttes prochaines avec un rude adversaire, qui semblait avoir tous les éléments de son côté.

Embarquement. — Le 1er septembre, je m'embarque avec cinq cents hommes de mon bataillon sur la *Pomône*, frégate à hélice de trente-six canons, commandée par le capitaine de vaisseau Bouet, frère du chef d'état-major de la flotte (contre-amiral Bouet-Wuillaumez). J'ai cinquante hommes embarqués sur l'*Euménide*, avec des zouaves du 1er régiment. A peine installés sur le pont, nous levons l'ancre pour aller rejoindre la flotte à Baltchick. Là se trouvent non seulement la plus grande partie de nos navires de guerre, mais aussi de nombreux bâtiments de transport, à vapeur et à voiles, qui doivent transporter les troupes des autres divisions et leur matériel.

Dès mon arrivée à bord, j'entre en relations avec le commandant du navire; je me trouve avec un homme aimable, ouvert. Avec lui j'ai eu, tout le temps de mon voyage, les rapports les plus corrects et les plus sympathiques.

Tout en causant, il me renseigne sur la marche de la flotte, sur les projets de débarquement. La *Pomône* est désignée comme tête de colonne : mon bataillon doit descendre le premier sur la terre de Crimée.

Les 2, 3 et 4 septembre, nous restons immobiles dans la rade de Baltchick. Comme les Anglais ne sont pas prêts, il nous faut les attendre ; tout le monde est mécontent de ce retard. Sur ces entrefaites, l'amiral Bouet-Wuillaumez vient dîner avec nous chez son frère. Je suis très heureux de faire la connaissance d'un officier de marine déjà connu par sa valeur et par ses aptitudes militaires. Il nous raconte les incertitudes, les tergiversations de l'amiral Dundas, qu'il nous assure être très opposé à l'expédition de Crimée, prévoyant beaucoup de difficultés pour le débarquement. D'un autre côté, il nous parle des impatiences du maréchal de Saint-Arnaud, qui a la plus grande confiance dans le succès de l'expédition, ne s'explique pas les craintes de l'amiral anglais, et encore moins les retards et l'inertie de nos alliés, après la décision prise d'entreprendre la campagne, tous ces retards pouvant nous être très désavantageux.

Marche de la flotte dans la mer Noire. — Quoi qu'il en soit, notre flotte se met en route le 5 septembre au matin, croyant voir les Anglais s'avancer dans notre direction ; c'était une pure illusion : nos alliés étaient encore au repos. Alors on doit donner le signal de halte, et de suite après envoyer en reconnaissance le *Primauguet* pour avoir des nouvelles de la flotte anglaise, et notre bâtiment *la Pomone* en exploration vers l'embouchure du Danube, à l'île des Serpents.

Enfin, après trois jours d'attente, la flotte anglaise apparaît, le 8 septembre ; elle s'avance vers nous avec un immense convoi de bateaux à vapeur et à voiles. Bientôt, quand les dispositions de marche en avant ont été prises, nous avons un spectacle émouvant et vraiment magnifique ; les bâtiments des trois flottes sont en ligne ; elles marchent en colonnes, manœuvrent comme des bataillons sur terre, coude à coude, et sur des signaux qui partent du vaisseau amiral de chaque nation.

Cette marche d'ensemble ne dure pas longtemps. Dès le 9, les Anglais nous quittent pour se diriger au nord vers Odessa; quant à nous, nos navires continuent leur marche vers l'est, dans la direction de la Crimée.

Les jours suivants, nous sommes dans l'expectative et avançons lentement par un temps pluvieux; à certains moments on fait courir le bruit que l'on va renoncer à aller à Sébastopol.

Le 11, la flotte anglaise et son convoi se montrent enfin; elle entre en rapport avec la nôtre, et dès trois heures de l'après-midi on télégraphie sur notre bâtiment que le débarquement est décidé et qu'il aura lieu sur la côte ouest de la Crimée, par 45 degrés. Cette décision a été prise à la suite d'une reconnaissance faite par une mission où se trouvaient les généraux Canrobert et de Martimprey, le colonel Trochu et un contre-amiral de la marine.

Les 12 et 13, la marche des flottes est lente et régulière; des bateaux à vapeur sont envoyés pour rallier et remorquer les bâtiments marchands. Notre frégate, la *Pomone*, fait partie de cette mission; mais, comme la mer est houleuse, qu'il nous faut courir un peu de tous côtés, lutter contre les vagues et contre les vents, nous sommes rudement secoués. Le 13 au soir, on s'arrête devant la petite ville d'Eupatoria, qui se rend sans faire la moindre résistance.

On donne les instructions les plus précises pour le débarquement du lendemain; les hommes touchent quatre jours de vivres à mettre dans les sacs. Tous sont heureux et contents à la vue de cette terre dont on parle depuis si longtemps; leurs cœurs s'exaltent, la gaieté est sur tous les visages devant la perspective d'être bientôt en contact avec l'ennemi, de pouvoir enfin secouer cette torpeur dont ils souffrent depuis six mois.

DÉBARQUEMENT DES ARMÉES A OLDFORT

Enfin le 14 septembre, à huit heures du matin, on lève l'ancre; notre flotte, après une très courte marche, vient stopper près de la plage d'Oldfort.

En très peu de temps, les navires des trois puissances alliées sont massés sur un petit espace; les nôtres se rangent en trois lignes parallèles à la côte et par ordre de débarquement. Tous ces mouvements se font comme sur terre, sans confusion, avec une régularité parfaite. Plusieurs avisos et frégates vont s'embosser près de la plage pour protéger notre débarquement.

A sept heures et demie, par une belle mer, très calme, le signal est donné; les chaloupes, chargées d'une partie de la première division, partent vers la terre, mon bataillon tête de colonne. Nous arrivons sans encombre; seulement, avant de mettre le pied sur le sol, nous devons prendre de petits bains de pieds: les chaloupes ne pouvant arriver jusqu'au rivage, il nous faut en descendre en pleine mer.

Notre général, descendu un moment avant nous, nous donne immédiatement ses ordres; avec mon bataillon, je vais occuper une petite hauteur sur la droite, puis, après avoir placé des avant-postes, j'envoie des éclaireurs pour étudier le terrain tout autour de nos camps. Dans tous nos environs, ce sont de vastes plaines, des steppes nus, sans arbres, sans végétation; avec cela un peu partout une eau saumâtre, en attendant que nous ayons trouvé des sources potables.

Les autres divisions ne tardent pas à nous rejoindre et à s'établir à notre gauche. Dans la soirée, il y a déjà près de vingt mille hommes sous les armes, et pas un seul Russe devant nous.

Vers trois heures, le maréchal arrive à cheval dans nos bivouacs; on est d'autant plus étonné de le voir avec une figure rayonnante, que le bruit avait couru d'une grave maladie dont il avait failli succomber. Mais son excellent moral, une rare énergie de volonté, avaient pu surmonter les étreintes du mal et une faiblesse physique.

Ce même jour, une partie de l'armée anglaise débarque et vient s'installer à la gauche de la nôtre. Le lendemain, la mer étant devenue houleuse, le vent des plus violents, les chalands ne peuvent continuer les opérations du débarquement; plusieurs chevaux sont noyés.

Comme il n'y a aucun ennemi dans nos environs, un certain nombre de soldats isolés, les Anglais surtout, en profitent pour aller dans les villages voisins, les piller, et même démolir certaines baraques, en prendre le bois nécessaire à faire bouillir la marmite.

On doit envoyer des patrouilles pour protéger les propriétaires tartares et les soustraire aux appétits de ces soldats campés en plein air, sans avoir de vivres réconfortants, sans eau potable, sans bois. Ces Tartares sont enchantés de nous voir et paraissent peu satisfaits d'être sous la domination russe.

Pendant nos excursions, nous apprenons qu'un général anglais a été s'installer dans un château du voisinage, s'y fait servir avec le luxe d'un grand seigneur. L'intendant du boyard propriétaire de l'immeuble met tout à sa disposition, argenterie, porcelaine de Sèvres, champagne, bordeaux, etc.

Il faut encore plusieurs jours pour permettre aux Anglais et aux Turcs de faire descendre à terre la plus grande partie de leurs troupes et de leurs accessoires. Enfin, après tous ces retards fâcheux, les ordres sont donnés pour la marche en avant le 19 au matin.

Dès la pointe du jour, les armées alliées prennent leur ordre de bataille :

La 1re division (Canrobert), au centre, se présente en flèche.

La 2e division (Bosquet), un peu en arrière, forme l'aile droite, avec les troupes turques en réserve.

La 3ᵉ division (prince Napoléon), à gauche de la division Canrobert.

La 4ᵉ division (Forey) est en réserve et ferme la marche.

Les Anglais sont placés en arrière de la ligne et doivent former l'aile gauche.

On pourrait définir cette formation des deux armées comme représentant une sorte de losange avec une division à l'angle saillant.

La flotte est sur l'alignement de l'armée de terre et doit marcher à sa hauteur. Il y a là un ensemble bien singulier, et c'est bien émouvant de voir cette harmonie et cette cohésion entre les combattants qui sont sur terre et sur mer. Les cœurs sont profondément remués, l'amour-propre est très grand chez tous et fait supporter allègrement les fatigues et les privations.

Pendant notre marche en avant, sur une vaste surface dénudée, nos soldats sont distraits bien agréablement par le passage d'une nuée de lièvres et de lapins, qui, affolés, se jettent dans leurs jambes, sont saisis par les oreilles, au milieu de nombreux éclats de rire, et le soir sont dévorés par eux.

A une heure, nous arrivons sur le plateau entre le Bouleganak et l'Alma; nous devons chasser les éclaireurs ennemis, envoyés là pour attaquer nos avant-postes. De ce point nous apercevons distinctement l'armée russe, établie sur les hauteurs de la rive gauche de l'Alma; nous pouvons suivre tous ses mouvements et ses préparatifs de défense.

Dans l'après-midi, toutes nos troupes sont concentrées et bivouaquent dans l'ordre de bataille adopté pour la marche et pour l'attaque du lendemain.

II

Bataille de l'Alma (20 septembre). — Nos avant-postes restent sous les armes pendant la nuit, afin de pouvoir éviter toute surprise de la part de l'ennemi ; quant aux autres troupes, elles se reposent sur place, en se tenant prêtes à entrer en lutte aussitôt le signal donné.

Dès l'aube, tout le monde est debout ; les corps prennent les armes et attendent les ordres pour se porter en avant et s'élancer sur les points qui leur seront désignés.

Ordre de bataille. — Les divisions Canrobert et Napoléon forment la colonne du centre ; elles doivent aborder les positions principales par une attaque directe sur le gros de l'armée ennemie.

La division Bosquet, à l'aile droite, doit suivre les bords de la mer, aller traverser la rivière à son embouchure et, sous la protection des bâtiments de la flotte, s'emparer des hauteurs afin de faciliter les opérations du centre, en menaçant le flanc gauche des Russes. La division turque doit appuyer ce mouvement. Comme réserve générale, il y a la division Forey et la grosse masse de l'artillerie. Voilà pour l'armée française.

L'armée anglaise doit former l'aile gauche et aborder les positions de l'Alma par la grande route de Sébastopol.

Dès cinq heures du matin, la division Bosquet prend ses dispositions pour la marche en avant ; la division Canrobert doit s'avancer quelque temps après.

A sept heures, toutes nos troupes sont prêtes pour l'attaque ; elles attendent le signal avec une certaine impatience.

Division Canrobert. — Notre division Canrobert se présente dans l'ordre suivant :

La 1ʳᵉ brigade, commandée par le colonel Bourbaki[1], est en colonne par divisions à distance de section; la brigade Vinoy est en deuxième ligne dans le même ordre. La 3ᵉ division Napoléon, à notre gauche, sur le même alignement et dans la même formation que la 1ʳᵉ. A l'extrême avant-garde, chargée de fournir la ligne des tirailleurs, se trouvent les 1ᵉʳ et 9ᵉ bataillons de chasseurs à pied, placés sous mon commandement.

Chez les Français, on est sous les armes : les officiers sont à la tête de leurs hommes. Le maréchal de Saint-Arnaud comptait livrer la bataille dès huit heures du matin, toutes les mesures ayant été prises et les ordres donnés en conséquence.

Malheureusement, les Anglais, à ce moment, paraissent encore plongés dans le sommeil; il y a eu des retards dans l'arrivée de leurs colonnes, plusieurs n'ont pu rejoindre qu'au milieu de la nuit. De plus, leurs soldats n'ont pas encore déjeuné.

Retards dans l'attaque. — Les Anglais ne sont pas prêts. — Le maréchal est très contrarié de ce retard, qui peut faire échouer les plus sages combinaisons, en donnant aux Russes le moyen d'éviter toute surprise, leur permettre d'observer tous nos mouvements et de prendre des mesures préservatrices contre des attaques de flanc.

Aussi est-ce avec un serrement de cœur qu'il se voit dans l'obligation de lancer aides de camp sur aides de camp pour donner des contre-ordres au général Bosquet, pour stimuler lord Raglan, lui faire sentir les dangers de cette longue inertie, lui rappeler les conventions de la veille et les promesses faites; malgré cela, comme nos alliés ne bougent pas davantage, que nous sommes là à nous mor-

---

1. Le colonel Bourbaki, du 1ᵉʳ régiment de zouaves, avait pris le commandement de la 1ʳᵉ brigade, en remplacement du général Espinasse, frappé par le choléra dans la Dobrutcha et évacué en France.

fondre l'arme au pied, on se décide à nous faire former les faisceaux et à laisser préparer le café à nos compagnies.

Enfin, à midi et demi, peu de temps après la mise en mouvement de la division Bosquet, le signal est donné. Toutes les colonnes du centre s'avancent hardiment; elles ont pour consigne de marcher droit devant elles, sans se préoccuper de ce qui se passe sur leurs flancs.

A peine ma ligne de tirailleurs est-elle en marche qu'elle a à subir la fusillade des Russes; embusqués dans les broussailles, les vignes et les vergers des bords de l'Alma, ils s'en donnent à cœur joie et nous font éprouver quelques pertes. Mais nos hommes, loin de se laisser arrêter par ce feu à faible portée et par l'artillerie placée sur les hauteurs, n'hésitent pas à se précipiter sur l'ennemi, à le poursuivre la baïonnette dans les reins, à le forcer à fuir sur l'autre rive, laissant pas mal des siens sur le terrain.

Passage de l'Alma. — Attaques de la colonne du centre. — Quand nous voulons franchir la rivière, nous ne trouvons ni chemins ni sentiers, mais seulement des escarpements très raides et assez profonds; néanmoins on n'hésite pas un instant. Les officiers montés laissent là leurs chevaux, puis tous les gradés donnent l'exemple à leurs soldats; ils s'accrochent aux racines, aux déchirures du sol, se laissent glisser jusqu'en bas ou s'élancent dans l'espace avec une audacieuse énergie, traversent la rivière ayant de l'eau jusqu'à la ceinture, puis, s'aidant de leurs mains pour saisir les branches d'arbres, mes tirailleurs, qui sont en tête, gravissent avec un grand élan les contreforts qui nous séparent des bataillons russes. A peine avons-nous atteint le sommet, nous sommes accueillis par une grêle de balles, par des bombes tirées à petite distance; plusieurs des nôtres sont atteints; mais, loin d'arrêter leur ardeur, cela ne fait que les exciter.

J'ai peu d'hommes sous la main, ils sont même un peu disséminés. Eh bien, de jeunes officiers, enflammés d'une noble ardeur, des sous-officiers aussi, n'hésitent pas à crier avec enthousiasme, et même avec une sorte de frénésie : *En avant, en avant, à la baïonnette!* Mais, comme il s'agit d'affronter plusieurs bataillons formés en colonnes serrées, immobiles et calmes dans leur défense, et tout prêts à marcher sur nous, je m'empresse de contenir cet enthousiasme irréfléchi, qui pouvait avoir des conséquences fâcheuses, n'ayant pas encore assez de monde pour appuyer les premiers détachements pleins d'une noble ardeur. Peu à peu, cependant, les tirailleurs des compagnies d'avant-garde rejoignent la tête de colonne, ce qui nous permet d'aller de l'avant, en continuant le combat.

Dans cette circonstance, j'ai pu comprendre combien il est important pour un chef, responsable dans les engagements de ses troupes, de savoir bien apprécier les événements, d'être toujours prêt à exciter les timides, et aussi à maîtriser les impatients, se réservant de les lancer au moment opportun.

Quoi qu'il en soit, quand j'ai sous la main une bonne partie de mon avant-garde et mes premières compagnies, je fais avancer les diverses fractions par bonds successifs, les faisant s'abriter le plus possible dans de légers plis de terrain, et dirigeant un feu très vif sur les batteries et sur les bataillons d'infanterie, postés à de faibles distances. Heureusement pour nous, ces masses profondes ne songent pas à se déployer; elles continuent de marcher en arrière de leur pas habituel, essuyant nos feux sans ralentir ou accélérer leur mouvement; aussi leurs feux concentrés produisent peu d'effets sur nos lignes minces et allongées, tandis qu'avec nos carabines de précision la plupart de nos balles vont frapper dans ces colonnes profondes et font de terribles ravages dans leurs rangs.

Pendant cette lutte meurtrière, nous avons admiré le superbe courage des officiers russes, qui, sans cesse en avant, faisaient les plus grands efforts pour empêcher la retraite de leurs bataillons, décimés par notre feu et par nos obus. On les voyait, l'épée à la main, se précipiter à la tête des colonnes, exciter leurs soldats à marcher contre nous, puis tomber frappés à mort et immédiatement remplacés par d'autres, dont la plupart succombaient aussi.

Nous gagnons du terrain, nous avançons toujours en bon ordre; nos hommes sont admirables dans leur élan, dans leur espoir de succès. Rien ne les arrête, malgré les pertes sérieuses qu'ils éprouvent.

Après de pénibles efforts, les autres bataillons de la division apparaissent sur le plateau; ils ont à leur tête notre illustre chef, le général Canrobert; on leur fait prendre de suite la formation sur deux lignes, puis tous ensemble attaquons vigoureusement les grosses masses qui sont devant nous. Notre tâche est singulièrement facilitée, d'une part par l'arrivée des batteries de notre division, d'autre part par deux batteries de la division Bosquet, qui arrivent prendre en écharpe l'infanterie et l'artillerie aussi. Toutes ces batteries ont eu à vaincre bien des difficultés pour pouvoir franchir les rives escarpées de l'Alma; les hommes ont dû pousser aux roues, parfois même soulever et porter les pièces.

Dès lors, nous pouvons agir plus efficacement; notre première ligne, subissant l'impulsion donnée par le colonel Bourbaki, commandant notre brigade, charge les bataillons ennemis et les force à reculer devant nos attaques incessantes et meurtrières.

Pendant ces attaques, le général Canrobert, notre chef, quoique blessé à l'épaule, sait surmonter sa douleur, remonter à cheval après le pansement, rester tout le temps à la tête de sa division, donnant à tous l'exemple de la bravoure, du sang-froid et d'une grande énergie morale [1].

---

1. Pendant cette dernière période, on a pu enfin faire passer la rivière à

La division Napoléon, de son côté, qui doit marcher à notre hauteur, a, elle aussi, à lutter contre bien des difficultés de terrain, contre les feux de l'ennemi; heureusement, entre temps, on lui envoie comme renfort la brigade d'Aurelle de Paladines, de la division de réserve. Cela permet aux colonnes du centre de marcher droit sur le télégraphe, centre et point culminant de l'armée russe. Enfin, vers trois heures et demie, après de nouveaux efforts, après une charge à fond sur l'ennemi, au milieu de la fusillade et de la mitraille, nos bataillons forcent les Russes à abandonner toutes leurs positions.

Le drapeau du 2° zouaves est planté par le colonel Clerc sur la tour du télégraphe; à ce moment arrivent, à droite et à gauche, les autres troupes des deux divisions. La déroute de nos adversaires est complète, nous n'éprouvons plus de résistance dans notre marche en avant; on en profite pour envoyer, sur la gauche de la ligne, des secours aux Anglais très sérieusement engagés.

Attaque de l'aile droite. — Voici pour le centre; à l'aile droite, la division Bosquet a commencé son mouvement un peu avant nous, avec mission de s'emparer des hauteurs du bord de la mer, afin de tourner l'aile gauche de l'ennemi, menacer son centre où sont concentrées des forces importantes.

Cette division, protégée par l'artillerie de la flotte, a eu néanmoins de grandes difficultés à vaincre pour le passage de la rivière près son embouchure, pour concentrer son infanterie et surtout son artillerie sur la berge opposée, et enfin pour lutter contre des attaques violentes. Malgré cela, grâce aux énergiques efforts du 3° zouaves, à la vigoureuse attitude des troupes, au calme imperturbable et à la valeur

---

mon cheval, et me l'amener sur le champ de bataille; mais à peine étais-je monté qu'il est frappé par un projectile, sans en recevoir le contre-coup. De nouveau je dois mettre pied à terre.

du général Bosquet, cette division se maintient dans les positions conquises, charge l'ennemi, enfin finit par obtenir un succès complet, et par nous apporter son concours au moment où nous étions le plus sérieusement engagés.

Attaque de l'armée anglaise, à l'aile gauche. — A l'aile gauche, l'armée anglaise a eu à lutter contre une formidable artillerie, contre des positions bien défendues et couvertes par des retranchements; malgré cela, les bataillons de nos alliés, formés en colonne, s'avancent avec le plus grand sang-froid et une magnifique vigueur; tous ont fait preuve d'une solidité inébranlable, et c'est après des luttes ardentes, longues et meurtrières, qu'ils parviennent à aborder les positions établies sur l'autre rive, à s'en emparer et à s'y maintenir. Il est vrai qu'au moment critique et décisif, ils ont eu l'appui des troupes françaises, victorieuses sur les autres points, et maîtresses du télégraphe.

Ainsi donc, au centre, à droite et à gauche, la victoire est complète; l'armée russe est en pleine déroute; il y a une débandade générale, la panique se met dans tous les rangs. C'était le moment de les poursuivre, d'achever leur ruine en enlevant les fuyards et tout le matériel; au lieu de cela, à cinq heures du soir, on fait camper les troupes sur ce champ de bataille, couvert de tués, de blessés, de prisonniers, de pièces avec leurs affûts et de débris de toute nature.

Les causes de ce temps d'arrêt sont multiples; elles sont dues en premier lieu à cette inertie des Anglais qui nous ont tenus sous les armes toute la matinée et ont empêché de commencer la lutte en temps opportun; puis à l'absence presque complète de cavalerie : il y avait à peine quelques escadrons chez les Anglais, et encore ils s'étaient embourbés dans les marais de l'Alma; au manque de vivres pour nos soldats, leurs sacs ayant été déposés en arrière afin de donner plus de facilité de se mouvoir; depuis la veille ils n'avaient presque rien mangé. Mais la cause prédominante tenait à l'état maladif du maréchal de Saint-Arnaud : pendant toute la journée, notre brillant chef n'a cessé d'être à cheval, de diriger tous les mouvements, allant de la droite à la gauche de la ligne, au milieu des balles qui pleuvaient de tous côtés. Pas une minute il n'a quitté le champ de bataille; son regard brillant vole avec sa pensée.

Dans cette grande lutte, une volonté inébranlable, un moral puissant, ont pu momentanément dominer la faiblesse physique, le germe de mort dont il était atteint et dont il devait succomber quelques jours après.

Seulement, à la fin de la journée, comme le bruit du canon n'était plus là pour ranimer ses forces, les souffrances du mourant reprenaient leurs droits et paralysaient les résolutions viriles, indispensables pour achever une œuvre si bien commencée, la poursuite acharnée d'un ennemi vaincu.

Pendant cette bataille, où les armées adverses avaient de quarante à cinquante mille hommes chacune, les Russes en perdirent de cinq à six mille, les alliés environ trois mille. Les Anglais furent les plus maltraités : ils eurent près de deux mille hommes tués ou blessés, les Français treize cents.

Mes deux bataillons furent assez éprouvés; j'eus plus d'une centaine de tués ou de blessés. Les cadres payèrent un fort contingent; entre autres fut tué le jeune sergent Rigodit, fils de l'amiral, beau-frère du colonel de Cissey. Enfin, je dois ajouter que, dans le cours de nos opérations, je fus très bien secondé par mon adjudant-major, le capitaine Dumont, par le lieutenant d'Hugues, et aussi par la plupart des autres officiers des deux bataillons[1].

---

1. Rien qu'au 1er bataillon de chasseurs, j'ai eu vingt-trois tués, sept officiers et soixante-cinq sous-officiers ou soldats blessés.

III

Après la victoire. — Le lendemain, 21, après un repos relatif, le maréchal, qui avait conservé toute sa lucidité d'esprit et dont l'énergique force morale savait lutter contre les douleurs physiques, aurait bien voulu continuer la marche en avant, afin de pouvoir, à l'imitation de tous les grands capitaines, profiter de la défaite et de la dislocation de l'armée russe pour achever son anéantissement et lui enlever son matériel et le plus possible de son personnel. Malheureusement, il vint se heurter contre l'opposition des Anglais : pendant la bataille, nos alliés avaient fait des pertes sérieuses, leurs troupes étaient fatiguées et affamées; en outre, ils tenaient à enterrer leurs morts et à transporter à bord leurs nombreux blessés. Pour tous ces détails, il fallait du temps, car les bivouacs étaient éloignés de la mer; de plus, il s'agissait de réconforter les hommes et de leur faire de larges distributions de vivres : de nombreuses corvées devaient aller les chercher péniblement aux chaloupes de la côte.

Bref, à notre très grand regret, on doit rester pendant les journées des 21 et 22 dans une position d'immobilité et d'attente, uniquement occupés à soigner nos blessés et à nous complaire dans la joie de la victoire, mais comprenant très bien les graves inconvénients, dans une opération militaire aussi importante, d'avoir des troupes sous les ordres de deux chefs indépendants l'un de l'autre et ne pouvant pas, par le fait de non-entente, achever la ruine d'une armée vaincue.

Dans la soirée du 22, je vais au camp du 3ᵉ zouaves; je reste jusqu'à dix heures à causer avec mon excellent colonel Tarbouriech sur les événements, sur les causes de notre inaction, sur les prévisions de l'avenir. Il m'apprend que je suis proposé pour lieutenant-colonel. Mais il faut que cela aille à Paris et en revienne, ce sera long.

Marche sur Sébastopol. — Le lendemain, 23, au moment du départ, quel n'est pas mon étonnement d'apprendre que le colonel Tarbouriech, avec lequel j'avais passé une partie de la soirée, venait d'être atteint par le choléra et transporté mourant sur un navire! Pour tout le régiment ce fut un profond chagrin, car ce chef était aimé et estimé de tous; il s'était vaillamment conduit le jour de la bataille.

Je rentre au 3e zouaves. — Le soir, en arrivant au bivouac de la Katcha, je reçois l'ordre de quitter le 1er bataillon de chasseurs et d'aller prendre le commandement du 3e régiment de zouaves, dont je suis le plus ancien chef de bataillon.

Quoique n'ayant eu qu'à me louer de mon court séjour à la tête du brillant et solide bataillon de chasseurs, où j'avais toujours trouvé un excellent esprit de discipline, beaucoup d'entrain dans les combats, des cadres tout dévoués à leurs devoirs, ce fut pour moi un véritable bonheur de me retrouver au milieu de mes anciens compagnons d'armes, qui venaient de se signaler dans la dernière bataille.

Du haut de notre plateau de la Katcha, nous apercevons les forts de Sébastopol. Plusieurs déserteurs d'origine polonaise arrivent dans nos camps; ils y sont reçus avec la plus grande sympathie et nous donnent des renseignements sur l'armée russe et sur le désordre de la retraite.

Le 24, au lieu de marcher droit sur les forts du nord, on se décide, après entente entre les chefs des armées et des flottes, à conduire nos troupes sur le grand plateau de Chersonèse, et pour cela à faire un grand détour en prenant la rade à revers. Dans cette nouvelle position, nous aurons du moins toute facilité pour une attaque directe contre cette ville, complètement dépourvue de fortifications du côté de la terre et où se trouvent bien peu de moyens de défense, car on n'a jamais prévu qu'une guerre maritime.

On a beaucoup critiqué cette combinaison : pour les uns, les forts du nord une fois occupés, la ville et la rade ne pouvaient plus tenir, les Russes se trouvant dans l'impossibilité de recevoir des renforts. Seulement, outre que l'on manquait de batteries de siège, il n'y avait sur la côte nul abri pour nos navires, nul point de débarquement pour notre matériel et nos vivres; de plus, les Russes venaient d'obstruer l'entrée du port, enlevant à nos flottes toute possibilité d'y pénétrer.

Sur le plateau de Chersonèse, au contraire, on avait à sa disposition deux rades excellentes pour les flottes et les bâtiments marchands, Balaklava et Kamiesch, qui devaient être de précieux points d'appui pour nos opérations ultérieures.

Quoi qu'il en soit, même en cas de la prise des forts du nord, les Russes restaient avec toutes les ressources de leur vaste territoire; rien n'était terminé, il nous aurait fallu faire une longue campagne dans l'intérieur de l'empire. Tandis qu'en entreprenant un siège régulier, c'était circonscrire le théâtre de la lutte, mettre l'ennemi dans la pénible nécessité de faire venir des renforts des parties les plus excentriques de son vaste territoire, avec de très longues distances à parcourir. Quant aux alliés, campés sur une faible surface, maîtres souverains de la mer, ils pouvaient recevoir très facilement tous leurs renforts et leurs approvisionnements.

Ce même jour nous bivouaquons sur les hauteurs de la Belbeck; il y a là une vallée charmante, où se trouvent de belles cultures, plusieurs petits villages. Non loin de notre bivouac, se trouve le château de Guemenoff, que les Russes, pendant leur retraite, ont commencé à piller.

Pillage du château de Guemenoff. — Le soir, plusieurs

soldats, français et anglais, au milieu de l'exaltation du triomphe, de la fatigue de la journée, de la difficulté de la marche dans un pays accidenté, de l'éparpillement qui en est la conséquence, s'empressent de continuer l'œuvre du pillage du matin, et cela à qui mieux mieux.

Le soir, nous sommes très étonnés de voir nos zouaves nous apporter de superbes vaisselles, des glaces, des tapis, des livres... Beaucoup de ces objets sont d'origine française, tous sont complètement inutiles et nullement transportables. Dès le lendemain ils doivent rester sur place.

Pour nos soldats, c'est un amusement momentané, une distraction qui excite leur bonne humeur, des joujoux dont ils s'amusent comme des enfants.

Les soldats anglais, au contraire, en gens beaucoup plus pratiques, dédaignent ces objets encombrants et préfèrent mettre la main sur ce qu'ils peuvent emporter dans leurs poches ou dans le sac, en prévision du profit à en tirer.

Le camp de la Soif. — Le 25, d'après le tour établi, d'après les conventions entre les commandants en chef des deux armées, les Anglais devaient prendre la tête et commencer le mouvement de très bonne heure ; mais, comme ils sont peu alertes et peu préoccupés des autres, ils ne partent qu'à dix heures. Notre armée ne peut commencer à se mettre en route qu'à une heure de l'après-midi seulement.

Nous devons marcher en colonnes très minces, le plus souvent par le flanc, à travers un pays couvert de broussailles, de bois et de toutes sortes d'obstacles, sans route et avec un seul mauvais sentier.

Ce fut pour nous une rude journée, étant à chaque instant arrêtés par le convoi interminable de nos alliés, qui encombrent les passages, n'avancent pas et nous forcent à rester sur place des heures entières.

Oh ! si l'armée russe n'avait pas été aussi démoralisée

après sa défaite de l'Alma, si elle ne s'était pas évanouie comme un fantôme, quelle belle revanche elle aurait pu prendre dans ces défilés! quels rudes combats il nous aurait fallu livrer pour nous ouvrir un passage!

A la fin de la journée, les Anglais rencontrent un fort détachement russe, chargé de l'escorte d'un nombreux convoi, dirigé de Sébastopol sur Baltchick; presque tout fut pris ou détruit.

Notre division n'arrive au bivouac qu'à minuit; d'autres nous rejoignent à trois heures du matin. En arrivant sur le plateau, non loin de la ferme de Mackenzie, chacun s'installe un peu au hasard et comme il peut; les compagnies sont mêlées entre elles; le plus fâcheux est de ne trouver ni eau ni vivres. Il y a un seul puits à notre portée, mais sans aucun moyen de l'utiliser et de pouvoir satisfaire aux besoins de toute une division.

Nos hommes, après cette journée si fatigante, ont beaucoup à souffrir de la soif, ne peuvent faire la soupe et peuvent à peine prendre un peu de repos. Aussi ont-ils appelé ce bivouac « le camp de la Soif ».

Le 26, pour le départ, nous devions prendre la tête de colonne; mais, contre leur habitude, les chefs anglais étaient partis dans la nuit et avaient été bivouaquer dans la plaine de la Tchernaïa. Deux jours après nous eûmes l'explication de cette marche hâtive : c'est qu'il s'agissait pour eux d'arriver avant nous, afin de prendre possession de la baie et du port de Balaklava.

Du reste, comme nous le verrons plus tard, ils furent bien punis de ce mauvais procédé à notre égard; ils eurent pas mal de déboires et une série de difficultés dans ce port où leurs vaisseaux entraient difficilement, et où les quais manquaient pour le déchargement de leur matériel, alors que nous eûmes l'heureuse chance de trouver à Kamiesch un point de concentration pour notre flotte des plus précieux.

Quoi qu'il en soit, pour arriver dans la vallée de la Tchernaïa, nous devons marcher à travers d'inextricables broussailles, par des sentiers où sont entassés les arabas, les mulets, les bœufs dont nos excellents amis ont su se rendre propriétaires et qu'ils font marcher à leur arrière-garde. Ce n'est pas tout : à chaque pas nous rencontrons des débris du matériel de guerre abandonné par les Russes, fourgons, voitures, brisés et gisant à terre.

Enfin, après bien des ennuis, bien des temps d'arrêt, nous finissons par atteindre la vallée, nous traversons la Tchernaïa et allons bivouaquer sur la rive gauche. Là du moins nous trouvons de l'eau, dont nous sommes privés depuis plus de vingt-quatre heures; cela nous permet de faire la soupe et de manger des légumes, que nous trouvons en abondance dans les environs.

Dans ces deux dernières journées, nous avons encore la pénible émotion de voir réapparaître le choléra et d'avoir à déplorer la perte de plusieurs de nos hommes.

IV

Première période du siège. — Le 27, la division Bosquet part en reconnaissance sur Sébastopol; elle suit la grande route, dite de Woronzoff; une fois arrivés sur le vaste plateau, coupé de profonds ravins, avec des ondulations qui les masquent, nous marchons dans la direction de la tour Malakoff, et du point où on nous fait arrêter on aperçoit très distinctement les forts, les casernes, le vaste port avec les bâtiments qui s'y trouvent, les mâts des vaisseaux coulés à l'entrée de la rade.

On envoie mon bataillon en avant pour accompagner les officiers d'artillerie et du génie chargés de reconnaître le terrain et les défenses que nous allons avoir à attaquer; nous n'éprouvons nulle part de résistance; pas un seul Russe ne vient tirailler contre nous, pas un coup de canon n'est tiré.

Seulement, nous voyons très distinctement des masses de travailleurs, répandus autour de la ville et occupés à remuer de la terre avec frénésie, pour créer de nouveaux ouvrages, renforcer les anciens et établir des obstacles de toute nature.

Les généraux Bizot, du génie, Théry, de l'artillerie, sont là pour étudier l'importance des fortifications et des défenses contre lesquelles nous allons nous heurter, et qui sont établies sur une légère éminence; ils examinent avec de puissantes lorgnettes tout l'ensemble de ce vaste plateau et tous les environs de la cité; ils se livrent à une discussion assez vive, en présence du général Bosquet et de quelques autres officiers, et n'hésitent pas à affirmer qu'il suffira de huit à dix jours pour faire disparaître ces fortifications passagères, sans grande importance.

Eh bien, malgré l'opinion de ces officiers distingués, braves et surtout savants, nous allons rester plus d'un an avant d'en arriver au résultat promis. C'est qu'à ce moment les chefs des armes spéciales, trop pénétrés des détails scientifiques et théoriques, ne tenaient pas assez compte de l'énorme aptitude au travail de la race slave, et surtout ne pouvaient prévoir le génie créateur du général Totleben, qui, en quelques jours, transformait en une véritable citadelle une ville presque entièrement ouverte du côté de la terre.

Ce même jour, le maréchal, de plus en plus affaibli et hors d'état de sortir de sa tente, doit remettre le commandement au général Canrobert, désigné à l'avance par l'empereur, et se faire transporter sur le *Bertholet*[1]; peu de jours après, il expirait, plein de calme et de résignation, entouré de ses officiers et de tous ces rudes marins consternés et affligés

---

1. Voir aux appendices l'ordre du jour du maréchal pour les adieux à l'armée, note H *bis*.

de la perte de ce chef, pour lequel ils avaient un si profond respect. La nouvelle de cette mort nous arriva un peu plus tard.

Le départ de cet intrépide soldat, de ce chef vaillant qui, depuis six mois, avait si glorieusement commandé notre armée, avait eu à la diriger dans les circonstances les plus pénibles du choléra et sur le champ de bataille de l'Alma, fut très vivement ressenti par toute la grande famille militaire dont il avait si honorablement conquis l'estime et la confiance[1].

Le port de Balaklava. — Les 28 et 29, nous restons à Balaklava, à côté de l'armée anglaise; nos navires viennent enfin de débarquer des vivres et des liquides, qui étaient devenus bien nécessaires pour réconforter nos hommes. Le soir, par suite de faux renseignements fournis à lord Raglan, il y a une alerte; notre cavalerie part de suite en reconnaissance et rentre peu après, sans aucun incident.

Dans le courant de la journée, je vais visiter le fort Génois, situé au haut d'un escarpement peu accessible et qui domine complètement l'entrée du port. Ce fort, œuvre de l'ancienne république de Gênes, s'est rendu sans résistance à la première sommation des Anglais.

A Balaklava, la mer pénètre dans les terres, entre des rochers à pic et très rapprochés; la rade a une assez grande profondeur, les plus gros navires peuvent y entrer; malheu-

---

1. Comment des patriotes, des cœurs vraiment français, peuvent-ils comprendre l'oubli dans lequel on laisse de nos jours cet illustre guerrier? Après s'être distingué en Afrique pendant plusieurs années de luttes et de combats contre les Arabes, s'être conduit en héros en donnant à la France une nouvelle et belle victoire, non seulement les gouvernants du jour le laissent dans l'oubli, bien plus, ces sectaires cherchent à le calomnier... Et vainement demande-t-on où est sa statue. On en élève à des inconnus, à de très médiocres politiciens, à des orateurs de club, à des révolutionnaires; quant au vainqueur de l'Alma, on a eu l'infamie de supprimer son nom qui figurait sur une des rues de Paris, et cela pour y mettre celui d'un écrivain célèbre surtout par ses professions d'athéisme... Pauvre France!

reusement, il y a très peu de largeur, les bâtiments ont pas mal de difficultés à évoluer et à décharger; aussi cette occupation va occasionner bien des ennuis, bien des mécomptes aux Anglais. Outre les difficultés de pénétrer et de débarquer, il y a aussi l'éloignement de leur camp, soit dix kilomètres au moins. Alors, pour faciliter le transport des approvisionnements de toute nature, ils vont faire venir d'Angleterre tout le matériel nécessaire à la construction d'un chemin de fer.

En ce qui concerne notre armée, il y aurait une singulière complication et des embarras sérieux si nos navires venaient, eux aussi, apporter leurs chargements dans ce port étroit et d'un difficile accès; aussi on se décide, sur l'avis des officiers de marine, à prendre possession de Kamiesch, où l'on a reconnu une large baie, des abris contre les vents, une entrée facile; les plus gros navires du commerce ou de l'État peuvent s'approcher de terre et y déposer sans difficultés toutes les matières contenues dans leurs flancs. Ce port nous a rendu les plus grands services.

Le plateau d'Inkermann. — Dès le 30 septembre, notre division va s'établir sur le plateau d'Inkermann, à peu près à l'endroit où nous sommes venus en reconnaissance le 27.

Ce plateau va nous servir de camp retranché pendant plus d'un an; il a une assez grande superficie, mais une forme irrégulière; d'un côté, il touche à la mer, s'étend, par une ligne brisée, du port de Sébastopol à celui de Balaklava, à l'est domine la vallée de la Tchernaïa par des mouvements de terrain escarpés et rocailleux, est coupé par plusieurs ravins assez profonds qui se dirigent vers le port et vers la ville, en outre est balayé par tous les vents.

Travaux d'investissement. — Ouverture des tranchées. — Quand toutes les troupes des alliés sont concentrées sur les hauteurs, on s'occupe d'organiser le service d'investissement et de protection extérieure; cela donne lieu à un certain mouvement et à des changements journaliers d'emplacements. Dès le 4 octobre, toutes les dispositions sont arrêtées; les 1re et 2e divisions, sous les ordres du général Bosquet, doivent former l'armée d'observation et défendre le plateau contre les attaques d'une armée de secours. Ces deux divisions appuient leur droite au col de Balaklava, leur gauche au point dit du Télégraphe, en suivant la ligne des crêtes qui dominent les vallées.

Les 3e et 4e divisions, sous le commandement du général Forey, sont chargées des opérations du siège de gauche, appuyant leur droite au grand ravin, leur gauche près de la mer.

Dans le principe, les Anglais devaient former l'aile gauche ; mais après nouvelle entente entre les commandants en chef, et en raison des positions maritimes spéciales et distinctes des deux puissances, les Anglais se chargent du siège de droite.

Ce nouvel emplacement, en face la tour Malakoff, a l'avantage de beaucoup plus les rapprocher du port de Balaklava, où se trouvent leur flotte et leurs approvisionnements.

Malgré tous ces changements dans l'installation des troupes, on ne cesse de faire des reconnaissances du côté de la ville, dans les ravins et vers la rade ; les postes avancés, les embuscades, ont de fréquents engagements avec les Russes ; ces derniers se montrent très hardis, très agressifs ; de la rade et des remparts ils tirent des bombes et des boulets jusque dans nos camps ; par tous les moyens ils cherchent à nous gêner dans nos opérations.

Un jour, ayant été envoyé en reconnaissance avec plusieurs de mes compagnies de zouaves, je vois un immense convoi escorté par un fort détachement se dirigeant sur Sébastopol ; ayant fait prévenir le général Bosquet, il arrive peu après avec une batterie d'artillerie, qui se met à tirer vivement sur ces masses ; tout d'abord, elles sont un peu déconcertées, il y a un peu de désordre dans les rangs, mais surtout dans le convoi. Cela dure peu, des chaloupes canonnières arrivent pour les protéger en nous criblant de projectiles, ce qui leur permet de continuer la route sans autre incident.

Si ce fait a pu se produire, cela tient, il faut bien le dire, à ce que les Anglais ont négligé d'occuper et d'armer la hauteur extrême de leur ligne, laissant ainsi toute facilité à nos adversaires d'utiliser la seule route praticable pour pénétrer dans la ville, route qui longe la position dominante du plateau.

On ne tarde pas à réparer cet oubli; désormais l'ennemi devra traverser la rade pour entrer dans la ville.

Dès les premiers jours d'octobre, les généraux de l'artillerie et du génie se mettent en mesure d'établir les lignes d'attaque, de préparer les ouvertures de tranchées, de construire une redoute près du Télégraphe, des retranchements tout le long de la crête du plateau, des fortins sur les hauteurs qui séparent la vallée de la Tchernaïa de la plaine de Balaklava; ces derniers doivent être occupés par des bataillons turcs.

Journellement, des compagnies en armes se rendent à Kamiesch pour protéger le débarquement du matériel, escorter les fourgons chargés de vivres, les caissons, les voitures de l'artillerie et du génie; il y a en outre des hommes sans sacs pour rapporter sur leur dos des sacs à terre et même parfois des projectiles.

Tous les jours, nos zouaves sont employés, sans une minute de repos, les uns aux travaux de terrassement, à des reconnaissances, d'autres à des embuscades, à des grand'gardes, à des postes avancés.

Le 6 octobre, le capitaine Schmitt, du génie, est tué en allant explorer les abords de la place; c'était le premier, il devait être suivi de bien d'autres. Cet officier très intelligent, très capable, était appelé à un brillant avenir.

Les Russes ne restent pas inactifs; toujours en éveil, ils nous criblent de boulets, d'obus, de fusillade, non seulement sur nos détachements envoyés en reconnaissance, mais encore font sortir de la ville de forts détachements d'infanterie et de cavalerie pour nous inquiéter et nous gêner dans nos opérations; pendant ce temps, il ne cessent de travailler; tous les jours de nouveaux bastions sortent de terre, de nouvelles batteries peuvent tirer sur nous[1].

Ouverture des tranchées. — Malgré cela, comme, de notre côté, toutes les mesures ont été prises pour l'ouverture des tranchées, dès le 9 octobre on profite d'une nuit sombre, d'un vent violent du nord, pour commencer les travaux avec une très grande activité. Les Russes ne paraissent pas s'en apercevoir, ni entendre les coups de pioche sur ce terrain rocailleux.

Le matin, on avait déjà élevé près de mille mètres de parapets pour se mettre à couvert; mais quand le jour paraît, les Russes, voyant où en sont nos travaux, s'empressent de faire un feu des plus violents; néanmoins, pendant toute la journée et les nuits suivantes, on n'en continue pas moins à remuer la terre pour les épaulements, et cela malgré la grêle de boulets et d'obus qui bouleversent une partie de

---

1. Dans les premiers jours de notre installation, plusieurs officiers du régiment et des autres corps se rendent à Kamiesch pour faire des provisions alimentaires. Le soir, ne voyant rentrer personne, je commence à être inquiet de leur sort, quand, à onze heures du soir, je vois arriver, tout essoufflé et très ému, le docteur Masnou, médecin aide-major au régiment. De suite, il me met au courant des motifs du retard de leur rentrée et de leur odyssée. A la nuit tombante, lui et ses compagnons de voyage, tous à cheval, avaient quitté Kamiesch par un brouillard épais. Bientôt le détachement se trompe de route et va tomber sur les avant-postes russes; plusieurs sont arrêtés et faits prisonniers; quelques-uns, plus hardis ou plus adroits, parviennent à s'échapper, en courant un peu au hasard, au milieu des péripéties les plus émouvantes, menacés parfois d'être fusillés par nos avant-postes. Parmi ceux qui restèrent au pouvoir de l'ennemi, se trouva le lieutenant de Dampierre, brave et charmant officier, attaché à l'état-major du général Bosquet. Envoyé à Saint-Pétersbourg, il fut parfaitement traité, et nous rejoignit plus tard, à la suite d'un échange de prisonniers.

nos défenses, sans nous faire éprouver beaucoup de pertes. La construction de nos batteries avance quand même, les lignes d'investissement s'allongent.

Dans cette première période du siège, le calme et la bravoure de nos soldats sont admirables ; tous sont occupés de jour et de nuit, les uns aux lignes d'investissement ou de circonvolution, soit aux travaux du siège, soit sur les retranchements des crêtes, les autres aux avant-postes, aux embuscades, en éclaireurs. Partout règne une infatigable activité : c'est que tous espèrent en avoir bientôt fini et pouvoir entrer en vainqueurs dans cette formidable citadelle maritime[1].

L'illusion est de courte durée ; cette œuvre gigantesque de cheminements va se continuer pendant plus de onze mois encore, à travers les épreuves, les souffrances et les fatigues. Chaque jour il va falloir réparer les dégradations faites aux tranchées par le feu de l'ennemi, rectifier celles qui sont prises d'enfilade, élargir, approfondir les fossés, les épaulements.

Le 14, il y a un épais brouillard, et les Russes, craignant une surprise, font pendant cinq heures un feu épouvantable sur nos travaux ; c'est un véritable ouragan, auquel notre artillerie ne répond pas.

Dans la journée, j'accompagne le général d'Autemare au camp des Anglais, pour visiter l'installation de leurs batteries. En face Malakoff, à petite distance des ouvrages russes, nous remarquons qu'entre chaque pièce il y a pas mal d'espace. Cela permet aux travailleurs, couchés et bien abrités,

---

1. Le 12 octobre, dans l'après-midi, et au moment où le feu était des plus intenses, où toutes les batteries russes tiraient à toute volée sur nos tranchées et dans nos camps, quel n'est pas notre étonnement de voir la femme d'un officier anglais passer à travers nos bivouacs, vêtue en amazone, montée sur un superbe cheval, pour aller rejoindre son mari dans les tranchées de nos alliés ! C'est une belle et jolie personne, que l'on nous dit appartenir à une très bonne famille de l'aristocratie.

de remuer la terre avec la plus grande activité, malgré le feu incessant de l'ennemi.

Le 16, le général Canrobert réunit les généraux et les chefs de la flotte pour leur faire part que le lendemain on ouvrira le feu contre la ville avec cent vingt pièces françaises et anglaises, qu'au moment opportun on donnera le signal aux colonnes d'assaut; la marine, de son côté, aura à faire un feu nourri sur les forts, afin de seconder l'armée de terre.

Le matin et une partie de cette journée les Russes, s'imaginant que nous allons démasquer nos batteries, font des décharges terribles sur nos ouvrages et sur nos travailleurs. Ce même jour, on fait courir le bruit que Mentschikoff est arrivé avec quarante-cinq mille hommes, entre la Belbeck et le fort Constantin, et qu'ils sont tout prêts à nous attaquer dans nos lignes de circonvallation.

17 octobre. — Ouverture du feu des batteries. — Échec complet. — A six heures et demie du matin, le signal est donné. Toutes les batteries des alliés commencent le feu; les Russes, qui ont deux fois plus de pièces que nous, et d'un plus fort calibre, ripostent vigoureusement. Pendant plusieurs heures, nous avons devant nous un spectacle vraiment prodigieux; c'est un effroyable combat d'artillerie, dont nous entendons le sombre mugissement sur tous les points de la ligne d'investissement. Toutes les troupes sont sous les armes, celles du corps d'observation comme celles du corps de siège; elles attendent avec une impatience fiévreuse l'ordre d'enlever les retranchements de l'ennemi.

Malheureusement, vers dix heures, un de nos dépôts de poudre fait explosion, par le fait d'un obus lancé par les Russes; deux de nos batteries sont culbutées, soixante hommes sont atteints plus ou moins grièvement. Quelques instants après, une autre poudrière éclate. Dès ce moment, presque toutes nos pièces sont hors d'état de continuer la lutte; nos parapets, nos épaulements, sont en partie détruits.

Devant de pareils désastres, on doit donner l'ordre de cesser le feu.

Succès des batteries anglaises. — Les Anglais, au contraire, sont plus heureux que nous. Pendant toute la journée ils font un feu des plus continus et des plus destructeurs ; ils font sauter un dépôt de poudre chez les Russes, détériorent les défenses du grand redan, font éprouver à nos adversaires des pertes sensibles.

Nos alliés ont un succès des plus complets. Tous les jours suivants, ils vont continuer leur feu sans être arrêtés un seul instant.

La marine, qui, de son côté, devait commencer le feu sur les forts, en même temps que l'armée de terre, est en position d'attaquer vers midi seulement, juste au moment où nos batteries sont réduites au silence. Quoi qu'il en soit, les quatorze vaisseaux, embossés près de l'entrée du port, font un feu bien autrement épouvantable que celui fait par nos batteries ; cela tient au plus grand nombre de pièces de gros calibre qu'ils ont sur leurs navires. Malgré cela, ils ne sont guère plus heureux que nous, font peu de mal à l'ennemi, et ont plusieurs gros bâtiments, entre autres la *Ville-de-Paris*, fortement endommagés.

A la nuit, le feu cesse à peu près partout ; on profite de l'obscurité pour envoyer des travailleurs réparer les dégâts de la journée, mettre le plus possible en état les épaulements et les tranchées des batteries. Le génie redouble d'ardeur pour se mettre à même de prendre une éclatante revanche.

Pendant cette terrible journée, les cœurs ont éprouvé des émotions bien diverses : tout d'abord, nos soldats sont haletants, pleins d'entrain, animés d'un noble enthousiasme ; puis, après notre échec, ils deviennent soucieux, sans cependant perdre confiance et sans espoir d'un prochain retour de fortune ; mais, en attendant, tous sont avides de connaître, les causes du retard de notre marche en avant et sont un peu trop portés à critiquer le génie et l'artillerie, à faire retomber sur ces deux armes toute la responsabilité de la non-réussite de l'attaque. D'après les uns, elles auraient eu le tort de trop concentrer les batteries, par suite de donner aux très nombreuses pièces de l'ennemi un but bien défini et d'autant plus saisissable qu'il se trouvait dominé par l'adversaire ; de plus, dans l'installation des batteries, dans la préparation des dépôts de poudre, on se serait un peu trop appuyé sur l'esprit scientifique et mathématique, et pas assez sur le côté réel et pratique.

Les Anglais, au contraire, ayant leurs batteries plus espacées, sur un terrain plus accidenté et plus dominant, ont pu conserver toutes leurs pièces, avoir leurs retranchements à peu près intacts, sans cesser un seul instant de faire un feu terrible sur les remparts. Un seul de leurs caissons a sauté.

Quoique ce soit un peu humiliant pour l'amour-propre national, nous ne pouvons nous empêcher d'admirer cette persévérance de nos alliés, l'habileté de leurs artilleurs dans les travaux de tranchées ; de leur côté, ils ne tardèrent pas à rendre justice à la vaillance de nos troupes et à l'entrain de nos artilleurs.

Le 18, les Anglais continuent le feu de leurs batteries pendant toute la journée ; le soir, ils engagent une vive fusillade contre des détachements russes.

Dans l'après-midi de ce même jour, deux bataillons et quatre escadrons de l'ennemi viennent en reconnaissance à portée de notre camp ; ils font un feu très vif sur nos avant-postes. Je suis envoyé près la redoute du Télégraphe avec quatorze de mes compagnies pour repousser toute attaque de ce côté ; mes hommes sont calmes, ne tirent qu'à bonne distance et font peu de pertes. A dix heures du soir, les Russes se décident à battre en retraite.

Les jours suivants et pendant toutes les nuits, nos troupes

se livrent aux travaux les plus gigantesques, soit du côté de la ville, soit du côté des crêtes, afin de réparer les dégâts du 17, augmenter l'épaisseur des épaulements, prolonger les parallèles, accumuler des terres aux bastions et enfin remplacer les pièces hors de service.

Octobre 1854. — Dès le 20, grâce à l'énergie de nos nombreux travailleurs, on a pu mettre nos tranchées en état de défense, et cela malgré la ténacité de la place à multiplier ses ouvrages, à réparer les dommages occasionnés par notre tir ; nous pouvons enfin recommencer le feu et augmenter le nombre de nos batteries, et surtout établir des mortiers qui font beaucoup de mal à l'ennemi et allument des incendies dans la ville. Si désormais nous pouvons soutenir cette lutte à coups de boulets, et même prendre une certaine supériorité sur nos adversaires, nous le devons surtout aux persévérants efforts de nos officiers des armes spéciales, admirablement secondés par la bravoure des soldats.

Ce même jour, le général Bosquet m'envoie avec mes deux bataillons aux avant-postes pour observer et maintenir les sept ou huit bataillons russes qui s'approchent de nos positions de la Tchernaïa. C'est de leur part une simple démonstration ; après un échange de coups de fusil pendant quelques heures, les Russes se retirent, nous ayant fait peu de mal, quelques blessés seulement.

Dans la nuit du 21 au 22, on commence le tracé de la deuxième parallèle, et à partir de ce moment nos travaux d'approche contre la place sont divisés en deux attaques, dites attaque de gauche et attaque de droite ; les lieutenants-colonels Raoul et Besson sont désignés pour être majors de la tranchée. Ces deux brillants officiers vont se faire remarquer par leurs qualités viriles et par un dévouement des plus admirables.

Dès ce moment, le feu recommence chaque matin ; parfois la canonnade est des plus vives, c'est un affreux vacarme ;

bien rarement des oreilles humaines ont pu entendre un pareil roulement de boulets, de bombes et d'obus. A certaines heures, les imaginations travaillent, on est impatient de connaître le résultat, de savoir si on a de nouveaux désastres à déplorer, ou bien si un ordre de monter à l'assaut va être donné à l'infanterie, tenue dans les camps immobile et l'arme au pied.

Ce feu est intermittent; tantôt il est très vif sur terre et sur mer, plus de mille pièces se font entendre à la fois; puis le calme se fait, surtout pendant la nuit.

De temps en temps il y a de fausses alertes, des patrouilles circulent sur tous les fronts, des éclaireurs ennemis sont sans cesse en mouvement, cherchent à nous surprendre, à envahir nos tranchées; une nuit, ils parviennent jusqu'à nos retranchements, se mettent à enclouer plusieurs de nos pièces et engagent avec nos soldats, remis de cet échec, un rude combat où il y a pas mal de tués et de blessés. Nous finissons par avoir le dessus et par les chasser, après avoir eu plusieurs officiers tués et pas mal de soldats.

Pendant ces périodes de tir, qui sont des plus émouvantes et des plus laborieuses, quelques poudrières sautent, tant du côté de la ville que chez nous. Aussi il n'y a pas un moment de repos pour nos troupes, toujours sur le qui-vive, sans cesse ou la pioche ou le fusil à la main.

Les troupes du général Bosquet, qui sont en observation sur les positions de Balaklava, sont, elles aussi, soumises à des alertes continuelles; elles se trouvent en face de l'armée de Mentschikoff, qui se reconstitue et reçoit de nombreux renforts. Le 24, on nous signale un fort rassemblement de bataillons dans la partie supérieure de la vallée de la Tchernaïa. On doit s'attendre à une prochaine attaque, soit contre celles occupées par les Turcs, soit du côté de Balaklava.

CHAPITRE III

BATAILLES DE BALAKLAVA ET D'INKERMANN
TEMPÊTE DU 14 NOVEMBRE

I

Le 25 octobre, de grand matin, nos grand'gardes signalent un mouvement dans l'armée russe ; elle paraît s'avancer pour attaquer les redoutes établies sur la ligne de séparation des vallées de la Tchernaïa et de Balaklava et occupées par des soldats turcs ; il y a vingt à vingt-cinq mille hommes, une nombreuse cavalerie et pas mal d'artillerie. Bientôt une vive fusillade se fait entendre ; dans tous nos camps on fait prendre les armes, aux troupes du siège comme à celles qui protègent les crêtes des plateaux.

Pendant toute la journée, du haut de notre position dominante, les corps du général Bosquet assistent en spectateurs, attentifs, très émotionnés, mais sans y prendre aucune part, au drame palpitant qui se joue à petite distance et au-dessous des positions que nous sommes chargés de défendre. Comment des cœurs français n'auraient-ils pas été fortement remués et sans cesse palpitants, en voyant se dérouler sous leurs yeux et se succéder ces sanglantes péripéties de la lutte où, en raison des circonstances stratégiques, ils ne pouvaient participer et apporter leur concours, afin de changer le cours des événements? On va pouvoir en juger par les détails de ce sanglant combat.

Dès les premiers moments de l'attaque, les Turcs se défendent avec assez d'énergie, mais cela dure peu; l'ennemi ne tarde pas à s'emparer des hauteurs de Kamara, puis de la redoute la plus rapprochée; enfin, à notre grande surprise et à l'indignation des deux armées alliées, nous voyons les trois autres redoutes abandonnées successivement par les Turcs, qui fuient à toutes jambes sur Balaklava, avant d'avoir fait la moindre résistance ni essuyé le feu de l'ennemi.

Le plus triste, c'est de voir les chefs, et même les chefs supérieurs, être les premiers à donner l'exemple de cette insigne faiblesse, de cette peur déshonorante, laissant entre les mains de la cavalerie d'avant-garde, non seulement les redoutes, mais encore les pièces et le matériel de l'artillerie.

En vain un officier supérieur français dont j'ai oublié le nom, détaché à l'état-major de l'armée turque, fait tous ses efforts pour arrêter les fuyards, exciter l'amour-propre des chefs et des soldats, les forcer à venir reprendre leurs positions: rien n'y fait; les courses vagabondes de ce brave officier, à travers ces bataillons disloqués, ne produisent aucun effet. De suite après nous voyons la cavalerie russe, surexcitée par sa victoire, prendre ses dispositions pour faire une charge à fond sur l'infanterie anglaise et tâcher de s'emparer du village et du port de Balaklava, grand centre des approvisionnements de nos alliés.

Charge de la cavalerie russe. — A ce moment critique, les états-majors français et anglais, les troupes établies sur les crêtes du plateau, sont très préoccupés du résultat que peut avoir cette audacieuse entreprise. La distance à parcourir par la cavalerie russe est peu grande, le terrain est plat et découvert. Heureusement il y a au fond de la vallée où doit se produire le choc, des bataillons de highlanders (Écossais), immobiles et calmes, formés en carrés et attendant les événements en toute confiance. Bientôt la charge se dessine, les nombreux escadrons russes poussent des hourras, et nous les voyons s'élancer au galop contre cette muraille vivante. Nulle émotion dans l'infanterie, personne ne bouge ; mais quand la cavalerie est arrivée à petite distance du front, le chef des highlanders fait porter les armes et, comme à l'exercice, fait commencer sur ces masses un feu régulier, qui ne tarde pas à jeter le désordre dans les rangs et les force à se retirer sur leur infanterie.

Peu après, ces mêmes escadrons russes reviennent à la charge ; mais ils trouvent encore une résistance inébranlable, le même feu destructeur.

En vain, une troisième fois, avec de nouveaux escadrons de renfort, ils veulent recommencer l'attaque : cette fois, la cavalerie anglaise a pu se former, prendre position sur le flanc. Elle en profite pour faire une charge forcenée sur l'ennemi, pour menacer son flanc et sa retraite et enfin le mettre en pleine déroute, le poursuivant le sabre dans les reins et enlevant deux des redoutes conquises par lui quelques instants avant.

Nos alliés sont désormais complètement maîtres de la plaine de Balaklava ; on y envoie, des camps français et anglais, des troupes de soutien ; mais à ce moment les Russes occupent encore deux des redoutes les plus importantes de la Tchernaïa, et surtout sont maîtres de plusieurs pièces d'artillerie qu'ils sont parvenus à enlever, lors de leur déroute. — Ce sont des pièces anglaises, mises au service des Turcs pour la défense des positions.

Lord Raglan, très froissé d'avoir vu tomber au pouvoir des Russes non seulement les redoutes, mais surtout de l'artillerie anglaise, envoie des instructions au général en chef Lucan, de la cavalerie, afin que les plus grands efforts soient faiten pour reprendre les pièces. Ces instructions, mal comprises, exécutées avec précipitation et d'une manière tout à fait inopportune, vont amener une véritable catastrophe.

Comme nous venons de l'indiquer, il s'agissait de reconquérir les pièces anglaises prises et emmenées par les Russes. A ce moment, l'ennemi était de l'autre côté de l'arête ; de la vallée de la Tchernaïa, on ne le voyait pas, et on ne pouvait se rendre compte qu'il y avait là toute une armée concentrée. Malgré cela, l'ordre est donné, les huit cents cavaliers anglais doivent aller de l'avant, franchir les hauteurs de séparation. Arrivés là, ils auraient dû s'arrêter ; mais, d'après les affirmations du capitaine Nollant, aide de camp envoyé par lord Raglan, il n'y a pas à hésiter, il faut continuer. C'est alors que lord Cardigan (général de cavalerie) se lance, à la tête de ses escadrons, pour faire cette charge brillante et folle dont, du haut de nos crêtes, nous pouvons suivre tous les incidents et voir l'affreux dénouement.

Au signal donné, les chefs, le sabre à la main, sont en tête de leurs escadrons ; tous ensemble se précipitent comme un ouragan dans le bassin resserré de la Tchernaïa, où se trouve massée l'armée russe, frappant à droite et à gauche, traversant et brisant les lignes de l'infanterie ; c'est une lutte indescriptible, un tohu-bohu dont on peut difficilement se faire une idée. De nos hauteurs, nous sommes émus et palpitants à ce spectacle : ce sont des artilleurs sabrés sur leurs pièces, des cavaliers démontés et pourfendus, des fantassins écrasés ; il y a là une véritable hécatombe de corps humains. Mais cela ne dure pas longtemps ; les Russes se remettent vite de leur première et foudroyante émotion, les corps de troupes reprennent leurs places de combat, les rangs se serrent et bientôt se lancent dans une vigoureuse offensive, dirigent des feux croisés sur ces audacieux adversaires qui, cernés de tous côtés, doivent tourner bride en toute hâte et chercher à battre en retraite.

Cette tentative de retraite fut, pour ces braves et brillants escadrons anglais, une phase terrible ; tous certainement auraient succombé, s'ils n'avaient pas eu pour les protéger dans leur marche en arrière l'appui de deux de nos batteries et de la brigade de chasseurs d'Afrique du général d'Allonville ; cette dernière s'est précipitée avec entrain sur le mont Fédioukine, a sabré et dispersé les servants d'artillerie qui écrasaient d'écharpe et à petite distance les malheureux débris des escadrons de lord Cardigan ; nos intrépides chasseurs ont pas mal de tués et de blessés.

Quoi qu'il en soit, de ces huit cents cavaliers anglais, c'est à peine si deux cents peuvent échapper au désastre, et encore dans quel état nous les voyons revenir ! La plupart sont sans monture, beaucoup sont plus ou moins abimés par les coups de sabre, les autres sont restés sur le terrain, morts ou prisonniers. Le général Cardigan a la bonne fortune de revenir sain et sauf. Ce sanglant combat de Balaklava, cette charge insensée, sans résultat possible, a donné lieu, en Angleterre, aux polémiques les plus ardentes et les plus passionnées.

Les Russes, maîtres désormais de la vallée de la Tchernaïa et de la plupart des redoutes de Balaklava, semblent disposés à prendre l'offensive, à faire le siège de nos lignes de circonvallation. Nous allons donc devenir assiégeants du côté de la ville, et assiégés du côté des crêtes où sont établies nos troupes. Aussi le général Bosquet, notre vaillant chef, est toujours debout, toujours prêt à défendre vigoureusement l'accès du plateau ; il sait prendre, avec la plus grande intelligence, les dispositions les plus efficaces contre toute attaque subite, contre les alertes qui se renouvellent journellement.

A différentes reprises, il n'hésite pas à se porter au secours des Anglais, qui sont souvent attaqués sur le plateau d'Inkermann, où est installée leur armée, mais où elle se garde mal, en raison de la faiblesse de ses effectifs.

A chaque instant on prend les armes dans nos camps, nos avant-postes font le coup de feu avec les Russes envoyés en reconnaissance sur nos positions.

Du côté de la ville, la canonnade est parfois des plus intenses; les assiégés font de fréquentes sorties contre nos tranchées; ils cherchent à surprendre nos travailleurs, à détruire nos batteries. Il en résulte des luttes acharnées, à coups de fusil et même à l'arme blanche, où de part et d'autre on fait d'assez fortes pertes en tués ou blessés.

Nos travaux d'approche n'en continuent pas moins; nuit et jour, nos soldats creusent le sol, élèvent des parapets, apportent et remplissent des gabions. De leur côté, les Russes ne restent pas inactifs : ils ne se contentent pas de profiter des ombres de la nuit pour réparer les dégâts faits par nos batteries : c'est avec une infatigable activité qu'ils élèvent de nouvelles défenses, établissent de nouvelles batteries, dont les feux divergents peuvent balayer le terrain à parcourir par nos troupes, en cas d'assaut. Mais ce qui fait prévoir de prochaines et terribles luttes, ce sont les préparatifs de concentration de l'armée russe, son installation sur la rive gauche de la Tchernaïa, à peu de distance de nos lignes, les renforts qu'elle ne cesse de recevoir, alors que, dans les armées alliées, les renforts arrivent lentement. Dans les derniers jours, nous recevons bien de France une division d'infanterie, mais dans les anciennes les régiments voient leurs effectifs n'augmenter que faiblement et successivement.

Dans la nuit du 28 au 29 octobre, une très forte alerte a lieu dans le camp russe de la Tchernaïa; cela donne lieu à un incident assez curieux. Vers quatre heures du matin, les zouaves de service à la redoute, près la route Voronzof, entendent une charge à fond de cavalerie se diriger sur eux; de suite ils prennent les armes et commencent le feu, sans parvenir à arrêter la marche de l'ennemi; bientôt, étonnement général : on voit s'avancer à toute vitesse, et par la grande route, une série de chevaux affolés, sans selles et sans cavaliers. Ce sont des animaux qui, sous l'influence nerveuse de la fusillade des avant-postes, se sont détachés et mis à courir, par une sorte d'instinct, vers les emplacements du plateau où était autrefois établi leur bivouac.

Les zouaves s'emparent de quarante de ces déserteurs; les Anglais, plus heureux, en capturent plus de cent cinquante.

Dans les premiers jours de novembre, nous avons un très mauvais temps, pluie et froid; je suis pris de frissons, d'une forte fièvre et de crampes d'estomac. Cet état physique n'a heureusement aucune influence sur le moral; je n'en continue pas moins mon service aux avant-postes et à exercer, le mieux possible, mon important commandement du 3ᵉ régiment de zouaves.

II

Bataille d'Inkermann (5 novembre). — Dans les premiers jours de novembre, tout semble faire croire à un assaut définitif; notre troisième parallèle est très avancée, nous sommes à moins de deux cents mètres des ouvrages extérieurs de la ville, qui ont été fortement endommagés par le feu de nos batteries. Les chefs des deux armées alliées ont réuni les généraux, leur ont donné des instructions précises pour cette éventualité. On s'attend donc, d'un moment à l'autre, à recevoir des ordres de marche en avant. Nous étions dans cette attente lorsque, dans la matinée du 5, sous un brouillard épais, à la suite d'une nuit froide et sombre, nous entendons une vive fusillade dans la direction du camp des Anglais, et entrevoyons les troupes russes de la plaine se rassembler et se préparer à marcher vers nos crêtes.

Immédiatement, on nous fait prendre les armes, on renforce les avant-postes, tous les bataillons sont portés à proximité des grand'gardes.

Le général Bosquet monte à cheval et se dirige droit sur le Télégraphe, pour se rendre compte des événements et savoir si les Anglais ont besoin de notre concours; il a à sa portée la 2e brigade (Bourbaki) toute prête à prendre part au combat.

Si les Russes se décident à prendre l'offensive, c'est que, craignant de voir leur ville détruite par nos projectiles, ils veulent tenter de livrer une grande bataille avec des soldats pleins d'ardeur, tous exaltés par la présence du fils de l'empereur et par la victoire de Balaklava, ce qui leur donne tout espoir de vaincre et de nous jeter à la mer.

Leur plan a été bien étudié, bien combiné; c'est après plusieurs reconnaissances sur nos lignes qu'ils se décident à profiter des brumes de la nuit pour concentrer leurs troupes et préparer l'attaque contre l'extrémité dominante et étroite du plateau d'Inkermann. Une fois maîtres de cette position, les armées alliées peuvent bien difficilement se maintenir sur le vaste terrain de la Chersonèse, où sont établis les camps sans défenses.

Vers cinq heures du matin, la colonne de droite de l'armée russe débouche du ravin du Carénage, se réunit à la colonne qui descend de Mackenzie, et ensemble elles attaquent avec vigueur l'aile gauche des Anglais, ne trouvant devant elles que de faibles effectifs, des débouchés de ravins mal gardés, des avant-postes endormis et pleins de confiance dans l'effet du mauvais temps. L'ennemi a peu de peine à repousser vivement les premiers détachements de nos alliés, à envahir leur campement.

Mais les officiers anglais ne tardent pas à réunir les bataillons, à engager de suite une lutte terrible et acharnée, et enfin à repousser cette attaque aussi impétueuse et aussi imprévue, mais mal exécutée, les colonnes s'étant entassées sur la même route.

Dès le début de l'action, je reçois l'ordre, vers six heures, de me diriger avec un de mes bataillons sur le Télégraphe pour y recevoir les instructions du général Bosquet. J'étais en route, quand les Anglais, après leur succès, font dire au général qu'ils n'avaient nul besoin de l'intervention des troupes françaises, pouvant fort bien se tirer d'affaire avec leurs réserves. Je dois donc faire demi-tour et aller occuper ma position sur la ligne des crêtes; à peine avais-je exécuté ce mouvement que, successivement, on fait marcher en toute hâte, sur le camp anglais, mes deux bataillons de zouaves, toute la brigade d'Autemare, la brigade Bourbaki, les tirailleurs algériens, laissant les grand'gardes pour empêcher l'ennemi d'envahir le plateau. Comme nous allons le voir, ces ordres et contre-ordres étaient la conséquence d'événements auxquels les Anglais étaient loin de s'attendre et qu'ils n'avaient pas voulu prévoir.

Après leur succès, nos alliés, croyant l'ennemi en complète déroute, avaient refusé le concours de notre armée; mais ils ne tardent pas à voir de fortes colonnes de la division Paulow se précipiter comme une avalanche dans leur camp, le prenant de flanc par la droite. A ce moment, les Russes sont pleins d'enthousiasme; ils entament la lutte avec le plus grand acharnement, enlèvent les batteries, s'emparent des redoutes, repoussent les Anglais sur tous les points, pillent les tentes, livrent les combats les plus sanglants, s'abordent à la baïonnette. Partout le sol est couvert de tués et de blessés.

Devant un pareil désastre, il n'y avait plus à hésiter : lord Raglan fait un chaleureux appel au concours de l'armée française.

Le général Bosquet, qui était resté sur les lieux, avait apprécié, dès le début, le danger auquel étaient exposés les Anglais, avait vu clair dans les projets de l'ennemi, dans le but de la bataille engagée; il s'agissait, pour les Russes, de s'emparer du plateau d'Inkermann, ce point capital les rendant maîtres de la situation. Aussi, malgré les premiers refus du général anglais, notre chef était prêt et put immédiatement apporter à nos alliés son très utile concours; il avait eu la prévoyance de conserver à sa portée une partie de sa division, étant persuadé qu'il n'avait pas à craindre d'attaque sur ses crêtes de Balaklava, mais de simples démonstrations dans le but d'immobiliser nos forces et permettre à l'aile droite des Russes d'écraser les Anglais.

La brigade Bourbaki entre la première en lutte, puis successivement les bataillons de la brigade d'Autemare. Dans ces terribles engagements, tous les régiments se font remarquer par leur entrain dans de brillantes charges à la baïonnette, les turcos du commandant de Wimpfen par leur agilité de véritable panthère algérienne.

En arrivant sur le champ de bataille et au moment d'entrer en action, nous avons devant nous un spectacle des plus sinistres : partout des mares de sang, un entassement de cadavres, russes et anglais; des femmes de soldats anglais affolées, ayant tout perdu et grelottant de froid.

Dans les premiers moments, les Russes ne paraissent pas trop déconcertés de notre arrivée; ils continuent leur vive fusillade contre nos lignes; avec leurs quatre-vingts pièces de canon, disséminées sur les hauteurs voisines, ils font pleuvoir sur nos troupes une grêle de bombes et de boulets; beaucoup passent par-dessus nos têtes pour aller frapper plusieurs servants de nos batteries; quelques-uns sont littéralement broyés, et même, à quelques pas de nous, un d'entre eux a la tête séparée du corps et projetée au loin. Sur tous les points de nouveaux engagements ont lieu; nous voyons même de nouveaux bataillons russes se diriger sur nous en colonnes serrées; mais des dispositions ont été prises, des ordres précis ont été donnés de laisser avancer ces masses et de ne commencer un feu nourri sur elles qu'à petite distance; puis, au signal donné, nos zouaves, bien préparés, pleins de bravoure et de vigueur, se précipitent en avant, font fléchir l'ennemi, fortement décimé par nos balles, et le forcent à reculer jusqu'à l'extrémité du plateau.

A certains moments, il y a une véritable tuerie d'hommes; puis les troupes repoussées reçoivent de nouveaux renforts, les rangs éclaircis se resserrent sous l'action entraînante des officiers russes, qui, toujours en avant de leurs soldats, sont les premiers à se faire tuer, en donnant l'exemple de la ténacité dans la résistance, de la vigueur dans l'attaque.

Après plusieurs heures de luttes incessantes, après des alternatives où, des deux côtés, il y a eu des élans héroïques, des ralliements décousus, des retours offensifs, des attaques désespérées dans les plis de terrain, dans les broussailles, les Russes, malgré leur enthousiasme du matin, malgré le fanatisme religieux excité par les popes et par la présence du fils de l'empereur, finissent par se retirer de cet affreux champ de carnage, par disparaître peu à peu par les ravins; celui des carrières, entre autres, est devenu un véritable charnier où sont entassés plusieurs milliers de cadavres.

Vers trois heures, nous sommes enfin maîtres du champ de bataille. A ce moment, je suis envoyé avec un de mes bataillons à l'extrémité du plateau, avec mission de poursuivre l'ennemi, de le gêner dans sa retraite. Pendant notre marche en avant, les batteries de Mackenzie et celles des navires embossés à l'extrémité de la rade ne cessent de tirer sur mes troupes; plusieurs zouaves sont atteints; j'ai la douleur de voir tomber mon excellent camarade le capitaine de La Barre, le lieutenant Le Franc, tous deux frappés à mort. Cependant le feu se ralentit, et à cinq heures du soir il cesse complètement. Dans cette opération, nous avons pu faire plusieurs prisonniers, nous emparer d'un matériel important, et enfin ramener une pièce anglaise enlevée le matin, lors de la première attaque.

Vers huit heures du soir, les troupes de la brigade de Monnet viennent relever mes deux bataillons; nous retournons à notre bivouac, les officiers et les hommes n'ayant à peu près rien mangé de toute la journée. Malgré ce vide dans l'estomac, tous sont heureux et fiers d'avoir contribué à une aussi glorieuse victoire, obtenue après dix heures de luttes [1].

Sortie des Russes. — Attaque de nos tranchées. — Pendant la bataille, les troupes russes de la ville font une vigoureuse sortie contre nos retranchements ; de suite un combat sanglant s'engage ; néanmoins, après des attaques meurtrières, les assaillants sont repoussés, et même le brave général de Lournel tente un effort offensif pour enlever un des bastions de défense. Dans cette charge hardie, il est blessé mortellement. Ce fut une grande perte pour notre armée, car le général avait de grandes qualités militaires.

Il y a aussi une fausse attaque du côté des crêtes de Balaklava ; mais cette démonstration, conduite avec mollesse, ne produit aucun effet ; nos grand'gardes restent immobiles et calmes, sans avoir à engager la lutte.

Ces deux attaques avaient surtout pour but d'empêcher les renforts de se porter sur Inkermann au secours des Anglais. Les généraux français ne se laissent pas intimider et n'hésitent pas à porter leurs forces disponibles sur le terrain où se livre la bataille décisive [2].

---

1. Dans mes deux bataillons de zouaves, il y a eu deux officiers tués, cinq blessés, cent cinquante hommes tués ou blessés.
Parmi les officiers qui se sont fait plus particulièrement remarquer, je suis heureux de signaler mon camarade et ami le commandant du Bos, qui a donné tout le temps l'exemple de la bravoure, du sang-froid à diriger et à exciter ses hommes. Les autres dont la conduite a été le plus digne d'éloges sont : les capitaines Le Tors de Crécy, Champeaux (tous deux tués un peu plus tard), Caminade, Lalanne ; les lieutenants Drut, Mangin, Régley, (devenu général de brigade) ; les sergents-majors Rossignon, Malaterre, et bien d'autres que j'ai le regret de ne pouvoir citer : la liste en serait trop longue.
2. Pendant la bataille, j'ai mon cheval abattu par un éclat d'obus. Ma jambe a été légèrement effleurée, mais ne m'a fait aucun mal sérieux. Croyant ma monture tuée et étant parvenu à vite me relever, je m'empresse de faire

Comme à l'Alma, les Russes opèrent et combattent par masses. Cela favorise singulièrement l'efficacité de nos feux et nous permet de leur faire éprouver des pertes sérieuses, car près du tiers de leur effectif est mis hors de combat, soit dix mille hommes environ, dont cinq mille sont trouvés morts sur le plateau ou dans les ravins.

Après cette déroute, les Russes sont si surexcités qu'ils ne demandent pas l'armistice pour enterrer leurs morts et relever leurs blessés; et même ils tirent sur nos soldats occupés à l'honorable mission d'ensevelir les morts et de relever les autres.

Les jours suivants, on trouve un peu partout, mais surtout dans les ravins, des cadavres en putréfaction ou dévorés par les animaux, et ce qu'il y a de triste, c'est de constater qu'il y a beaucoup de blessés, morts faute d'avoir été secourus. Nos soldats ont la pénible mission d'enterrer ces masses humaines qui, laissées en plein air, auraient pu amener rapidement une épidémie dans nos rangs.

Dans cette sanglante journée, la tactique a eu un bien faible rôle à jouer : il y a eu surtout un corps-à-corps de plus de sept heures; les Russes, tour à tour vainqueurs et vaincus, finissent par céder, après nous avoir fait subir des pertes sensibles, mais en ayant eux-mêmes éprouvé de bien plus grandes.

Leurs officiers, toujours en avant, ne cessaient de ramener leurs soldats, de reformer leurs bataillons décimés, pour recommencer la lutte.

---

enlever la selle et de continuer la marche en avant. Quel n'est pas notre étonnement à tous dans le régiment quand, de retour à notre bivouac, et au milieu de la nuit, arrive près de ma tente un animal qui s'arrête à la place où se trouvait ma monture de la veille! Mon ordonnance se lève et reste stupéfait en reconnaissant mon cheval, laissé pour mort sur le champ de bataille à plus de trois kilomètres de notre camp. Eh bien, cette pauvre bête avait eu l'instinct de revenir à son point de départ.

Après deux mois de soins, j'ai pu continuer à m'en servir.

Si, dans cette journée, les Anglais ont manqué de vigilance et se sont mal gardés, il faut leur rendre la justice que leurs officiers et leurs soldats se sont vaillamment conduits, ont été admirables par leur calme, leur entrain, leur ténacité devant la mort qui les frappait. Après la bataille, il ne leur restait plus que seize mille cinq cents baïonnettes; par suite, leur armée se trouvait frappée au cœur, d'autant plus qu'à Balaklava, dix jours avant Inkermann, leur cavalerie avait été presque anéantie[1].

Quant à l'armée française, attaquée à l'improviste sur la ligne de circonvallation et aux tranchées par les troupes russes qui voulaient faire une diversion à leur offensive sur Inkermann, elle s'est montrée, comme toujours, pleine de vigueur et d'entrain dans la défense des tranchées et dans l'offensive sur le plateau; il faut ajouter qu'elle avait pour la conduire de brillants généraux comme Canrobert, Bosquet, d'Aurelle de Paladines, de Lournel..., qui, toujours au premier rang, ont su imprimer une direction intelligente et opportune partout où il s'est agi d'entamer la lutte avec l'ennemi.

Tempête du 14 novembre. — D'après le projet du grand état-major, on devait livrer l'assaut le lendemain du jour où eut lieu la bataille d'Inkermann; il fallut tout modifier, car désormais nous avions en face de nous une armée très augmentée par les nombreux renforts envoyés de tous les points de l'empire et qui se montrait très disposée à prendre l'offensive. Aussi, tout en poussant nos travaux de tranchées contre la place, nous devons nous prémunir contre de nou-

---

1. D'après les rapports officiels, les Anglais, sur treize mille soldats engagés, ont eu quarante et un officiers, dont deux généraux, et cinq cent quatre-vingts soldats tués; sept généraux, cent officiers et dix-sept cent quatre-vingts blessés.
Dans l'armée française, il y a neuf cent quatre-vingts officiers ou soldats tués ou blessés à Inkermann, et sept cent soixante-dix aux tranchées, et cela sur un effectif de neuf mille hommes environ ayant pris part à ces deux attaques.

velles attaques; quant à déterminer le jour de l'assaut, il nous faut attendre que nos réserves soient arrivées. D'un autre côté, comme il est essentiel d'occuper solidement le plateau d'Inkermann, et les Anglais n'ayant que des effectifs très diminués par le fait de la maladie et par le feu de l'ennemi, les généraux en chef conviennent entre eux que les troupes françaises auront désormais à s'occuper de tous les travaux de tranchées et de défense en face de Malakoff et sur la droite jusqu'à la baie.

Le 9 novembre, je reçois ma nomination de lieutenant-colonel au 10e léger; le jour même, je remets le commandement du 3e régiment de zouaves au colonel Saint-Pol, nommé en remplacement du colonel Tarbouriech[1].

Quant à moi, au lieu de rentrer en France, où se trouve mon nouveau corps, le général en chef me désigne pour commander provisoirement le 50e de ligne, le colonel et le lieutenant-colonel de ce régiment étant partis après avoir demandé leur mise à la retraite.

Je me sépare avec regret de mes compagnons d'armes du 3e zouaves, mais il me reste la consolation de me trouver dans un corps appartenant à la même brigade, dont le chef est toujours le brave général d'Autemare.

Quoi qu'il en soit, nous allons bientôt avoir à lutter non seulement contre les Russes, mais encore contre les rigueurs d'un hiver exceptionnellement mauvais; pendant plusieurs mois nous aurons alternativement le froid le plus intense, la pluie, la neige et les ouragans.

Pour commencer, le 14 novembre, à sept heures du matin,

---

1. Le colonel de Saint-Pol sortait, comme moi, de l'ancien régiment de zouaves; c'était un chef intrépide, plein d'intelligence et aussi d'imagination; avec cela, ayant une belle attitude militaire et beaucoup de prestige près de ses subordonnés.
Va se faire remarquer dans les différents combats des premiers mois de 1855; a été tué à la tête de ses troupes dans l'affaire du 18 juin, étant général de brigade.

il nous faut subir une tempête épouvantable, un vent violent qui abat toutes les tentes; beaucoup sont enlevées et perdues, des baraques d'ambulance sont bouleversées et détruites, des tambours enlevés au loin dans la ville; des hommes sont même renversés, des faisceaux abattus. Avec cela, il fait un froid glacial, une pluie abondante; ajoutez aussi que les malades, les officiers et les soldats, se trouvent sans abri, sans aucun moyen d'allumer du feu, de se préparer des aliments chauds ! Quelle triste journée ! Rarement pareil spectacle s'est vu. Aussi l'armée souffre beaucoup sur ce plateau dénudé, elle est en plein désarroi pendant quelques heures.

Nos hommes ne tardent pas à se mettre à l'œuvre et à chercher, par tous les moyens, à sauvegarder le plus possible le matériel, mais surtout les tentes et accessoires, les magasins et les vivres.

A la mer, nos flottes éprouvent d'affreux désastres : plusieurs navires sont jetés à la côte, puis pillés par les Russes. Certains vaisseaux sont soumis à des secousses tellement violentes que les mâts, les gouvernails et les vergues sont brisés. Cet ouragan a pour conséquence de faire perdre à l'armée de nombreux approvisionnements de vivres, de fourrages, de chevaux; la plage est pleine de débris. Ce n'est pas tout : les vaisseaux *le Henri-IV* et *le Pluton* sont complètement perdus, d'autres ont de fortes avaries. Trois navires de commerce se perdent près de Kamiesch. De leur côté, les Anglais voient se briser, à l'entrée du port de Balaklava, huit bâtiments de transport remplis de vivres pour l'armée.

Le 23 novembre, je remets le commandement du 50° au colonel de Brancion, nommé au régiment. Je reste quelque temps sous les ordres de ce chef, vrai type du chevalier du moyen âge, haut de taille, maigre, sévère dans le service, mais d'un excellent caractère, d'une bravoure héroïque; avec cela, le langage d'un homme bien élevé, les mœurs les plus austères, les goûts les plus simples. Dans les premiers moments, il a eu à passer des heures peu agréables ; en voici les raisons : tous les officiers supérieurs du régiment vivaient à la même table. Parmi eux se trouvait un commandant dont le langage très peu correct, les expressions grossières et souvent des plus lascives, faisaient rougir de honte notre nouveau chef, qui, ne pouvant s'expliquer cette trivialité de la part d'un officier déjà âgé, ne tarda pas à me faire part de ses pénibles impressions et de son chagrin d'avoir à entendre à chaque repas de telles excentricités, à peine connues dans les cabarets de bas étage. Eh bien, cet officier, nommé chef de bataillon à l'ancienneté, est arrivé plus tard, par le fait de certaines circonstances et aussi pour cause politique, au plus haut degré de la hiérarchie, et même, après avoir quitté l'armée, a siégé comme député, puis comme sénateur inamovible. Le colonel de Brancion, au contraire, a été tué quelques mois plus tard sur la redoute à laquelle on donna son nom.

Les divers incidents des derniers mois de l'année. — Le 30 novembre, il y a une grande revue dans tous les corps, pour distribuer les récompenses accordées aux militaires de tous grades ; cela donne lieu à une manifestation qui produit le meilleur effet sur les troupes, excite l'émulation et donne du moral à tous les cœurs de nos soldats si fortement éprouvés.

Il faut dire que, pendant les deux mois de novembre et décembre, nous avons à subir une température assez variable, tantôt du froid, avec un brouillard épais, puis une pluie des plus pénétrantes, enfin parfois une neige épaisse qui, poussée par des tourmentes de vent, pénètre dans les tentes et prive nos hommes de tout repos.

Malgré cela, les travaux de tranchées n'en continuent pas moins sur toutes nos lignes ; les feux de part et d'autre sont parfois des plus intenses. Les Russes tentent même des sorties de nuit sur nos ouvrages; pour se prémunir contre ces attaques assez fréquentes, on sent la nécessité d'avoir aux avant-postes des fractions d'élite, toujours en éveil et prêtes à protéger nos tranchées. Dans ce but, le général en chef donne l'ordre d'organiser dans chaque régiment une compagnie de francs-tireurs, pris parmi les soldats les plus énergiques (zouaves, chasseurs à pied, infanterie de ligne), tous volontaires et dirigés par des officiers choisis et connus comme étant pleins de vigueur et d'entrain[1].

Ces compagnies ont rendu de véritables services à l'armée et au génie par leur belle attitude et par la manière vigoureuse dont elles ont repoussé les attaques des Russes, et parfois pris une offensive hardie.

Par suite des rigueurs de cet hiver, dans des conditions des plus dures, étant sans abris, obligés de veiller en plein air dans les tranchées, beaucoup de nos soldats doivent entrer dans les ambulances; pas mal d'officiers, soumis au même régime, sont également victimes de ces intempéries. Parmi eux, nous voyons avec un vif regret notre brave général Bourbaki être, lui aussi, saisi brutalement par le mal, devenir excessivement faible et se trouver dans l'obligation de partir pour rétablir sa santé en France. Combien d'autres vont se trouver successivement dans le même cas! Et moi aussi, je dois payer mon tribut : à certains moments, je suis fortement éprouvé par la gastralgie, par de fortes fièvres intermittentes; mais, comme je tiens à rester à mon poste, il me faut lutter contre le mal, faire appel à toute l'énergie morale, et surtout à une volonté absolue. Malgré des crises momentanées, je puis traverser cette période et surmonter

---

1. La compagnie de volontaires du 3ᵉ régiment de zouaves eut pour chef le capitaine Gœrtsmann. Il avait été désigné pour ce rôle important en raison de ses qualités militaires, de sa fougue opportune, de son calme devant le danger.
Plus tard a été tué, étant chef de bataillon.

toutes ces difficultés sans avoir recours à des moyens extrêmes.

Le 11 décembre, à neuf heures du soir, les Russes font trois sorties sur nos tranchées, deux aux extrémités, une au centre; pendant plus de deux heures le feu est des plus vifs, il y a même une alerte chez les Anglais. Au centre, ils ont pu surprendre un détachement du 42e, chasser les avant-postes et enfin enlever trois mortiers, en s'attelant aux pièces.

Malgré ces incidents, les Russes sont repoussés sur tous les points, mais ils nous font éprouver des pertes assez sensibles en tués et blessés.

Le bruit court dans les camps que nos adversaires ont reçu deux bataillons de Cosaques du Don, ayant fait campagne contre Schamyl. Ce sont, assure-t-on, des soldats très entreprenants, très audacieux, dont ils viennent de se servir pour nous attaquer dans nos positions.

Le 13 décembre, la 7e division, général Bisson, débarque à Kamiesch; puis les divisions Dulac, Paté et de Salles arrivent peu de jours après, ainsi que des renforts assez importants pour les anciens régiments.

Pendant tous ces mouvements de troupes, on fait circuler la nouvelle qu'une alliance vient de se faire avec l'Autriche; d'après ce traité, cette puissance entrerait en Bessarabie au printemps, et les Français et Anglais en Asie.

III

Les armées alliées (fin de décembre 1854). — Depuis plus de trois mois que nous sommes sur ce plateau de la Chersonèse, nos hommes sont établis sous de petites tentes, sur un sol maigre, rocailleux, de peu de végétation, balayé par les vents du nord et de la mer, noyé souvent par des pluies torrentielles; on y trouve bien, par-ci par-là, des arbustes malingres, des broussailles, quelques rares bouquets d'arbres fruitiers, de pauvres petits chalets entourés de plants de vignes, des puits creusés dans le roc. Partout ailleurs ce sont des steppes arides et stériles. Eh bien, c'est sur cette surface accidentée que nos soldats doivent trouver le nécessaire pour la cuisson de leurs aliments et aussi pour en augmenter la quantité; seulement, comme le peu de bois des environs de nos bivouacs est vite épuisé, ils doivent se préoccuper d'en trouver ailleurs, car avant tout il faut vivre, manger autre chose que de la viande crue; de là urgence à trouver le moyen de chauffer la marmite pour faire la soupe. Nos hommes, aussi intelligents qu'ingénieux, n'hésitent pas à rechercher, à des profondeurs plus ou moins grandes, des racines de vignes, de broussailles, d'arbustes de différentes espèces, sachant fort bien les utiliser pour les besoins du moment.

En ce qui concerne les vêtements, le linge et autres, comme on n'a pu encore recevoir de France les objets les plus indispensables, officiers et soldats sont dans le dénuement le plus complet, et cela sans avoir la possibilité de rien se procurer. Comment s'étonner, après cela, si tous nous éprouvons plus ou moins les ennuis, les tracas de la vermine qui s'attache à nos corps [1]?

A la fin de décembre seulement commencent à arriver en abondance les vivres, l'eau-de-vie et le café, puis des vêtements chauds, des gilets de flanelle, des sabots.

Le fâcheux état matériel de notre existence pendant ces premiers mois n'altère en rien la bonne humeur de nos sol-

---

1. A cette époque j'étais chef de bataillon, puis lieutenant-colonel; eh bien, j'avais pour tout bagage trois mauvaises chemises, quatre paires de chaussettes trouées, une seule capote qui tombait en lambeaux, un pantalon usé jusqu'à la corde. Que l'on juge après cela de l'état dans lequel devaient se trouver les officiers inférieurs et les soldats, dont tous les effets de réserve avaient été détruits dans l'incendie de Varna, au mois d'août.

dats; la gaieté française trouve encore le moyen de se faire jour à travers toutes ces misères. Dans les camps, on rit, on plaisante, le temps passe, les travaux et les dangers sont permanents; mais nulle part n'apparaît le spleen sur les visages, ou l'affaiblissement moral dans les cœurs.

Depuis neuf mois, notre armée est en Orient. Pendant tout ce temps elle a dû passer par des épreuves de natures bien diverses; cela a permis de constater chez le soldat français un fonds inépuisable de qualités viriles, sa grande aptitude à supporter avec un calme parfait et la plus grande abnégation, les fatigues, les privations, les épidémies, les dangers du champ de bataille, la fougue dans l'attaque. Eh bien, l'expérience du passé et du présent nous enseigne qu'il en sera toujours ainsi quand ses chefs sauront lui inspirer confiance, parler à son cœur, à son amour-propre, à son patriotisme; quand il verra ses chefs toujours préoccupés de son bien-être, l'encourageant par des ordres du jour sympathiques et vibrants, et surtout quand il les verra donner l'exemple de toutes les vertus militaires.

En ces jours si critiques, il faut bien le reconnaître (la suite ne fera que confirmer cette appréciation), la France avait une armée des plus solides, digne à tous égards de l'admiration de la postérité et d'être prise pour modèle.

L'armée anglaise. — Arrivons à l'armée anglaise; les soldats sont braves et solides devant l'ennemi, mais habitués à un plus grand confortable, assez peu à la vie de bivouac dans un pays sans ressources. Livrés à eux-mêmes, ayant une organisation administrative peu pratique, ils ne savent et ne peuvent se tirer d'affaire, souffrent beaucoup, un très grand nombre tombent malades et font des vides difficiles à combler.

Comment s'étonner de cet état de choses quand on songe que ces soldats touchent des vivres, mais ne savent pas comment les faire cuire; que les officiers cherchent peu à leur venir en aide, à s'occuper de la vie matérielle de leurs hommes? C'est l'affaire de l'intendance. Pour les officiers, leur unique mission est de marcher en avant pour le combat.

Aussi voyons-nous les effectifs de nos alliés fondre avec une étonnante rapidité; beaucoup de leurs soldats viennent, dans nos bivouacs, fraterniser avec nos troupiers, chercher dans nos cantines le moyen de se réconforter, soit avec des liquides, soit avec quelques aliments substantiels.

CHAPITRE IV

TEMPÊTES. — CONGÉLATIONS. — ÉPIDÉMIES. — SORTIES DE LA PLACE. — OFFENSIVES DES RUSSES. — TRAVAUX DE TRANCHÉES.

1855. — Janvier-février. — Depuis notre débarquement en Crimée, nous avons eu bien des épreuves à subir, un ennemi énergique à combattre, soit dans des batailles sanglantes, soit dans des rencontres journalières, des fatigues et des privations à supporter, puis des travaux de tranchées à faire de jour et surtout de nuit, sous le feu violent des batteries de la place et des attaques à la baïonnette.

Seulement, dans ces premiers temps de la campagne, il y avait, pour entraîner et exalter nos soldats dans l'accomplissement de leurs devoirs, le stimulant de l'esprit de corps, de l'honneur national, de l'amour-propre, et enfin de la gloire à conquérir. Tous alors couraient à la mort avec un noble entrain, étant fiers de pouvoir contribuer au succès de nos armes.

Dans les premiers mois de 1855, les efforts n'ont plus le même objet ni le même but en perspective. Nous entrons dans une phase toute nouvelle, bien pénible et bien lugubre. Nous n'allons plus avoir en face de nous des êtres humains seulement à attaquer ou contre lesquels il faut se défendre.

Avec eux, du moins, on peut toujours espérer, à force de persévérance et de courage, obtenir la victoire; tandis que, pendant les mois de janvier et février, il va falloir entrer en lutte contre tous les éléments déchaînés sur nos camps, contre les effets délétères et démoralisants des épidémies et des tempêtes.

L'existence sera d'autant plus pénible que nous aurons de bien rares éclaircies nous permettant de respirer, de reprendre courage, de conserver la foi et l'espérance dans l'avenir.

Comment décrire cette période lamentable, meurtrière sans combats? Comment faire connaître les détails de cette longue suite de souffrances qu'eut à supporter notre brave armée et qui firent tant de victimes dans les rangs?

Pendant deux mois, nous avons alternativement des vents furieux du nord, qui nous glacent et nous coupent le visage; des tourmentes d'une neige épaisse qui pénètre partout, des bourrasques impétueuses qui renversent les arbres, les tentes, les baraques des ambulances, les faisceaux eux-mêmes, un froid pénétrant qui, d'une nuit à l'autre, va de —9 à —18, alors que parfois on avait +14 la veille; le tout entremêlé de pluies torrentielles, d'un dégel qui change toute la surface du sol en un vaste marais avec une boue profonde et malsaine. Ajoutez à cela, comme conséquence de ces variations subites, des congélations, des fièvres, le scorbut, le typhus, etc.

Ces perturbations atmosphériques, ces changements subits dans la température, se produisent surtout avec le plus d'intensité et de violence dans les journées des 4, 6, 12 et 16 janvier, puis les 3, 11 et 20 février.

Grottes des soldats. — Leurs souffrances. — Pour résister aux intempéries de la saison, aux rigueurs de cet hiver exceptionnel, pouvoir enfin prendre un peu de repos pendant la nuit où ils ne sont pas de service, nos soldats ont imaginé de se faire de petites grottes sous leurs tentes; pour cela, ils ont creusé le sol à un mètre et un mètre cinquante, rejetant la terre sur les côtés, ce qui leur sert à maintenir les piquets et à donner plus de solidité à la toile; eh bien, malgré ces précautions pour abriter ces véritables taupinières, chaque fois que se produisent des bourrasques, quand la neige tourbillonne en flocons épais, chassés par le vent, elle pénètre quand même dans ces pauvres petites demeures, s'entasse sur les couvertures des soldats, qui sont là inertes, grelottants, transis, privés de tout sommeil, frappés par une sorte de paralysie physique et morale. Comment s'en étonner! Il y a là des corps humains étendus sur une terre profondément imprégnée d'une humidité malfaisante, où l'on respire un air concentré, toutes choses bien faites pour favoriser et développer les germes morbides des maladies contagieuses[1].

Chaque matin, nos malheureux soldats se remuent, s'agitent, cherchent à se réchauffer, à se débarrasser de l'entassement de neige, puis à déblayer l'intérieur et l'extérieur de leurs tanières. Après cela, il va falloir se lancer dans les travaux de tranchées ou dans les services de garde ou d'avant-postes.

Il faut bien le reconnaître, toutes ces misères de la nuit préparent mal le corps humain aux occupations militaires de la journée; néanmoins, quand arrive l'heure de monter la garde, de partir en corvée pour aller au loin chercher des vivres, du matériel, des munitions, il faut marcher au milieu des rafales qui aveuglent, parcourir de vastes surfaces couvertes de deux pieds de neige, pouvant difficile-

1. Sur l'avis des médecins en chef de l'armée, l'état-major général prescrivit, au bout de peu de temps, et après avoir bien étudié la question, le déplacement des tentes, surtout de celles sous lesquelles on avait fait des grottes, d'établir ces tentes sur un sol nivelé, afin d'avoir une meilleure aération, et en outre d'exposer fréquemment les objets de couchage en dehors des tentes.

ment s'ouvrir un passage; parfois même il faut s'atteler aux voitures et les traîner péniblement.

Quand les soldats ne sont pas de service, les voilà condamnés à rester immobiles sous une tente où l'on grelotte, à vivre sans distraction, sans pouvoir allumer du feu pour préparer la soupe[1].

La position des officiers n'est guère meilleure : souvent l'intérieur de leurs tentes est envahi par la neige, le repos ne leur est pas possible; en dehors du service, ils ne peuvent se livrer à aucun travail intellectuel; toujours transis de froid, il leur est bien difficile de tenir une plume, de tracer une ligne : souvent l'encre est solidifiée et gelée.

Cet affreux temps répand la tristesse dans les camps; les esprits s'agitent, les idées sont noires. Beaucoup envisagent les événements sous un mauvais côté, il y a du pessimisme dans l'air, on augure mal d'une campagne contrariée chaque jour par tant de catastrophes. Les uns vont jusqu'à se demander pourquoi, au lieu d'immobiliser deux belles armées devant les fortifications de Sébastopol, on n'a pas songé à des opérations dans l'intérieur de l'empire.

Séjour dans les tranchées. — Mais combien les misères du camp sont peu de chose à côté de celles subies dans les tranchées! Là, les travailleurs et les hommes de garde ne peuvent s'abriter nulle part; toujours en plein air, debout ou couchés, ils doivent sans cesse être en éveil afin d'éviter toute surprise.

Mouillés jusqu'aux os, ils souffrent horriblement du froid, surtout la nuit, où ils ne peuvent se mouvoir de leur

---

[1]. La journée la plus désastreuse a été celle du 16 janvier : il y a eu un vent du nord glacial, un amoncellement de neige. Le thermomètre est descendu à plus de 18° au-dessous de zéro. Les routes étaient impraticables. Les médecins assurent que si ce temps continue, il deviendra impossible de laisser les hommes dans les tranchées, tous devant en arriver à mourir de congélation. La journée du 11 février a été presque aussi mauvaise.

poste d'observation, de crainte d'être surpris par un adversaire vigilant, toujours aux aguets.

Au dégel, les hommes de service aux tranchées, à la suite des pluies ou du dégel, sont enfoncés jusqu'aux genoux dans des boues glacées et, ce qu'il y a de pénible, sont obligés de rester dans une immobilité désespérante.

Les intempéries qui se succèdent à peu d'intervalle ont pour effet de produire plusieurs maladies d'espèce différente : les uns sont atteints par le scorbut, par la dysenterie, par le choléra ; un certain nombre par des congélations aux pieds, ce qui nécessite des amputations, presque toujours suivies de mort. Souvent la gangrène se met dans des blessures légères, alors qu'il n'a pas été encore possible de procéder à l'évacuation des malades, dont le nombre augmente tous les jours.

Aux ambulances, l'accumulation des malades engendre la fièvre typhoïde et, comme conséquence, une mortalité assez accentuée.

Les jeunes soldats, arrivés depuis peu de France, sont les plus éprouvés. A leur débarquement, presque tous les régiments doivent payer un large tribut d'acclimatation, alors que les anciens corps, avec un moral mieux trempé, avec plus d'expérience, plus d'habitude du bivouac et des misères qu'il comporte, souffrent, eux aussi, mais sont beaucoup moins atteints par les maladies.

Quoi qu'il en soit, vers la fin de janvier et dans le mois de février, on peut enfin évacuer sur Constantinople et sur la France les malades et les blessés, au nombre de plus de six mille.

Pendant cette néfaste période de la campagne, on a pu constater avec un légitime orgueil patriotique combien, sous les glaces de la vie extérieure, nos soldats avaient su conserver dans son intégrité la force morale et le sentiment du devoir ; en effet, si la fusillade se fait entendre, si une sortie de la place sur nos tranchées est signalée, tous alors secouent résolument le marasme glacial qui pèse sur eux et courent aux armes avec entrain. Ces divers incidents, il est vrai, sont assez rares quand se produisent ces terribles ouragans qui paralysent toutes les forces, c'est-à-dire que les souffrances sont aussi cruelles pour les assiégés que pour les assiégeants. Aussi, très souvent, on semble avoir conclu des deux côtés, par la force des choses, une sorte d'armistice tacite[1].

Attitude de notre général en chef pendant l'hiver. — Le général Canrobert fait tous ses efforts pour alléger ces rudes épreuves à nos soldats; toujours debout, il parcourt nos camps, va aux tranchées, visite les ambulances, partout cherche à remonter le moral, à donner des encouragements, à secouer la fibre patriotique. Sur sa demande on a envoyé de France des bâtiments chargés de provisions et d'effets de toute nature. De suite, il s'empresse, dans le courant de février, de faire distribuer aux hommes de service des peaux de mouton préparées à l'avance pour garantir le corps contre les rigueurs du froid, des capotes à capuchon, des sabots, des chaussons de laine, des guêtres en cuir; à un très grand nombre, dans les camps, on donne des couvertures de campagne.

Quant à la nourriture, il fait augmenter la ration réglementaire, confectionner un pain un peu primitif au moyen de fours de campagne, et parvient à en faire distribuer deux et trois fois par semaine, alternant avec le biscuit, qui devient difficile à digérer. On arrive enfin à pouvoir toucher un peu de vin et d'eau-de-vie. L'armée est bien reconnaissante à son chef de sa très grande sollicitude, de son grand

---

1. Le 12 janvier, au plus fort de la tourmente, nos francs-tireurs se sont avancés contre les Russes et ont enlevé une embuscade sous un feu des plus violents.

Le 20 février, malgré un temps épouvantable, il y a une tentative de sortie sur la Tchernaïa. Enfin, le 24, a lieu l'attaque du Carénage.

Chaque fois, les hommes ont été solides dans les rangs et pleins de moral.

dévouement pour tout ce qui concerne le bien-être de ses subordonnés.

Seulement, quand, le soir, retiré dans sa tente, notre général est plongé dans ses réflexions, les intimes de son entourage peuvent constater combien il est soucieux, préoccupé de la lourde responsabilité que lui imposent les événements et les rigueurs de l'hiver.

L'armée anglaise pendant l'hiver. — Si les ouragans et les tempêtes nous font éprouver des pertes sensibles, c'est bien autrement désastreux chez nos alliés; les effectifs de leurs corps de troupes se fondent tellement qu'ils finissent par avoir bien peu de monde dans les rangs; c'est à un tel point que lord Raglan en arrive à solliciter notre intervention pour aller occuper la plus grande partie de ses tranchées; il y allait de l'intérêt commun, il nous faut donc envoyer les deux divisions arrivées tout récemment de France, pour prendre la charge des travaux d'approche de Malakoff et du Mamelon-Vert; nous avons en outre la charge de toute la longue ligne de circonvallation, le tout en dehors du siège de gauche où nous continuons nos travaux.

Par suite de cette distribution de charge, les Anglais conservent seulement les tranchées devant le Grand Redan, c'est-à-dire moins du sixième de l'ensemble des travaux à faire contre la ville et contre l'extérieur. C'est donc sur une partie assez restreinte qu'ils auront désormais à agir.

De plus, il nous faut envoyer toute une brigade, celle du général Vinoy, pour garder les positions près de Balaklava, où sont toutes les ressources de nos alliés, fournir des travailleurs pour continuer la construction d'une redoute qu'ils ont dû abandonner, faute de bras.

En dehors des travaux du siège, nous devons encore leur venir en aide sous les formes les plus variées : leur fournir des corvées de fantassins, des voitures pour le transport des vivres, des munitions et autres; leur prêter notre concours pour une foule de détails des services administratifs, et cela parce qu'ils ont vu successivement disparaître de leurs camps les chevaux de trait et de selle, les domestiques et les cantinières des compagnies, les entrepreneurs, les employés civils de toute nature que toute armée anglaise traîne à sa suite et qui sont des aides indispensables, non seulement pour les travaux de tranchées, mais aussi pour l'intérieur du camp et même pour la préparation des aliments nutritifs.

Les Anglais se servent également des soldats de l'armée turque comme bêtes de somme, transportant sur leurs épaules, de Balaklava au dépôt des batteries du Moulin, des bombes, des boulets et autres approvisionnements d'artillerie.

Mais combien les choses vont changer de face quand pourra fonctionner le chemin de fer du point de débarquement à celui du camp de nos alliés, surtout au printemps de 1855! Alors arrivent d'Angleterre des bâtiments chargés de baraques toutes préparées pour le service des ambulances et le logement des troupes, de grandes tentes doubles, des vivres en abondance et des plus réconfortants; des cuisines pour les soldats, des tables, de la vaisselle, enfin un personnel civil pour des travaux de toute nature, même pour le service de portefaix. Dans tous les corps on verra s'étaler un luxe un peu excentrique : les officiers parfaitement installés, avec des lits complets, des armoires, des secrétaires, des cheminées. Quant aux soldats, ils seront pourvus d'un bien-être intérieur complètement inconnu chez nous en temps de paix; leur nourriture sera aussi complète et aussi luxueuse que peuvent le désirer de véritables gentlemen.

C'était outrepasser les nécessités du jour et créer pour l'avenir des appétits et des aspirations trop souvent irréalisables.

Pendant cette période épouvantable, on eut à constater dans les deux armées quelques rares défaillances individuelles, comme il s'en produit, du reste, dans toutes les armées en campagne, même parmi les mieux organisées et les mieux trempées. Ainsi, on voit certains officiers qui s'étaient montrés très vaillants en face de l'ennemi, en arriver à manquer de moral et de résignation, devenir de faux malades, se glisser au milieu des blessés ou de ceux atteints par les épidémies et partir pour la France, y chercher du repos et fuir momentanément de nouvelles épreuves.

D'autres sont assez habiles, une fois arrivés dans la capitale, pour profiter de l'intérêt porté à l'armée par toute la nation pour se faire décerner des récompenses dont sont privés des camarades restés aux postes de l'honneur, de la souffrance et du dévouement à tous leurs devoirs. Du reste, le moral des restants ne fait que s'accroître à la suite de la défection de quelques pusillanimes.

Dès le 7 novembre, le prince Napoléon a donné le mauvais exemple de quitter ses troupes sans motifs plausibles ; il s'est embarqué pour ne plus revenir. Mais il a si peu le sentiment militaire, si peu de goût pour la guerre, que ce n'est pas une perte pour l'armée : personne, dans nos camps, ne regrette de le voir disparaître.

Au milieu de toutes les péripéties de ce temps épouvantable, on continue à construire de nouvelles redoutes, de nouvelles batteries, surtout sur le plateau d'Inkermann et sur les approches de la place ; néanmoins on commence à s'étonner dans nos camps du peu d'efficacité des feux de notre artillerie ; parfois on en arrive à considérer les Russes comme étant assiégeants, tellement leur feu est plus intense, leurs sorties de nuit plus fréquentes. Aussi on ne se gêne pas pour critiquer nos ingénieurs, si confiants dans leurs principes absolus, si sûrs de leurs appréciations théoriques, et maintenant devenus si hésitants, si perplexes.

L'artillerie, elle aussi, est l'objet de la critique. Ces deux armes cependant ont fait les plus louables efforts pour mener à bien leurs travaux de tranchées et le tir de leurs batteries ; en toutes circonstances leurs officiers ont payé de leur personne ; et s'ils ont été impuissants à surmonter toutes les difficultés, cela tient surtout à des circonstances toutes particulières, à l'énergie et à la ténacité de nos adversaires.

1855. — Janvier-février. — Attaques et combats dans les tranchées. — Pendant ces deux mois d'un hiver rigoureux, malgré les souffrances de nos soldats, il y a non seulement de grands travaux de terrassement à exécuter, mais aussi beaucoup de combats partiels, des luttes opiniâtres dans les tranchées, des feux plus ou moins nourris, tout cela par intermittence et par surprise. Chaque fois, nos éclaireurs volontaires se couchent par petits groupes en avant de nos approches, s'avancent en rampant pour enlever les postes ennemis ou pour prévenir toute offensive de leur part ; en agissant ainsi, ils peuvent informer de tout ce qui se prépare dans l'ombre, se montrer assez souvent agresseurs infatigables, sachant voir à travers les ténèbres de la nuit, et avec cela supporter allègrement les intempéries, dont d'autres souffrent et meurent.

Le 12 janvier, ils s'avancent et démolissent une embuscade russe, ayant su profiter du moment où la tempête et les ouragans sévissaient dans toute leur intensité.

Dans la nuit du 14 au 15 janvier, il y a des attaques vigoureuses de la part des Russes contre les tranchées anglaises et contre les nôtres ; après une vive fusillade, on s'aborde corps à corps ; il y a pas mal de tués et de blessés au 74º de ligne, mais enfin l'ennemi est repoussé.

Le 1er février, à cinq heures du matin, il y a une alerte du côté des Anglais ; notre division (général Bosquet) prend les armes, se porte en avant pour appuyer nos alliés, mais, après une marche rapide, on nous fait connaître que tout est terminé : les Russes repoussés ont dû rentrer dans la ville.

Cette même nuit du 1ᵉʳ février, il y a du côté des tranchées de gauche une sortie des Russes, un fort engagement où le commandant du génie Sarlat est tué, et le capitaine Fournier grièvement blessé.

Le 20 février, le général Canrobert, de concert avec lord Raglan, donne des ordres pour une attaque de nuit contre les troupes établies dans la vallée de la Tchernaïa ; toutes les mesures ont été sagement prises ; mais peu après minuit, alors que toutes les troupes désignées sont en mouvement, le temps devient tellement affreux qu'il y a contre-ordre à la concentration convenue au pont de Traktir.

Nos troupes, averties à temps, font demi-tour, mais pour regagner les plateaux elles doivent s'avancer dans une boue épaisse, recevoir dans la figure des rafales de neige, gravir avec les plus grands efforts les pentes escarpées du mamelon où sont établis nos camps. Enfin, vers huit heures du matin nous y arrivons, mais c'est à peine si les corps peuvent reconnaître leurs emplacements, tellement les monceaux de neige ont rendu les surfaces méconnaissables ; les tentes sont presque entièrement ensevelies, beaucoup échappent à tous les regards.

Les Anglais, avertis plus tard, ont beaucoup plus à souffrir ; ils rejoignent leurs bivouacs dans le courant de la journée, après avoir eu à supporter les rafales de neige pendant toute la nuit et une partie du jour.

Construction de la redoute des ouvrages blancs. — Le 22 février, les Russes profitent de nos lenteurs dans les attaques sur Malakoff pour augmenter leur défense et la pousser en avant des fronts primitifs ; ils couvrent de parapets et de batteries les mamelons, en avant des points de l'enceinte sur lesquels sont dirigés nos cheminements ; pendant la nuit ils construisent une redoute sur le plateau, appelée plus tard les *ouvrages blancs*, là où nous allons avoir à livrer de rudes combats.

Le 24 février, à deux heures du matin, nous dirigeons une attaque contre les batteries du Carénage et contre la redoute, qui a été singulièrement renforcée.

Une colonne forte de cinq bataillons, sous les ordres du général de Monnet, est chargée de l'opération. Malheureusement, on se heurte contre un ennemi qui est sur ses gardes et qui nous bat d'écharpe par le feu de ses navires. Un combat des plus violents s'engage, et finalement nous devons battre en retraite sans avoir pu obtenir un résultat satisfaisant. On a eu le tort de diriger l'attaque pendant la nuit : elle réussit rarement ; car, dans ces sortes d'opérations, quand on a des effectifs un peu importants, il est bien difficile de tenir son monde dans la main ; plusieurs fractions appuient mollement et sans ensemble.

Le 2ᵉ zouaves a eu surtout à souffrir : dirigé vigoureusement par le colonel Clerc, il a eu quatre officiers tués, douze de blessés, deux de disparus, et cent quarante hommes tués ou blessés. Le général de Monnet est atteint assez grièvement ; quant au colonel Clerc, tous ont admiré son calme, sa bravoure et son entrain dans cette lutte meurtrière.

Le lendemain, à midi, il y a une suspension d'armes pour enterrer les morts et enlever les blessés. Pendant ces opérations, les officiers et les soldats russes se montrent très courtois pour les zouaves, leur serrent la main avec empressement ; malgré l'état de guerre, on peut constater qu'il y a une vraie sympathie entre les deux peuples, accidentellement en hostilité.

Quoi qu'il en soit, les Russes profitent de l'armistice pour étudier le terrain et, dès la nuit suivante, construisent une nouvelle redoute en face de nos tranchées des plateaux d'Inkermann.

Nouvelles du camp. — On fait courir le bruit que Gorthschakoff a signé à Vienne les bases d'un traité offert par les alliés. Beaucoup voient là un indice d'une paix prochaine ; d'autres, au contraire, sont incrédules : ils considèrent ces démonstrations comme un moyen de traîner les choses en longueur, d'empêcher l'envoi de nouveaux renforts, avec la perspective de reprendre les opérations au printemps.

D'un autre côté, on annonce l'arrivée prochaine de cinquante mille nouveaux soldats français et autant d'anglais, de trente mille Turcs sous Omer-Pacha.

Le général Niel, directeur des travaux des tranchées. — Le général Niel, envoyé en mission par l'empereur, arrive au camp à la fin de janvier. De suite il se met à examiner les travaux de tranchées, cherche à se rendre compte de ce qui a été fait; après quoi il fait connaître ses idées, mais surtout ses critiques, fait ressortir le tort que l'on a eu de diriger l'attaque principale sur la gauche, au lieu de marcher droit sur la tour Malakoff, d'où l'on dominerait la ville et le port. Peu après il repart pour la France, paraissant peu rassuré sur le résultat de ce siège. A peine arrivé à Constantinople, il reçoit l'ordre du ministre de la guerre de retourner en Crimée pour se mettre sous les ordres du général en chef.

Il revient à la fin de février, et dès ce moment va jouer le rôle principal dans la direction des travaux du siège.

Le 7 de ce même mois de février, une partie de la garde impériale débarque à Kamiesch, sous les ordres du général Ulrich, puis arrivent successivement trois nouvelles divisions.

Peu après, on organise les troupes en deux corps d'armée : le premier est placé sous les ordres du général Pélissier, qui est chargé du siège de gauche; le second sous le général Bosquet, chargé de défendre les lignes de circonvallation, des attaques contre Malakoff et contre les autres ouvrages de la droite. Chaque corps d'armée comprenait quatre divisions.

Formation des zouaves de la garde. — Le 31 janvier, nous apprenons la nomination du colonel de Lavarande comme chef du régiment de zouaves de la garde, nouveau corps qui doit s'organiser sur place avec des éléments pris dans les trois régiments de zouaves et dans les bataillons de chasseurs à pied; j'apprenais en même temps que j'en étais nommé le lieutenant-colonel.

Le 12 février, ayant été remplacé au 50e par le lieutenant-colonel Adam (un de mes anciens camarades des zouaves), je vais me trouver sans emploi jusqu'au moment où on aura réglé tous les détails de l'organisation du nouveau corps. Le général Canrobert veut bien me faire venir à son état-major pendant toute cette période d'attente. En allant faire mes adieux à mon chef, le général Bosquet, il ne se gêne pas pour m'exprimer tout son mécontentement d'une formation qu'il trouve tout à fait inopportune, car elle lui enlève les meilleurs éléments des trois régiments de zouaves placés sous ses ordres. Certes, il avait bien un peu raison, mais je n'y pouvais rien, et, tout en comprenant la faute commise, vu les grandes pertes éprouvées par ces régiments depuis le commencement de la campagne, j'étais fier d'avoir été désigné pour faire partie de ce nouveau corps d'élite. Du reste, il faut bien le dire, on est assez mécontent dans les bivouacs de ces innovations, surtout dans le corps où l'on va puiser les plus solides éléments constitutifs, et cela en présence de l'ennemi.

Le 16 mars, le général Canrobert remet le drapeau au régiment et nous fait une très chaleureuse allocution [1].

Notre très sympathique colonel de Lavarande prend le commandement, et de suite donne des instructions pour l'installation des diverses compagnies sur l'emplacement désigné.

---

1. Voir, aux appendices, l'allocution du général Canrobert, — et la composition du nouveau régiment des zouaves de la garde.

A partir de ce moment, notre nouveau corps participe aux travaux et aux luttes dans les tranchées de gauche et dans celles du plateau d'Inkermann. Chaque bataillon est de service tous les deux ou trois jours.

Dans l'intervalle, les hommes sont employés aux corvées, aux reconnaissances, aux transports des fascines, des gabions et autres.

CHAPITRE V

MARS ET AVRIL 1855. — TROISIÈME PÉRIODE DU SIÈGE

Établissements de nouvelles parallèles, constructions de batteries, de redoutes. — A la période d'attente, dans une sorte d'immobilité et de torpeur, vont succéder des efforts gigantesques pour gagner du terrain, des luttes meurtrières; nuit et jour, nous allons chercher à augmenter les abris et les engins de guerre; seulement, à toutes ces tentatives, on va se heurter à la résistance la plus énergique. C'est avec un acharnement indescriptible que, de part et d'autre, on va mener la campagne.

Dès les premiers jours de mars, la température est devenue meilleure; en dehors de quelques bourrasques de neige, de pluie et de vent, nous avons de beaux jours, parfois un soleil brillant; nous en profitons pour pousser nos travaux de tranchées. Les Russes, de leur côté, s'empressent d'établir, en avant de leurs fortifications, des première, deuxième et troisième lignes de défense; ils multiplient les trous de loups, les fossés, les abatis.

Chaque matin nous voyons surgir, comme par enchantement, de nouvelles embuscades, des batteries, des retranchements, même des redoutes. Tous ces éléments de défense sont reliés entre eux de manière à en faire une sorte de cuirasse couvrante. Après cela, comment s'étonner de les voir se porter hardiment contre nos lignes, engager des combats incessants avec nos soldats, produire chaque nuit des alertes, des surprises sur nos grand'gardes, des luttes à la baïonnette ?

Il faut rendre cette justice à nos adversaires, ils ont un talent merveilleux à remuer la terre, à créer les obstacles les plus inattendus. Pour tous ces travaux, ils vont beaucoup plus vite que nous.

Aussi, dans les engagements journaliers où le feu des batteries et la fusillade sont plus ou moins intenses, nos travailleurs et nos hommes de service sont constamment sur le qui-vive, toujours prêts à repousser les attaques des Russes, et supportant très allègrement les fatigues et les dangers de la situation.

Ne pouvant entrer dans tous les détails des événements militaires qui se sont produits pendant ces deux mois, je me contenterai de signaler les faits les plus saillants, ceux surtout où j'ai pu jouer un rôle ou qui m'ont été racontés par des témoins oculaires.

Le 1er mars, le général Canrobert passe la revue de la garde impériale; il annonce qu'il y aura bientôt un coup de foudre tombant sur la ville; la garde est appelée à jouer dans le drame qui se prépare un rôle important; sa place est marquée au premier rang.

Malgré les chaleureuses paroles de notre général en chef, beaucoup sont peu croyants sur les résultats promis; à l'état-major général, les esprits sont un peu perplexes : le général Trochu est presque le seul à avoir pleine confiance; tous les jours il se montre enthousiaste et communicatif.

D'après les bruits qui courent, l'intention du commandant de l'armée serait de faire ouvrir le feu de toutes les batteries (soit quatre cents pièces françaises, cent anglaises) vers le 13 mars, afin de pouvoir livrer l'assaut de suite après. Malheureusement, les Anglais ne sont pas prêts, leurs travaux avancent lentement. Cela tient à bien des causes : tout d'abord au caractère national, lent et méthodique; au manque de prévoyance des chefs; aux ouragans des mois précédents et aux nombreuses maladies qui en ont été la conséquence. Il faut donc tout remettre en question, attendre des circonstances plus favorables. Cela jette un certain désarroi dans nos états-majors, et même un certain mécontentement.

Mort de l'empereur Nicolas. — Le 6 mars, nous apprenons la mort de l'empereur Nicolas; certains pensent qu'il pourrait en résulter une paix prochaine; beaucoup n'ont pas cette illusion, surtout pour qui connaît le caractère russe et sa ténacité dans la lutte.

Ce même jour, deux officiers d'origine polonaise désertent et viennent dans nos camps nous donner une foule de détails sur ce qui se passe en ville. On ajoute peu de foi à tous leurs racontars et à leur sincérité.

Le 8 mars, on annonce la dislocation du ministère anglais; la cause en est dans la mauvaise direction imprimée aux différents services administratifs et techniques de l'armée, et enfin à l'impression produite sur le peuple par les combats sanglants de Balaklava et d'Inkermann.

Dans la soirée, il est fait des essais de feux électriques; mais ils produisent si peu d'effets utiles ou pratiques qu'ils sont vite abandonnés, étant considérés comme relevant des expériences scientifiques seulement. Le 12 mars, Omer-Pacha vient conférer avec les généraux alliés pour s'entendre sur les opérations qui se préparent. On parle d'une vigoureuse offensive ayant Eupatoria pour base, afin d'empêcher les renforts et les vivres d'arriver jusqu'à Sébastopol par l'isthme de Pérécop; en outre, une armée turque de trente mille hommes viendrait s'installer sur nos lignes de circonvallation, pour nous permettre de donner plus de développement à nos ouvrages avancés vers la ville.

Combats dans les tranchées. — Offensive des Russes. — Efforts sur Inkermann et sur Malakoff. — Pendant la nuit, les Russes, qui craignent pour leurs ouvrages du Mamelon-Vert, font des travaux considérables de retranchements et même une redoute nouvelle.

Le 14 mars, il y a une lutte acharnée du côté d'Inkermann, entre les avant-postes; plusieurs embuscades sont prises et reprises, on s'aborde à la baïonnette; le 3ᵉ régiment de zouaves se fait remarquer, dans cette circonstance, par son entrain et sa vigueur. De part et d'autre il y a pas mal de tués et de blessés, sans avoir pu donner un résultat favorable.

Cette lutte n'empêche pas les Russes de construire de nouveaux ouvrages en avant de Malakoff; ils font ce travail avec une rare activité; une nuit leur a suffi pour établir devant nous un retranchement qu'il va falloir démolir à coups de canon.

17 mars. — Nouvelle lutte dans les tranchées de Malakoff; pendant plus de quatre heures on ne cesse de combattre, de se joindre à la baïonnette. Le 3ᵉ zouaves est encore très éprouvé; le capitaine Bouis est tué, dix officiers sur quatorze sont blessés, cent cinq hommes sont mis hors de combat. Le lieutenant-colonel Vaissier, du 7ᵉ léger, est tué (c'était un ancien camarade d'Afrique, un véritable ami pour moi). L'armée perd un brave officier, plein d'avenir.

Cette affaire était un échec pour nous; elle donne confiance aux Russes et exalte leur moral.

22 mars. — Les luttes journalières et opiniâtres avec nos adversaires, les offensives incessantes qu'ils prennent contre nous, sont loin de diminuer le moral et la confiance de nos chefs, car, dès le 22, ils n'hésitent pas à diriger une attaque vigoureuse sur les embuscades russes établies en avant de Malakoff ; on les enlève au milieu d'une fusillade des plus meurtrières. Le 1er bataillon du 1er régiment de zouaves se montre audacieux et tenace. Malgré de nombreuses pertes, il se maintient sur les positions conquises.

A la nuit tombante, dix à douze mille Russes viennent attaquer nos travaux de cheminements ; un combat des plus sanglants s'engage aussitôt. On lutte corps à corps ; le 7e léger et le 3e régiment de zouaves sont abîmés, ils perdent beaucoup de monde, surtout en officiers. Au 3e zouaves, le commandant Banon, les capitaines de Crécy, Champeaux (tous deux mes camarades de Saint-Cyr), Paoli, ainsi que deux jeunes sous-lieutenants sortis de l'École et arrivés de la veille, sont tués ; parmi les blessés se trouvent le capitaine Brincourt, atteint de coups de feu et de baïonnettes qui lui font quinze blessures sur toutes les parties du corps ; les lieutenants Leclerc, Japy, Lalanne et d'autres encore. Il reste bien peu de monde dans les rangs de ce pauvre bataillon que je commandais quelques mois avant comme chef de corps [1].

Dans cette rude affaire, le général d'Autemare se fait remarquer par son calme, par sa prévoyante initiative. On signale également la belle attitude du colonel Jannin, du 1er zouaves ; blessé à la tête par une balle, il a le visage déchiré par des éclats ; malgré cela, il reste tout ensanglanté au milieu de ses soldats, leur donnant l'exemple de la bravoure, du calme dans le danger.

Les pertes de cette journée me sont d'autant plus sensibles que la plupart des tués avaient été pour moi de vérita-

---

1. Le lieutenant Japy, après s'être distingué en Afrique, en Crimée, au Mexique, est devenu général de division, puis commandant de corps d'armée en 1886. C'était un officier grand, très robuste, avec cela de belles qualités militaires, mais peu d'éducation, peu de tenue, nature abrupte.

Le lieutenant Lalanne s'est fait remarquer par sa vaillance en Afrique, en Crimée, au Mexique. A pris sa retraite étant général de brigade.

bles amis, d'anciens compagnons d'armes sur la terre d'Afrique. Les Russes, de leur côté, perdent énormément de monde et laissent sur ce champ de bataille pas mal de tués et de blessés, sans pouvoir les emporter.

Maintenant, il faut bien le dire, si dans cette affaire nous avons eu tant de pertes à déplorer, des combats si ardents à soutenir, les Anglais ont bien des reproches à se faire. Ils étaient très rapprochés du terrain de la lutte, et avec un peu de prévoyance et de hardiesse il leur était très possible de venir à notre aide. Au lieu de cela, ils ont laissé les Russes s'établir dans leur quatrième parallèle, sans y faire une bien vive opposition, ce qui a permis à nos adversaires de diriger leurs attaques sur nos flancs.

Le 24 mars, il y a un armistice pour enterrer les morts, relever les blessés; nos relations avec les officiers sont encore des plus sympathiques; ils ne cachent pas le désir qu'ils ont de voir cette guerre finir à bref délai. Eh bien, les officiers des deux nations, aujourd'hui si gracieux les uns pour les autres, vont, dans quelques heures, pour l'accomplissement de leurs devoirs patriotiques, faire commencer le feu, chercher à se détruire. Ainsi le veut l'honneur militaire.

Ce même jour, on reçoit à l'état-major général la lettre d'un officier français, détenu comme prisonnier à Sébastopol, dans laquelle il demande différents effets personnels restés au camp; en même temps il fait le plus grand éloge des Russes, exalte leur haute bienveillance à son égard. Cette lettre est fort mal accueillie, comme par trop personnelle et égoïste; aussi on s'empresse de la brûler sans y faire de réponse.

Jusqu'à la fin du mois, le jeu des batteries, les travaux de tranchées, les engagements aux avant-postes, continuent tous les jours et toutes les nuits sans incidents bien particuliers. Les efforts se portent surtout sur le plateau d'Inkermann et contre les fortifications russes établies à Malakoff, au Mamelon-Vert et sur le plateau du Carénage (dit ouvrages blancs).

Le 7 avril, le colonel de Lavarande est nommé général de brigade, et est remplacé aux zouaves de la garde par le colonel Jannin, du 1ᵉʳ régiment de zouaves ; mais, n'étant pas encore remis de ses blessures du 22 mars, il ne peut nous rejoindre que trois semaines plus tard. Je regrette bien le colonel de Lavarande : c'était un officier des mieux doués au point de vue militaire et de l'éducation, plein d'ardeur, très expansif, très calme au feu ; en somme, très sympathique à tous ceux qui l'approchaient ; avait altéré sa santé par des excès de fatigue, et aussi par une vie exubérante de plaisirs et de jouissances.

Il devait être tué le 7 juin au sanglant combat livré aux ouvrages blancs, ouvrages auxquels on donna son nom [1].

Le feu de nos batteries contre la place. — Le 9 avril, à six heures du matin, après avoir tout préparé à l'avance pour livrer l'assaut, les cinq cents pièces des batteries françaises et anglaises ouvrent un feu des plus violents contre les défenses de la ville.

Les Russes sont surpris d'une attaque aussi brusque, et ripostent faiblement dans les premiers moments, mais se remettent vite et ne tardent pas à faire agir les mille pièces qu'ils ont en position sur leurs remparts.

Pendant toute la journée, les obus et les boulets tombent sur la ville et dans nos tranchées comme un véritable ouragan, et cela malgré une pluie diluvienne qui inonde nos fossés, en rend le parcours très difficile ; nos hommes sont

---

1. Le colonel Jannin, mon nouveau chef au régiment de zouaves de la garde, était le frère du capitaine du vaisseau *le Charlemagne*; comme moi sortait du 3ᵉ zouaves ; très brave soldat, fortement trempé, avec des muscles d'acier ; à côté de cela, nature insouciante, n'aimant pas à s'occuper des détails du service.

trempés jusqu'aux os; ils ont une eau saumâtre jusqu'aux genoux, mais rien ne les arrête : tous sont à leur poste et continuent la lutte. Plusieurs batteries russes sont abîmées et réduites au silence.

On s'attend à un assaut au bastion du Mât et aux ouvrages en avant de Malakoff; mais on ne tarde pas à y renoncer, n'ayant pu faire aucune brèche, et la plupart des pièces de l'ennemi continuant leur feu contre nous.

Pendant ce combat d'artillerie sur le plateau, l'armée russe, établie dans la plaine de la Tchernaïa, doit abandonner son camp, qui est complètement inondé par la pluie et par la rivière débordée, et aller occuper le terrain vers les forts du nord.

Les jours suivants, 10, 11 et 12, on continue à cribler les ouvrages russes, mais notre feu est intermittent et moins vif; on règle le nombre de coups à tirer dans les vingt-quatre heures par chaque pièce, laissant une certaine initiative pour choisir le moment opportun.

Nos travaux d'approche continuent avec une nouvelle activité; l'ennemi, de son côté, ne reste pas inactif : il riposte vigoureusement, est de plus en plus résistant quand on marche sur ses ouvrages.

Le 11, le général Bizot, du génie, en visitant les tranchées, est blessé grièvement et meurt quelques jours après.

Le 12 au soir, nous parvenons à nous emparer de plusieurs embuscades, en face de nos attaques de gauche; mais peu après les Russes reviennent, renforcés par leurs réserves, se jettent avec fureur sur nos faibles détachements, reprennent les positions et les embuscades dont ils avaient été chassés. Dans ces engagements, nous avons pas mal de tués et de blessés, surtout en officiers.

Le 13 au soir, non déconcertés par notre échec de la veille, le général de Salles n'hésite pas à faire avancer hardiment ses troupes pour reconquérir les embuscades où nous étions établis. Après un combat sanglant, nous finissons par rester maîtres du terrain, et de suite après on construit une quatrième parallèle tout près du cimetière. Dans cette affaire nous avons eu quatre-vingts tués et cent cinquante blessés.

Le 15 avril, tous les efforts de notre artillerie sont dirigés sur les ouvrages blancs et sur le Mamelon-Vert : la canonnade dure toute la journée. Comme les Russes tirent peu, cela nous permet d'avancer nos travaux d'approche.

Vers neuf heures du soir, le génie fait sauter une mine vers le bastion du Mât, des détachements s'y précipitent et peuvent établir des logements avec défenses, sur une longueur de quarante mètres. A ce moment, les Russes, croyant à un assaut préparé, font un feu d'enfer de toutes leurs pièces, mais sans beaucoup de résultats et sans nous forcer à quitter la position conquise.

Pendant la nuit, il y a une vive fusillade sur toute la ligne des tranchées, tout le monde est sur le qui-vive. Nos bombes allument des incendies dans la ville et font sauter une poudrière.

Le 19 avril, dans la soirée, les Anglais se jettent sur les embuscades russes établies devant leurs tranchées et les enlèvent après un sérieux engagement. Aussitôt après, un feu violent est dirigé contre nous; le canon tonne avec vigueur de part et d'autre, on finit par s'aborder à la baïonnette; toute la nuit il y a un véritable carnage. Mais, après les plus grands efforts, nous finissons par arriver à quarante mètres du bastion du Mât; c'est un véritable progrès, mais il nous faut momentanément en rester là.

Le 21 avril, notre feu se ralentit. Celui des Russes, au contraire, augmente en intensité. Pendant la nuit, nous faisons sauter une mine, afin de pouvoir rejoindre les quatrièmes parallèles et les entonnoirs (près le bastion du Mât).

Cette tentative ne réussit pas; plusieurs de nos hommes

sont tués ou blessés, entre autres le capitaine du génie Hezette. A un certain moment il y a même une panique dans la batterie n° 25, mais elle dure peu; les hommes deviennent plus calmes et reprennent leur poste.

Le 24 avril, les Russes sont venus établir des embuscades à petite distance de nos avant-postes du bastion du Mât, et cela par suite d'un malentendu ou d'un ordre mal donné; les hommes de garde se sont abstenus de tirer, laissant l'ennemi tranquillement à son ouvrage, rapproché des nôtres.

Le général de service est furieux de ce contretemps; immédiatement il donne des ordres pour que cette embuscade soit enlevée à sept heures du soir. L'opération réussit, mais on fait sur notre détachement un feu tellement épouvantable et meurtrier qu'il devient impossible de s'y maintenir. On doit donc l'abandonner, après avoir perdu une centaine de tués ou blessés.

Le 25 avril, le bruit court dans nos camps que notre général en chef est tiraillé en sens contraires : d'une part le gouvernement lui recommande de ne rien précipiter sans le concours des Anglais, qui, eux, ne semblent pas vouloir user de moyens extrêmes. A toutes les propositions d'attaque, ils opposent une force d'inertie difficile à vaincre. Et, du reste, ils travaillent peu à leurs tranchées et gagnent bien peu de terrain.

Le 26, le feu cesse à peu près complètement de part et d'autre; on semble tirer de temps en temps pour ne pas en perdre l'habitude. Un vague bruit de paix circule dans les rangs. Mais, dans la soirée, on s'aperçoit que les Russes viennent de faire cinq nouvelles embuscades, afin de pouvoir enfiler notre quatrième parallèle et protéger les défenseurs du cimetière et du bastion du Mât. Dans la journée, le général Canrobert passe la revue du 2ᵉ corps d'armée; il annonce l'arrivée prochaine de trois nouvelles divisions d'infanterie, et, pour secouer la fibre patriotique, exciter l'émulation chez tous, il fait entrevoir qu'avant de longs jours nous entrerons dans la ville *par la porte ou par la fenêtre*. Devant ces paroles vibrantes, tous, officiers et soldats, sont contents, et surtout satisfaits de la perspective d'en finir bientôt avec cette guerre si pénible et si peu conforme au caractère français, nos soldats étant plus portés aux luttes en plein air, sur des surfaces où l'on voit son ennemi, qu'aux travaux de nuit dans les tranchées, à cette vie immobile dans des trous, à cette marche souterraine pour aller faire sauter des mines.

La vie dans les camps après l'hiver. — En dehors des travaux de siège, des combats à livrer, il faut voir quelle était la vie des soldats dans les camps. Pendant les deux mois de mars et d'avril, nous avons eu de beaux jours, des vivres ont été largement distribués, on a pu jouir d'un certain bien-être relatif. Tout cela nous a fait vite oublier les tristes misères de la période d'ouragans et de tempêtes ; on s'est occupé de construire des baraques pour les ambulances, d'assainir les camps, de monter de grandes tentes sur de nouveaux terrains. Ajoutez à cela la possibilité pour les soldats et pour les officiers de se procurer une foule d'objets pour les soins de propreté, pour l'amélioration de la nourriture et de leurs vêtements.

Une nuée de marchands cosmopolites, attirés par l'appât du gain, sont arrivés de tous les coins de l'Europe avec de nombreuses caisses et ballots où se trouvent des objets de toute nature, les liquides les plus variés et les plus falsifiés, les denrées les plus excentriques.

Les débitants sont si nombreux qu'ils en arrivent à créer deux sortes de petits villages, l'un sur le plateau d'Inkermann, l'autre, plus important, à Kamiesch, près du port de débarquement, et qui bientôt en arrive à avoir plusieurs rues. Tous les deux ne tardent pas à recevoir des noms de baptême de la part des soldats : l'un est Coquinville, l'autre Brigandville.

Naturellement, quand nos soldats ne sont pas de service, beaucoup vont s'en donner à cœur joie, se régaler de victuailles, trop souvent de liquides affreux qui les enivrent et parfois les empoisonnent.

Les Anglais dans la belle saison. — Les Anglais, de leur côté, ont reçu de nombreux renforts ; peu à peu leurs soldats se remettent de leurs fatigues et des privations des mois précédents. Désormais ils ont les vivres les plus variés, des liquides en abondance, des vêtements chauds et commodes ; et comme, par suite de notre concours, ils n'ont plus à s'occuper que des attaques sur le Grand-Redan, c'est-à-dire à une bien faible partie des lignes du siège, ils ont peu de fatigues à endurer, peu de service à faire. Ils en profitent pour se donner des distractions dans leurs camps, pour absorber de nombreux verres de wiski et autres liqueurs alcooliques qu'ils trouvent journellement chez les mercanti des villages.

Quant aux officiers, fanatiques des traditions et des habitudes nationales, ils nous font, de temps en temps, assister à des courses de chevaux qu'ils savent fort bien organiser. Si les officiers anglais n'ont pas une tenue bien élégante sur leurs montures, en revanche ils sont solides, savent bien les entraîner et en obtenir le maximum de célérité.

Ces courses ont le plus grand succès ; de tous les camps, on se rend en foule dans la plaine de Balaklava où elles ont lieu. Cela jette un peu de gaieté et d'entrain parmi les soldats et officiers des deux nations, quand ni les uns ni les autres ne sont pas de service aux tranchées. Certains jours, nous avons pu même assister à des chasses à courre sur le plateau, tout près de nos camps ; seulement de malheureux chiens, dressés à ce métier, poursuivis dans tous les sens à coups de fouets, composaient l'unique élément de gibier.

Enfin, tous les jours, dans chaque division de notre armée, une des quatre musiques joue, pendant une heure de l'après-midi, au centre du camp. C'est pour tous une agréable diversion à la monotone existence sous la tente ou dans les tranchées; presque tous les soldats viennent faire cercle pour l'entendre. Les airs militaires qui sont joués ont une influence favorable sur nos troupiers; cela fait naître chez eux un peu de gaieté et remonte leur moral.

Aussi, on peut bien le dire, ce serait une grande imprudence, sous prétexte d'économie, de supprimer les musiques ; en campagne, elles rendent de véritables services.

CHAPITRE VI

MAI ET JUIN 1855. — QUATRIÈME PÉRIODE DU SIÈGE

I

Offensive contre les lignes de défense des Russes. — Comme nous l'avons vu, nos soldats ont eu beaucoup à souffrir, pendant les premiers mois de l'année, des intempéries, d'un froid rigoureux, de maladies épidémiques, de congélations, et les effectifs se sont fondus.

Tous ces tristes incidents n'ont pas permis, pendant la courte période des beaux jours intermittents du dernier mois, de donner à nos travaux de tranchées une bien vive impulsion, de pousser rapidement nos attaques sur la ville ; il fallait aguerrir les nombreux renforts envoyés de France, les habituer à la vie et aux travaux des tranchées.

Les Russes ont profité de cet état de choses pour élever, en avant de leurs ouvrages d'enceinte, de nombreux obstacles, des redoutes, des retranchements, des embuscades, des trous de loup, tous reliés entre eux par des parapets d'une certaine épaisseur, qui forment des lignes de contre-approche qu'il nous faudra enlever pour pouvoir préparer l'assaut contre les bastions de la ville. Par suite, pendant un certain temps, au lieu d'être assiégeants, nous avons été de véritables assiégés, sans cesse harcelés par des attaques journalières sur nos tranchées, d'où l'on tente de nous chasser.

Avec les beaux jours du printemps, tout va changer de face; nous avons reçu des renforts en hommes et en matériel, nos soldats ont des vivres, ils sont réconfortés, les derniers arrivés ont pu se préparer. Aussi, avec les chauds rayons du soleil, les cœurs s'affermissent, tous sont pleins d'ardeur et d'entrain, ne demandant qu'à aller de l'avant et à terminer ce long siège par des attaques promptes et vigoureuses.

Prise des ouvrages du 2 mai. — Le 1er mai, à dix heures du soir, une colonne fortement organisée et dirigée par le général de Salles s'élance sur l'important ouvrage, à double enceinte, construit par les Russes en avant du bastion du Mât, à une soixantaine de mètres de nos batteries; il y a un combat acharné qui dure jusqu'à trois heures du matin. Les Russes finissent par être repoussés, après avoir fait de grandes pertes, nous laissant huit mortiers et pas mal de matériel de guerre. De suite, nos soldats se mettent à organiser la défense de cette nouvelle conquête, à retourner les parapets et les pièces contre l'ennemi, et cela au milieu des balles et des obus dirigés sur les travailleurs.

En vain, pendant la journée du 2 et les nuits suivantes, les Russes font des retours offensifs pour reprendre leurs ouvrages; ils sont repoussés chaque fois, et nous en restons maîtres.

Dans cette affaire du 2 mai, nous avons eu plus de cent tués et quatre cent cinquante blessés ; dix officiers ont été tués, vingt-deux blessés. Le colonel Vienot, de la légion étrangère, et le commandant Julien sont parmi les tués; le colonel Hardy et le commandant Nayral sont blessés.

Le 5 et le 6 mai les Russes font sauter deux de nos poudrières, mais sans nous faire éprouver de pertes un peu sérieuses. Un bataillon du 1er voltigeurs de la garde, arrivé depuis peu de jours et qui pour la première fois allait au feu, s'est fait remarquer par sa fermeté et son élan.

Le 3 mai, il y a un armistice pour enterrer les morts.

Le même jour, sur la proposition du général anglais, on fait partir les deux flottes avec une division française et une division anglaise.

La première est placée sous les ordres du général d'Autemare[1]; le général Brow commande la division anglaise. Le but de l'expédition est d'en arriver à l'occupation de Kertch et des divers points de la mer d'Azof qui servent à ravitailler l'armée russe. A peine les navires français sont-ils en route qu'ils sont obligés de rentrer à Kamiesch, sur les ordres arrivés de Paris, et au grand désappointement de lord Raglan, très désireux de faire agir sa flotte sur les côtes extérieures[2].

Ce contre-ordre fut un simple temps d'arrêt, comme nous le verrons plus loin.

Le 7 mai, nous apprenons la dissolution du congrès de Vienne, les diplomates n'ayant pu s'entendre sur les conditions de la paix. En même temps, on nous annonce la prochaine arrivée de l'empereur; il aurait, dit-on, l'intention de diriger les opérations sur une plus grande échelle stratégique. Dans les camps on ne croit pas beaucoup à cette nouvelle.

Peu de jours après, arrive la petite armée sarde, commandée par le général La Marmora. Cette armée est mise sous les ordres du général anglais; on l'envoie occuper les positions montagneuses des environs de Balaklava.

---

1. Le général d'Autemare a été nommé général de division pour commander celle du général Forey, désigné pour aller commander la province d'Oran (en Algérie). Ce dernier général s'était fait des ennuis par son inflexible fermeté, par son caractère absolu et par son rigorisme pour le maintien de la discipline.
2. Voir appendice J, composition de l'armée d'Orient à cette époque.

Le 18 mai, nous allons recevoir à Kamiesch le général Regnault de Saint-Jean-d'Angély, désigné comme commandant en chef de la garde impériale. Il débarque en même temps que de forts détachements de voltigeurs et de grenadiers.

Nous ne connaissions pas encore ce chef, nous ne l'avions jamais vu en Afrique, il n'y avait fait aucune campagne. Il nous reçoit très gracieusement, mais son attitude est peu militaire, et à première vue ne nous inspire pas une grande confiance pour l'avenir. Puisse cette impression bientôt disparaître !

Démission du général Canrobert. — Il est remplacé par le général Pélissier. — Depuis quelque temps, il y a des dissentiments entre le général Canrobert et lord Raglan. Ces deux chefs n'ont pas les mêmes idées et ne peuvent pas s'entendre sur la direction à donner aux opérations. Notre général en chef, dans l'intérêt de la chose publique, croit devoir demander à être relevé de son commandement et désigne le général Pélissier comme le plus digne de devenir son successeur. Quant à lui, il demande simplement à commander son ancienne division. Un tel acte d'abnégation, de désintéressement patriotique, était bien digne de son noble cœur. Ses propositions sont acceptées par le gouvernement, et immédiatement les nominations mises à l'ordre de l'armée.

Dès le 19 mai, le général Pélissier prend le commandement de notre armée; elle le voit arriver avec une entière confiance, compte sur lui pour en finir vite avec ce siège. Les officiers d'Afrique le connaissent depuis longtemps; en une foule de circonstances, ils ont pu apprécier ses belles qualités militaires, son grand caractère, son inflexible fermeté dans l'exécution de ses ordres, sa mâle attitude, son calme sous le feu de l'ennemi; avec cela, sous une écorce un peu rude et peu sympathique, sous une brusquerie désagréable dans ses relations de service, un cœur droit, sensible à l'occasion, un esprit juste et impartial; de plus, une grande sagacité dans l'appréciation des faits militaires dont il a la direction.

Quant au général Canrobert, nous regrettons son départ, car tous ont pu apprécier, en toutes circonstances, sa bravoure dans les combats, sa sollicitude pour le bien-être du soldat, surtout pendant cet hiver rigoureux où, toujours debout, sans cesse dans les tranchées, dans les ambulances, il cherchait par ses paroles chaleureuses à consoler les uns, à exciter le courage et le patriotisme des autres, donnant lui-même l'exemple de la patience et du dévouement à tous ses devoirs de chef d'armée.

Comme nous le voyons, entre ces deux généraux en chef, dont l'un cédait la place à l'autre, entre ces deux natures d'élite il y a certains points de ressemblance, des aptitudes militaires communes. L'un, absolu dans ses idées, très autoritaire, peu commode dans ses relations avec ses subordonnés, mais homme d'initiative; l'autre, au contraire, plein de bienveillance pour tous, se montrait assez souvent incertain et un peu hésitant dans les décisions à prendre, se laissait parfois dominer par des intermédiaires ou par son entourage.

II

Expédition sur Kertch. — Attaque du cimetière (22 mai). — A peine installé dans son commandement, le général Pélissier donne des ordres pour l'embarquement des troupes destinées à l'expédition de Kertch. Dès le 22, les navires des alliés se dirigent sur les points à occuper. Peu après, nos navires arrivent devant Kertch, s'emparent de cette ville et de celle de Djeni-Kabl.

En même temps que s'opérait l'expédition extérieure, le

général Pélissier s'occupait activement des mesures à prendre pour enlever aux Russes les contre-approches qu'ils ne cessent d'élever en avant des fortifications de la ville. Les ordres sont donnés, et les troupes désignées. Le 22 mai, à huit heures du soir, les corps de la division de Salles se lancent sur les ouvrages élevés près du cimetière, qui a été transformé en un véritable camp retranché. L'affaire devient de suite très chaude; c'est au milieu d'une pluie de balles et de bombes qu'il faut aborder les positions; à trois reprises on doit les prendre, puis les reprendre, après en avoir été repoussés deux fois. Quatre bataillons de voltigeurs ont reçu ce jour-là leur baptême de feu; ils ont été vivement engagés et ont perdu beaucoup de monde; deux compagnies ont été plus particulièrement éprouvées. Les commandants Dantès et Boulatigny sont blessés grièvement et meurent quelques jours après. Dans les troupes engagées pour cette opération, il y a cinq cents tués et douze cents blessés[1].

Eh bien, malgré la vigueur de ces attaques successives, le feu est tellement intense qu'il devient impossible de se maintenir dans les embuscades; c'est seulement le lendemain, 23, qu'après avoir recommencé l'attaque avec un nouvel entrain, on finit par s'installer et par se couvrir dans toutes les positions conquises près du cimetière.

Dans cette dernière affaire, nous avons soixante tués et quatre cents blessés.

Les derniers jours du mois se passent sans nouveaux incidents. Le feu continue de part et d'autre sur toute la ligne, mais sans produire aucun résultat sensible. Pendant ce temps, on perfectionne les retranchements et l'on fait des préparatifs sérieux pour de nouvelles attaques.

---

1. Parmi les tués se trouvait le chef de bataillon de Cargouet, excellent camarade, nature d'élite. Dans la garde, il y a eu vingt officiers hors de combat, dont quatre mortellement atteints; parmi ces derniers se trouvait le capitaine Genty, charmant officier, aimé de tous.

On ne se contente pas des travaux de tranchées, on songe aussi à se donner de l'air, à avoir des espaces pour notre cavalerie, immobile dans ses bivouacs et n'ayant pu depuis de longs mois rendre aucun service, participer à aucun combat ; dans ce but, les divisions Canrobert et Brunet, soutenues par nos escadrons, ont l'ordre d'aller attaquer l'armée russe campée dans la Tchernaïa et de la chasser de la vallée. Cette opération, bien dirigée par le général Canrobert, obtient un plein succès ; l'ennemi fait une faible résistance, évacue le terrain et se retire sur les hauteurs de Mackenzie. Les Sardes et la division turque ont appuyé le mouvement ; la garde s'est portée au col de Balaklava comme réserve.

Le 2 juin, ayant été déjeuner chez le général Canrobert, nous apprenons par lui les succès de nos troupes dans la mer d'Azof, la prise de plusieurs bateaux à vapeur, de plus de deux cents bâtiments de transport, la destruction d'un grand approvisionnement de farine.

III

Prise du Mamelon-Vert et des ouvrages blancs (7 juin). — Depuis longtemps on avait signalé toute l'importance qu'il y aurait à s'emparer des ouvrages improvisés et singulièrement augmentés par les Russes sur le Mamelon-Vert, en avant de Malakoff, et aussi de ceux établis sur le plateau entre le ravin du Carénage et l'extrémité du port.

Le général Pélissier ayant adopté le projet, des dispositions et des ordres sont donnés en conséquence ; mais c'est en plein jour que l'attaque devra avoir lieu, l'expérience ayant fait reconnaître qu'avec des masses en mouvement il est très essentiel pour les chefs de voir leurs soldats, de les diriger, de les exciter par leur présence au milieu d'eux, et à l'occasion de pouvoir les maintenir.

PRISE DU MAMELON-VERT

Dès le 6 juin, on ouvre un feu continu et énergique sur toute la ligne des tranchées, dans le but de détourner l'attention de l'ennemi sur le véritable objectif de nos efforts; le soir le feu se ralentit, puis recommence le lendemain matin avec une nouvelle intensité.

Le 7 juin, la division Mayran, appuyée par la division Dulac, a pour mission d'enlever les ouvrages blancs.

Les divisions Camou et Brunet doivent agir comme réserve.

Le général Bosquet est sur les lieux pour diriger l'ensemble des opérations de ces quatre divisions.

A six heures de l'après-midi, et par un très beau temps, le signal est donné; alors les troupes, entraînées par leurs officiers, s'élancent hardiment à l'assaut des deux positions désignées.

Au Mamelon-Vert, on est repoussé une première fois, mais de suite après on revient à la charge, on enlève les retranchements, on s'y installe après avoir eu à livrer de terribles combats à la baïonnette; les turcos, les 2e et 3e zouaves perdent beaucoup de monde.

Une fois maîtres de ces tranchées, conquises à force d'énergie et de vigueur, le 50e de ligne arrive comme renfort; mais, emporté par l'exaltation du succès, par l'entrain du brave colonel de Brancion, il n'hésite pas à se lancer en avant et à franchir hardiment les quatre cents mètres qui le séparent de la redoute de Malakoff, avec la folle confiance de pouvoir l'enlever d'un seul bond; il arrive bien jusqu'au pied des retranchements, mais est de suite reçu par une fusillade épouvantable. Le colonel de Brancion est tué, ses troupes sont décimées et doivent se retirer sur les ouvrages conquis. Dès le lendemain ils sont désignés par le nom du colonel si glorieusement tombé.

Quant à l'attaque sur les ouvrages blancs, elle est conduite par les généraux de Failly et de Lavarande et réussit complètement.

En vain les Russes font des retours offensifs pour reprendre leurs positions : chaque fois, ils viennent se heurter contre la froide énergie du général de Lavarande, chargé de la défense du front principal et qui s'y maintient malgré un feu violent d'artillerie et une fusillade des plus nourries. Les Russes expulsés n'en continuent pas moins un feu terrible contre les ouvrages, et le lendemain, au matin, un boulet vient tuer raide le général de Lavarande, alors qu'il était à se reposer dans sa casemate. Ce fut une bien grande perte pour l'armée. Quelques heures après, j'arrivai auprès de mon ancien colonel ; ce fut avec une bien profonde affliction qu'il me fallut serrer une main devenue froide et pleurer sur le corps de ce vaillant soldat, de cet excellent camarade et ami. On va donner son nom à l'ensemble des ouvrages enlevés sous sa vive impulsion.

Dans cette double attaque, sur deux points différents du siège de droite, le général Bosquet justifia pleinement la haute opinion que l'on avait de son coup d'œil, de sa prévoyance ; il sait donner ses ordres d'après les vrais principes de la guerre, et, en temps opportun, envoie des renforts pour appuyer les attaques, fait diriger un feu nourri sur les assaillants de nos troupes.

Les pertes des deux armées alliées sont considérables : nous avons plus de deux cents officiers tués ou blessés, et cinq mille hommes environ mis hors de combat. Outre le général de Lavarande et le colonel de Brancion, il y a parmi les tués les colonels Hardi et Leblanc.

Les Anglais, de leur côté, ont enlevé, ce même jour, l'ouvrage des carrières, en avant du Grand-Redan ; ils ont pu même s'avancer jusqu'aux parapets, mais ils ont été vivement repoussés, et ont dû se contenter de la première position glorieusement conquise.

Plus tard, on a prétendu qu'il aurait été possible, ce jour-là, si toutes les dispositions avaient été bien prises et les ordres donnés en prévision des premiers résultats obtenus, d'enlever Malakoff et le Grand-Redan.

Certes, à la guerre, toutes les espérances peuvent se changer en réalité; seulement, dans la circonstance particulière où nous nous trouvions, vu les formidables défenses de l'ennemi encore intactes, sa nombreuse artillerie en position, c'était courir de grands risques et avoir bien des chances d'insuccès.

Les jours suivants, il y a de part et d'autre un feu d'enfer à faire trembler le sol : c'est qu'à ce moment, sur un espace relativement assez restreint, près de deux mille pièces se font entendre.

Les alliés en ont plus de six cents, dont quatre cents françaises; les Russes plus de douze cents. Le développement de nos différentes lignes de tranchées avec leurs nombreuses parallèles atteint le chiffre très respectable de quarante kilomètres.

Le 9 juin, il y a un armistice de deux heures pour enterrer les morts. De suite après, le feu recommence avec une nouvelle intensité. Cela n'empêche pas les Russes d'augmenter leurs défenses, sans cesse démolies par nos obus.

Comme dans la journée du 7 juin, on a enlevé à nos adversaires leurs premières lignes de tranchées et d'embuscades; ils en ont ressenti un effet moral très sensible; tandis que les armées alliées, après des mois d'angoisse et de souffrances, après avoir subi une sorte de découragement, avoir eu des doutes sur le résultat final de la campagne, se montrent fières de voir enfin leurs efforts couronnés par de brillants succès. Aussi, dès ce moment, les officiers et les soldats se montrent pleins de confiance, tous sont animés d'un noble enthousiasme, sont impatients de recommencer de nouvelles attaques offensives.

Le 15 juin, la division d'Autemarc rentre de Kertch, où on a laissé une brigade avec quelques navires pour occuper les positions conquises et empêcher tout ravitaillement de l'armée russe par la mer d'Azof.

Entre temps, nous apprenons par nos camarades les horreurs commises pendant cette expédition ; par une sorte d'entraînement de sauvages, on a brûlé une partie de la ville de Kertch, qui s'était rendue sans se défendre : les Turcs auraient violé et tué, les Anglais pillé sans vergogne ; quant aux Français, ils se seraient contentés de boire et de se griser.

Tout le monde au camp est indigné ; on espère bien qu'il y a dans tout cela un peu d'exagération. Dans tous les cas, par ces déplorables excentricités, chacune des trois armées a bien donné l'empreinte du caractère et du fond national chez les masses inconscientes ; d'un côté, une barbarie bestiale ; d'un autre, la soif effrénée de l'or ; et enfin, chez les derniers, le besoin de s'amuser, de rire et de crier. Dans tout cela, n'y a-t-il pas beaucoup de la faute de chefs responsables des actes de leurs soldats ? N'auraient-ils pas dû maintenir une discipline sévère et punir les coupables ?

Le général Bosquet envoyé dans la Tchernaïa. — Le 16 juin, à la suite d'un différend, assure-t-on, entre le général Bosquet et le général Pélissier, le général Regnault de Saint-Jean-d'Angély vient prendre le commandement des attaques de Malakoff ; quant au général Bosquet, il est envoyé pour commander les troupes établies dans la plaine de la Tchernaïa, sous le prétexte de la possibilité d'une opération extérieure. A ce moment, des dispositions sont prises : d'un côté, pour un assaut définitif sur Malakoff et sur le Grand-Redan ; d'un autre côté, en cas de réussite, le général Bosquet doit marcher avec ses troupes sur les forts du nord, afin de couper la retraite à l'armée russe.

IV

Assaut du 18 juin. — Le 17 juin, à huit heures du soir, la garde impériale va s'installer à la batterie Lancastre ; elle doit servir de réserve aux troupes désignées pour l'assaut qui a été décidé pour le lendemain. Le général Regnault passe la nuit près de la garde, donne ses ordres aux différentes colonnes pour qu'elles soient prêtes et commencent leur mouvement offensif au petit jour et à un signal donné par une fusée.

Pendant la journée du 17, le feu est des plus intenses sur toute la ligne, à gauche, au centre, à droite et même dans la plaine, afin de détourner l'attention de l'ennemi sur le véritable point d'attaque. Pendant la nuit, le feu de nos batteries est intermittent, peu vif du côté des Russes. Seulement, ces derniers lancent de temps en temps sur nos tranchées des fusées à éclatement, afin de s'éclairer sur nos dispositions et sur nos projets.

Pour enlever le fort de Malakoff et les ouvrages voisins, la division d'Autemare forme l'aile gauche, la division Brunet le centre, la division Mayran l'aile droite.

A trois heures du matin, la division Mayran, trompée par un éclat de bombe, croit voir le signal de l'attaque, et aussitôt s'élance en avant avec le plus grand entrain ; mais les Russes ont pris toutes leurs dispositions à l'avance, et à peine nos troupes sont-elles en mouvement pour franchir les deux cents mètres d'un terrain plat et complètement découvert, qu'elles sont criblées de projectiles. En vain les chefs cherchent à enlever leurs régiments, à les porter en avant : chaque fois ils sont repoussés en faisant de très grandes pertes. Le général Mayran est tué un des premiers, sa division se trouve entièrement paralysée par le feu incessant de l'ennemi. Le général de Failly, qui remplace le général Mayran, fait de très énergiques efforts pour rallier et entraîner ses soldats; chaque fois il échoue dans ses tentatives et finalement doit battre en retraite.

A ces moments critiques, le général Regnault s'abstient de donner aucun ordre : il est déconcerté et reste immobile à son poste. Au petit jour, le général Pélissier arrive avec son état-major; aussitôt instruit des événements, et sans s'en émouvoir, il donne le signal en faisant partir la fusée ainsi qu'il a été convenu. Aussitôt les divisions Brunet et d'Autemare s'élancent à l'assaut; mais les Russes, devenus fiers de leur succès sur la division Mayran, se tiennent prêts à les bien recevoir. Aussi c'est à grand'peine que la division Brunet peut sortir de ses parallèles; elle est accueillie par un feu des plus meurtriers et doit rentrer au plus vite dans les tranchées, après avoir perdu un grand nombre de soldats et d'officiers, entre autres le général Brunet.

Quant à la division d'Autemare, à deux reprises elle s'élance sur la batterie Gervais (à droite de Malakoff); c'est après beaucoup d'efforts et de luttes que le commandant Garnier peut s'y installer avec son bataillon (5ᵉ chasseurs à pied), occuper les premières maisons du faubourg et menacer les flancs de l'ennemi[1]. Un instant, on peut croire à un véritable succès; pour le compléter et soutenir la vaillante division d'Autemare, le général Pélissier lance directement, et sans le faire passer par les tranchées, notre régiment des zouaves de la garde. Nos soldats, la tête haute, traversent à découvert le long espace qui nous sépare des postes avancés, sans s'émouvoir des bombes et des boulets qui partent des batteries, des bastions et des navires embossés au fond de la rade. Après avoir perdu quelques hommes

---

1. Dans cette journée du 18 juin, le 5ᵉ bataillon de chasseurs à pied a eu plus de quatre cents hommes hors de combat; dix-huit officiers sur vingt sont atteints de blessures plus ou moins graves.

pendant notre marche rapide, nous arrivons trop tard, les troupes de la division d'Autemare ayant dû reprendre leurs positions du matin, après avoir été repoussées par de nombreuses réserves russes et par les corps qui avaient déjà combattu les deux autres divisions. Cet échec provenait également du retard apporté par les Anglais dans leurs attaques, qui devaient correspondre avec les nôtres.

Malgré tout, la garde reste en position, bien décidée à se maintenir dans les tranchées, malgré la grêle de boulets qui traversent les épaulements et nous tuent pas mal de monde.

Les Russes continuent à rester sur la défensive, tirent de loin sur nous, mais ne font aucun pas en avant pour nous chasser de nos positions. Dans cette attaque du 18 juin, on espérait sans doute pouvoir effacer la date néfaste de la bataille de Waterloo; malheureusement elle fut pour notre armée une nouvelle journée bien meurtrière et peu fructueuse, nous laissant encore assez loin des défenses, avec un long trajet à parcourir sous le feu d'un ennemi qui a su prendre toutes ses précautions et toutes ses mesures préservatrices.

Du reste, les Anglais ne sont pas plus heureux dans leur attaque sur le Grand-Redan; comme toujours, ils se sont avancés en retard, ne voulant commencer qu'après nous avoir vus complètement engagés, ce qui a permis aux Russes, après avoir arrêté nos efforts, de se jeter avec toutes leurs forces sur nos alliés et de les repousser vivement.

De notre côté, nous avons commis l'imprudence, la veille d'un assaut, d'en enlever la direction à un général qui était sur les lieux depuis plusieurs mois, pour le donner à un chef arrivé depuis peu de jours de France, n'ayant encore aucune habitude du commandement et des détails des choses de la guerre. Il en fut de même pour plusieurs corps de troupes, auxquels on fit quitter les travaux du siège pour les envoyer dans la Tchernaïa et les remplacer, deux jours avant l'assaut, par des troupes arrivées la veille de France et n'ayant pas encore paru dans les tranchées.

Dès le 20 juin, le général Bosquet est rappelé et vient reprendre le commandement de l'armée établie devant Malakoff. Quant au général Regnault, il est envoyé à son quartier général de la garde.

Les pertes dans la journée du 18 juin. — Cette sanglante journée du 18 juin nous a coûté cher, environ cent quarante officiers tués ou blessés, trois mille sous-officiers et soldats. Outre les généraux Brunet et Mayran, ont été tués les colonels Malher, Boudeville, Larrouy, de l'infanterie; de Laboussinière, de l'artillerie; ce dernier était très apprécié et promettait beaucoup pour l'avenir. Parmi les blessés se trouvent les généraux Lafont de Villers, de Saint Pol, Niel; les colonels Picard, de Lorencey, Granchette, de Cendrecourt, Paulze d'Yvoi, le brave commandant Garnier, atteint de cinq balles à la batterie Gervais.

Jusqu'à la fin du mois, on s'occupe activement d'améliorer les ouvrages enlevés le 7 juin, de construire de nouvelles batteries; pendant tout ce temps on est sur le qui-vive; avec cela toujours des alertes, de fausses attaques, une guerre souterraine de mine. Les balles et les bombes nous criblent un peu moins, mais ne cessent de nous tenir en éveil dans nos tranchées.

Le 29, nous apprenons la mort de lord Raglan, qui a été atteint par le choléra. Quelques jours après, on lui rend de grands honneurs; les deux armées prennent les armes quand on transporte le cercueil sur un des navires de la flotte anglaise.

A cette même époque, on nous annonce l'arrivée prochaine du général de Mac-Mahon et de trente mille hommes de renfort.

Depuis que nous avons le beau temps, à peu près tous les

dimanches il y a une messe au quartier général; elle est dite en plein air. Les officiers et les soldats établis dans le voisinage, et qui ne sont pas de service, s'y rendent volontiers; cela les réconforte, rappelle à un certain nombre d'entre eux leur éducation d'enfance, les souvenirs de la famille et de la patrie.

Si les belles journées du printemps font naître l'espoir et la joie, d'un autre côté nous avons à déplorer un phénomène bien caractéristique : quand nous arrivent des renforts de France, le choléra fait sa réapparition; les nouveaux arrivants payent surtout un large tribut à l'épidémie; parfois elle atteint les anciennes troupes, mais dans de très faibles proportions. On attribue cet état de choses aux exhalaisons des nombreux morts, pas assez profondément enterrés.

Les Anglais, eux aussi, ne sont pas épargnés : ils ont également à souffrir des effets de cette propagande morbide.

CHAPITRE VII

JUILLET, AOUT ET SEPTEMBRE 1855
DERNIÈRE PÉRIODE DU SIÈGE. — BATAILLE DE TRAKTIR
ASSAUT DE MALAKOFF

I

Le mois de juillet est surtout employé à des travaux de cheminements, à l'ouverture de nouvelles tranchées, à l'installation de nouvelles batteries ; ces travaux sont assez souvent bien pénibles et difficiles à exécuter, car nous sommes obligés de nous ouvrir un passage, d'établir des parapets en piochant dans un sol rocailleux, sans arriver à trouver de terre pour remplir les gabions. C'est ce que l'on peut appeler la période essentiellement matérielle, sans aucun des stimulants ou des émotions du champ de bataille, tout en restant soumis au feu le plus vif et à tous les dangers de la mort par l'explosion des mines. Ce danger est d'autant plus grand que l'on approche davantage des défenses de la place.

En dehors de quelques incidents tout à fait particuliers, il ne se passe rien de bien saillant pendant tout le mois de juillet.

Un certain jour, j'ai été envoyé en reconnaissance avec les commandants du génie Cadart et Petit, attachés à l'état-major du général Niel, et deux officiers de marine; nous avons pour mission de longer la côte pour examiner les nouveaux travaux de la ville, les principaux bastions élevés contre nous. Mes compagnons ne paraissent pas croire à la possibilité de prendre la ville, tant qu'elle ne sera pas bloquée par le nord. Je suis loin de partager cette opinion.

Peu de jours après, je suis repris par la fièvre, par des crampes d'estomac qui me font beaucoup souffrir et m'empêchent de prendre autre chose que du bouillon. Mon colonel, très affecté de mon état de santé, insiste beaucoup pour me faire entrer à l'ambulance, et même pour me faire prendre un congé de convalescence. Je refusai complètement ces propositions de quitter mon poste, étant bien décidé à m'éloigner le moins possible de mes compagnons d'armes, tant qu'il me restera un souffle de vie. Alors mon chef, colonel Janin, me propose d'aller passer quelques jours sur le vaisseau *le Charlemagne*, commandé par son frère, capitaine de vaisseau; à peine arrivé sur ce superbe bâtiment, j'y suis traité comme le fils de la famille, avec la plus cordiale sympathie, au milieu des soins les plus empressés, ce dont je suis resté profondément reconnaissant. Je reste deux jours sans pouvoir quitter le lit; mais, six jours après mon arrivée, me sentant un peu mieux, je descends à terre et, à peine de retour à mon bivouac, j'apprends ma nomination de colonel au 42º de ligne[1].

Je m'empresse d'aller remercier le général Pélissier, qui me reçoit avec la plus grande bienveillance et me retient à dîner.

Vers le 15 juillet, après avoir fait mes adieux au régiment de zouaves de la garde, je vais prendre le commandement de mon nouveau corps, établi au siège de gauche (dit le vieux siège). J'ai la bonne chance de me trouver sous les ordres

---

1. Je remplace le colonel Le Sergeant d'Hendecourt, parti après avoir demandé sa retraite.

du général Trochu, qui commande la brigade depuis peu, mais déjà a su gagner la confiance absolue de tous les gradés par son entrain et sa vigueur.

Dans mon régiment, je trouve des troupes et des officiers animés du meilleur esprit de discipline, qui se sont fait remarquer dans les combats incessants dans les tranchées et dans les attaques.

Aussi ce régiment a été singulièrement éprouvé depuis le commencement du siège : dans les trois bataillons, je trouve à peine sept cent cinquante hommes propres à faire le service courant ; mais tous, par exemple, sont rompus au métier et très solides. Quant au personnel d'officiers, pendant tout le temps que j'ai eu l'honneur d'être à leur tête, je n'ai eu qu'à me louer de leur excellent esprit, de leur énergie, de leur calme, de leur abnégation devant le danger, et, comme nous le verrons plus tard, ils ont payé un large tribut dans le dernier combat, qui nous a fait obtenir la victoire définitive, de ce long siège.

Service de tranchées au siège de gauche. — Jusqu'à ce jour, ayant toujours été au siège de droite, au plateau d'Inkermann et aux lignes de circonvallation, c'est pour moi tout nouveau de me trouver au vieux siège, où il va falloir faire de nouvelles connaissances, étudier un terrain tout différent, reconnaître les longues lignes de tranchées qui s'étendent sur une série de parallèles, jointes entre elles par des lignes plus ou moins obliques, le tout avec un développement de vingt-cinq kilomètres de fossés ou boyaux de communication[1] indispensables pour la sécurité des batteries, des emplacements de concentration de troupes et de toutes les positions avancées. Il y a là un service d'ensemble assez compliqué, avec des rouages bien coordonnés entre eux.

---

1. Au moment de l'assaut du 8 septembre, il y avait un développement de quatre-vingts kilomètres de tranchées, savoir : trente-six au vieux siège, vingt-neuf au plateau d'Inkermann, quinze seulement chez les Anglais.

En temps ordinaire, un général de brigade a la surveillance de tous les postes ; il est établi au centre, ayant sous ses ordres, à droite et à gauche, deux colonels ou lieutenants-colonels qui alternent entre eux dans tout le corps d'armée et sont placés dans des parallèles en avant. Le service pour chacun arrive tous les quatre ou cinq jours.

Dans les régiments, les bataillons alternent entre eux, chacun marche avec tous les éléments constitutifs ; son tour de service arrive tous les deux ou trois jours. Chaque fois il y a un certain nombre de tués et de blessés ; le chiffre varie beaucoup suivant les circonstances, rarement il y en a moins de cinq à six.

Quant aux bataillons qui ne sont employés ni aux travaux ni aux gardes, on se préoccupe de ne pas les laisser s'étioler dans l'oisiveté ou envahir par le *spleen ;* dans ce but on fait faire des promenades militaires sur le plateau ; c'est un dérivatif et une précaution hygiénique.

Pendant les derniers jours de juillet, il y a des orages violents, de la pluie, des bourrasques ; cela retarde les travaux et inonde les tranchées. Néanmoins, sur plusieurs points de la ligne, on est arrivé à moins de cent vingt mètres des défenses de la place ; trop souvent, il est vrai, le travail de la nuit est vite détérioré pendant le jour : alors c'est à recommencer.

Il est bien difficile de se faire une idée de notre vie dans les tranchées du vieux siège ; pour pouvoir se reposer, les colonels de service ont une espèce de hutte, creusée dans un parapet ; pour s'étendre on y a mis des branchages ; mais au lieu d'un repos nécessaire, surtout après avoir parcouru la longue ligne dont on a la surveillance, c'est un vrai martyre auquel on est soumis ; toute la vermine semble s'être donné rendez-vous dans cet affreux terrier ; elle y pullule et nous tourmente à tel point que, le jour comme la nuit, on préfère rester en plein air, quelque temps qu'il fasse. Après cela, on peut se faire une idée des épreuves auxquelles sont soumis les officiers et les hommes de troupe. On peut bien le dire, c'est à force de patience, de dévouement à tous leurs devoirs, de bon exemple donné par les chefs, qu'il a été possible de pouvoir conserver cette précieuse minorité de sujets d'élite, de natures bien trempées qui, depuis de longs mois, sont restés impassibles à ce poste d'honneur et de fatigues, où les périls augmentent tous les jours, alors qu'ils ont vu disparaître tant de leurs camarades, enlevés par suite des causes les plus diverses (blessures, maladies ou faiblesses morales).

Le colonel de la Tour du Pin. — Quand j'étais de service aux tranchées, plusieurs fois j'ai eu le plaisir de recevoir, dans ma taupinière, la visite du colonel de la Tour du Pin, que j'avais eu occasion de connaître jadis en Afrique, alors qu'il était aide de camp du général Changarnier; j'étais heureux de causer avec ce brave et intelligent officier. Depuis le commencement du siège, il assistait à toutes les opérations en simple amateur, en volontaire; malgré cela, on le voyait toujours aux avant-postes, au milieu des combattants, quand il y avait un assaut à livrer, un bastion à enlever, allant partout où il y avait des coups de fusil à recevoir. Certes, il aurait été bien digne d'occuper un emploi important dans l'état-major de notre armée; il avait toutes les qualités morales et physiques pour le bien remplir. Malheureusement, il était sourd au suprême degré; pour pouvoir entendre son interlocuteur, il devait se mettre une espèce de trompe dans l'oreille. Je me souviens qu'au 18 juin, alors que plus de douze cents pièces d'artillerie faisaient trembler le sol, il s'approcha de nous, nous disant naïvement : *Je crois que l'on tire.* Pour lui, c'était un bruit vague. Au 8 septembre il était encore au premier rang; il y fut blessé grièvement et mourut peu de temps après.

Quelle étrange figure que celle de ce colonel, petit, chétif, sans grand extérieur, mais très intelligent, au cœur d'or, bravant le danger avec un calme imperturbable, sans forfanterie, avec naturel, comme s'il avait assisté à un spectacle : avec cela, il avait une grande fortune.

II

Départ du général Canrobert. — Le 4 août, le général Canrobert s'embarque pour la France ; il est rappelé par l'empereur, dont il est l'aide de camp. Notre ancien chef, qui a eu pendant toute la campagne l'attitude la plus digne, qui a contribué, dans une large mesure, à maintenir le moral de ses soldats pendant le terrible hiver, est profondément regretté par tous ; il emporte avec lui l'estime et l'admiration de toute l'armée. Son grand désir aurait été de rester à la tête de sa belle division ; mais, ne sachant qu'obéir, il se soumit silencieusement à cet ordre de départ.

Comme le mois précédent, le feu continue de part et d'autre, même au milieu des orages épouvantables des 7 et 8 août. Malgré cela, on ne cesse de réparer et d'améliorer les épaississements de nos parapets, d'approfondir nos tranchées, de les élargir pour pouvoir, à un moment donné, abriter les masses désignées pour l'assaut définitif.

Le 14 août, les Russes font sauter une mine à trente mètres de nos batteries, près du bastion du Mât : sept hommes ont été tués ou blessés.

Bataille de Traktir. — Le 15 août, les Russes font avancer une armée de vingt-cinq mille hommes dans la plaine de la Tchernaïa, dans le but de s'établir sur les monts Fédioukine, pour, de là, attaquer notre ligne de circonvallation.

Dès la pointe du jour, la lutte s'engage, d'abord avec les Piémontais, qui sont chassés de leurs positions de Tschoryoun. De là, les Russes marchent sur le pont de Traktir et attaquent avec vigueur la division Herbillon : alors un combat des plus sanglants s'engage; à plusieurs reprises nous devons céder le terrain, laisser l'ennemi s'avancer sur la rive gauche; mais, après plusieurs heures d'une lutte acharnée, après des charges à la baïonnette, et enfin grâce à l'énergie des généraux Clerc et de Failly, qui enlèvent avec entrain leurs braves bataillons, nous parvenons à rester maîtres du terrain et à refouler les Russes de l'autre côté de la rivière.

A huit heures du matin tout était terminé, juste au moment où arrivait le général en chef, suivi de notre division qui avait été désignée comme renfort et avait marché en toute hâte, espérant bien pouvoir prendre part à la lutte.

Dans cette bataille, les Russes perdent cinq mille cinq cents hommes, dont dix-sept cents restent entre nos mains, blessés ou prisonniers; en outre, nous nous emparons d'un grand équipage de pont. Malgré leur échec du début, les Piémontais n'ont cessé de se battre avec la plus grande bravoure et ont largement contribué au gain de la bataille.

Le 23 août, quatre de mes compagnies enlèvent une embuscade russe, qui gênait nos travaux d'approche. De suite après, l'ennemi fait sur nous un feu violent de mousqueterie et d'artillerie; cela ne nous empêche pas de rester maîtres de la position, ce qui nous met à moins de quatre-vingts mètres du Petit-Redan.

La nuit suivante, il y a trois sorties des Russes sur les ouvrages avancés, enlevés la veille; ils sont vigoureusement repoussés sur tous les points, laissant beaucoup de monde sur le terrain. De notre côté, nous avons trois cents hommes tués ou blessés. Dans cette affaire, j'ai été très satisfait de la belle conduite de mon nouveau régiment; officiers et soldats ont été calmes et de sang-froid avant l'action, pleins d'ardeur et d'entrain pendant le combat.

Les jours suivants, le feu devient de plus en plus violent, les sorties sont fréquentes, les luttes continuelles, de jour et de nuit.

Le 29 août, à une heure du matin, la poudrière centrale du Mamelon-Vert saute par le fait de l'éclat d'une bombe lancée par les batteries de Malakoff; cet accident produit un véritable désastre : nous avons près de quatre cents hommes hors de combat, deux batteries sont détruites.

Mon départ pour Constantinople. — A la fin du mois d'août, après avoir lutté autant que possible contre la maladie dont j'étais atteint, avoir eu un instant l'espoir de rétablir ma santé, bien altérée depuis plusieurs mois et toujours très chancelante, je vois le mal sans cesse augmenter; j'en arrive à ne plus digérer aucun aliment, à avoir des fièvres intermittentes de jour et de nuit, des crampes d'estomac des plus douloureuses, à vivre exclusivement de bouillon : c'était une vie bien dure.

Les médecins du régiment, tout en me rassurant, insistent vivement pour me faire partir en convalescence; mon général se joint à eux pour me décider; les uns et les autres, à en juger par leur physionomie, ne semblent pas rassurés sur mon avenir; quant à moi, j'ai toujours bon moral et je ne désespère pas de vaincre le mal.

Enfin, à bout de forces, je veux bien consentir à partir en convalescence, à aller quelques jours dans un hôpital de Constantinople, mais je me refuse absolument à être envoyé en France. Car si je pars, c'est avec l'espoir de revenir avant peu, n'ayant que trente-six heures de traversée, et de pouvoir arriver à temps pour participer à l'assaut définitif, auquel on semble s'attendre avant un mois.

Je m'embarque le 30 et j'arrive le 31 au soir à Constantinople. Là, j'ai la bonne chance de rencontrer mon excellent compatriote le docteur Thomas, médecin en chef d'une de nos ambulances; il a la très bonne idée de me faire recevoir dans la maison hospitalière des sœurs. J'y suis soigné avec la plus grande sollicitude. Pendant les quelques jours que j'y suis resté, j'ai eu beaucoup à me louer de la grande bonté des sœurs, de leur sage intelligence dans les soins dont elles m'ont entouré, de leur prévoyance en toutes choses.

Je me trouve dans cette maison hospitalière avec plusieurs colonels ou officiers supérieurs, comme moi arrivés de Crimée.

Je suis plusieurs jours sans pouvoir quitter mon lit; ma tête travaillait, je songeais plus à mes compagnons de Crimée qu'à mon entourage. Toutes les douleurs physiques, il faut savoir les supporter, avec le temps on s'en guérit; elles sont bien peu de chose en comparaison des douleurs morales.

J'en étais là de mes réflexions intérieures, quand un coup terrible vient me frapper brutalement : le 11 septembre, la nouvelle nous arrive par des dépêches de Vienne et de Paris que Sébastopol a été enlevé le 8 septembre. Certes, tout cœur français doit être fier et heureux d'un si glorieux succès; mais combien je suis vivement affecté de ne pas m'y être trouvé! De suite, je me lève de mon lit et m'empresse d'aller solliciter l'autorisation de retourner en Crimée.

Les jours suivants, je reçois des lettres de mon lieutenant-colonel, qui me met au courant des faits accomplis, mais surtout de l'héroïque conduite des officiers du régiment; beaucoup ont été atteints par les balles, un assez grand nombre mortellement[1]. Combien tous ces renseignements me serrent le cœur! combien ils me sont pénibles! Comment s'en étonner? Depuis les premiers jours de cette campagne, j'ai toujours été à côté de mes soldats, supportant avec eux les fatigues, les privations et les dangers, luttant contre le choléra de la Dobrutcha, contre les désastreuses intempéries des

---

1. Voir aux appendices (E) la lettre du lieutenant-colonel du 42ᵉ rendant compte de la prise de Sébastopol.

premiers mois de l'année, fier de me trouver au milieu d'eux dans tous les combats, dans les tranchées. Eh bien, par la force des circonstances, je me vois privé de la joie et du bonheur d'être encore à leurs côtés au moment de la lutte suprême, de cette victoire si glorieuse, si meurtrière et si honorable, étant retenu au loin par la maladie.

Après pas mal de démarches, j'obtiens enfin l'autorisation de m'embarquer le 15 septembre; j'arrive le 17 à Kamiesch. De suite je me rends à mon régiment, qui a perdu près de la moitié de son effectif.

Après m'être fait rendre compte de ce qui s'est passé pendant mon absence, je m'empresse d'aller aux ambulances visiter les blessés. Là je trouve plusieurs officiers dangereusement atteints; ils paraissent ne pas devoir en revenir; tous néanmoins ont bon espoir et bon courage.

Dans le camp, les officiers et les hommes ont un moral excellent, tous sont fiers des succès obtenus; ils oublient les misères et les dangers du passé, regrettent leurs camarades tombés au champ d'honneur et sont encore prêts à recommencer la marche en avant.

D'après le compte rendu qui m'est fait, le 42ᵉ a eu, le jour de l'assaut, seize officiers tués, quinze blessés; cinquante-sept sous-officiers et soldats tués et deux cent trente-sept blessés, dont beaucoup doivent mourir avant peu. Comme on le voit, le régiment a largement payé sa dette et contribué de son sang au succès de la brillante journée du 8 septembre.

Je me rends ensuite chez mon brave et excellent brigadier, le général Trochu, blessé grièvement à la jambe; je le trouve plein de courage et de résignation; il va aussi bien que possible, mais il en a pour quelque temps avant d'être guéri. Il s'embarque le 18 octobre pour la France. Avec lui partent les généraux Bosquet et Mellinet, également blessés; nous allons, avec une foule d'officiers, les accompagner au quai de Kamiesch, avec le ferme espoir de les voir bientôt tous en état de reprendre leur service.

III

Renseignements sur le 8 septembre. — Après m'être fait rendre compte de tout ce qui concerne le régiment, on me donne les détails les plus circonstanciés sur les préparatifs et les diverses péripéties de l'assaut.

Ces renseignements ont été recueillis auprès d'officiers de tous grades et au lendemain du jour où les faits se sont accomplis.

Le 5 septembre, un feu terrible commença sur toute la ligne de nos tranchées; les Russes ripostèrent avec violence[1].

Les deux jours suivants, nos batteries continuèrent leur tir, seulement le feu devient intermittent, tantôt très accéléré sur un point, moins fort sur les autres, afin de tromper l'ennemi, déjouer ses prévisions sur le jour, l'heure et le point où doit se livrer l'assaut principal.

Comme le secret le plus absolu était gardé, nul dans les armées alliées ne soupçonnait ce qui devait se passer. Notre général en chef, seul, avait un but bien arrêté dans sa tête.

Le 7 au soir seulement il réunit les généraux, leur donne ses instructions pour l'assaut du lendemain.

De leur côté, les généraux, pendant la nuit et dans la matinée du 8, donnent des ordres très précis et très clairs aux chefs des troupes désignées pour les différentes attaques; puis les corps se rendent en silence et dans le plus grand ordre sur les points de concentration qui leur ont été désignés.

A l'avance, les montres ont été réglées sur celle du géné-

1. A l'ouverture du feu, nous avions 600 pièces de canon en batterie, soit 342 au siège de gauche, 265 au siège de droite. Les Anglais en avaient 175. A ces 775 pièces, les Russes avaient à nous opposer de douze à treize cents pièces de tout calibre.

ral Pélissier. L'heure de midi est désignée comme devant servir de signal pour les attaques sur Malakoff, le Petit-Redan et les courtines au siège de droite. Au centre, les Anglais sont chargés d'enlever le Grand-Redan.

Quant au siège de gauche, les points d'attaque sont le bastion du Mât et le bastion central. Pour ces dernières attaques, le signal doit en être donné par une fusée que doit faire partir le général en chef.

Maintenant, sans entrer dans tous les détails des faits glorieux accomplis dans cette sanglante journée (ils ont déjà été donnés par d'illustres écrivains militaires), nous allons les exposer dans leur ensemble.

Assaut de Malakoff. — A l'assaut de Malakoff, dirigé par le général de Mac-Mahon, nos troupes ont vingt-cinq à trente mètres à parcourir pour arriver au bastion, tandis qu'aux autres points d'attaque les distances sont beaucoup plus grandes. Mais ce qui est surtout favorable aux colonnes de Malakoff, c'est que les soldats, après s'être élancés audacieusement sur l'ouvrage à l'heure indiquée, avoir pu descendre dans le fossé, s'être cramponnés aux aspérités du sol, avaient pu apparaître sur les parapets avant l'arrivée des défenseurs, retirés dans les casemates pour se préserver des projectiles qui pleuvaient sur eux une minute avant; mais, une fois là, la lutte s'engage contre l'ennemi et contre les renforts, lutte terrible et sanglante qui nous permet de pénétrer dans l'intérieur du bastion, où nous avons l'heureuse chance de pouvoir nous abriter derrière les retranchements élevés à la gorge de l'ouvrage, et par là de nous permettre de repousser, avec la plus grande vigueur et un succès complet, les retours offensifs incessants des Russes[1].

· 1. A l'affaire du 18 juin, le 5ᵉ bataillon de chasseurs, commandant Garnier, qui s'était emparé de la batterie Gervais, avait été sur le point d'enlever le bastion Malakoff, en le prenant par sa gorge. — Aussi, de suite après notre échec, les Russes, pour se préserver d'une nouvelle surprise, se déci-

Au siège de gauche, la division Levaillant doit s'élancer sur le bastion central; elle a en réserve la division Bouat et la brigade piémontaise Cialdini.

La division d'Autemare est chargée de l'attaque du bastion du Mât, avec la division Paté pour réserve.

Attaque sur le bastion central. — Le 42° de ligne est tête de colonne dans l'attaque du bastion central. Le signal n'ayant pas été aperçu à temps, il y a un retard dans la marche en avant; les Russes, déjà prévenus par ce qui se passe à Malakoff, se sont mis sur leurs gardes : ils ont tous leurs ouvrages en arrière bien armés et sont tout prêts à nous recevoir. Aussi, à peine le régiment sort-il de ses tranchées pour aller à l'assaut, qu'il est assailli de front et d'écharpe par un feu terrible de mousqueterie; puis arrivent successivement les autres régiments. Tous sont impuissants, ils ne peuvent enlever aucun des ouvrages, et cela malgré la bravoure et l'entrain des soldats, qui, sur tous les points, trouvent des difficultés de toute nature, une défense des plus énergiques, un feu continu de mitrailles, d'obus, des explosions de mines, dont ils ne peuvent se garantir, se trouvant en face de lignes qui se protègent les unes les autres.

Dans ces attaques, les régiments de la division perdent beaucoup de monde, mais surtout dans la brigade Trochu; ce dernier est blessé grièvement à la jambe.

En résumé, dans cette sanglante journée du 8 septembre, sur cinq assauts contre les ouvrages russes un seul a réussi, celui de Malakoff[1].

---

dèrent à fermer cette gorge et à y établir de fortes traverses blindées. — Ce sont ces travaux qui nous furent si utiles le jour de l'assaut du 8 septembre.

1. L'armée française a eu, dans cette journée, 7,500 tués ou blessés, les Anglais 2,200. — Les Russes en ont eu 12,000, dont 3,000 environ de tués. — Dans l'armée française il y a cinq généraux tués, savoir : de Saint-Pol, de Marolles, de Ponteves, Rivet, Breton; en outre, quatre blessés et six contusionnés.

Nous avons eu huit colonels tués, savoir : Dupuis, Mayran, Cassagne, Adam, de Kerguern, Cavaroz, Huguenot, de la Tour du Pin. Parmi les autres offi-

Mais, malgré les échecs éprouvés par les quatre colonnes d'assaut, comme la prise de Malakoff nous rendait maîtres d'une position dominante, qu'elle pouvait battre de flanc et de revers tous les autres bastions, la ville et la rade, les Russes doivent se décider à abandonner les ouvrages d'où ils viennent de nous repousser avec tant de vigueur; à la nuit tombante, ils dirigent sur les forts du nord, par le pont établi sur la rade en prévision de cette éventualité, leur armée et tout le matériel possible. Seulement, en se retirant, ils font sauter les mines préparées sous les fortifications, sous les poudrières, incendient les magasins, même des maisons particulières, afin de nous laisser au milieu de ruines et de décombres, comme ils l'avaient déjà fait à Moscou en 1812.

IV

Excursion dans Sébastopol. — Tous les détails sur la dernière période du siège me font une profonde impression. Aussi, profitant des moments où mon service me le permet, je m'empresse de monter à cheval, accompagné par plusieurs de mes officiers, pour aller visiter et me rendre compte de la nature des défenses érigées contre nos attaques, constater *de visu* les effets produits par nos batteries sur des retranchements improvisés.

Avant de pénétrer dans l'intérieur de la ville, nous faisons le tour des remparts, nous admirons les travaux gigantesques entrepris et faits par les Russes avec tant de rapidité depuis le jour de l'investissement. Sur tous les points

---

ciers supérieurs, il y a 24 tués, 20 blessés, 2 disparus (morts probablement); dans les officiers inférieurs, il y a 116 tués, 220 blessés et 8 disparus.

Mon ancien régiment de la garde a eu, à l'assaut de Malakoff, la moitié de son effectif en tués ou blessés, soit 300, sur 600 présents ce jour-là.

des trois lignes de défense, on voit d'énormes amoncellements de terre très judicieusement établis, des batteries placées les unes derrière les autres, se dominant et se protégeant mutuellement. Un peu partout, pour garantir les hommes et leur permettre de prendre un peu de repos, des abris blindés, de vastes casemates construites avec d'énormes troncs d'arbres, solidement joints entre eux et pouvant soutenir le poids de plusieurs mètres cubes de terre et, par conséquent, ayant peu à redouter l'éclat de nos bombes.

Dans les embrasures des batteries nous voyons, pour se préserver de la fusillade et même des boulets, des sortes de portières mobiles, formées avec de très grosses cordes prises sur les vaisseaux.

Plus loin, en nous rapprochant de la mer, nous arrivons au mur d'enceinte, qui a un faible développement, les Russes n'ayant jamais songé à une attaque possible par terre; mais, s'étant toujours préoccupés de la défense maritime, ils avaient construit des forts pour protéger la rade, et seulement un mur crénelé près de la mer, pour le cas d'une descente inopinée de l'ennemi. Ce mur, solidement bâti, fut très utile à l'ennemi, qui se garda bien d'y toucher et de rien construire en avant : nous le trouvons à peu près intact.

Une fois entrés dans la ville, nous voyons des ruines un peu partout, des décombres, des maisons démolies ou fortement détériorées, des bouleversements dans toutes les rues : c'est triste et sombre.

Néanmoins, au milieu de tous ces désastres on peut reconnaître qu'une nation forte, puissante et vivace est passée par là. Dans son ensemble, nous trouvons une ville bien bâtie, avec de larges rues, bien aérées, de beaux trottoirs, des théâtres, des monuments, de vastes quais, les restes de nombreux becs de gaz pour éclairer la cité. Tout en admirant ces souvenirs d'un passé tout récent, on découvre dans tous les coins, dans toutes les ruelles, des projectiles, des canons renversés, des affûts brisés, etc.[1].

Dans le courant d'octobre, je vais visiter les parties les plus intéressantes des fortifications. Au fort Nicolas, construit en face du fort Constantin, se trouve un établissement à trois étages; et comme il occupe une grande surface, on peut y mettre jusqu'à cent cinquante pièces en batterie; d'un côté, il bat l'extérieur de la rade; à gauche, l'entrée de la baie; à droite, celle du port militaire. Ce fort est à peu près intact, les murs en sont très solides. Un de nos bataillons, de l'artillerie et un bataillon de chasseurs à pied y sont installés.

Aux docks se trouvent de magnifiques bassins pour cinq vaisseaux de haut bord. Un peu plus tard, sur les instances des Anglais, on a fait sauter ces bassins, nos chers alliés songeant avant tout à la destruction de la marine militaire des Russes dans la mer Noire.

Je vais visiter également le ravin des Anglais, le Grand-Redan, Malakoff, le Mamelon-Vert. Partout, nous voyons des retranchements très habilement organisés pour la défense; la nature, il est vrai, a fait beaucoup pour favoriser et aider le génie pratique et sagace du général Tottleben, ainsi que les aptitudes si grandes de la race slave pour les travaux manuels d'une terre rocheuse, si difficile à remuer.

Les Russes, toujours établis dans les forts du nord, de l'autre côté de la rade, tirent souvent sur nous, atteignent parfois nos soldats qui circulent dans les rues, surtout quand

---

1. Après la prise de la ville, à la suite du recensement du matériel, on trouva sur place : 4,000 pièces d'artillerie, plus ou moins endommagées, 50,000 projectiles de toute nature, un très grand nombre de kilogrammes de poudre, que les Russes n'avaient pas eu le temps de faire sauter.

Chose à noter et qui, du reste, s'est toujours reproduite dans les campagnes un peu longues, surtout quand on a de trop jeunes soldats : pendant cette guerre, sur 74,000 hommes de l'armée française tués ou morts de blessures ou de maladies, il y en a un tiers seulement par le feu de l'ennemi; les deux autres tiers ont été enlevés par le fait de maladies.

il y a des agglomérations. Pendant une de mes excursions, un boulet éclate au milieu de nous, tue un cheval, en blesse plusieurs, entre autres celui du médecin de mon régiment. Heureusement, personne de nous ne fut atteint.

Siège de Kars. — Combat de Khanghel. — La guerre n'était pas entièrement circonscrite sur le sol de la Crimée; là, les Russes, aux prises avec les armées solides des alliés, viennent d'éprouver un échec bien pénible par la prise de Sébastopol.

Pour prendre une revanche, ils vont diriger des troupes sur l'Asie, ayant les Turcs pour uniques adversaires, et faire de vigoureux efforts pour se rendre maîtres de la ville forte de Kars, voisine de leurs belles provinces de la Géorgie et du Caucase. Vers la fin de septembre, le général Mouravieff, chargé des opérations du siège, est complètement repoussé dans ses tentatives d'assaut, et doit se retirer après avoir perdu beaucoup de monde.

A la même époque a lieu le combat de Kanghel, près Eupatoria, livré brillamment par le général d'Allonville, qui a repoussé les Russes, les a poursuivis en leur faisant éprouver des pertes sérieuses. Malheureusement, le manque d'eau et de ressources alimentaires dans ces steppes incultes forcent nos soldats à rentrer à leur point de départ.

Enfin, le 11 octobre, nous apprenons la prise de Kinburn; c'est sur les ordres arrivés de Paris que l'on s'est décidé à faire des opérations extérieures et à envoyer une division mixte (Français et Anglais), sous les ordres du général Bazaine, pour s'emparer du fort, situé à l'extrémité d'une presqu'île où se trouve une sorte de golfe intérieur d'une certaine importance au point de vue maritime et commercial.

La marine prend une large part au bombardement et à la prise de la citadelle : tous les défenseurs ont dû se rendre prisonniers de guerre. Mes excursions, le travail un peu absorbant pour la réorganisation des cadres de mon régiment, me mettent de nouveau sur le flanc. Pendant plusieurs jours, je me vois encore condamné à garder le lit sous ma tente, atteint de fièvre et de gastrite. Heureusement nous entrons dans une période de calme relatif. Des deux côtés de la rade, les deux armées s'observent, font peu de démonstrations agressives, tirent de loin quelques boulets, afin de ne pas en perdre l'habitude. Les Russes envoient surtout leurs projectiles sur nos postes avancés et sur la ville, mais sans jamais nous faire beaucoup de mal. Peu à peu tout s'apaise, et l'on finit par se considérer comme étant en état d'armistice.

Observations à propos de la guerre de Crimée. — Ainsi donc, la guerre est terminée ; nous jouissons dans nos camps d'une complète tranquillité extérieure : cela nous permet de nous livrer à nos réflexions, de faire travailler la tête, puisque le corps peut se reposer.

La loi sur le rengagement et l'exonération. — Nous venons de mettre en pratique et d'expérimenter les lois et décrets votés et parus depuis notre entrée en campagne. Cela nous a permis d'en apprécier les résultats. En ce qui concerne la loi du 27 avril 1855 sur l'exonération et sur la dotation de l'armée, nous en avons vu les tristes conséquences dans son application : c'était malheureusement dans la force des choses. Comment pouvait-il en être autrement ? En vertu de cette loi, les sous-officiers et caporaux ayant encore trois et quatre ans à rester sous les drapeaux peuvent contracter des rengagements de cinq ou de sept ans. Beaucoup, qui, en toutes circonstances, s'étaient montrés de zélés serviteurs, vigoureux soldats, se laissent entraîner, non par amour exclusif du métier, mais par l'amorce d'une somme de mille à quinze cents francs à toucher sur l'heure. Bien peu réfléchissent au moyen d'utiliser cet argent comme réserve de l'avenir ; beaucoup, au contraire, une fois l'argent dans leur poche, profitent des heures où ils ne sont pas de service aux tranchées, sous le canon de l'ennemi, soumis à tout instant aux éventualités de la mort, pour se donner certaines jouissances comme dérivatif des misères du jour. Ils vont avec des camarades à la cantine, ou bien au village de Kamiesch, et là finissent parfois par s'enivrer avec le poison de liqueurs frelatées, puis reviennent dans un fâcheux état de surexcitation, commettent des fautes plus ou moins graves dont ils sont inconscients, oublient de se rendre au service pour lequel ils ont été commandés; puis, suivant la gravité des faits, ils sont frappés de punitions ordinaires, de suspensions ou de cassation. Certains doivent passer au conseil de guerre et, à la suite, sont envoyés en prison ou dans une compagnie de discipline. Eh bien, il a suffi d'un moment d'aberration pour faire tomber dans l'abîme de bons serviteurs de l'État, auxquels on a eu le grand tort de mettre sottement entre les mains une somme d'argent dont ils ne pouvaient trouver l'emploi et dont ils devinrent les victimes. Au lieu de faire jeter cet argent dans les cabarets, n'aurait-il pas été plus sage de le faire placer dans une caisse d'épargne, afin de donner à ces braves soldats le moyen de se créer une position à la sortie du régiment[1]?

Un autre fait nous a également frappé : c'est la différence très profonde de résistance et de vitalité entre les anciens et les jeunes. Dans chaque régiment, sur cinq cents hommes de renfort envoyés de France, près de la moitié, au bout de deux et trois mois, entraient aux ambulances ou mouraient après avoir été frappés par le choléra, par le scorbut ou par la fièvre typhoïde, alors que, dans la même

---

1. Comme les généraux les plus expérimentés et les plus capables dirigeaient à cette époque les armées en Crimée ou en Afrique, des savants mathématiciens, des idéologues, faisaient adopter des lois et faisaient des décrets plus empreints de sentimentalisme que de côté pratique.

période, les anciens, mais surtout ceux arrivés d'Afrique, en avaient à peine trois à quatre ou cinq pour cent.

En outre, cette même loi sur l'exonération dispensant de tout service, moyennant finance, eut pour fâcheux résultat de dénaturer le caractère de l'armée, de modifier l'esprit d'abnégation, de sacrifice et d'amour du métier, puisqu'on sacrifiait tout à l'argent.

En dehors des lois et règlements militaires, on a eu le grand tort de laisser s'introduire dans l'armée de Crimée, de suite après l'assaut, le dissolvant fâcheux de l'intrigue et des compétitions.

A côté du départ d'un certain nombre d'officiers pour la France, il se produit entre Paris et la Crimée un échange de correspondances, des interventions indirectes, pour obtenir de l'avancement ou des récompenses, sans en avoir été l'objet de la part des chefs hiérarchiques. Chez un certain nombre apparaît une tendance à se mettre en évidence, à se vanter eux-mêmes, à se faire vanter par les journalistes, à se pousser par tous les moyens.

Il se produit de tels abus que le général en chef doit, à diverses reprises, signaler ces néfastes tendances au ministre de la guerre : il le fait sous une forme un peu humoristique.

Dans une de ses lettres, il écrit : « *Il y a de-ci, de-là, dans l'armée, quelques tendances à ce que les Arabes définissent si bien par le mot « fantasia »*; je ne suis pas plus ému de ces boutades tant soit peu orgueilleuses des uns que des jérémiades des autres. La réclame gagne trop l'armée, et je considère toujours comme un devoir de m'opposer à ce débordement. »

Et plus loin : « ... Maintenant que la mort ne moissonne plus en grand comme avant, il surgit de tous côtés de petits héros que personne n'a jamais remarqués et dont il faut se garer. »

Enfin, à propos de lettres privées ou de dénonciations envoyées au ministre : « ... Combien de faiseurs de lettres, qui s'en vont quêtant et ramassant des cancans pour semer l'intérêt sur leur correspondance, seraient à bâtonner ! »

En résumé, après de longues années d'expérience et de réflexions, on peut bien le dire, cette guerre de Crimée, si glorieuse pour nos armes, qui a donné à l'empire un véritable prestige, bien éphémère et sans bases solides, a peu profité à la France et à ses intérêts généraux. Nous y avons dépensé beaucoup d'argent, versé un sang généreux, et tout cela pour combattre notre seul allié naturel (la Russie), dans l'unique but d'être agréable à l'Angleterre, à cette puissance égoïste, jalouse, préoccupée avant tout de sa grandeur, de ses intérêts matériels, ne reculant devant aucun moyen pour se faire des alliés et pouvoir imposer sa politique.

Dans la circonstance, il s'agissait pour l'Angleterre de détruire la flotte russe, d'empêcher cette rivale audacieuse d'arriver à Constantinople et de venir montrer son drapeau dans la Méditerranée ; le reste lui était bien indifférent.

Or, l'Angleterre, avec sa flotte puissante, avait une armée très mal organisée, de faibles effectifs, quoique ayant de braves soldats et de brillants officiers ; dans ces conditions, elle était incapable d'entreprendre une campagne sur terre : elle aurait donc eu toute chance d'un déplorable désastre si elle n'avait pas eu le talent et la souplesse de nous entraîner à sa suite.

Dans le courant d'octobre, le bruit court dans les camps qu'il serait question d'une marche en avant, soit pour chasser les Russes de la Crimée, soit pour envoyer une partie de l'armée sur le Danube, pour, de là, s'avancer dans l'intérieur de l'empire. On parle également d'expédier des troupes en Asie, au secours des Turcs, bien compromis dans leur province orientale. Seulement, ni les Anglais ni le maréchal

Pélissier ne peuvent approuver les projets fantaisistes qui leur sont envoyés par des gens peu expérimentés, ne se souciant nullement d'envoyer les armées périr dans les steppes immenses de la Russie, dans un pays où ne se trouvent ni un objectif sérieux à atteindre ni ressources alimentaires, mais seulement un ennemi insaisissable, toujours en retraite, étant sûr de pouvoir profiter, à un moment donné, de notre dislocation et de notre épuisement[1].

V

Octobre-novembre. — Le 12 octobre, les corps sont prévenus officiellement qu'ils peuvent procéder à leur installation d'hiver sur les emplacements où chacun d'eux se trouve actuellement.

C'est avec une hâte fiévreuse, en souvenir des dures souffrances des premiers mois du siège, qu'immédiatement officiers et soldats cherchent à se créer les abris les plus confortables ; les uns se livrent à des travaux de construction, soit en maçonnerie, en pisé ou en bois ; quant aux soldats, ils sont plus modestes : ils se creusent d'assez vastes espaces sous les tentes, consolident les terres avec des madriers, préservent les alentours contre les intempéries, se font des

---

1. Plus tard, des stratégistes en chambre ont critiqué les généraux qui s'étaient immobilisés devant une place de guerre, au lieu de marcher de l'avant et d'envahir le pays ennemi : les écrivains auraient bien pu se rendre compte qu'en livrant ce grand duel sur un espace restreint, à l'extrémité de l'empire, nous nous donnions la partie belle : c'était forcer l'ennemi à s'épuiser vite, ayant à faire venir de loin des hommes et des provisions, à leur faire traverser ces steppes sans cesse balayés par la neige, par des vents froids, avec des convois formés de très lourds arabas traînés lentement par des bœufs pendant de très longs jours ; aussi une bonne partie de ce matériel de guerre et d'alimentation disparaissait avant d'arriver à destination. Quant aux alliés, ayant une mer entièrement libre pour base de leurs opérations, leurs navires pouvaient apporter, à chaque instant, tout ce qui était nécessaire pour pouvoir soutenir la lutte.

lits de camp avec des planches élevées et consolidées au-dessus du sol.

Au bout de quelques jours, on voit surgir comme par enchantement de nombreuses baraques, de petites habitations, des gourbis, des cuisines bien abritées, des écuries, chacun avec un cachet particulier. Dans chaque régiment, et même dans les compagnies, il y a des types différents, parfois d'une certaine originalité, suivant les tendances d'esprit et de goût du chef et des directeurs sous ses ordres.

Ce qui nous facilite singulièrement ces travaux d'installation, c'est que, sur les instances de l'Angleterre, préoccupée avant tout de faire disparaître la marine russe de la mer Noire, on décide qu'il sera procédé à la destruction complète de tout ce qui pourrait être utilisé par la flotte ou par l'armée de notre ennemi.

Pour en arriver à l'exécution, on partage les divers quartiers de la ville entre les régiments des deux armées; chacun a un lot particulier, avec mission d'y démolir les maisons et les établissements qui s'y trouvent, et avec l'autorisation d'emporter au camp tout ce qui est utilisable, en fait de bois, de planches, de poutres, de fenêtres, de meubles.

Ce sont de véritables actes de vandalisme du moyen âge; nos chefs supérieurs doivent les subir; en revanche, cela amuse et occupe le soldat français, qui a un talent tout particulier pour se débrouiller et pousser avec la plus grande activité les travaux de construction et d'aménagement.

Chez les Anglais, c'est bien autre chose : outre le pillage régulier et systématique auquel ils se sont livrés, les véritables razzias opérées dans tous les lots qui leur ont été attribués dans la ville, ils ont pu largement se servir de leur chemin de fer du port de Balaklava au camp pour se faire apporter des matériaux de toute nature, des provisions de luxe, des vêtements d'hiver ; de plus, pour les aider, ils ont un nombreux personnel civil, des mercenaires, employés à tous les travaux.

Aussi les officiers généraux ont toute facilité pour se faire construire de véritables petits palais, où se trouvent plusieurs pièces bien meublées, salon, salle à manger, cabinet de toilette, chambre à coucher.

Les autres officiers se préparent de commodes habitations, avec tout le confortable des gentlemen de la métropole.

Quant aux soldats, ils sont installés au bout de peu de temps dans de solides baraques bien couvertes, bien aérées par des fenêtres ; des lits en planches avec des paillasses ; rien ne leur manque pour leur rappeler le bien-être de la garnison : tables pour les ordinaires, bancs pour s'asseoir, aliments abondants et variés.

En cela, le gouvernement anglais se conforme au principe très sage qu'en tout temps, mais surtout en campagne, on doit avoir pour but de conserver la vie du soldat, et si, par le fait des circonstances, ils sont pris au dépourvu, il n'est rien épargné, ni efforts ni argent, pour parer à ces éventualités.

Quoi qu'il en soit, on ne tarde pas à voir apparaître sur toute la surface du plateau de la Chersonèse, dispersées un peu partout, de petites villas, des bâtisses agglomérées. Sur certains points, on dirait des villages tout à coup sortis de terre.

Lignes de Kamiesch. — En dehors des travaux d'installation, on s'occupe aussi des travaux pour l'établissement d'une longue ligne de fortifications passagères, dans le but de protéger Kamiesch. Cette ligne, qui s'appuie à la mer, a plusieurs kilomètres de développement ; elle doit former un camp retranché où l'armée pourrait trouver un refuge assuré et à l'abri de toute attaque, ce que tous ici regardent comme très improbable ; mais l'on pense qu'il s'agit bien plutôt de procurer à nos hommes l'emploi de leur temps, au lieu de les laisser se morfondre dans une oisiveté dissolvante.

Ce n'est pas tout : beaucoup de bras sont employés à combler les quatre-vingts kilomètres de nos tranchées et à abattre les retranchements russes. Il faut, tous les jours, plusieurs milliers de soldats pour tous ces travaux de terrassement, et après quelque temps disparaissent avec eux le pittoresque de nos attaques et des défenses de nos adversaires : nous n'allons plus avoir devant nous que des surfaces planes où l'on pourra circuler librement à pied et à cheval.

Explosion du 15 novembre. — Vers quatre heures du soir, nous entendons une explosion formidable se produire dans la direction d'Inkermann. L'immense parc du moulin, où sont amoncelées de grandes quantités de poudre, de cartouches, de boulets et d'obus chargés, vient de sauter avec tout son matériel. Pendant assez longtemps, ce sont des détonations qui se succèdent, comme si une grande bataille se livrait; on voit les projectiles s'élever dans les airs, envoyer leurs éclats dans les camps des Anglais et des Français. Quoique éloignés de deux kilomètres du lieu du sinistre, nous sommes secoués comme si on venait de subir un tremblement de terre. Au siège de gauche, tout le monde est inquiet, on court aux armes, croyant à une attaque. Dans la soirée, nous apprenons les détails de cette affreuse catastrophe : il y a de grands désastres à déplorer, plusieurs officiers ont été tués, entre autres le colonel Foy, du génie, trois autres officiers de la même arme, un chef d'escadron. On parle de trois cents tués ou blessés, tant dans nos camps que chez les Anglais. De plus, nos alliés ont fait des pertes sérieuses de matériel : une partie de leur parc, voisin du nôtre, a été détruit; ils ont eu en outre des magasins et des ambulances incendiés.

C'est un deuil général dans les deux armées; d'après les

bruits qui courent, ce terrible accident serait dû à l'imprudence des artilleurs transportant de la poudre et des bombes chargées, sans prendre les précautions réglementaires.

En entendant l'explosion, les Russes croient à une attaque de notre part. Alors ils se mettent à tirer à toute volée sur leurs anciens ouvrages, où nous sommes installés. Cette erreur ne dure pas longtemps; leur feu cesse bientôt, et alors nous pouvons compter nos pertes et prendre des précautions pour l'avenir.

Le 18 novembre, le temps change complètement; le froid commence à se faire sentir; la neige, la pluie, le vent, se succèdent sans interruption; la vie en devient des plus pénibles, obligés que nous sommes de rester enfermés dans nos cases. Malgré cela, les travaux continuent pour nos soldats, soit dans les camps pour achever l'installation, soit aux fortifications de Kamiesch et au déblayement de celles de la ville.

Mon départ de Crimée. — Le 3 décembre, j'apprends ma nomination de colonel du 2ᵉ régiment de tirailleurs algériens, dont la création vient d'être décidée par décret impérial. Je dois de suite me rendre à Mostaganem (Algérie).

Tout en faisant mes préparatifs de départ, je vais faire mes adieux à mes chefs, à mes camarades et enfin à mes officiers et à mon sympathique régiment. Le 8 décembre je m'embarque. Pendant la traversée, on s'arrête successivement à Constantinople, au Pirée (près Athènes), à Messine, et nous arrivons à Marseille le 18.

J'ai eu la bonne chance de trouver sur le bateau plusieurs officiers anglais, entre autres les colonels Lort, du 4ᵉ de ligne royal; Scarlet, du royal highlanders, et plusieurs autres de grades inférieurs. Tous sont très aimables et ont les relations les plus cordiales avec les officiers de passage, comme eux, sur ce bateau.

Dans ces dix jours de traversée, nous avons pu observer et étudier les mœurs et les habitudes de ces officiers ; chez eux, la grande préoccupation est de boire, de manger et de jouer. A peine levés, on leur sert force liqueurs, puis ils causent et jouent jusqu'au déjeuner. Après, ils continuent à se faire servir de la bière, du champagne et autres, et cela jusqu'au moment du coucher. Aussi, au bout de quatre jours, tous les vins d'extra étaient absorbés.

Arrivé à Marseille, j'obtiens une permission de dix jours pour aller voir plusieurs membres de ma famille, à Paris et à Angoulême. Le 29, j'assiste au magnifique défilé des troupes rentrant de Crimée et auxquelles on prodigue les acclamations les plus enthousiastes. Le 4 janvier, je m'embarque à Marseille sur le bateau des Messageries *le Languedoc*.

Le 6, en raison du mauvais temps, nous relâchons à Carthagène, où nous restons jusqu'au 11 janvier. Je profite de ce séjour pour descendre à terre, me rendre compte de ce qu'est cette contrée espagnole. Nous voyons tout d'abord une belle rade, bien garantie contre le vent par des rochers abrupts sous lesquels il faut passer pour pénétrer dans le port. Il est peu étendu, mais très profond et très utilisable. Nous le trouvons entièrement vide ; à peine si, de-ci, de-là, il y a quelques vieilles carcasses de bâtiments de guerre ou de commerce.

Les rues de la ville sont larges et propres ; il y a de belles maisons, mais pas le moindre mouvement, pas d'industrie ; les hommes circulent nonchalamment, la cigarette à la bouche, la fustanelle sur l'épaule. Tout y est triste, sans vie : on se dirait dans un cimetière. Nous visitons l'arsenal, il est à peu près vide : à peine si on y trouve quelques débris d'un matériel de rebut. A la caserne, les officiers supérieurs nous reçoivent avec la plus grande affabilité, ils paraissent heureux de nous en faire les honneurs. Dans l'intérieur, il y a de vastes chambres, des fusils très brillants aux râteliers, un grand confortable pour les hommes, des lavabos, des glaces, des sortes de tables de toilette ; mais, à côté de cela, bien peu de soldats, qui se trouvent comme perdus dans ces immenses dortoirs.

Aux environs de la ville, il y a quelques usines, mais à peu près toutes sont administrées et dirigées par des étrangers, surtout par des Français.

En résumé, l'impression qui nous reste de cette visite est peu favorable; il nous semble apercevoir une tendance chez le peuple espagnol à s'endormir dans ses souvenirs du passé, et à mener désormais une vie oisive et indolente.

Le 11, nous débarquons à Arzeu; de là je me rends à Oran, où je me présente chez le général Cousin de Montauban, qui commande la division : il a une belle attitude militaire, est bien doué sous le rapport intellectuel.

Il me reçoit avec la plus grande bienveillance, et je suis heureux de faire sa connaissance.

Je trouve à Oran plusieurs de mes anciens camarades des zouaves : le jeune capitaine Chanzy, chef du bureau arabe, aimé et estimé de tous pour ses séduisantes qualités et son intelligence; le lieutenant-colonel Dupin de Saint-André, mon ancien collègue au 3º régiment de zouaves, et plusieurs autres, ce qui me permet de passer de très bons moments, pendant mon court séjour dans la ville.

Arrivé à Mostaganem, je prends le commandement des divers éléments de formation du 2º tirailleurs, des mains de mon ancien camarade des zouaves, le lieutenant-colonel Le Poitevin de Lacroix; de suite je m'occupe de tous les détails d'organisation du nouveau corps. Cela ne dura pas longtemps : dès les premiers jours de mars, on m'apprenait ma nomination de colonel du 4º voltigeurs de la garde impériale, de nouvelle création, avec ordre de me rendre en Crimée pour y recevoir les divers éléments constitutifs. Déjà mes préparatifs étaient faits, et au moment de prendre le bateau un contre-ordre m'arrive : c'est sur Paris que je dois me diriger. La paix venait d'être signée, et déjà on commençait à évacuer les troupes de Crimée sur la France.

C'est à la tête de ce beau régiment que je dois faire la campagne d'Italie, en 1859.

APPENDICES

(GUERRE DE CRIMÉE)

NOTE A

L'île de Malte.

A Malte, il y a de belles fortifications qui défendent l'entrée des deux ports; elles ont été faites par les chevaliers de Malte qui, après de très vigoureux efforts, empêchèrent les Turcs de s'en emparer, en 1565. Là fut tué, après avoir sauvé la ville, le brave chevalier *Bridier de la Gardempe,* originaire de la Creuse.

Elle a été à nous un instant, quand Napoléon s'en empara, en se rendant en Égypte. Pourquoi ne l'a-t-il pas laissée aux chevaliers? Peut-être elle serait neutre aujourd'hui et ne servirait pas de citadelle aux Anglais contre nous.

Cette île est une belle position maritime. Quant à l'intérieur, c'est une terre de sables, de rochers; avec cela, peu de végétation et triste à l'œil de l'observateur.

La ville de Lavalette est bien bâtie; les rues, dallées, en pentes assez raides, sont propres et passablement alignées; il y a quelques belles places, des monuments anciens, de vastes casernes. Les habitants paraissent industrieux, travailleurs; beaucoup vont en Algérie utiliser leurs bras et ramasser un petit pécule. Ces insulaires ont beaucoup des mœurs italiennes; ils sont dévots, mais tiennent surtout à une religion extérieure : ainsi, ils ont des madones un peu partout, dans toutes les rues, presque sur toutes les maisons.

A côté de cela, ce qui est triste à voir et à dire, c'est qu'à tous les coins de rue on trouve des mendiants insupportables; ils vous harcèlent, vous poursuivent en vous récitant de nombreuses litanies. En outre, il y a de nombreux moines et même des enfants de sept ans, de dix ans, qui portent soutane et tricorne... Les Anglais, très tolérants et très indifférents à ces pratiques, laissent toute liberté à ces populations peu fanatiques et très soumises au gouvernement.

Le palais du gouverneur nous a fait l'effet d'un véritable monument princier ; il a été construit par les anciens chevaliers de l'ordre, tous Français d'origine. Aussi, à chaque pas, dans chaque salle, on trouve des souvenirs de notre patrie. Les tableaux, les tapisseries des Gobelins, les armes, les sculptures, tout a pour origine et pour cachet notre vieille et glorieuse France. Pour arriver à ce palais et aux différents étages, les pentes sont tellement douces qu'il serait facile à une petite voiture d'y monter sans trop d'efforts.

L'église Saint-Jean est ce que j'ai vu de plus caractéristique dans ce genre : des peintures à fresque admirables, des tableaux des premiers maîtres de l'école française et italienne, entre autres la *Décollation de saint Jean-Baptiste*.

Nous avons visité les tombeaux des grands maîtres ; là encore on ne voit que des noms français : d'un côté Louis XVI, le dauphin, son fils, le frère du duc d'Orléans (Louis-Philippe), mort à Malte en 1784. — Tous ces portraits ont été envoyés par nos rois aux chevaliers de Malte.

NOTE B

Manœuvres russes.

Ayant été chargé d'expérimenter ces manœuvres, je fis connaître mes appréciations dans un rapport adressé à mes chefs hiérarchiques. Voici le résumé de ce rapport :

Les manœuvres russes paraissent beaucoup moins simples, moins expéditives que les nôtres ; elles doivent demander de longues études et beaucoup de pratique pour pouvoir les apprendre aux cadres.

Tenant compte du caractère national, des mœurs des habitants, on a cru devoir adopter, pour la formation de combat, plusieurs lignes parallèles de colonnes profondes. Évidemment, c'est dans le but d'une défensive vigoureuse, difficile à renverser, ayant toujours des poitrines humaines prêtes à remplacer celles qui tombent ou ne peuvent se reformer. Ces masses, accumulées les unes derrière les autres, semblent indiquer un manque de confiance dans la solidité des premières lignes, et considérer le corps de l'homme comme un simple obstacle matériel, au lieu d'une arme pleine de vie, de mouvement et d'initiative. Tant mieux si, renonçant à toute action offensive de la part des diverses unités tactiques, on stérilise une grande quantité de feux; nous ne pourrons qu'en profiter.

En résumé, je crois que, nous trouvant dans des conditions à peu près égales, aux différents points de vue du terrain et du nombre, une armée russe constituée et manœuvrant d'après les principes de son règlement ne tiendrait pas longtemps contre nos bataillons agiles, intelligents, contre nos escadrons pleins de fougue et d'entrain. Il suffira, pour briser la résistance, de forcer les colonnes massives à se mouvoir et à changer leur ordre de bataille.

Peu de temps après, les batailles de l'Alma, d'Inkermann et de Balaklava vinrent confirmer ces appréciations.

NOTE C

Gallipoli.

Gallipoli est la première ville d'Europe occupée par les Turcs, en 1356, cent ans avant la prise de Constantinople.

Quand on entre dans cette ancienne capitale, elle produit un singulier effet : à l'intérieur, c'est un tohu-bohu inimaginable, des rues étroites et tortueuses, où coulent des boues infectes; des pavés pointus; des échoppes pour magasins; des maisons en ruine qui, en général, sont élevées sur terre jusqu'à un mètre ou un mètre et demi, tout le reste, rez-de-chaussée et étages supérieurs sont en bois plus ou moins sculptés, mais pourris et disloqués; aussi le vent entre librement à travers les fentes. Puis, des quais qui s'écroulent, des cimetières au milieu de la ville, des palais de carton où l'on installe les généraux, les services administratifs, les hôpitaux, etc. Dans ces palais, il y a des antichambres spacieuses, demi-circulaires; sur les pourtours, il y a des portes délabrées, des planches disjointes : aussi ce sont des glacières en hiver, des fours en été.

Le port est très petit, encombré de ruines et à peu près hors d'usage pour nos navires. Là, comme partout, les Turcs n'ont rien su faire, rien créer, rien entretenir; on y sent leur souffle stérilisant.

En nous promenant sur les quais du port, on aperçoit sur les côtes d'Asie la presqu'île de Cyrique. C'est dans le voisinage qu'Alcibiade gagna la bataille sur les Lacédémoniens.

Dans la ville, il y a environ deux mille Turcs. — Assis comme des tailleurs, on les rencontre fumant leur chibouk avec cette nonchalance et ce calme particuliers aux races musulmanes de nos jours; ils sont tout étonnés de voir avec quelle agilité nous circulons dans leurs rues.

Indolents et apathiques, combien peu ils ressemblent à leurs ancêtres qui sont venus guerroyer en Europe!

NOTE D

Composition de l'armée d'Orient en mai 1854, à Gallipoli.

Maréchal de Saint-Arnaud, commandant en chef; le général de Martimprey, chef d'état-major général; colonel Trochu, premier aide de camp du maréchal.

    1re Division. — *Général Canrobert*, commandant; colonel de Senneville, chef d'état-major.

1re *Brigade*. — Général Espinasse, commandant.
    1er zouaves : colonel Bourbaki.
    7e de ligne : colonel de Lavarande.
    1er bataillon de chasseurs à pied : Tristan Legros, commandant.

2e *Brigade*. — Général Vinoy, commandant.
    20e de ligne : colonel de Failly.
    27e de ligne : colonel Vergé.
    9e bataillon de chasseurs à pied : Nicolas-Nicolas, commandant.

    2e Division. — *Général Bosquet*, commandant; colonel de Cissey, chef d'état-major.

1re *Brigade*. — Général d'Autemare, commandant.
    3e zouaves : colonel Tarbouriech.

50ᵉ de ligne : colonel Trauers.
Tirailleurs algériens : colonel de Wimpfen.
2ᵉ *Brigade*. — Général Bouat, commandant.
7ᵃ léger : Janin, colonel.
6ᵉ de ligne : de Garderens, puis Camus, colonel.
3ᵉ bataillon de chasseurs : Duplessis, commandant.

3ᵉ Division. — *Prince Napoléon*, commandant.
1ʳᵉ *Brigade*. — Général Thomas, commandant.
19ᵉ bataillon de chasseurs à pied : commandant Caubert.
2ᵉ régiment de zouaves : colonel Clerc.
4ᵉ régiment d'infanterie de marine : colonel du Château.
2ᵉ *Brigade*. —
20ᵉ léger : colonel Sol ; lieutenant-colonel de Cappe.
22ᵉ léger : colonel X.

NOTE D'

Pour se faire une idée de l'apathie des Turcs, de la mollesse et de l'imprévoyance des chefs, il faut savoir qu'avant de nous mettre en route pour Andrinople, le pacha qui était venu au-devant des Français par ordre du sultan, se présenta devant notre général armé d'un énorme chibouk (bâton pour la pipe). Sans entrer dans de grands compliments, le général crut devoir aller droit au but et parler d'affaires sérieuses concernant les besoins de l'armée. Il le questionna sur les ressources du pays, sur ce que l'on avait fait dans l'intérieur pour recevoir les troupes françaises. Le pacha offrit sa pipe au général, qui refusa, et alors il lui dit qu'à Gallipoli et dans les villages de l'intérieur il y avait de grandes ressources, que l'on ne manquerait de rien. Mais le général, peu satisfait de ces renseignements un peu vagues, voulut voir par lui-même où l'on pouvait mettre les divers services, les magasins, les provisions : il ne put rien trouver en fait de matériel. On se contenta de lui signaler des marchands, des boutiques... Il s'ensuivit une discussion assez animée ; le Turc, avec son flegme habituel, dit que les marchands avaient de tout : ce tout se composait d'oignons, d'œufs, de poules, de vin du pays, du mauvais tabac et d'autres objets semblables, mais ni farine, ni bœufs, ni lard ; peu de riz. Dès lors, l'administration devait pourvoir à tout.

Puis, le général s'occupe de l'intérieur; il demande des renseignements au pacha, et notamment sur Andrinople : même réponse, il y a de tout. Puis, quand on lui demande combien de temps il faudrait pour réunir dans des magasins ce qui est nécessaire pour la nourriture de plusieurs milliers de soldats, le pacha réfléchit, et dit : « Il y a trente lieues jusqu'à Andrinople; quatre jours à un cavalier pour y aller, dix jours pour aller dans les campagnes des environs donner les ordres nécessaires, à peu près autant pour faire venir, compter et payer, puis enfin quatre jours pour revenir; soit à peu près vingt jours. »

A cet aperçu, le général s'emporta et lui dit qu'il était incompréhensible qu'il fallût quatre jours pour aller à Andrinople; partout, en Europe, en Algérie, un jour suffit;... qu'il fallait ici une imprévoyance et un vice de commandement inexplicable pour de tels retards. Et il ajouta : « Ce n'est pas ainsi qu'agissaient vos glorieux ancêtres, qui ont conquis une partie de l'Europe. Et tant que votre sultan ne fera pas tomber quelques têtes qui le servent si mal, il n'obtiendra rien, il se fera chasser de son pays. Qu'il stimule le zèle de chacun par une sévérité juste, et alors il pourra reprendre un rang honorable parmi les nations modernes. »

NOTE E

Itinéraire de Gallipoli à Andrinople.

Le 5 juin (1854), notre régiment quitte Boulair, et va s'installer à Soumieurdéré, au pied de la montagne, non loin du golfe de Saros.

Les 6, 7, 8, 9 juin, travaux de route pour faciliter le passage des voitures à travers la montagne. Le 50e, les turcos et l'artillerie de la division nous rejoignent.

Le général d'Allonville passe le 7, à notre camp, avec six escadrons de chasseurs d'Afrique.

10 juin. — Nous traversons la montagne par des pentes raides, nous trouvons un pays inculte et désert, des arbres rabougris. *Bivouac à Beglik-ders,* dans la plaine. Le soir, nous sommes rejoints par le 6e de ligne et deux batteries d'artillerie, dont une montée. Le général Bouat commande le tout et bivouaque à Kara-Bounar.

11 juin. — Bivouac près du gros village de Keschan (de dix mille âmes). Nous avons traversé un beau pays, bien cultivé; d'assez belles vignes. Dans le village, les rues sont peu propres, mal pavées; personne ne s'occupe de la police municipale; le chef turc, chargé de tout, ne s'occupe de rien et songe seulement à s'enrichir.

Il y a plusieurs églises : l'une d'elles est d'un style byzantin, avec des peintures sur bois; des saints, le christ en couleurs vives. On y voit des imitations de nos grands maîtres.

12 juin. — Bivouac à *Kadi-Keni*. Pendant la route, nous avons eu les plus beaux points de vue, des vallées admirables, d'une grande fertilité. Les Grecs, qui sont en grande majorité dans ces campagnes, en sont les seuls cultivateurs; il y a chez eux un air d'aisance et de propreté. — Les Turcs, peu nombreux, vivent sans travailler.

13 juin. — Bivouac à *Ouzoum-Keupri* (long pont). Toujours à travers un beau pays, mais légèrement accidenté; au village, il y a sept mosquées, dont une est belle et a une flèche assez hardie. Les maisons sont en mauvais état, les rues sont sales, il y a peu d'industrie. On ne paraît pas savoir profiter des richesses que la nature prodigue. La plaine près du pont est marécageuse et doit être malsaine.

14 juin. — Bivouac à *Tschly-Keni*. Après avoir traversé de beaux plateaux, nous arrivons dans la vallée de la Maritza (Hèbre des anciens), où se trouvent de belles prairies, des bœufs petits et presque blancs, peu de fermes et en fort mauvais état; les paysans paraissent malheureux. Quelques bateaux peuvent descendre la rivière pour faire commerce avec l'intérieur. Elle paraît plus forte que la Saône et pourrait être rendue plus navigable.

15 juin. — Bivouac à Katchek-Tatar, sur le bord de la Maritza. Pendant notre marche, nous suivons la vallée, ayant eu à supporter une pluie battante.

16 juin. — Nous traversons la ville d'Andrinople par une longue rue où se trouve tout le commerce, les bazars, les boutiques. Les rues sont sales et mal tenues; il y a beaucoup de monde sur notre passage. *Bivouac dans l'île du Sérail,* près du harem des anciens sultans. Nous trouvons là de beaux arbres; la rivière et les canaux entourent l'île. Ce serait une promenade splendide, mais c'est fort mal entretenu.

Andrinople, la seconde ville de l'empire, a environ cent mille habitants.

NOTE F

Andrinople, ses rues, ses monuments, son aspect général.

Le harem des sultans. — L'île où nous sommes campés servait de retraite aux femmes des anciens sultans, alors qu'Andrinople était la capitale de l'empire (1362 à 1453). On en avait fait un séjour enchanteur : partout une eau courante d'une limpidité cristalline, des ombrages toujours frais, de longues allées, des bosquets, des réduits, plusieurs pavillons dans l'enceinte où les pachas pouvaient, à loisir, changer de résidence, suivant les saisons ou leurs convenances. Mais combien tout est changé. Les arbres subsistent, voilà tout. A notre arrivée, nous trouvons un parc désert, couvert de broussailles et d'épines d'un et deux mètres d'élévation; on eût dit une forêt vierge : plus d'allées, plus de promeneurs, le sérail est abandonné, presque tout tombe en ruine, le harem ne présente plus que des murs noirs et lézardés.

Plusieurs ponts permettent de communiquer d'une île dans une autre, avec la ville et avec le harem; il y a là des éléments pour faire des promenades charmantes; il suffirait d'aménagements et de travaux intelligemment faits. Au lieu de cela, la main stérilisante des Turcs s'est encore fait sentir, et, au lieu d'un délicieux séjour, on ne trouve que le désert et la ruine.

La grande caserne. — Tout à côté de l'île se trouvent les casernes turques, pouvant contenir sept à huit mille soldats, dit-on; elles sont bâties d'après les méthodes modernes de France. Aux quatre angles, il y a de belles fontaines, avec des eaux abondantes et claires; les chambres des soldats sont petites, mais bien aérées; les logements sont distincts pour les différents grades. A côté de cela, les bâtiments ne sont jamais réparés, on ne fait aucun travail d'entretien, tout est laissé à l'aventure et au hasard. La pluie, les orages, peuvent détériorer l'extérieur ou l'intérieur, pas un coup de marteau, pas une truelle ne viennent réparer ces petits accidents, qui sans cesse vont grandissant. Partout on trouve dans les cours, et parfois dans les chambres, des décombres, du fumier, des ordures. En un mot, c'est le vrai type de la saleté et de l'incurie.

Dans ces casernes les soldats turcs nous regardent d'un mauvais œil; par fanatisme ou pour tout autre sentiment, ils ont l'air de nous regarder comme des mécréants, et non comme des libérateurs.

LA GRANDE MOSQUÉE DE SÉLIM. — Après les casernes, nous allons visiter les principaux monuments de la ville. Le plus remarquable est la grande mosquée, celle de Sélim. Nous voyons là une magnifique porte d'entrée en marbre blanc avec ciselures, puis une vaste cour intérieure dans laquelle se trouve une belle fontaine couverte, où les musulmans font leurs ablutions et boivent en sortant de la mosquée, afin de se préserver d'une foule de maux.

Il y a une galerie intérieure autour de la nef, le tout d'un grand effet, qui frappe l'imagination et donne une idée du Dieu de Mahomet. Tout le parquet de la mosquée est couvert de larges tapis. Aux quatre angles s'élèvent quatre minarets, véritables chefs-d'œuvre d'architecture, tous en pierre de taille, avec escaliers intérieurs pour trois étages et terminés par une aiguille. La hauteur est uniforme pour les quatre; on dit que cela représente l'élévation des tours de Notre-Dame de Paris. J'ai pu monter dans l'un d'eux, par un escalier en spirale avec des lucarnes de distance en distance pour permettre au jour d'y pénétrer : cela m'a rappelé mon ascension de la colonne Vendôme en 1837. Je me suis arrêté au tiers de la route, j'étais fatigué et j'en avais assez. Néanmoins, du point où j'étais, j'avais la plus belle vue, j'embrassais dans toute son étendue la ville d'Andrinople, la belle vallée de la Maritza qui nous reporte aux souvenirs de l'Hèbre et d'Orphée; enfin, dans le lointain, les fameux Balkans, cette dernière barrière des Turcs contre l'étranger.

En descendant, je remets cinquante centimes à mon cicerone; il paraît enchanté d'une aussi bonne fortune, étant plus habitué à recevoir des coups de trique que des remerciements et de l'argent.

LE GRAND BAZAR. — Dans le grand bazar que je vais visiter, je ne vois rien de remarquable; c'est un hangar très long, étroit, laissant pénétrer le jour par la partie supérieure qui est couverte.

A droite et à gauche, on trouve un grand nombre d'échoppes que l'on décore du nom de magasins. Dans la plupart on rencontre les produits semblables à ceux de nos foires de village : indiennes, draps, quincaillerie, etc. ; très peu de produits indigènes, un dixième à peine : des pipes, du tabac, quelques soieries. Ce bazar a près de cinq cents mètres de long ; il y fait une température toujours fraîche et bien agréable pour les promeneurs et les flâneurs.

Sur les quais de la Toundja, il y a pas mal de marchandises, des chantiers de bois, des bateaux plats pour le transport des grains. Les quais sont en mauvais état, les magasins sont très médiocres ; il y a plusieurs tanneries qui ont l'air de fonctionner.

LE PALAIS DU PACHA. — Le palais du pacha a un grand aspect, de larges escaliers, une apparence luxueuse ; mais, une fois entré dans la cour, la première impression change. Du fumier partout, des bœufs dans les coins, des poules et des canards qui cherchent leur nourriture dans des monceaux de détritus et dans des mares ; des enfants mal vêtus étalent leurs guenilles au soleil. A côté de cela, des appartements somptueux, des tapis de grande valeur. Ainsi donc, opulence à l'intérieur, incurie, paresse et misère à l'extérieur.

Quant aux rues de la ville, quelques-unes sont assez larges, mais presque toutes sont sales, mal entretenues ; les maisons ont généralement une chétive apparence, beaucoup tombent en ruine, conservent à l'extérieur et même à l'intérieur les immondices des ménages. Ici, la police ou la municipalité ne s'occupent nullement de toutes les questions de salubrité et de propreté. Il y a dans l'intérieur plusieurs petites industries, des charrons, des cloutiers, des savetiers, des marchands de fer, tout cela sur une petite échelle.

En résumé, Andrinople, qui est la seconde ville de l'empire turc, avec une population de cent mille âmes, a joué autrefois un rôle important, elle a été pendant cent ans la capitale des musulmans (avant la prise de Constantinople). Depuis, elle n'a fait que décroître. Avec un bon gouvernement et une administration intelligente, elle ne tarderait pas à reconquérir son prestige et ses richesses ; car, admirablement placée sur deux cours d'eau, dont l'un est à peu près entièrement navigable jusqu'à la mer (la Maritza), elle est, en outre, au centre de plaines immenses, riches en végétation, couvertes de marais, il est vrai, mais qu'il serait assez facile de faire disparaître. Si cette ville, enfin, était possédée soit par la France, soit par l'Angleterre, elle ne tarderait pas à se présenter au monde civilisé et commercial comme Lyon ou Manchester.

NOTE G

Itinéraire d'Andrinople à Varna.

Voici le résumé des très sages instructions données le 22 juin 1854 par le général Bosquet, pour la marche des colonnes.

« Les troupes devront commencer leur mouvement le 24 juin. Le capitaine Dumas, du génie, est parti d'avance pour mettre la route en état; elle est déjà prête d'Andrinople à Fakih, et il va continuer sur Aidos.

« L'itinéraire, écrit et dessiné pour chaque colonne, indique, avec le nombre de kilomètres à parcourir, les détails du terrain et des eaux que l'on rencontre. Les troupes doivent prendre des vivres à Andrinople pour quatre jours, à Ouzoun-Fakih pour trois jours, à Aidos pour cinq jours, dont un pour le séjour; à Koperan pour deux jours, de manière à avoir encore des vivres pour le lendemain de l'arrivée à Varna.

« Les vivres de viande sont assurés à tous les gîtes d'étapes; l'officier faisant fonctions de sous-intendant dans chaque colonne précédera la troupe de deux heures pour reconnaître la viande, le bois, la paille, le vert, et enfin les vivres partout où ils doivent être distribués.

« Pour l'orge, on en prendra trois jours à Andrinople, dont un porté par les arabas, autant que possible.

« A Ouzoun-Fakih, on en prendra pour deux jours; à Aidos pour trois jours, à Koperan pour cinq jours, afin de se suffire à l'arrivée à Varna.

« Pour les ordinaires, les chefs de colonne doivent les ménager, mettre beaucoup d'ordre et de bonne foi dans les marchés avec les indigènes, se donnant par là le moyen d'utiliser les ressources locales. Comme, plus on avance vers le nord, moins la chaleur est forte et que les soirées sont souvent fraîches avec de la rosée, les chefs de colonne devront faire prendre le pantalon.

de drap à leurs hommes dès le coucher du soleil. On devra également faire des recommandations spéciales pour éviter que l'on ne trouble ou ne gâte les eaux. Les chefs de colonne et tous les officiers devront apporter les soins les plus minutieux et les plus attentifs pour le débit des eaux. »

Maintenant, voici l'itinéraire suivi par les troupes, avec les divers incidents de la route.

24 juin. — Notre colonne part par une température très chaude ; les cavas chargés de nous guider nous font faire une foule de détours inutiles et fatigants, à travers un pays légèrement accidenté où il y a des puits, de belles cultures, beaucoup de vignes mal entretenues. Enfin, après avoir fait vingt-quatre kilomètres environ, le bivouac est établi à la ferme d'*Assamer*.

25 juin. — Nous parcourons encore un beau pays, où nous trouvons des fontaines et des puits. Mais, après la grande halte, on traverse une contrée un peu accidentée, couverte de broussailles et rocheuse. Bivouac près du village de *Vahessal*, habité par des Bulgares.

26 juin. — Comme la veille, le pays continue à être accidenté et broussailleux. Nous passons près des villages de Karabounar-Tschilick et de Kiziloy-Klissi. Bivouac à *Fakih-Déri*. Nous voyons partout des terres peu cultivées, des villages misérables, des huttes ou des maisons de terre pour habitations.

27 juin. — Après avoir fait vingt-trois kilomètres, nous établissons le bivouac à *Oumoun-Fakih*, village mal construit ; dans les environs il y a du lin, du blé, des fruits, d'assez bon vin ; on en fait provision pour les jours suivants. Le soir, nous sommes rejoints par notre général de brigade d'Autemare et l'autre régiment.

28 juin. — Toute la journée nous sommes dans de vastes forêts qui s'étendent à perte de vue ; c'est grandiose, on dirait de vastes allées comme à Paris. Les chênes dominent ; seulement ces bois sont mal exploités et mal aménagés. Nous sommes tout près de Bourgas, sur la mer Noire. Nous avons une très forte chaleur. Bivouac à *Karabouna*, village misérable de Bulgares, établi sous de véritables huttes de sauvages.

29 juin. — Pendant quatre lieues, nous sommes toujours au milieu d'une forêt impénétrable. Nous allons bivouaquer à deux kilomètres de *Koussou-Kesseri*, village encore plus sale que les autres; une seule maison est couverte en tuiles; à côté il y a une vieille tour. Tout le reste, ce sont des niches en paille avec un peu de boue. Aux environs il y a de belles prairies, mais peu de cultures. Les Bulgares sont en grande majorité; en fait de Turcs, il y a les fonctionnaires, chargés de piller et de ruiner les administrés.

30 juin. — Nous avons à faire vingt-neuf kilomètres à travers de belles forêts, mais mal entretenues; parfois on trouve de loin en loin d'assez belles cultures; les villages sont d'une malpropreté révoltante, et cela malgré la richesse du sol, ce qui dénote combien les cultivateurs sont pressurés. Une fois arrivés sur des mamelons assez élevés, nous avons de très beaux points de vue : plusieurs villages sur la gauche, les lacs de Bourgas sur la droite; dans le lointain, la mer et les maisons blanches de la ville. Enfin, nous allons établir notre bivouac près de la petite ville d'*Aidos,* peuplée de deux mille âmes environ, Turcs et Bulgares. Il y a cinq mosquées et une église. Les maisons sont à peu près passables; les enfants sont propres et bien tenus, un peu sauvages et curieux de nous voir, évitant de trop nous approcher.

A Aidos. — A Aidos, nous trouvons des provisions de toute nature, vin, légumes, tabac, etc. Presque tout est apporté de Bourgas par des Italiens prévenus et engagés à nous approvisionner par les délégués du général. Il y a à Aidos un assez grand commerce de grains, mais il est fait par des étrangers, qui les embarquent à Bourgas; les habitants sont trop apathiques et trop gênés par la servitude que les Turcs font peser sur eux.

Aidos est à cinq lieues de Bourgas. — A été chantée par lord Byron. — Nous touchons cinq jours de vivres et nous reposons pendant la journée du 1er juillet. Ce jour-là, nous sommes rejoints par les turcos et le 50e de ligne.

2 juillet. — En quittant Aidos, nous avons à gravir pendant deux heures, par une pente assez douce, un premier mamelon au pied duquel nous trouvons la vallée du Nadir, que nous suivons jusqu'au bivouac. Cette rivière se jette dans la mer Noire à Messabria.

Pendant notre route, nous trouvons de jolis villages sur les deux rives : Tschand-Keui, Tatar-Keui; ils sont entourés de jardins et de nombreux arbres fruitiers. *Bivouac à Koperan.*

Les habitants du pays que nous venons de parcourir paraissent plus aisés, plus industrieux. Autour des maisons il y a des clayonnages, le travail paraît plus dans les habitudes.

3 juillet. — Nous traversons les Balkans, où se trouvent de magnifiques forêts avec les essences les plus diverses : chênes, charmes, ormes, hêtres. Il y a là des arbres séculaires qui font notre admiration.

Les Balkans. — Nous suivons la route parcourue par les Russes en 1828. Dans un des défilés où nous passons, ils tendirent une embuscade aux Turcs et leur tuèrent ou firent prisonniers vingt mille hommes.

Nous trouvons peu d'habitations : partout règne la misère. Les renseignements pris sur place nous font connaître que presque toutes les terres sont à l'Etat ; les rajas peuvent très difficilement devenir propriétaires, ils sont fermiers et payent, comme impôts, d'abord cinquante francs par charrue, en outre un dixième de tous les produits du sol ; enfin l'impôt de capitation, soit quarante piastres par tête et par an. Tous ces impôts sont perçus par les mudhirs ou chefs de districts et vendus à des négociants qui, comme nos anciens fermiers généraux, viennent les prendre sur place. Les uns et les autres ne songent qu'à s'enrichir et à pressurer le plus possible les populations. *Bivouac à Archivadick.*

4 juillet. — A partir de notre bivouac, nous nous trouvons de nouveau au milieu de forêts admirables ; en dehors du chemin assez difficile où nous passons, il y a, à droite et à gauche, un fouillis épais et impénétrable. Nous traversons les villages d'Arnout-Lor et de Dervich-Jovar, où nous trouvons des Turcs qui nous reçoivent assez mal. Nous voyons des forêts encore plus belles que celles du matin et de la veille.

Bivouac à Kantschik-Déré, où le génie, aidé par nos zouaves, construit un pont de bateaux sur la rivière. Nous trouvons là des restes de fortifications passagères élevées par les Turcs à l'époque de la guerre de 1828.

5 juillet. — Nous traversons de nouvelles forêts, mais, après quatre heures de marche, elles deviennent moins épaisses, moins belles ; bientôt ce ne sont plus que des broussailles. Nous allons bivouaquer sur le mamelon des Six-Fontaines. Nous sommes à trois heures de Varna, que nous apercevons très distinctement.

A Varna. — *6 juillet.* — Nous descendons dans la plaine de Varna ; nous passons près du camp des Anglais établi non loin du lac ; nous constatons que leur artillerie et leur cavalerie ont de beaux chevaux et de beaux équipements.

Nous longeons les fortifications, puis, après avoir franchi le petit pont établi sur le Paravidi, nous nous dirigeons sur le plateau situé au nord de la ville. Le maréchal vient nous voir défiler et paraît satisfait de la bonne attitude de nos hommes.

On établit notre bivouac à *Yeni-Keui*, à droite de la 3e division. Tout près de nous il y a un bois, et en face la mer et les flottes alliées.

NOTE H

Journal de marche dans la Dobrutcha. — Le choléra.

22 juillet. — Notre 2e division part du camp, fait grand'halte à Derwent et va bivouaquer à Sarrigoulou ; la 1re brigade est d'arrière-garde. On est tout le temps dans les bois. Plusieurs cas de choléra se déclarent pendant la route. Le 50e et le 6e laissent beaucoup de traînards. Le temps est très chaud ; les villages que nous rencontrons sont abandonnés par la crainte des Russes. Nous voyons les habitants rentrant chez eux avec des arabas et leur famille.

23 juillet. — Grand'halte à Pachaik, bivouac à Bazardjick, pays de plaine ; beaucoup de bois jusqu'à la grand'halte, puis de vastes prairies, des surfaces sans accidents de terrain. La ville a été détruite par les bachi-bouzoucks et par les Russes, qui ont fait sauter les mosquées, mais ont épargné plusieurs parties de la ville, parce que des habitants avaient protégé les Grecs contre le pillage des bachi-bouzoucks.

24 juillet. — Nous parcourons des plaines immenses, des prairies sans fin. Nulle part on ne trouve d'eau, sauf dans quelques puits. Bivouac à Moussou-Bey. Nous avons rencontré plusieurs villages détruits et abandonnés.

Le général est resté à Bazardjick avec le 3e bataillon de chasseurs à pied et le 6e de ligne.

Les tirailleurs sont à sept lieues à notre droite, le 50e à sept lieues à notre gauche.

Il nous a fallu près de sept heures pour arriver à l'étape.

Notre arrière-garde et nos bagages sont arrivés à dix heures du soir seulement.

25 juillet. — Séjour. Notre colonne reçoit l'ordre de partir le lendemain pour appuyer à droite. On dit que toute notre division va faire un mouvement de flanc pour se joindre à la 1re et ensemble attaquer Kustendji, encore occupé par les Russes. A dix heures du soir, le 50e de ligne nous rejoint, après avoir fait dix à douze lieues et avoir laissé cinq à six cents traînards.

26 juillet. — Nous partons et allons bivouaquer à Tcherken.

Le 50e, très éprouvé, laisse encore trente-quatre hommes en arrière; on ne sait ce qu'ils sont devenus, égarés dans cette immense plaine sans eau et sans vivres. Près du village en ruine, il y a du chanvre très élevé et très épais : c'est magnifique comme végétation, mais cela sent très mauvais et incommode nos hommes.

27 juillet. — Grand'halte à Bawalar, village en ruine; il y a cinq à six puits, pas de cultures. Nous allons bivouaquer à Ogbah, à l'extrémité du lac de Mongalia, où nous rejoignons le régiment de turcos. Nous avons encore eu à traverser des prairies immenses, sans eau; près des habitations, de vastes champs de chanvre qui pousse pêle-mêle avec de mauvaises herbes et a près de deux mètres d'élévation.

28 juillet. — Séjour. Trois hommes meurent du choléra. Le général Bosquet vient visiter notre camp.

29 juillet. — Je suis envoyé en reconnaissance avec mon bataillon dans la direction de Karassou; je trouve quelques villages sur ma droite, des habitants qui font tardivement leurs moissons, lesquelles pourrissent sur place. Ces malheureux, rentrés depuis que nous sommes sur les lieux, paraissent plus redouter les bachi-bouzoucks que les Russes. Déjà ils ont été plusieurs fois pillés.

30 juillet. — Ordre subit de partir à neuf heures du matin. Nous marchons près de cinq heures, toujours dans la plaine. A trois heures nous bivouaquons à l'extrémité du lac d'Aman-Fakih, direction de Kustendji. Là, on nous dit que les bachi-bouzoucks ont eu un engagement, que le capitaine Dupreuil a reçu huit coups de lance. L'artillerie vient s'établir à côté de nous. La 2e brigade est restée à Mangalia, avec le général Bosquet et l'état-major de la division. Nous avons plusieurs cas de choléra.

31 juillet. — Les zouaves et les turcos sont envoyés en reconnaissance. Les cas de choléra se multiplient.

1ᵉʳ août. — Nous revenons sur nos pas et allons bivouaquer au-dessus de la ville de Mangalia, près de Tomes, lieu où fut exilé Ovide par Auguste. Les bachi-bouzoucks arrivent par paquets isolés et vont piller la ville. On doit envoyer trois cents hommes de service pour protéger les habitants. Beaucoup de ces bachi-bouzoucks meurent dans les rues, frappés par le choléra. Nous les faisons ramasser et porter près des mosquées; leurs camarades ne s'occupent pas d'eux : c'est un spectacle déplorable d'égoïsme. Il faut en arriver à faire évacuer la ville par ces pillards et les empêcher de passer à travers nos avant-postes; malgré ces précautions, ils continuent à avoir beaucoup de cholériques et de morts. Deux de mes zouaves et le sergent Boissy sont atteints et enlevés dans la journée.

2 août. — Départ à cinq heures du matin. Deux heures après, étant arrivés près du village de Chafala, nous recevons l'ordre de rétrograder et de venir reprendre notre emplacement du matin. Pas mal de nos hommes sont atteints du choléra pendant la route et après l'arrivée au bivouac.

Le général Canrobert écrit que sa division est décimée et incapable de marcher autrement qu'à très petites journées. Il a laissé de nombreux cholériques à Kustendji, des frégates doivent venir les prendre. Lui, avec sa division, marche avec peine sur Mangalia, les hommes tombent comme des mouches; le 1ᵉʳ zouaves a eu surtout beaucoup à souffrir.

4 août. — Notre bivouac, entre deux lacs, est dans de très mauvaises conditions; les miasmes que nous respirons ne font qu'augmenter le nombre de nos malades. Il y a une sorte d'atonie dans le camp, un marasme chez les individus. On redoute cet ennemi pestilentiel qui nous entoure; le moral chez beaucoup s'en ressent. Ajoutez à cela l'absence presque complète de viande, de provisions, de tabac. Les figures sont hâves, maigres, même celles des officiers.

5 août. — Nous faisons cinq lieues pour arriver à Kavarna, où se trouve notre 2ᵉ brigade. Le bivouac est sur un beau plateau au bord de la mer. En route, douze de mes zouaves sont atteints du choléra; beaucoup souffrent de l'estomac, faute d'aliments substantiels. La faim aide singulièrement au développement de l'épidémie. Nous n'avons encore reçu ni pain, ni vin, ni eau-de-vie. Pendant la nuit, treize hommes sont morts à notre ambulance. Au départ, ce matin, il y avait cent quarante malades; beaucoup sont tombés le long de la route.

6 août. — On embarque sur le *Bertholet* les malingres et les hommes de l'ambulance. Quarante et un de nos zouaves sont dans les partants, plusieurs meurent avant d'arriver sur le navire. J'ai des frissons, des maux d'estomac et des vomissements. Le docteur Gerrier me soigne bien.

7 août. — Départ inopiné à cinq heures du matin. On contourne le ravin qui conduit dans la baie de Baltchick, où est la flotte; nous marchons cinq heures par une forte chaleur; vingt de nos hommes tombent en route, pris par le choléra; plusieurs meurent au bout de deux et trois heures. Il y a erreur dans la reconnaissance du bivouac, on doit revenir sur ses pas, après la grand'halte. Beaucoup tombent de nouveau. L'eau est très loin, au fond d'un ravin. Le bivouac est au-dessus de Baltchick. Je suis repris de transpiration et de fièvre.

8 août. — Nous partons à cinq heures du matin; onze hommes sont morts pendant la nuit. Nous entrons enfin dans un petit bois, en suivant un assez mauvais chemin. A la grand'halte, dans une petite vallée, nous trouvons beaucoup de fosses où sont enterrés les bachi-bouzoucks.

La plupart de nos hommes n'ayant plus ni biscuit ni café, beaucoup souffrent de l'estomac et tombent épuisés; la maladie les prend. Le choléra trouve alors là des sujets tout prêts à subir son influence pernicieuse. Après une marche un peu longue, nous arrivons au village de Kavakeur. L'ambulance est longtemps à arriver, à cause de la difficulté des chemins, très étroits. La 8e compagnie de mon bataillon fait des pertes sensibles. Douze de ses hommes sont atteints.

9 août. — Après deux heures de marche, nous arrivons à notre ancien bivouac d'Yeni-Keui. Là, nous apprenons que le 1er zouaves a perdu deux officiers, plus cinq à six cents hommes hors d'état de se relever, la plupart étant morts ou sur la paille. A Kustendji, la division Canrobert aurait enterré en deux ou trois jours huit cents hommes et trente-trois officiers. Le 27e surtout a été très éprouvé, il a perdu cent cinquante hommes. Une compagnie de voltigeurs de ce régiment, de grand'garde à Kustendji, n'avait plus, le matin, au réveil, que cinq hommes valides.

A Varna, le choléra fait beaucoup de mal; tous les jours ça

augmente. On enterre plus de soixante hommes toutes les vingt-quatre heures. On a établi cinq à six grandes ambulances, toutes sont pleines. La grosse cavalerie et les dragons ont beaucoup souffert.

NOTE H^{bis}

Adieu du maréchal de Saint-Arnaud à l'armée (26 septembre 1854).

Soldats, la Providence refuse à votre chef la satisfaction de continuer à vous conduire dans la voie glorieuse qui s'ouvre devant vous; vaincu par une cruelle maladie, avec laquelle il a lutté vainement, il envisage avec une profonde douleur l'impérieux devoir que les circonstances lui imposent, celui de résigner le commandement, dont une santé à jamais détruite ne lui permet plus de supporter le poids.

Soldats, vous me plaindrez, car le malheur qui me frappe est irréparable et peut-être sans exemple.

Je remets le commandement au général Canrobert.

NOTE I

ALLOCUTION DU GÉNÉRAL CANROBERT, EN REMETTANT LE DRAPEAU AU RÉGIMENT DES ZOUAVES DE LA GARDE (SOUS SÉBASTOPOL, LE 16 MARS 1855).

Zouaves de la garde impériale, je remets entre vos mains le drapeau, symbole du patriotisme, de l'honneur militaire et du dévouement au souverain. Je sais avec quelle énergie vous saurez le défendre. L'empereur, en vous plaçant dans sa garde, a voulu récompenser en vous les travaux et les vertus d'un corps qui s'est fait une place immortelle dans notre jeune armée.

Vous serez dans ce nouveau régiment ce que vous avez été jusqu'à ce jour, des modèles d'intrépidité, d'abnégation et de patience. Vous vous recommanderez non seulement par l'élan au jour du combat, mais par la constance dans les privations, dans les fatigues, dans les missions de toute nature qui sont la vie habituelle et l'honneur du soldat; vous répondrez enfin à toutes les espérances qui reposent sur vous. Prenez donc ce drapeau et portez-le comme se porte le drapeau de la France. Vive l'empereur!

ORDRE DU RÉGIMENT. — LE COLONEL AUX ZOUAVES DE LA GARDE

Zouaves de la garde, l'empereur, en m'appelant à vous commander, m'a confié l'honneur que je pouvais souhaiter le plus ardemment. Je connais déjà chaque membre de la famille dont il m'a fait le chef, je sais ce qu'a fait, ce que fera chacun de vous. Notre nom est maintenu, et vous connaissez les obligations qu'il nous impose. Seulement, un autre nom y est ajouté, le plus grand qui existe dans les annales guerrières de notre patrie, celui de *garde impériale*. Vous continuerez ce que nos pères ont eu de plus éclatant dans leur gloire. Il y a quelques jours, vous datiez seulement de nos conquêtes africaines; aujourd'hui vous datez d'Austerlitz. Vous répondrez aux espérances que votre empereur et votre patrie placent en vous; ceux qui vous remplaceront plus tard sous un drapeau que vous aurez rendu immortel, n'auront qu'un seul désir, celui d'entendre dire : « Ils sont dignes des premiers zouaves de la garde impériale. »

Devant Sébastopol, 15 mars 1855.

Le colonel commandant le régiment,
Signé : DE LAVARANDE.
Pour copie conforme : *Le lieutenant-colonel,* MONTAUDON.

COMPOSITION DU RÉGIMENT DE ZOUAVES DE LA GARDE IMPÉRIALE,
AU MOIS DE MARS 1855, LORS DE SA FORMATION

De Lavarande, colonel.	Tué le 7 juin aux ouvrages blancs.
Montaudon, lieutenant-colonel.	
Aurel, chef de bataillon.	Mort étant colonel.
De Bellefond, chef de bataillon.	Tué à Magenta, étant lieutenant-colonel, 1859.
Bertin, major.	Mort étant lieutenant-colonel.
Vittot, adjudant-major.	Général de division depuis 1874.

Ameller, adjudant-major.	Mort en 1871, étant général de brigade.
Lauret, capitaine-trésorier.	Mort étant chef de bataillon en retraite.
Irlande, capitaine.	Devenu colonel.
Sauvage, —	Tué à Sébastopol.
Gorstmann, —	Chef des volontaires. Tué en Italie
Caminade, —	Tué à Sébastopol, étant chef de bataillon.
Cussaigne, —	Tué à Sébastopol, étant chef de bataillon.
De Chard, —	Mort en rentrant de Crimée.
De Mutrecy, capitaine.	
Leclerc, —	
Marlier, —	
Fliniaux, —	
De Bonnevie, —	
De Monraty, lieutenant.	
Regagnon, —	
Mariani, —	
Marengo, —	
Laurent, —	
Garidel, —	
Andrieu, —	Étant resté peu de temps au régiment, les circonstances ne m'ont pas permis d'avoir des renseignements sur tous les officiers. — Je sais seulement que plusieurs ont été tués, soit en Crimée ou en Italie, en 1859.
Chazotte, —	
Petit, —	
Pringué, —	
Martin, —	
Gauthier, —	
Groucy, sous-lieutenant.	
Reynal, —	
Rapp, —	
Haricot, —	
Velay, —	
Mas St-Guiral, —	
Bertrand, —	
Bouloy, —	
Péchaud, —	
Recca, —	
Vincent, —	

NOTE J

Composition de l'armée de Crimée, le 19 mai 1855.

Le général Pélissier, commandant en chef.

		GÉNÉRAUX DE DIVISION	GÉNÉRAUX DE BRIGADE
2ᵉ Corps d'armée. Général Bosquet, commandant.	1ᵉʳ Corps d'armée Corps d'armée Gén. de Salle, commandant.	1ʳᵉ Division. D'Autemare.	Niol, Breton.
		2ᵉ Division. Levaillant.	Couston, Trochu.
		3ᵉ Division. Paté.	Beuret, Bazaine.
		4ᵉ Division. Bouat.	Lefebvre, Duprat de la Roquette.
		Div. de cav. Morris.	Cassaignolles, Feray.
		1ʳᵉ Division. Canrobert.	Espinasse, Vinoy.
		2ᵉ Division. Camou.	De Wimpfen, Vergé.
		3ᵉ Division. Mayran.	De Lavarande, de Failly.
		4ᵉ Division. Dulac.	Saint-Pol, Bisson.
		5ᵉ Division. Brunet.	X., Lafont de Villiers.
		Div. de cav. D'Allonville (1ᵉʳ et 4ᵉ hussards, 6ᵉ et 7ᵉ dragons).	
3ᵉ Corps, dit de réserve. Général Regnault de Saint-Jean-d'Angély.		Divis. de la garde imp. Mellinet.	De Failly, de Pontives.
		1ʳᵉ Division d'infant. Herbillon.	Sencier, Clerc.
		2ᵉ Division. D'Aurelle de Paladines.	Montenard, de Marolles.
		Brigade de la garde.	Uhrich, commandant les deux régiments de voltigeurs avec les zouaves de la garde.
		Brigade de cuirassiers.	De Forton.

En somme, les forces des alliés, avec les Piémontais et les Turcs, montaient à 200,000 hommes environ. Les Français en avaient 120,000, dont 100,000 disponibles, et 8,700 chevaux de selle, 12,000 de bât ou mulets.

NOTE L

Lettres de mon lieutenant-colonel, à l'époque de la prise de Sébastopol.

Sébastopol, 3 septembre 1855.

Mon colonel,

Je saisis la première poste pour vous envoyer des nouvelles du régiment, si toutefois on peut qualifier de ce nom le train-train perpétuel et ordinaire qui s'y fait. On a trouvé moyen d'augmenter le service ; les bataillons sont maintenant, dans les tranchées, de la force de quatre cent cinquante combattants.

Les Russes disent, à ce qu'il paraît, hautement, que, renonçant à toute tentative sur la Tchernaïa (puisque cette vallée n'est plus leur paradis), ils vont porter au premier moment leurs efforts sur les attaques, qu'ils doivent bousculer sur trois points. Leur pont est terminé entre le nord et le sud, ce qui faciliterait leur projet, si toutefois ils en ont un bien arrêté.

La 4e division concourt au service d'attente depuis hier ; d'après la nouvelle méthode, la division qui est de service fournira à sa descente les trois bataillons de piquet à la tranchée. Les trois divisions qui ne sont pas d'attente fourniront les bataillons de garde, au nombre de six. Enfin, on a bouleversé les tours de généraux et colonels de tranchées.

Je descends mercredi, je pense remonter dimanche. L'état sanitaire du corps est le même, il y a une légère tendance à amélioration dans le scorbut. Il n'y a pas de punitions graves ; la nuit dernière, quelques sergents-majors ont un peu trop nocé avec certains amis du 21e.

Le 35e est ici, le 30e paraît s'être égaré, le 21e a déjà reçu cent quatre-vingts hommes du contingent général ; nous attendons nos cinq cents hommes.

Je souhaite que vous éprouviez bientôt un mieux sensible.

Veuillez, mon colonel, agréer l'assurance de mes sentiments bien dévoués.

Signé : Le lieutenant-colonel, Baron de Mallet.

Sébastopol, 8 septembre.

Mon colonel,

Nous partons de suite pour le bastion central, toute l'armée est en route. Malakoff d'abord, nous ensuite. La division Levaillant a cet insigne honneur. Pourquoi ? Devinez. Enfin, nous sommes tête de colonne. Vous sentez que je ne vous en écris pas long ; c'est hier que tout ceci a été décidé, et nous serons dans les tranchées pour huit heures.

Ainsi, prenez mon conseil et celui des médecins : ne vous faites pas une illusion qui vous serait funeste, allez en France au moins pour six mois. Vous ne pourriez rien faire ici, sous peu de jours ce sera terminé.

Que Dieu vous conserve, et faisons des vœux pour vous revoir. Recevez, mon colonel,

Signé : Baron de Mallet,
lieutenant-colonel.

P. S. Je ne puis rien vous écrire d'affaires du corps ; tout va bien, nos contingents n'arrivent pas, c'est bien fâcheux, et la canonnade est affreuse ; on dit les Russes bien malades, deux à trois vaisseaux brûlent dans le port par nos bombes.

Devant Sébastopol, 9 septembre 1855.

Mon colonel, Sébastopol est enfin à nous. Hier, 8, l'assaut a été donné, les opérations ont eu lieu de la manière suivante : toutes les troupes ont été massées dans les tranchées à midi. La première attaque s'est faite à Malakoff ; les Anglais enlevaient en même temps le Grand-Redan, voisin de Malakoff[1] ; la prise du bastion central était subordonnée au résultat obtenu à la première attaque. Ce bastion pris, deux mille Sardes devaient se jeter sur le bastion du Mât. Les ordres, comme par le passé, ont été ou mal donnés ou mal compris : la sonnerie en avant, pour nous, a été faite trop tôt, les troupes qui devaient nous soutenir ne sont pas arrivées assez à temps, et notre pauvre division a été massacrée par la mitraille. Le 80ᵉ régiment a été moins malheureux que nous, et cependant il a perdu beaucoup de monde.

1. Au moment où mon lieutenant-colonel écrivait cette lettre, il ignorait que les Anglais, eux aussi, avaient échoué dans leur attaque sur le Grand-Redan.

Parmi les officiers blessés, plusieurs n'en reviendront pas. Entre autres, les capitaines Cagnazoli, Vergne, les deux frères Ragon, Laferrière, Nicholson, Beauregard; les lieutenants Lecoupey, Puissant, La Contamine.

Aujourd'hui, les Russes font tout sauter; l'incendie s'étend sur toute la ville; les magasins à poudre, les mines faites dans les parapets, les établissements militaires, les fortifications mêmes, rien n'est épargné. A chaque instant on reçoit des secousses comme si c'était un tremblement de terre.

Recevez, mon colonel...

Signé : Baron de Mallet.

P. S. Les Russes se sont retirés dans leurs camps, du côté du nord, se disposant à s'éloigner. Seulement, nous nous disposons à les suivre, et probablement que tout n'est pas fini. La 1re division s'embarque demain.

Devant Sébastopol, 10 septembre 1855.

Je vous écris, mon colonel, de mon abri dans les tranchées où je suis de garde; mais quelle différence! les hommes sont en dehors et autour de bons feux. Nous avons peu de détails de la droite; quant aux pertes, on parle des généraux de Maroles et de Saint-Pol tués et encore un autre aussi; bon nombre sont blessés; ce pauvre Cornulier est tué. Quant à notre brigade, elle est fondue; le régiment a eu environ trois cent vingt à trois cent trente hommes hors de combat et trente officiers, vingt-deux blessés, neuf tués, et six disparus qui sont indubitablement tués; ce sont les capitaines Carret, Lafrique, Nicholson, les sous-lieutenants Guy et Burlon.

Tous ces officiers ont été blessés ou tués dans, dessus ou à côté des ouvrages russes, excepté M. Winter, tué par la mitraille à la tranchée au moment où l'on allait se lancer en avant. Quelle perte! Charmant jeune homme! — Le général Trochu est blessé gravement : biscaïen dans le mollet, blessure affreuse : il en a pour six mois ou un an, la chair est enlevée. J'ai été favorisé par le bon Dieu, je n'ai eu que le pan de ma tunique enlevé par un biscaïen, au saillant du bastion central.

Nous voyons brûler Sébastopol; si nous étions entrés en couronnant le bastion, nous sautions tous, car tout ce côté de la ville était miné, et depuis huit heures à dix heures de la nuit ça n'a été qu'une suite d'explosions. Ma tête est encore peu assise, tout est encore brouillard; je vous écrirai sous peu; je vais remplir les vides par ceux qui se sont bien montrés dans cette belle journée.

Malakoff a été enlevé avant deux heures, mais il y avait peu de Russes; ils s'étaient, dit-on, portés principalement de notre côté. C'est le retour qui a été mauvais, le soutien que nous avons porté aux Anglais pour enlever le Grand-Redan, qu'ils n'ont jamais pu prendre. La garde y a été abîmée.

Allez vous soigner, mon colonel, il n'y a plus rien à faire ici, on va niveler toutes les tranchées et les ouvrages russes.

Veuillez, etc.

Le lieutenant-colonel,
Signé : Baron de Mallet.

42ᵉ DE LIGNE

OFFICIERS TUÉS LE 8 NOVEMBRE OU MORTS DE LEURS BLESSURES

Capitaine Cagnazoli.
— Carret.
— Ragon-Laferrière.
— Ragon-Laferrière.
— Beauregard.
— Verger.
— Lafrique.
— Roslin.

Lieutenant Cahen.
— Puissant.
— Lecoupey.
— de la Contamine.
— Remi.
— Winter.
Sous-lieutenant Guy.
— Burlon.

16 tués, sur 52 présents.

OFFICIERS BLESSÉS

Aubri, chef de bataillon.
Joba, capitaine.
Parlier, —
Oshman, —
Girardot, —
Vincent, —
Boutin, —
Poulerté, lieutenant.

Cohen, lieutenant.
Barbaze, —
Dauroux, sous-lieutenant.
Marchand, —
Drevou, —
Grosjean, —
Arnould, —

15 blessés.

Sous-officiers et soldats tués.................... 57
— — blessés................... 237
— — prisonniers................... 20
— — disparus................... 26

Sur 750 combattants présents.

NOTE M

Extraits de mon Journal en Crimée (1855).

24 octobre. — Je vais déjeuner chez le général Bourbaki. Après le repas, nous allons visiter Inkermann, nous descendons très bas et très près des batteries russes de *Gringalet* et du *Phare*, qui battent la chaussée, à hauteur de la rade.

Le général nous expose son plan de campagne : il voudrait enlever les hauteurs des Russes par le point où se trouvent les batteries de *Bilboquet*. Il n'est pas partisan de l'ancien pont russe, projet qui paraît sourire au général du génie du 2e corps (général Frossard).

29 octobre. — On ne sait rien des projets du maréchal. Les travaux extérieurs continuent avec la plus grande activité. Partout on construit. Les Anglais surtout sont prodigieux ; ils accumulent des provisions et des matériaux de toute nature dans le voisinage de leurs camps. Leur chemin de fer a des embranchements qui font arriver les wagons dans tous les camps. Au quartier général français, on construit beaucoup ; partout s'élèvent de belles baraques, des maisons. Cela ressemble à une ville, chacun songe à être le mieux possible pour l'hiver qui approche.

30 octobre. — Dans les camps français, chacun met la plus grande activité à son installation. Les officiers font de petites maisons en maçonnerie. Les soldats creusent la terre. On continue les fortifications de Kamiesch. Enfin tout se prodigue comme si on devait passer des années sur le plateau. De leur côté, les Russes ne paraissent pas disposés à abandonner la partie nord ; ils construisent des batteries, tirent sur la ville. Du reste, de leur côté comme du nôtre, on semble se préparer pour la mauvaise saison, sans avoir l'intention d'entreprendre rien de bien sérieux de part ni d'autre.

31 octobre. — On fait courir les bruits les plus divers sur ce qui doit se faire. Les uns pensent que l'on attendra la mauvaise saison et qu'alors on se mettra derrière les lignes de Kamiesch et que l'on abandonnera en partie la Crimée, que l'on ne laissera que quarante mille hommes : le reste irait en Asie ou sur le Danube. D'autres pensent que, les froids arrivés, le maréchal cherchera à monter sur le plateau de Mackenzie et à donner une pile aux Russes, afin de les rejeter en dehors de la presqu'île.

1er novembre. — Toutes les suppositions ont cours, chacun fait

la sienne; mais personne ne paraît avoir le secret des projets futurs. Les plus avisés prétendent que ces projets arrivent tout arrêtés de Paris, qu'ici on n'a qu'à s'y conformer.

L'abandon de la Crimée ne paraît probable qu'à peu d'officiers : en effet, quoi qu'on en dise, les Russes ont dans l'intérieur assez de ressources pour pouvoir y vivre, leurs communications ne sont pas sérieusement menacées, même à Eupatoria, d'où l'on ne peut faire que des sorties de peu de jours, n'ayant pas d'eau dans l'intérieur pour pousser à fond les opérations offensives.

6 novembre. — La 1re brigade de la garde s'embarque pour la France.

7 novembre. — La 2e brigade de la garde s'embarque. On continue les travaux de fortification de Kamiesch et l'on commence à armer les batteries.

9 novembre. — On décide la démolition de Sébastopol : la ville est partagée en plusieurs lots. Chaque régiment a le sien et sera chargé de renverser les maisons et d'emporter au camp les matériaux utilisables.

15 novembre. — Vers quatre heures du soir, une explosion terrible se fait entendre; elle est longue et prolongée. Une masse de projectiles éclatent. On dit que c'est l'arsenal du *Moulin,* où sont réunis les poudres et les projectiles, qui a sauté, fait de très grands désastres et occasionne des pertes sensibles. On a ressenti à plusieurs lieues comme un tremblement de terre. Après l'explosion, les Russes font sur toute la ligne un feu acharné, ne sachant pas ce qui se passe chez nous.

16 novembre. — L'explosion d'hier a été terrible. Tout le parc d'artillerie du 2e corps a sauté, et une partie du parc anglais; il y a des pertes sérieuses de matériel : canons, affûts, projectiles, tout a été détruit. Parmi les tués, on cite le lieutenant-colonel du génie Foy, trois autres officiers du génie, un chef d'escadron d'artillerie, un capitaine, et un grand nombre de tués et de blessés parmi les soldats de toutes les armes.

Deux ambulances ont été presque détruites, les malades abîmés. D'après ce que l'on raconte, l'accident est dû à l'imprudence et à l'imprévoyance de l'artillerie, qui transporte des poudres libres en plein jour.

22 novembre. — Il fait très froid toute la journée, il tombe même de la neige le matin. Il y a pas mal de malades, par suite de ces froids subits.

TROISIÈME PARTIE

LA GUERRE EN ITALIE (1859)

INTRODUCTION

Entre la guerre de Crimée et celle d'Italie, nous avons trois années de paix sur le continent. Pendant cette période, tout à fait nouvelle pour moi, étant toujours resté en campagne depuis ma sortie de Saint-Cyr, j'ai bien des choses à apprendre et à observer. Tout d'abord, il faut m'occuper de l'organisation et de l'instruction de mon nouveau régiment, étudier les caractères et les aptitudes des chefs et des soldats, faire naître au plus vite l'esprit de corps et l'homogénéité dans les rangs.

De plus, étant sans cesse en contact avec les habitants des villes, je puis me rendre compte du caractère intime de notre nation, de l'impressionnabilité et de la mobilité des esprits, constater les solides qualités de nos compatriotes et aussi leurs défauts, enfin combien le Français a besoin de sentir la main, d'apprécier la tête et le cœur de ceux appelés à le gouverner.

Formation du 4e voltigeurs de la garde. — A peine arrivé à Paris, au commencement d'avril 1856, je reçois l'ordre de me rendre à Orléans, où vont se concentrer les éléments organiques du corps d'élite dont je dois diriger la formation. Mais à peine quelques fractions de l'état-major et de la compagnie hors rang sont-elles arrivées, qu'il me faut partir pour Nancy, le casernement à Orléans ne pouvant contenir les effectifs prévus par l'ordonnance ministérielle.

Quelque temps après, le général Decaen, commandant de la brigade et qui résidait à Metz avec l'autre régiment, étant venu passer la revue de mes quatre bataillons, voulut bien m'adresser sa satisfaction sur les résultats obtenus, sur la bonne tenue et sur l'excellent esprit de discipline des officiers et des soldats.

Avant d'arriver à mon régiment, je n'avais jamais eu occasion de me rencontrer avec ce général; nous savions seulement que c'était un brillant officier, qui s'était distingué en Crimée dans différents combats; mais, comme il résidait à Metz, nos relations journalières de service se faisaient par lettres ou par des rapports réglementaires. A un certain moment, il y eut entre nous un malentendu dans une question d'initiative et de responsabilité dans le commandement, et même il en résulta une certaine irritation; mais, peu après, le général Decaen, chef sévère dans toutes les questions de discipline, raide parfois, mais à côté de cela juste, honnête et clairvoyant, ne tarda pas à voir que j'étais resté dans les limites fixées par le règlement. Aussi, à partir de ce moment, il n'a cessé de se montrer très bienveillant; je dirai même qu'il m'a toujours témoigné une sympathie dont j'avais lieu d'être fier, en raison de la grande valeur de ce chef et de son noble caractère.

A Metz, en 1870, il a été bien peu de temps le commandant du corps d'armée auquel appartenait ma division; il fut tué bravement à la bataille de Borny, le 14 août, étant à la tête de ses troupes. Ce fut pour l'armée, et pour moi en particulier, une très grande perte; que de services il aurait pu rendre pendant ce siège de néfaste mémoire!

Notre séjour d'un an dans la charmante capitale de la Lorraine nous a permis de prendre une large part aux plaisirs mondains d'une société des plus sympathiques et des plus hospitalières. Les officiers sont accueillis avec empressement dans tous les salons; quant aux soldats, une véritable confraternité ne tarde pas à s'établir entre eux et la classe ouvrière, surtout après le généreux acte de bienfaisance dont toutes les compagnies voulurent bien prendre l'initiative, voici dans quelles circonstances :

Depuis plus de deux ans, la ville de Nancy avait eu pour toute garnison quelques faibles dépôts des corps partis pour la Crimée; ce fut donc pour le commerce et pour tous les habitants une véritable fête de voir arriver un régiment de plus de trois mille hommes présents sous les armes, d'autant plus que nos soldats de la garde avaient la poche bien garnie; l'argent leur arrivait soit du fait des parents, soit surtout par suite de nombreux rengagements anticipés.

En outre, les centimes des ordinaires étaient sensiblement plus forts que ceux de la ligne; aussi, tous les jours, il y avait des restes de soupe et de pain; alors, sur la demande qui m'en fut faite, je crus devoir autoriser les compagnies à disposer de ces excédents en faveur des pauvres de la ville, qui venaient, à certaines heures fixes de la journée, recevoir aux portes de la caserne, sous le contrôle des sous-officiers de service et des agents de la police locale, cette largesse tout à fait spontanée et volontaire de la part de nos soldats. Naturellement, la population s'en montra très reconnaissante.

Au bout de quelques mois, il me fut possible d'apprécier les qualités et les mérites des cadres placés sous mes ordres; plusieurs de ces officiers sont arrivés plus tard aux plus hauts grades de la hiérarchie, d'autres sont morts bravement sur le champ de bataille; plusieurs, sans avoir de qualités éminentes, se sont montrés des serviteurs zélés, modestes, animés des meilleurs sentiments de discipline. Tous, ou à peu près, étaient très dignes de servir dans un corps d'élite[1].

---

1. Parmi les officiers présents à l'époque de la formation se trouvaient :
Le lieutenant-colonel Duplessis; s'est distingué en Afrique, en Crimée,

Quant aux sous-officiers, la plupart anciens de service, beaucoup ayant plusieurs chevrons, un certain nombre avec la médaille militaire et même la décoration de la Légion d'honneur, tous se montrèrent en toute occasion de très utiles auxiliaires pour les chefs des diverses unités tactiques.

En résumé, les cadres et les soldats, par leur amour du métier, par leurs solides qualités militaires, ont singulièrement facilité la tâche de leurs chefs dans l'œuvre d'organisation du nouveau corps. Aussi, je dois le dire, il me reste un bien agréable souvenir de ce temps un peu lointain où j'ai eu l'honneur de me trouver à la tête du 4e voltigeurs.

Au mois de mai 1857, le régiment quitte Nancy pour aller s'établir dans la caserne de Saint-Cloud. Notre départ a lieu au milieu des démonstrations les plus amicales de la part de la population entière. Des masses compactes font escorte à nos compagnies, et, une fois arrivés à la gare, on a toutes les peines du monde à empêcher les habitants d'envahir tous les wagons pour aller serrer une dernière fois des mains amies et exprimer tous les regrets de la séparation.

Peu après notre arrivée à Saint-Cloud, a lieu l'enterrement à Paris du poète Béranger. Un instant, on semble

puis à Metz, où il a été blessé grièvement. Mort en 1876, étant général de division;

Le chef de bataillon Olivier, parti pour la Chine en 1861, nommé colonel, est mort de maladie à son retour;

Le chef de bataillon Martin; brave officier; mon ancien adjudant-major au 3e zouaves; tué au Mexique en 1863, étant lieutenant-colonel du 2e zouaves, dans une affaire des plus brillantes, juste au moment où il venait d'être nommé colonel;

Le chef de bataillon Lian, devenu général de division après s'être distingué en Afrique, en Syrie et en 1870;

Le capitaine adjudant-major Kaupf; devenu général de division;

Le capitaine Lamy; commandait le 18e bataillon de chasseurs à pied au Mexique quand il fut tué en combattant à la tête de ses troupes; c'était un officier plein d'avenir; avait de solides qualités militaires;

Le capitaine Prouvost; mort général de brigade en 1886;

Le lieutenant Gratreau; mort étant colonel.

Combien d'autres j'aurais à citer qui ont eu des destinées plus ou moins brillantes; mais tous sont toujours restés dans le sentier du devoir!

craindre une manifestation révolutionnaire sur le palais, où se trouve le prince impérial à peu près seul avec le gouverneur du château, l'empereur et sa maison étant absents depuis plusieurs jours. J'ai beaucoup de peine à rassurer l'entourage du prince et à lui faire comprendre que jamais, moi présent avec mes troupes, les braillards parisiens n'oseront s'approcher du pont, étant bien décidé à les recevoir militairement.

Au mois d'août, toute la garde impériale se rend au camp de Châlons pour les manœuvres ; tout a été préparé d'avance pour y établir les troupes et pour avoir un vaste champ d'exercice. L'empereur, avec son état-major, vient présider à son inauguration. De suite on commence les exercices, par petites fractions isolées d'abord, puis successivement avec les unités tactiques des différentes armes, qui fonctionnent les unes contre les autres.

De suite après les manœuvres, nous quittons le camp de Châlons; mon régiment va occuper la belle et vaste caserne de Courbevoie, et nous restons là jusqu'à notre départ pour la campagne d'Italie.

Pendant les deux ans de paix et de tranquillité passés aux environs de Paris, en dehors des travaux journaliers d'instruction, de manœuvres, je crus devoir me préoccuper de donner à mes cadres des distractions utiles, au point de vue intellectuel et professionnel; de leur faciliter les moyens de s'instruire et d'augmenter leurs connaissances militaires. Dans ce but, une commission, composée d'officiers de différents grades, eut pour mission spéciale de constituer une bibliothèque régimentaire. Tous apportèrent à l'accomplissement de cette œuvre le concours le plus empressé et y contribuèrent au moyen d'une légère subvention mensuelle, proportionnée au taux du traitement de chacun.

Quand je quittai le régiment, en 1860, cette bibliothèque contenait déjà plus de deux mille volumes, tous catalogués, placés sur des rayons spéciaux, avec un règlement pour son fonctionnement. Il y avait une assez grande variété d'ouvrages de littérature, de voyages, d'explorations maritimes, mais surtout des livres d'histoire, d'art militaire, les Mémoires de généraux anciens et modernes. Je dois ajouter que notre tâche fut singulièrement facilitée par les dons généreux qui, sur notre demande, nous furent faits par les ministres de la guerre, de la marine et de l'instruction publique. Outre les livres, on nous donna également des atlas et de nombreuses cartes de tous les pays.

Beaucoup d'officiers, et même des sous-officiers, profitèrent largement de ce trésor intellectuel, d'autant plus que la salle de la bibliothèque touchait au bâtiment où se trouvait le mess des officiers, tout près de la caserne. Dans cette salle de lecture, tous pouvaient profiter de leurs moments de loisir pour se livrer à l'étude, chacun suivant la tendance de son esprit, de ses aptitudes et de ses goûts.

C'est à l'époque de mon séjour à Courbevoie que j'ai eu l'heureuse chance, dans les premiers mois de 1858, de me rencontrer avec le colonel du génie Dejean, qui était venu, avec sa famille, voir mon excellent camarade et ami, le commandant Rey, du 3ᵉ voltigeurs de la garde, lequel était marié avec une de ses filles.

Peu de temps après, il voulut bien accueillir ma demande et m'accorder la main de sa seconde fille. Depuis près de trente ans qu'elle est ma compagne dévouée et affectueuse, elle m'a rendu l'existence bien douce; elle a été pour moi une grande consolation au milieu de toutes les tristesses de la vie, des dures épreuves de nos désastres, de toutes nos révolutions et du néfaste dissolvant de la politique.

Amiens. — Août 1887.

CHAPITRE PREMIER

LES CAUSES DE LA GUERRE

I

Avant de nous occuper des glorieux combats livrés par notre armée pour la délivrance de l'Italie, examinons brièvement quelles furent les véritables causes de cette guerre ; s'il y avait un réel intérêt, pour la France, dans cette entreprise d'émancipation, à verser le sang de nos soldats.

Sans entrer dans tous les détails des finesses de la diplomatie, des ruses employées par les intéressés pour embrouiller les questions internationales et créer des causes de conflit entre les peuples, nous dirons simplement que le différend entre le Piémont et l'Autriche a été provoqué par l'habile combinaison de l'esprit retors de M. de Cavour. Ce ministre du roi de Sardaigne, ayant à diriger la politique d'un petit État, eut l'adresse de pressentir l'avenir, mais surtout de le préparer.

Ne pouvant agrandir, par des procédés réguliers, le médiocre petit royaume de son maître, vu les faibles ressources de son pays en soldats et en argent, et par là étant hors d'état de lutter contre un ennemi puissant, de faire valoir auprès de lui les revendications territoriales, il eut l'habileté de se créer à l'avance des points d'appui, de contracter des alliances lui permettant, au moment opportun, de donner suite à ses ambitieuses aspirations.

Dès l'époque de la guerre de Crimée, l'occasion lui parut favorable ; il n'hésita pas à envoyer une division piémontaise comme auxiliaire des armées française et anglaise. Puis, lors de la réunion à Paris, en 1856, du congrès chargé d'établir les bases d'un traité de paix, M. de Cavour, appuyé par ses alliés de la veille, eut l'adresse de s'y faire admettre au même titre que les grands États de l'Europe.

Pendant les séances, il chercha, comme premier jalon de projets futurs, à faire adopter le principe de l'émancipation des principautés italiennes, de leur indépendance complète vis-à-vis de l'Autriche.

Après avoir échoué, sur ce point, auprès des diplomates du congrès, il n'en continua pas moins à poursuivre la réalisation de ses *desiderata*.

Connaissant bien les idées sentimentales de l'empereur Napoléon, ses utopies sur les nationalités, sa participation aux tourmentes révolutionnaires, après 1830, c'est avec son concours que l'habile ministre de Victor-Emmanuel songea à donner suite à ses entreprises conquérantes ; bientôt, par sa politique insinuante, il parvient à s'en faire un allié toujours prêt à lui venir en aide. Pour mieux cimenter les liens d'union entre les deux peuples, il se rend à Plombières, en 1858, et là, par le charme de ses entretiens confidentiels, par le mariage préparé entre le prince Napoléon et la fille de son roi, enchaîne plus que jamais notre pays à la cause italienne.

Sûr désormais du concours militaire de la France, dont il connaît les tendances philosophiques à se lancer en aveugle au secours des faibles et à ce qu'elle croit être une juste cause, sans trop se préoccuper de ses propres intérêts, M. de Cavour essaye d'entraîner l'Angleterre dans son orbite; mais notre voisin du Nord, avec son esprit essentiellement positif, promet son appui moral; seulement, on ne doit attendre de lui ni un homme ni un shilling.

Dès ce moment, le ministre du roi de Sardaigne, se voyant prêt politiquement et militairement, n'hésite pas à faire remuer le levain révolutionnaire, à exciter les passions des masses contre les princes des duchés, à créer de continuelles difficultés à l'Autriche, se plaignant à tout propos de son intervention dans les principautés italiennes.

Depuis plusieurs mois, la corde était très tendue entre les deux puissances ennemies, les esprits dans la péninsule très surexcités, quand, le 1er janvier 1859, les discours de l'empereur au représentant de l'Autriche, puis celui du roi de Sardaigne à la Chambre (10 janvier 1859), viennent tout aggraver et faire vibrer l'éclair précurseur de l'orage.

Plusieurs puissances cherchent bien à intervenir et à faire des propositions de réunir un congrès, où le différend pourrait être réglé à l'amiable.

Mais, sur ces entrefaites, les conditions préliminaires d'un désarmement préalable, puis de la non-intervention de l'Autriche dans les affaires italiennes, ayant été rejetées, on en arrive, par la force des choses, à la déclaration de guerre et, comme conséquence, à l'intervention immédiate de la France.

Combien nous aurons à nous repentir d'avoir fait sonner si haut cette question des nationalités! Par là, nous avons ouvert la porte à tous les appétits, à toutes les ambitions. La Prusse en a pris prétexte pour s'annexer, en 1866 et 1867, d'abord le Schleswig-Holstein, puis le Hanovre, enfin pour établir la confédération du Nord sous son autorité et sous sa complète dépendance. Plus tard, en 1870, toujours en raison des nationalités, elle a mis la main sur l'Alsace-Lorraine et a reconstitué, à son profit, l'empire germanique.

Dans tout cela, ce qu'il y a de plus caractéristique, et devrait bien servir de leçon à nos gouvernants présents et futurs, c'est qu'à l'époque de nos désastres les gouvernements de Russie et d'Autriche furent les seuls près desquels nous ayons trouvé de la sympathie, et même une certaine disposition à s'unir à nous, si on n'avait pas imprudemment précipité l'heure de l'entrée en campagne; cependant c'étaient ceux que nous avions combattus dans les dernières guerres.

II

Entrée en campagne de notre armée. — Après avoir repoussé l'invitation des puissances neutres d'assister à un congrès de conciliation, l'Autriche se décide, le 22 avril, à envoyer au roi de Sardaigne un ultimatum des plus hautains, exigeant le désarmement immédiat des volontaires italiens, la mise sur pied de paix de toute l'armée régulière, avec trois jours seulement pour avoir une réponse.

Devant de telles sommations, M. de Cavour étant assuré du concours actif de la France, toute entente devenait impossible; l'Autriche, dès le 29 avril, franchit le Tessin et, avec son armée, envahit le territoire de Victor-Emmanuel.

A ce moment critique, les Piémontais, étant hors d'état de résister à des forces très supérieures, se décident, sur les conseils du maréchal Canrobert, arrivé sur les lieux avant son corps d'armée, à concentrer leurs faibles effectifs dans les environs de la grande forteresse d'Alexandrie et de Casal.

Cette sage combinaison permet à l'armée sarde de se mettre momentanément à l'abri d'une attaque dangereuse et de pouvoir attendre l'arrivée des troupes françaises, qui sont déjà en route pour la rejoindre.

Pendant ces différents incidents diplomatiques et militaires, l'empereur Napoléon se hâte de prendre des dispositions pour organiser les troupes expéditionnaires. Dès le 23 avril, les ordres avaient été donnés de diriger sur l'Italie les régiments, l'artillerie, le génie et le matériel de toute nature. La concentration se fait avec un empressement fébrile et un peu confusément; des fractions passent par le mont Cenis et le mont Genèvre, d'autres vont s'embarquer à Toulon.

Dès le 30 avril, un certain nombre de nos bataillons arrivent à Turin et à Gênes. La vue du pantalon rouge produit un effet réconfortant sur le moral de nos alliés, surtout après avoir eu la crainte, pendant plusieurs jours, de voir le général Giullay prendre une vigoureuse offensive pour marcher sur Turin, n'ayant aucun moyen de lui barrer la route ou de défendre la ville, complètement ouverte et sans garnison pour lutter contre l'ennemi. Heureusement, le général autrichien a retardé de trois jours son offensive; puis, par ses tergiversations, par ses lenteurs dans sa marche en avant, ayant fait à peine huit lieues en quatre jours, il a donné le temps à nos troupes d'apparaître sur le terrain.

Enfin, le 4 mai, Giullay cherche à menacer la droite de l'armée piémontaise; pour cela, il fait franchir le Pô à ses troupes, occupe Voghera, Tortone, pousse même jusqu'à Novi; mais, arrêté par la Bormida, rivière sans pont et de plus grossie par les pluies, il se décide alors à repasser sur la rive gauche du Pô, à abandonner Verceil et à établir sa nouvelle ligne de bataille de la Sesia au Tessin, faisant face au Pô, avec des points de concentration dans la province de la Lomelline.

Il y avait là un changement complet dans le plan de campagne des premiers jours : de l'offensive il passait à la défensive, ayant pour appuis tous les ouvrages établis sur la rive gauche.

Jusqu'au 20 mai, jour du combat de Montebello, on se livre de part et d'autre à des reconnaissances, à des escarmouches entre les éclaireurs.

Départ de la garde impériale pour l'Italie. — Après cet exposé sommaire, nous allons plus spécialement nous occuper des troupes au milieu desquelles nous avons été appelé à marcher et à combattre.

Le 29 avril, le 4ᵉ voltigeurs reçoit l'ordre de partir pour aller s'embarquer à Toulon. En traversant Paris, il doit s'arrêter devant le palais des Tuileries. Là, l'empereur se présente au balcon qui donne sur la rue de Rivoli et remet le drapeau du régiment, au milieu des acclamations enthousiastes des masses populaires, de ces mêmes masses qui, onze ans plus tard, devaient proclamer la République, en maudissant leur ancienne idole.

Cette formalité remplie, nos voltigeurs, très alertes et pleins d'entrain, se rendent à la gare de Lyon et, quarante heures après, arrivent à Toulon. Pendant ce voyage, ils ont eu pas mal à souffrir de la chaleur, d'une immobilité prolongée dans les wagons, où ils sont empilés et ont eu les membres brisés. Plusieurs soldats et même des sous-officiers doivent entrer à l'hôpital, par suite du gonflement des pieds, emprisonnés dans les souliers et comprimés par les guêtres.

Il y a là une question d'hygiène dont il est essentiel de se préoccuper. Ainsi, dans les transports par chemin de fer à grande distance, les chefs devraient recommander à leurs soldats d'ôter leurs guêtres, afin de laisser l'air pénétrer largement dans leurs chaussures.

Notre arrivée à Gênes. — Mon régiment débarque à Gênes dans les premiers jours de mai.

Immédiatement, nos souvenirs se reportent à la brillante défense de Masséna, en 1800, qui, bloqué sur terre par l'armée autrichienne, sur mer par la flotte anglaise de lord

Kheil, soutient pendant plus de deux mois, avec peu de troupes, un siège des plus pénibles contre des forces très supérieures, et surtout contre la famine. Malgré toutes ces difficultés, il ne cesse de faire les sorties les plus audacieuses, fait éprouver à l'ennemi des pertes sensibles en tués, en blessés et en de nombreux prisonniers, et cela jusqu'au moment où, n'ayant plus de vivres pour ses hommes et pour une population de plus de cent mille âmes, il consent à évacuer la ville; mais ses soldats en sortent libres avec armes et bagages.

En visitant la ville, nous admirons de splendides et nombreux palais de marbre, héritage des anciens doges, de belles rues, de riches magasins.

A l'extérieur, d'un côté est la mer, avec un fort beau port de commerce; de l'autre une ceinture de montagnes abruptes qui dominent à très petite distance.

Nous restons là quelques jours seulement, ayant à nous occuper d'acheter, en toute hâte, voitures, mulets et chevaux pour le transport des bagages et de tout le matériel régimentaire.

C'est que le départ de l'armée a été si précipité, les dispositions de l'administration si insuffisantes, que presque tous les régiments sont partis de France sans être pourvus des accessoires les plus indispensables, et sont forcés de s'en procurer sur place, une fois arrivés en Italie.

Après bien des efforts, après force démarches et courses dans la campagne, nous parvenons à nous procurer les objets réglementaires. Toutes les journées ont été employées à remplir cette fatigante mission; le soir, pour se distraire et pouvoir entrer en relations avec les officiers italiens, nous allons au grand café de la ville, rendez-vous habituel des cadres de l'armée.

Nous remarquons avec étonnement que ces officiers sont à peine polis et sont loin de traiter en camarades et en alliés les officiers français; cette attitude nous impressionne désagréablement.

Un seul d'entre eux fait exception : nous ne tardons pas à en connaître la cause. Cet officier n'est pas d'origine italienne : c'est le duc de Chartres, qui sert comme volontaire dans l'armée sarde. Nous voyons ce brillant jeune homme tout heureux de pouvoir se mettre en rapport avec ses compatriotes, avec ceux qui ont pu servir sous les ordres de son père, sous ceux de ses oncles, les ducs de Nemours et d'Aumale.

Quand tout le matériel est prêt, le régiment se met en route; nous franchissons le col de Bogheta, puis descendons dans la vallée du Pô et arrivons le 15 mai à Marengo[1].

C'est une bien profonde émotion pour des militaires d'avoir à parcourir ces contrées, où partout nous trouvons les souvenirs du passage de nos aïeux; les villes, les villages, les plaines, nous rappellent les victoires des Gaulois et des Français.

Aussi combien on est fier d'appartenir à la nouvelle

---

1. **Composition de la garde au moment de l'entrée en campagne.**

Général en chef : REGNAULT DE SAINT-JEAN-D'ANGÉLY.
Chef d'état-major : général Raoult.
Commandant de l'artillerie : général de Sevelinge.
Intendant militaire : Cetty.

1re DIVISION, général *Mellinet*.

1re *brigade*, général Clerc : régiment de zouaves, colonel Guignard; 1er grenadiers, colonel de Bretteville.
2e *brigade*, général de Wimpfen : 2e grenadiers, colonel d'Alton; 3e grenadiers, colonel Metmon.

2e DIVISION, général *Camou*.

1re *brigade*, général Manèque : bataillon de chasseurs à pied, commandant Clinchant; 1er voltigeurs, colonel Mongin; 2e voltigeurs, colonel Douay.
2e *brigade*, général Decaen : 3e voltigeurs, colonel du Bos; 4e voltigeurs, colonel Montaudon.

DIVISION DE CAVALERIE, général *Moris*.

1re brigade, général Marion; 2e brigade, général Champeron; 3e brigade, général de Cassaignole.

armée! Les esprits s'exaltent, et tous se promettent de ne pas rester inférieurs à leurs glorieux ancêtres.

Une fois arrivées à destination, les compagnies du régiment sont installées dans les fermes voisines du château; quant aux états-majors de la brigade et de mon régiment, ils sont établis dans l'intérieur du château : il y a bien de nombreuses et vastes chambres, mais elles sont complètement démeublées.

D'après ce que nous apprenons, le château serait la propriété d'un riche Anglais, qui l'aurait acheté par une sorte de caprice et à cause du prestige de la bataille gagnée par Napoléon en 1800. Du reste, le propriétaire ne l'habite jamais et bien rarement vient le visiter.

Le 20 mai, l'empereur vient parcourir ce fameux champ de bataille. Mon général de brigade et moi l'accompagnons dans cette excursion; pendant notre course, l'empereur nous paraît très fatigué, triste, préoccupé, causant très peu avec son entourage, marchant très lentement et d'un pas lourd. Il se rend au Musée pour y voir une très curieuse collection, et enfin va voir la statue de Desaix qui a été érigée dans le parc, à une certaine distance du château.

III

Les premiers engagements. — Combat de Montebello. — Le 21 mai, des officiers des cent-gardes, de passage à notre camp, nous donnent des détails sur le glorieux combat de Montebello, livré la veille sur la rive droite du Pô, voici dans quelles circonstances :

La division Forez, extrême avant-garde du corps d'armée du maréchal Baraguay-d'Hilliers, ayant été attaquée par les Autrichiens envoyés en reconnaissance avec des forces très supérieures, avait pu non seulement leur tenir tête, mais encore les repousser vigoureusement et les forcer à battre en retraite, en leur faisant éprouver des pertes sérieuses, plus de douze cents tués ou blessés et trois cents prisonniers. De notre côté, nous avons eu sept cents hommes tués ou blessés, entre autres le général Beuret et plusieurs officiers supérieurs.

A la suite de ce combat, et pour se garantir contre une offensive toujours possible de la part de l'ennemi, on envoie les corps de Mac-Mahon et Canrobert appuyer le corps Baraguay-d'Hilliers, dont fait partie la division Forez, et qui forme l'aile droite de notre armée.

Le corps Niel est placé aux environs de Valenza, se joignant par la gauche à l'armée piémontaise. Quant à la garde, elle doit former la réserve ; les grenadiers sont concentrés à Alexandrie, les voltigeurs aux environs de Marengo. Ces deux divisions doivent, en outre, servir de liens entre les autres fractions des deux armées alliées, qui sont établies à une assez grande distance les unes des autres.

Comme, à chaque instant, on peut craindre des surprises sur nos avant-postes, nos régiments sont sans cesse en éveil. A toute heure du jour et de la nuit, ils envoient des patrouilles, des reconnaissances vers le nord de notre front. Et bientôt on s'aperçoit que les Autrichiens ont complètement disparu de la région en avant de la droite de nos lignes, et se sont concentrés sur la rive gauche du Pô, prenant toutes leurs dispositions pour nous opposer de formidables obstacles défensifs, au cas où nous tenterions le passage de la rivière sur un point quelconque de la partie basse, là où se trouve la route la plus directe sur Milan. Ils ont accumulé sur différents points des retranchements et ont plus de cent mille hommes pour les défendre.

Après s'être rendu compte de la nouvelle attitude de l'ennemi, l'empereur, se voyant désormais libre de ses mouvements sur la rive droite du fleuve, se décide à tourner son adversaire par une rapide marche de flanc et à concentrer les troupes alliées sur la rive gauche, où nous avons déjà plusieurs détachements et une grande partie de l'armée piémontaise[1].

Marche de flanc de l'armée alliée. — Le grand avantage de cette opération est de pouvoir passer le Pô à Casal, ville occupée par les troupes de Victor-Emmanuel, et de n'avoir plus devant nous, dans notre marche sur Milan, premier objectif de la campagne, d'autres entraves que le passage de la Sesia et du Tessin, rivières où ne se trouve aucun obstacle un peu sérieux. Nous aurons, il est vrai, beaucoup plus de chemin à parcourir, mais bien moins de difficultés à vaincre.

Les ordres une fois donnés pour l'exécution de cette marche excentrique, il faut un certain temps et prendre beaucoup de précautions pour la mener à bien et la dissimuler à l'ennemi.

Pendant que les différents corps d'armée font leur mouvement de flanc, la garde doit rester dans ses cantonnements, toujours prête à entrer en lutte pour protéger l'opération. Je profite de ce repos relatif pour étudier le terrain où se sont déroulés les nombreux incidents de la grande bataille du 14 juin 1800.

---

1. A ce moment, voici quelle était la composition de l'armée française :

1er corps d'armée :	mar. Baraguay-d'Hilliers,	avec 3 div. d'inf.,	1 div. de cav.
2e — —	général de Mac-Mahon,	— 2 —	1 brig. —
3e — —	maréchal Canrobert,	— 3 —	1 div. —
4e — —	général Niel,	— 3 —	1 brig. —
5e — —	prince Napoléon,	— 2 —	—

Ce dernier corps était alors en formation dans le duché de Toscane.

En outre, il y avait la garde impériale, avec deux divisions d'infanterie, une division de cavalerie; en tout nous avions à mettre en ligne quinze divisions d'infanterie, quatre divisions de cavalerie et trois cents bouches à feu.

L'armée italienne avait cinq divisions d'infanterie et une division de cavalerie, et cent pièces d'artillerie, plus les volontaires de Garibaldi, ce qui, dans son ensemble, constituait pour les alliés cent soixante mille combattants environ.

Quant à nos hommes, obligés de rester sur place, toujours en expectative, ou parfois envoyés en reconnaissance, on ne peut faire faire des exercices, nous trouvant en pays ami, au milieu de champs de culture en pleine végétation; mais comme, d'un autre côté, il est très important de ne pas les laisser se morfondre dans une oisiveté énervante, on consacre plusieurs heures par jour, dans les compagnies qui ne sont pas de service, à faire des instructions pratiques sur les devoirs du soldat en campagne, sur les marches, sur l'attitude devant l'ennemi, et aussi sur les précautions hygiéniques pour la sauvegarde de la santé, cet élément si précieux en temps de guerre.

Dans les environs de nos bivouacs, ce qui nous frappe, ce sont les figures pâles et maladives des habitants; dans la plupart nous voyons des êtres chétifs et sans vigueur. Cela tient sans doute à l'humidité du sol et aux émanations d'un terrain marécageux.

Quoi qu'il en soit, afin de dérouter l'ennemi et pour ne pas lui donner l'éveil sur la marche de nos troupes, on commence par envoyer Garibaldi, avec ses bandes, dans la direction du lac de Côme; d'un autre côté, les corps en position à notre extrême droite, vers Plaisance, font en avant des démonstrations agressives, des travaux de retranchements, des jetées de pont, comme si on avait l'intention d'attaquer les lignes des environs de Pavie.

Le 26 mai, le général Morris passe près de notre camp avec sa division de cavalerie; le corps Canrobert, après avoir laissé ses avant-postes dans leurs positions, près Voghera, pour ne pas donner l'éveil sur son départ, longe la montagne, passe le Tanaro et se dirige sur Valencia, de là sur Casal, où il franchit le Pô; les bagages et son artillerie passent près de Marengo.

Le 28, la garde impériale commence sa marche de flanc, notre brigade traverse Alexandrie et va bivouaquer à Occimiano, après avoir franchi la chaîne qui sépare le Pô de la plaine où nous étions établis. La garde est concentrée, mais le convoi est très long à arriver ; de plus, les bivouacs sont établis, pour certains régiments, dans les plus détestables conditions : mes troupes doivent camper dans une plaine marécageuse, où les hommes sont littéralement dans l'eau. A peine s'il y a quelques coins de terre assez secs pour y dresser des tentes.

Dans cette circonstance, l'état-major et l'administration ont fait preuve de peu de prévoyance et d'esprit pratique : trop enfermés dans leurs bureaux, ils s'endorment sur les paperasses et tracent mathématiquement l'emplacement des troupes, sans se préoccuper de la situation des lieux et des besoins du jour. A peine arrivés à destination, il nous faut faire force démarches, des courses chez le général, chez l'intendant, nous rendre d'un bureau à un autre, pour en arriver à toucher tardivement les vivres de campagne et à obtenir un peu de paille, rendue indispensable pour préserver les hommes des miasmes paludéens, des fièvres qui en sont la conséquence.

Le 29, notre division part à cinq heures du matin ; elle passe le Pô à Casal et bivouaque à une lieue de la ville dans la direction de Trino. Il n'y a pas eu une seule halte pendant cette marche, étant poussés par le corps Baraguay-d'Hilliers qui est derrière nous et suit la même route.

Ce jour-là, comme la veille, l'administration se montre peu alerte, nos soldats doivent attendre longtemps et faire des courses fatigantes avant de pouvoir toucher de quoi faire la soupe.

Dans la journée, on nous prévient qu'en raison des circonstances, les bagages régimentaires seront réduits ; il n'y aura plus qu'une voiture par bataillon et une pour l'état-major. Cette mesure, un peu tardive, dénotait bien l'imprévoyance d'avoir fait faire, au début de la campagne, des achats d'un matériel reconnu en partie inutile quelques jours après.

Ce même jour, le roi de Sardaigne passe à notre camp avec tout son état-major; il cause quelques instants avec nos généraux, leur annonce qu'il se propose d'attaquer les Autrichiens dès le lendemain. Ce monarque, monté sur un superbe cheval, nous paraît avoir une belle attitude militaire, être un véritable type de guerrier; très gracieux pour les officiers français.

Le 30 mai, le mouvement de concentration continue, la garde est dirigée sur Trino; nous avons une toute petite étape à faire, et nous trouvons là un emplacement plus sain et plus confortable que les jours précédents. Dans la soirée, nous apprenons que les Autrichiens n'ont pas attendu l'attaque des Piémontais et se sont retirés derrière la Sesia[1].

Le 31 mai, notre brigade va occuper Verceil; pendant notre marche, nous traversons plusieurs grands villages. Partout, les maisons sont pavoisées, les habitants battent des mains, et manifestent un véritable enthousiasme de nous voir au milieu d'eux.

Le même jour, l'empereur vient établir son quartier général dans la ville. A ce moment, les deux armées française et piémontaise sont, à peu près toutes, concentrées sur les deux rives de la Sesia.

Combat de Palestro (30 et 31 mai). — Dans la soirée, nous apprenons le brillant combat de Palestro, livré en avant de Verceil, dans le but de masquer et de faciliter le mouvement tournant des armées alliées vers le nord.

Dans ce combat, qui a duré près de deux jours, les divisions piémontaises, soutenues par le 3e régiment de zouaves, ont remporté une victoire complète, repoussant les

---

[1] Tout près se trouve le célèbre champ de bataille où Marius extermina les Cimbres. C'est pour nous tous un souvenir classique qui plaît et produit une certaine émotion dans les esprits.

Autrichiens de toutes leurs positions et leur enlevant plusieurs pièces de canon. On nous donne des détails sur la très vigoureuse offensive prise par les zouaves, mes anciens compagnons d'armes en Afrique et en Crimée. Ils se sont élancés à la baïonnette contre l'ennemi, et cela malgré le feu le plus violent, malgré les difficultés de la marche en avant, ayant à franchir des marais, des canaux, des rizières, souvent avec de l'eau jusqu'à la ceinture. Rien n'a pu arrêter leur élan; partout ils sont restés maîtres du terrain, après avoir enlevé plusieurs pièces et fait des prisonniers.

Le lendemain, 1er juin, les deux armées alliées marchent sur Novare; on s'en empare après une faible résistance de la part de l'ennemi, qui nous laisse un certain nombre de prisonniers. Là encore, comme à Verceil, nous sommes reçus par une population très enthousiaste, heureuse de nos succès et très empressée auprès de nos soldats[1].

Le soir, la garde va bivouaquer aux portes de la ville; plusieurs de nos compagnies sont installées dans de confortables établissements publics, écoles communales, séminaires, etc.

Pendant la nuit, il y a une alerte dans nos camps; des esprits affolés croient à un retour offensif de l'ennemi et courent aux armes. Cette peur chimérique, cette exaltation subite qui se produisent quand les hommes sont plongés dans un profond sommeil, durent peu de temps, grâce surtout à l'action des officiers restés au bivouac et qui se jettent dans les rangs, faisant défense absolue de toucher aux armes avant d'en avoir reçu l'ordre, les forçant à se tenir immobiles derrière les faisceaux. A la rentrée des patrouilles lancées en avant, le calme se fait, chacun rentre dans sa tente, les postes avancés seuls veillent et observent.

1. Novare est une ville assez importante; elle est située sur une hauteur qui domine la vallée; il s'y trouve de beaux monuments, mais surtout de vastes monastères.

Cet incident, sans grande importance par ses résultats, fait bien ressortir combien il est essentiel, en campagne surtout, que les officiers soient toujours au milieu de leurs soldats, de ces soldats français doués de qualités brillantes, mais au tempérament nerveux, très impressionnable, aussi prompts à se laisser entraîner dans les charges, sous le feu et contre les baïonnettes de l'ennemi, qu'à subir les effets délétères d'une démoralisation momentanée, si surtout l'incident se produit pendant la nuit ou après un échec un peu sérieux. Dans ces diverses circonstances, il est très important que les chefs soient toujours là pour diriger leurs subordonnés, savoir les calmer dans certains cas, et, dans d'autres, réconforter les défaillances[1].

Marche de l'armée sur le Tessin. — Le 2 juin, les 1er et 3e corps sont dirigés sur Mortara au sud, le 2e et les grenadiers de la garde marchent directement sur le Tessin; la division des voltigeurs, appelée à former l'extrême gauche de l'armée, prend la direction de Turbigo au nord et va bivouaquer non loin de la rivière.

A peine installés, nos soldats vont prêter leur concours pour le prompt établissement d'un double pont de bateaux. Pendant ce temps, deux de nos régiments passent sur l'autre rive, au moyen de quelques barques trouvées sur les lieux, et de suite s'empressent de construire une forte tête de pont et d'envoyer le bataillon de chasseurs de la garde en éclaireurs, afin de protéger les travaux et de surveiller l'ennemi.

---

[1]. Ces sortes de paniques étaient bien connues des anciens. César en signale plusieurs dans ses *Commentaires*, si instructifs et si intéressants à lire; elles se produisent surtout pendant la nuit; c'est qu'alors il est plus difficile de remédier au désordre et de contenir le soldat affolé. Aussi on ne saurait trop se mettre en garde contre les terreurs qui se communiquent comme par un fluide électrique et qui peuvent parfois en arriver à compromettre les armées les plus solides. Souvent on a vu, dans ces alertes de nuit, des troupes d'un même corps tirer les unes sur les autres et finir par se faire beaucoup de mal. Ce phénomène s'est produit dans les tranchées de Sébastopol, en juin 1855.

Ces opérations se font sans le moindre obstacle, les Autrichiens ne se montrent nulle part, étant surtout préoccupés de se garantir contre une attaque sur le Pô en avant de Pavie ; là ils ont concentré leurs masses et se tiennent sur la défensive au bas de la vallée du Tessin, avec des détachements sur leur flanc droit à Abbieto-Grosso.

Ainsi, faute de renseignements et de s'être éclairés sur leurs ailes, ils nous laissent exécuter très tranquillement notre marche excentrique, d'abord à l'ouest vers Casal et Trino, puis vers le nord par Verceil, Novare et Turbigo, bientôt au sud sur Magenta. Cela nous a été d'autant plus favorable que les difficultés du terrain, les marais, les bois, les abords broussailleux de la Sesia et du Tessin, leur auraient donné d'excellents moyens de résistance, de sérieux points d'appui pour gêner notre marche dans ce mouvement tournant contre leur droite.

Combat de Robequetto (3 juin). — Dans la matinée du 3 juin seulement, nos éclaireurs signalent la présence d'éclaireurs autrichiens en avant de notre tête de pont; le 2ᵉ régiment de voltigeurs les repousse vivement et va occuper une ferme sur les hauteurs. Vers une heure de l'après-midi, une partie du corps de Mac-Mahon traverse notre camp, gagne la rive gauche par le pont nouvellement construit. A peine sur le plateau, l'avant-garde rencontre plusieurs bataillons ennemis en position près du village de Robequetto : c'étaient de simples reconnaissances. Le combat ne tarde pas à s'engager ; bientôt il devient des plus vifs, mais il ne se prolonge pas longtemps ; ces bataillons isolés et sans troupe de renfort en arrière sont repoussés avec le plus grand entrain par nos soldats ; on enlève deux pièces d'artillerie, pas mal de matériel, plusieurs prisonniers, puis on occupe le village.

Dans la soirée, le général de Mac-Mahon y concentre tous les régiments de la division de Lamotte-Rouge, puis ceux de la division Espinasse.

Cette dernière avait été chargée la veille d'occuper le pont de San-Martino, sur le Tessin. Elle s'en était emparée sans éprouver la moindre résistance; cela fait, elle s'était dirigée sur Robequetto, après avoir été remplacée par la division des grenadiers de la garde, chargée désormais de protéger les travaux de réparation du pont, très détérioré par l'ennemi, et qui est indispensable au corps d'armée pour passer sur la rive gauche.

Ce même jour, notre division de voltigeurs est mise sous les ordres du général de Mac-Mahon.

CHAPITRE II

BATAILLE DE MAGENTA. — MARCHE SUR MILAN

I

D'après les ordres donnés pour la journée du 4 juin, la 1ʳᵉ brigade de voltigeurs doit rester sur la rive gauche, la 2ᵉ sur la rive droite. Quant au corps de Mac-Mahon, dont nous faisons désormais partie, il a pour mission de s'avancer vers l'est et d'aller bivouaquer sur le plateau de Casal.

Ce jour-là, la ligne occupée par notre armée est assez étendue : la gauche s'appuie à Turbigo, faisant face à l'est; les corps de droite, qui ont leur centre à Novare, doivent marcher au sud par Trécate sur San-Martino. Quant à une bataille, personne ne paraît y croire, et aucune disposition n'est prise en vue de cette éventualité. De leur côté, les Autrichiens, un peu déconcertés de notre marche de flanc sur un cercle de plus de cent kilomètres, de notre passage du Tessin à Turbigo, se sont décidés à abandonner leurs formidables défenses sur le Pô et à venir se concentrer à Magenta, en arrière du Naviglio-Grande; mais leurs mouvements ont été assez peu actifs; ils n'ont pas eu le temps de faire sauter le pont de San-Martino, dont nous avons pu nous emparer sans éprouver de résistance sérieuse, et qu'ils nous ont abandonné, le laissant très réparable et rapidement utilisable.

Fatigués par des marches et contremarches incessantes, nos adversaires ne songent plus qu'à une défensive énergique sur le canal Naviglio[1], et pour cela à faire arriver au plus vite des renforts de Milan.

De notre côté, dans l'ignorance où nous sommes des projets de l'ennemi, faute de renseignements, et afin d'être prêts à repousser une attaque qui pourrait venir du sud, trois corps d'armée sont échelonnés entre Mortara et Novare; à San-Martino, au centre, se trouve la division de grenadiers.

Début de la bataille. — Suivons maintenant la marche des opérations de l'aile gauche de notre armée; nous verrons par suite de quelles circonstances la lutte s'est engagée, et cela tout à fait en dehors des prévisions ou des préparatifs du haut commandement; comment, à la droite, les corps d'armée sont arrivés successivement et par fractions plus ou moins fortes pour se prêter un mutuel appui; comment enfin un tiers seulement des forces de la droite a pu prendre part à la lutte.

A la gauche de la ligne. — Le 4 juin, au réveil, le corps de Mac-Mahon ainsi que la division de voltigeurs envoient des reconnaissances dans différentes directions. Elles reviennent quelques heures après sans avoir rien à signaler de particulier : tout est calme dans nos camps; les tentes restent debout, les hommes font leur soupe comme d'habitude, les

---

1. Le canal de Naviglio-Grande est large de trente pieds et profond de cinq à six pieds ; il se présente comme un véritable fossé sur une vaste étendue, et très difficile à franchir si l'on n'est pas maître des quelques ponts qui s'y trouvent. Ce canal court parallèlement au Tessin, et pour y arriver après avoir franchi la rivière, on a devant soi un vaste terrain où se trouvent plusieurs petits cours d'eau, de larges rizières avec des fossés profonds, des broussailles épaisses, des marais, de grands arbres. Par le fait, dans cet ensemble de difficultés pour la marche des troupes il y a d'excellents éléments de défense, ce dont les Autrichiens sauront très bien se servir.

officiers se préparent à déjeuner, lorsque, à dix heures, notre division reçoit l'ordre de prendre les armes, de passer la rivière et de se rendre en toute hâte sur les hauteurs près de Robequetto. Nous n'avons pas de temps à perdre, car déjà les têtes de colonne de l'armée piémontaise débouchent près de notre camp, se dirigeant près le pont de bateaux, seul endroit de passage. Aussi nos préparatifs sont vite faits; nos soldats s'empressent de mettre sac au dos et partent au pas accéléré.

Voici les causes de ce départ précipité et tout à fait inattendu. La division de Lamotte-Rouge, envoyée en exploration sur Buffarola, ayant rencontré plusieurs bataillons autrichiens, engage un combat très vif avec eux; le canon tonne avec fureur. Pendant ce temps, le général de Mac-Mahon, resté sur les hauteurs, ayant vu des masses compactes en mouvement vers Magenta et le pont du canal (c'étaient les renforts envoyés de Milan), craint de compromettre la seule division qu'il a, en ce moment, sous la main; celle du général Espinasse, détachée sur la gauche, est trop éloignée pour pouvoir concourir à une attaque d'ensemble; quant à la division de voltigeurs, elle est au bivouac, sur les deux rives du Tessin; l'armée piémontaise en est encore assez éloignée. Dans de telles conditions, le général de Mac-Mahon croit devoir envoyer au général de Lamotte-Rouge l'ordre de s'arrêter, de se replier sur Cuggione, et là, d'attendre de nouvelles instructions.

A une heure, ce mouvement rétrograde est achevé.

La marche de notre division est ralentie par le pont qu'il faut traverser de flanc, par des convois qui encombrent les routes, enfin par la nature du terrain à parcourir; néanmoins, après une course folle à travers les haies, les taillis et les blés, nous arrivons vers deux heures près du village de Cuggione et prenons position à la gauche de la division Lamotte-Rouge; puis, peu après, la division Espinasse, l'artillerie, la cavalerie et tous les accessoires nous rejoignent successivement.

Attaque par l'aile gauche. — Quand enfin le général de Mac-Mahon a toutes ses troupes concentrées, il prend ses dispositions pour une vigoureuse offensive et donne des ordres en conséquence à ses divisionnaires. A droite, les troupes du général de Lamotte-Rouge s'appuient au canal, faisant face au sud vers Magenta; au centre, la division de voltigeurs doit servir de lien avec la division Espinasse placée à l'aile gauche. Ces trois divisions forment une ligne de bataille par bataillon en masse à distance de déploiement, avec une réserve en arrière; la cavalerie, à l'extrême gauche, doit surveiller et protéger nos flancs; quant à l'armée piémontaise, sa marche un peu excentrique sur la gauche ne lui a pas permis de prendre part à la bataille.

Avant de donner le signal de la marche en avant, les généraux de brigade réunissent leurs chefs de corps pour faire connaître les instructions qu'ils viennent de recevoir et les compléter par des indications précises, tenant compte des difficultés du terrain et du but à atteindre.

En ce qui concerne notre brigade, le général Decaen, avec son attitude martiale et entraînante, nous recommande surtout d'avoir toujours nos troupes bien dans la main, de veiller à la cohésion de toutes les unités tactiques, afin d'être toujours en état de parer à toutes les éventualités; puis il nous donne comme point de direction de notre marche offensive le clocher de Magenta, que nous apercevons distinctement dans le lointain, nous prescrit de marcher hardiment sur cet objectif, et cela malgré tous les obstacles qui peuvent se présenter et malgré les résistances de l'ennemi.

Prise de Magenta. — Enfin, à quatre heures, après une longue attente et une immobilité sous les armes, on fait battre la charge. Nos bataillons sont pleins d'entrain; ils marchent à travers champs, sans cesse arrêtés et rompus par des broussailles épaisses, par des buissons, par des arbres, mais surtout par des vignes dont les plants sont reliés entre eux par des liens solides et que l'on a de la peine à rompre. Devant de tels obstacles, les officiers ont beaucoup de peine à passer à cheval; à chaque instant, ils doivent faire de longs détours, quand ces cloisons n'ont pu être brisées. Malgré toutes les difficultés, l'enthousiasme est dans les rangs; la fusillade et le bruit du canon que l'on entend à petite distance excitent et animent nos braves troupiers. C'est pleins d'une noble ardeur qu'ils arrivent près du village, au milieu d'une grêle de balles et de boulets; plusieurs sont atteints et tombent en franchissant le talus du chemin de fer.

Dès ce moment, la lutte devient des plus vives sur toute la ligne; nous faisons un feu d'enfer sur le clocher de l'église et sur les maisons voisines, où l'ennemi s'est retranché et d'où il nous crible de projectiles. Les deux divisions de droite et de gauche se sont également avancées sur les flancs, et là aussi se sont engagées des luttes meurtrières. Mais enfin nous finissons par repousser les Autrichiens et par occuper les abords du village. Je profite de ce succès pour envoyer mes sapeurs enfoncer les portes de l'église; deux compagnies suivent pour la cerner et ne tardent pas à faire prisonniers tous les soldats qui s'y étaient retranchés. Malgré cela, le combat continue dans les maisons et dans les rues; nous y avons beaucoup de tués et de blessés, entre autres le brave général Espinasse, toujours à la tête de ses troupes, leur donnant l'exemple de l'entrain et de la vigueur. Brillant soldat d'Afrique, très ambitieux à toutes les époques de sa carrière, mais a tout fait pour mériter son rapide avancement. Le colonel de Chabrière, de la légion étrangère, est également tué, et combien d'autres!...

A la nuit, nous sommes complètement maîtres de Magenta; nous avons pu en chasser l'ennemi après avoir eu à lutter contre toutes ses réserves et après la résistance la plus opiniâtre. Les coups de fusil deviennent de plus en plus rares, le calme se fait dans les rues et dans les environs. A ce moment, en pleine obscurité, les régiments sont dispersés un peu partout sur ce vaste champ de bataille; ils sont livrés à eux-mêmes. Les communications étant des plus difficiles, et par suite ne pouvant recevoir d'ordre des chefs supérieurs, chaque colonel doit prendre sous sa responsabilité les dispositions en vue de se prémunir contre tous les incidents possibles de la nuit, en cas d'un retour offensif de l'ennemi.

A dix heures, ne recevant aucune instruction de mon général de brigade, resté avec le 3e voltigeurs, je fais occuper militairement plusieurs maisons, établir des postes de sûreté dans les rues, dans les jardins des environs; je porte un bataillon entier dans le cimetière, situé aux portes de la ville; sur les quatre faces de son enceinte, je fais établir des créneaux de distance en distance, ce qui nous constituait une véritable redoute provisoire, pouvant servir d'abri et même de refuge pour les autres fractions en cas d'alerte.

Enfin, pour éviter les paniques des tirs, toujours plus nuisibles qu'utiles, quand ils ont lieu pendant l'obscurité de la nuit, défense est faite de faire feu; les détachements, dans leurs positions respectives, doivent exclusivement faire usage de la baïonnette, au cas où ils seraient attaqués.

Pendant que je m'occupe de tous ces détails de défense, le colonel du 1er voltigeurs (1re brigade), égaré pendant la marche, arrive près de moi avec quelques hommes seulement de son régiment, se met à ma disposition et me demande des ordres pour ce qu'il doit faire pendant la nuit.

Il est utile de noter que ce colonel, bon et sympathique camarade, le moins ancien de sa division, est fait commandeur de la Légion d'honneur quelques jours après, sans avoir été présenté par ses chefs hiérarchiques; cela produit une assez mauvaise impression dans tous les rangs. Mais ce n'est pas tout : après Solférino, et sans avoir été proposé hiérarchiquement, il est nommé général de brigade, uniquement pour avoir été appuyé par certaines influences extérieures, le général Schram, dit-on, dont il était le parent et le protégé. Du reste, le goût militaire était si peu prononcé chez ce chef, qu'à peine rentré en France il s'empresse de se faire nommer dans l'administration comme intendant général.

Quoi qu'il en soit, après avoir pris toutes les mesures préservatrices, je vais manger un morceau et passer quelques heures de la nuit dans la maison où, le matin, se trouvait le général Giulay, commandant en chef l'armée autrichienne.

D'après ce que nous apprend le propriétaire, ce chef était plein de confiance et se croyait sûr de la victoire.

Au jour, l'ennemi a complètement disparu; à peine si l'on entend quelques rares coups de fusil, échangés dans le lointain entre nos reconnaissances et l'arrière-garde autrichienne. Quant aux soldats de cette armée qui sont restés dans les maisons et dans les fermes voisines, tous se rendent sans faire la moindre résistance.

Dans la matinée arrive mon général de brigade. Je lui rends compte de tout ce qui s'est passé la veille et pendant la nuit, je l'accompagne dans la visite de mes différents postes. Il veut bien me féliciter sur les mesures de prévoyance prises sous ma responsabilité, sur l'attitude et la vigueur de mes soldats pendant la marche en avant et pendant la bataille, tous étant toujours restés unis, coude à coude et dans la main de leurs chefs.

Dans cette brillante bataille, je suis heureux de lui signaler la vigueur et l'entrain des commandants Martin et Pacaud, des capitaines Chaulan, Prouvost et Lamy, et bien d'autres encore.

Nous venons d'entrer dans quelques détails sur les préludes de cette glorieuse bataille; nous avons suivi les opérations des troupes sous les ordres du général de Mac-Mahon. Ce n'est là qu'une partie, partie très importante, il est vrai, mais qui n'a été ni la plus rude ni la plus meurtrière de ce drame sanglant. Il nous reste à indiquer ce qui s'est accompli sur l'aile droite de la ligne de bataille. Nous en avons eu les renseignements les plus exacts de la part de nos camarades des grenadiers de la garde.

II

Attaque à San-Martino par les grenadiers de la garde (4 juin). — Le 3 juin, dans la soirée, plusieurs détachements de grenadiers sont établis sur la rive gauche du Tessin, avec mission de protéger les travaux de réparation au pont de San-Martino, que les Autrichiens ont tenté de faire sauter et qu'ils ont dû abandonner devant notre attaque.

Dès le 4, au matin, les régiments de la division de grenadiers commencent à passer la rivière sans rencontrer un seul ennemi et sans éprouver de difficultés; seulement, quand les premiers bataillons s'avancent pour reconnaître le terrain tourmenté entre le Tessin et le canal du Naviglio, ils se heurtent à de forts avant-postes ennemis et échangent avec eux quelques coups de fusil, mais sans grand résultat.

Peu après, nos avant-gardes sont dans l'impossibilité de continuer leur marche d'éclaireurs, se trouvant en contact et en lutte avec de nombreuses troupes de renfort envoyées par les Autrichiens. Il nous faut donc rester sur la défensive, afin de permettre aux régiments de grenadiers de se concentrer en avant de San-Martino, et de permettre de prendre des dispositions pour une vigoureuse offensive.

Un peu plus tard, vers onze heures, entendant sur la gauche le canon de la division de Lamotte-Rouge tirer aux environs de Buffarola, le moment paraît opportun de se lancer en avant, afin de pouvoir se lier avec la gauche de l'armée ; les ordres sont donnés, et de suite les grenadiers se dirigent avec un superbe entrain sur *Ponte-Nuovo di Magenta* ; mais, par une sorte de fatalité, c'est juste à ce moment que la division de Lamotte-Rouge a dû battre en retraite sur Cuggione, sur l'ordre du général de Mac-Mahon. Les grenadiers, désormais privés de tout soutien, sans renforts en arrière à courte distance, sauf les zouaves de la garde, doivent livrer de nombreux combats, lutter contre des forces supérieures, prendre, abandonner et reprendre plusieurs fois de fortes positions, des redoutes, des obstacles de diverse nature et toujours bien défendus.

Ce furent de bien durs moments pour nos braves soldats et pour leurs dignes chefs ; le terrain conquis et parcouru par eux est sans cesse couvert de morts et de blessés ; malgré cela, ils tiennent tête à l'orage, se montrent toujours pleins de confiance et de ténacité.

Dans l'après-midi, seulement, arrivent des renforts par fractions isolées ; d'abord, la brigade Picard, vers trois heures et demie, puis des bataillons détachés des corps Canrobert et Niel.

Tous ces détachements éprouvent de grandes difficultés dans leur marche ; ils ont à parcourir d'assez longues distances par des routes étroites, souvent enfilées par les batteries ennemies, marchant péniblement à travers les rizières, les canaux, et de plus étant constamment arrêtés par des encombrements de bagages, de voitures et de non-combattants.

Quoi qu'il en soit, malgré l'éparpillement exagéré des différentes fractions des corps d'armée, malgré le retard dans les ordres donnés, et malgré les difficultés du terrain à parcourir, les diverses unités tactiques, détachées de leurs corps, peuvent enfin commencer à franchir le Tessin dans l'après-midi et se porter en avant pour soutenir les grenadiers, qui, plusieurs fois, ont été sur le point de succomber sous le nombre toujours croissant de leurs adversaires.

Dès ce moment, la lutte devient des plus meurtrières et des plus vives; il y a de nouveaux assauts à livrer, des attaques et des contre-attaques contre les défenses placées en avant du pont du Naviglio et des remblais du chemin de fer; souvent on doit s'aborder à la baïonnette, puis, quand apparaissent vers le nord les colonnes du général de Mac-Mahon, quand se fait entendre le canon de Magenta, oh! alors, tout change de face : les troupes de la droite et de la gauche ayant fait leur jonction, on parvient, après de nouveaux efforts, à enlever et à occuper les ponts et les redoutes du Naviglio-Grande. Néanmoins, nous avons de nouveaux combats à livrer contre des masses bien concentrées et sans cesse renforcées. Malgré tout, à force de persévérance et d'entrain de la part de nos soldats, on finit par en avoir raison et par les mettre en complète déroute.

A sept heures du soir, nous sommes enfin maîtres de tout le terrain en avant du Naviglio et des environs de Magenta. C'est, en somme, une belle victoire; elle est chèrement achetée par tout le sang répandu, mais on est fier dans tous les rangs, les cœurs des officiers et des soldats sont remplis d'un très légitime orgueil.

Pendant cette journée, beaucoup de corps n'ont pris aucune part à la bataille, et cela pour des raisons diverses : les Piémontais sont restés à l'extrême gauche, vers le haut Tessin, soi-disant en observation. A l'extrême droite, dans la crainte d'une attaque venant de Rebecco ou d'Abbiate-Grasso, on a laissé sur place la plus grande partie des corps du maréchal Canrobert et du général Niel.

Les corps du prince Napoléon et du maréchal Baraguay-d'Hilliers ont été tenus en réserve, assez loin du théâtre des opérations.

Les seules divisions Trochu, du corps Canrobert, et

Vinoy, du corps Niel, ont pu venir prêter leur concours, et encore la dernière arriva pour entrer en action à six heures et demie seulement, quand tout était à peu près terminé.

Quant à notre cavalerie, ni avant, ni pendant, ni après la bataille, on ne songe à l'utiliser.

En résumé, c'est à peine si la moitié de notre armée a pu être engagée dans la lutte. Il y a eu seulement douze brigades françaises sur vingt-huit, pas une piémontaise. Du côté des Autrichiens, il y a eu quatorze brigades sur vingt-huit.

Nous avons 4,530 hommes tués ou blessés, dont 246 officiers, sur lesquels 52 ont été tués. Les Autrichiens ont perdu 10,240 tués ou blessés[1].

Après la bataille. — Le 5 juin, au matin, on s'occupe de concentrer tout autour de Magenta les divers corps d'armée ; puis, quand les bivouacs sont établis, on donne des ordres pour faire relever les morts et les blessés, épars sur une vaste surface, pour procéder aux inhumations et aux évacuations. Dans la soirée, nous apprenons avec plaisir que notre général de brigade est nommé général de division, en remplacement du général Espinasse. Certes, c'est la juste récompense des beaux services et des éminentes qualités militaires du général Decaen, mais nous regrettons vivement de nous séparer de ce chef, si aimé et si estimé de ses troupes, dont il avait su gagner toute la confiance. Avant de nous quitter, il veut bien répéter au 4° voltigeurs toute sa satisfaction sur ce qui s'est passé la veille, et nous souhaiter toute chance pour l'avenir[2].

---

1. Parmi les pertes que nous avons eu à déplorer, nous trouvons le général Espinasse, dont nous avons déjà parlé ; il y a le général Clerc, des grenadiers de la garde, grand et bel officier, très sympathique. S'était distingué en Crimée, avait commandé le 2° zouaves à la prise de Malakoff.
Il y eut en outre parmi les tués les colonels Drouot, de Chabrière, Charbier, de l'infanterie ; de Senneville, chef d'état-major du 3° corps d'armée.

2. Ce même jour, les généraux de Mac-Mahon (du 2° corps) et Regnault d'Angely sont nommés maréchaux de France. Le premier est, en outre, fait duc de Magenta.

Le 6 juin, il y a encore séjour au camp. Je profite de ce repos pour visiter le champ de bataille, me rendre compte des divers incidents de la journée du 4. Mais, tout en circulant sur les ponts du Naviglio, le long des rizières et des marais, les souvenirs des guerres anciennes et modernes nous font réfléchir et nous amènent à penser combien on a tort de rester ainsi deux jours dans l'inaction; qu'il aurait été plus sage de profiter de la victoire pour marcher de l'avant, mais surtout pour lancer notre cavalerie à la poursuite d'un ennemi battu et démoralisé, de le forcer, par des attaques vigoureusement conduites, à désorganiser ses unités tactiques, à nous abandonner de nombreux prisonniers et un matériel important.

Le 7 juin, l'armée se dirige sur Milan; mais les dispositions ont été mal prises par l'état-major, car, à peine en route, il y a encombrement de troupes et de bagages, qui s'entre-croisent et s'arrêtent; cela retarde beaucoup la marche des différents corps et occasionne à nos hommes des fatigues énervantes, étant obligés de rester des heures entières dans une immobilité d'attente, par une forte chaleur.

Nous traversons plusieurs villages; les habitants paraissent très satisfaits de nous voir; ils nous assurent que les Autrichiens, le soir et le lendemain de leur défaite, couraient comme des lièvres à travers champs, paraissaient démoralisés et hors d'état de se défendre contre les plus faibles détachements qui les auraient poursuivis.

Nous bivouaquons, ce même jour, après une marche des plus pénibles, près du village où est installé l'empereur avec tout son état-major, à quatre kilomètres environ de Milan. Nous sommes au milieu de riches prairies, dans un pays parfaitement cultivé.

Le soir, mon beau-frère, le lieutenant-colonel Rey, vient dîner avec moi; ensemble nous sommes heureux de nous retrouver pleins de vie, et de pouvoir causer de la famille et de tous ceux qui nous sont chers, ne nous doutant pas que, le lendemain, cet excellent ami serait frappé mortellement par une balle autrichienne.

Le 8 juin, nous partons de bonne heure; on nous fait prendre des chemins de traverse, ayant à parcourir une contrée d'une végétation luxuriante. Avec une culture des plus variées, elle nous fait l'effet d'un véritable paradis idéal. Enfin, vers sept heures du matin, toute la garde arrive à Milan; elle se masse sur l'esplanade, en face du château; peu après apparaît l'empereur, suivi de tout son état-major et de Victor-Emmanuel. Les troupes présentent les armes : à ce moment, toute la ville est en émoi, il y a une sorte de frénésie dans la joie qui se manifeste, et ce sont surtout les femmes qui se montrent les plus expansives : elles nous prodiguent les fleurs, nous en jettent en abondance et en donnent à tous, aussi bien aux soldats qu'aux officiers, et ne cessent de pousser des hourras retentissants. Quant aux hommes, ils sont beaucoup plus calmes, et même ont une attitude froide et réservée, et semblent des êtres ramollis par de longues années d'oppression. Du reste, nul d'entre eux ne songe à s'engager comme volontaire dans les bandes garibaldiennes. Le soir, il y a des illuminations dans toutes les rues.

Les troupes de la garde sont installées, les unes dans la citadelle, les autres campent autour des promenades publiques. Je suis logé, avec une partie de mon état-major, chez le comte de Traversi, riche propriétaire, très intelligent, très aimable; sa femme est jeune, charmante, pleine d'esprit, parlant le français avec facilité. Nous avons le plus grand plaisir à causer avec ces hôtes de la haute société milanaise. Par eux, nous avons des renseignements curieux sur les dominateurs du pays qui, enfin, viennent de disparaître. D'après ce qu'ils nous assurent, les basses classes populaires et les paysans sont assez partisans des Autrichiens, et cela, par cet esprit de jalousie des pauvres envers les riches.

Aussi, connaissant bien cet instinct naturel chez la plupart des nations modernes, les gouvernants ont toujours eu le plus grand soin, dans leur pratique administrative, d'entretenir et même de surexciter cet antagonisme social. Seulement, si ce fait existe dans une assez large mesure, le mal n'est pas sans remède. L'avenir et surtout la passion de la nationalité arriveront certainement à faire revenir les habitants de toutes les classes à d'autres impressions, à d'autres idées. C'est là l'espoir de beaucoup de bons esprits.

III

Combat de Melegnano (8 juin). — Le 9, dans la journée, nous avons de très nombreux détails sur le combat livré la veille à Melegnano (Marignan), combat où nous avons fait des pertes sérieuses en tués et blessés, mais où nous avons fini par avoir un succès complet.

Voici, du reste, d'après ce qu'on nous apprend, à la suite de quelles circonstances la lutte s'est engagée et a été si meurtrière et si difficile.

Après l'entrée de notre armée à Milan, on s'est préoccupé de poursuivre l'ennemi dans sa retraite, de jeter le désordre dans les rangs de troupes désorganisées et démoralisées à la suite de notre victoire de Magenta (4 juin).

Dans ce but, le maréchal Baraguay-d'Hilliers reçoit l'ordre de marcher de l'avant avec son corps d'armée pour chasser les Autrichiens du village de Melegnano, de les poursuivre dans leur retraite, en leur faisant le plus possible de prisonniers et enlevant batteries et matériel de guerre.

Le maréchal prend les dispositions suivantes pour cette opération : la division Bazaine doit marcher au centre de la ligne et attaquer le village de front ; la division Forez à droite, celle du général de Ladmirault à gauche, doivent marcher à hauteur du centre, afin de menacer les flancs de l'ennemi et concourir à l'enlèvement du village, en menaçant les lignes de retraite. Le corps Mac-Mahon doit se porter à l'extrême gauche afin de couper la route de Lodi et y saisir les fuyards. Le corps Niel est en arrière en réserve.

Malheureusement, les ordres ont été donnés un peu tard; mais surtout, en les donnant, on n'a pas assez tenu compte des difficultés du terrain à suivre par les différentes colonnes, des lenteurs que devaient occasionner des fossés pleins d'eau à traverser, des rizières et des prairies marécageuses à parcourir, avec cela un sol découpé par des sentiers où se trouvent des broussailles et des arbres plus ou moins rapprochés, toutes choses qui devaient singulièrement allonger les colonnes, ralentir leur marche, et enfin empêcher les divisions d'opérer avec ensemble et de se prêter un mutuel appui.

Quoi qu'il en soit, dans l'après-midi la division Bazaine s'avance par la grande route qui va de Milan à Melegnano, route complètement enfilée par les batteries autrichiennes; de plus, il y a presque impossibilité pour nos troupes de se déployer ou de s'embusquer, car, à droite et à gauche, il y a des fossés pleins d'eau, avec de rares petits sentiers qui vous conduisent au milieu de haies, de marais ou de rizières, et rendent la marche en avant des plus difficiles. Aussi, quand le combat s'engage, l'avant-garde, malgré son entrain et sa bravoure, est décimée par la mitraille, par le feu serré de nos adversaires, qui sont abrités dans le cimetière, organisé en véritable citadelle avec ses murs crénelés, ou derrière des barricades établies en avant et sur les flancs de la grande route.

C'est après de pénibles efforts, après des charges superbes faites par les soldats du 1er régiment de zouaves et du 33e de ligne, que l'on parvient à s'emparer successivement de toutes les défenses et à occuper le village.

Pendant ces meurtriers engagements, les autres divisions avancent bien difficilement sur ces terrains où se trouvent des obstacles accumulés par la nature, où les déploiements sont impossibles, et où presque partout il faut passer par le flanc, homme par homme. La division de Ladmirault peut seule arriver vers les derniers moments de la lutte et agir efficacement pour hâter la retraite de l'ennemi. Et encore il lui a fallu traverser des ruisseaux, les hommes ayant de l'eau jusqu'à la ceinture, cheminer à travers les clôtures, les jardins et les rizières.

La division Forez n'a pu arriver à temps pour prendre part au combat. Quant au corps de Mac-Mahon, lui aussi a eu une marche bien pénible à faire et n'a pu arriver sur les points désignés qu'à la nuit, sans possibilité de gêner la retraite des vaincus, mais leur envoyant seulement quelques coups de canon.

Dans cette affaire, la division Bazaine a eu près de huit cents hommes tués ou blessés; la division de Ladmirault en a eu trois cents environ. Quinze officiers ont été tués, cinquante-cinq blessés plus ou moins grièvement[1].

Ce même jour, 9 juin, il y a un *Te Deum* chanté à la cathédrale à l'occasion de notre victoire et de notre entrée à Milan. Toutes les troupes de la garde sont sous les armes et forment la haie dans les rues; les habitants sont sur pied, les maisons sont pavoisées à tous les étages, et quand l'empereur, accompagné du roi Victor-Emmanuel, arrive au milieu de nos bataillons, oh! alors, c'est du délire : les masses populaires poussent des cris frénétiques; elles s'agitent, se précipitent au milieu de nos soldats, qu'elles com-

---

[1]. Parmi les tués, nous trouvons le brave colonel Paulze d'Yvoi, du 1ᵉʳ zouaves; le commandant Descubes, du 33ᵉ de ligne; le lieutenant-colonel Rey, du 33ᵉ; puis des capitaines et des lieutenants des deux divisions.
Parmi les blessés, il y a le colonel Bordas, du 33ᵉ de ligne, le lieutenant-colonel Brincourt, du 1ᵉʳ zouaves, les deux aides de camp du général de Ladmirault.

blent de prévenances, d'éloges et de fleurs. Après la cérémonie, comme en y allant, les souverains sont l'objet des mêmes démonstrations sympathiques, du même enthousiasme bruyant et méridional.

Dans l'après-midi, je monte à cheval pour aller voir mon beau-frère à Melegnano; je le trouve étendu sur son lit, plein de courage et de calme; les médecins espèrent le sauver. Il a la poitrine percée par une balle.

Malheureusement, le pronostic du médecin ne s'est pas réalisé, car, moins d'un mois après, il mourait à Milan, où il avait été transporté et rejoint par sa femme, qui assista à ses derniers moments.

Nous continuons à séjourner à Milan jusqu'au 12 juin, laissant les Autrichiens faire tranquillement leur retraite sur le Mincio.

Le 10, on fait dans la ville de très grands préparatifs pour la représentation solennelle qui doit avoir lieu le soir au théâtre de la Scala; les environs du théâtre sont illuminés, ainsi que toutes les rues où doivent passer les deux souverains; des drapeaux sont arborés à toutes les maisons. Et quand l'empereur et le roi Victor-Emmanuel font leur entrée, toute la salle est debout; de toutes parts il y a des applaudissements, des cris ininterrompus de « Vive l'empereur! » et « Vive le roi! » Mais les dames se font surtout remarquer par leur agitation et leur enthousiasme; elles se montrent très exaltées, ne cessent d'applaudir, et, à la sortie, se précipitent comme des folles pour toucher les vêtements des souverains et les voir de plus près.

Invité par le comte de Traversi à aller prendre place dans sa loge, j'assiste à ces scènes bien bruyantes et toutes méridionales par leur exaltation, et aussi un peu théâtrales.

Cela ne nous empêche pas de lier conversation, et par lui j'apprends qu'ici toutes les loges du théâtre sont des propriétés individuelles; celle où je me trouve a coûté cinquante mille francs à mon hôte ; il a dépensé, en outre, soixante mille francs pour l'ameublement d'un salon, situé en arrière de la loge, pour fauteuils, glaces, dorures, canapés, etc.

Tous les grands seigneurs sont ainsi propriétaires de loges plus ou moins richement ornées, suivant le rang et la fortune de ces personnes. Seulement, tous payent, chaque jour de représentation, une somme variable, suivant l'importance de la pièce à jouer ou de toute autre circonstance.

Revenons maintenant aux questions concernant notre armée. A la suite du combat de Melegnano, les nombreux blessés restés dans le village et aux environs sont transportés à Milan, ainsi que les malingres, parce que dans cette grande ville il y a beaucoup plus de moyens de les soigner. Mon beau-frère est parmi ces transportés. On a pris toutes les dispositions les plus convenables ; j'assiste à son arrivée et à son transport au troisième étage d'une maison des plus hospitalières ; le propriétaire et sa famille se montrent pleins de prévenances et très disposés à lui prodiguer tous les soins. Malheureusement, pour l'introduire dans sa chambre l'opération est des plus pénibles : le brancard sur lequel il est couché se heurte contre la porte et remue fortement le pauvre malade, qui en éprouve une douleur affreuse et pousse un cri déchirant.

Cet accident a fort bien pu avoir une certaine influence sur l'aggravation de sa blessure et amener la catastrophe finale quelques jours après. Combien il a été fâcheux qu'il n'ait pas été possible de le soigner sur place! Peut-être aurait-on eu chance de le sauver !

Quoi qu'il en soit, le 11 juin, à dix heures du soir, nous recevons l'ordre de départ pour le lendemain matin, à quatre heures. Il nous faut, en toute hâte, faire prévenir les compagnies, envoyer des instructions précises sur les lieux de rassemblement, pour avoir, à heure fixe, le personnel et le matériel du régiment réunis pour la mise en route.

CHAPITRE III

DÉPART DE MILAN. — BATAILLE DE SOLFERINO

I

Le 12 juin, l'armée se met en marche vers le Mincio; les corps doivent suivre trois routes différentes, peu distantes les unes des autres, afin qu'ils soient toujours prêts à se soutenir en cas de rencontre de l'ennemi. Quant à la garde, elle forme la réserve et marche à quelques lieues en arrière du corps Baraguay-d'Hilliers.

Pendant plusieurs jours nous n'aurons aucun combat à livrer, les Autrichiens ayant complètement disparu et n'ayant sur leur retraite aucun renseignement un peu précis. Mais, comme nous allons le voir, il va se produire dans tous les corps des marches bien pénibles et bien fatigantes, et cela par les dispositions un peu trop théoriques prises par le grand état-major. Chaque jour il va y avoir enchevêtrement entre les différentes colonnes, des rencontres de convois, de longs temps d'arrêt pour l'écoulement des premiers arrivés aux croisements de routes, des changements de direction pour atteindre le bivouac désigné; parfois on devra aller s'établir sur un autre point. Quoi qu'il en soit, à cinq heures du matin la garde quitte Milan, notre brigade suit la route qui longe le canal, nous traversons un pays charmant, très bien cultivé; les terres sont arrosées au moyen de canaux d'irrigation très judicieusement établis et entretenus avec soin. A onze heures nous bivouaquons près de Gorgonzolo, grosse bourgade où nous sommes très bien accueillis. Nous occupons les emplacements que viennent de quitter les troupes du 3ᵉ corps d'armée.

Après être passés par Melzo, où nous bivouaquons le 13, nous avons l'ordre de partir le 14 pour nous rendre à Traviglio. Malheureusement les routes et les ponts sont tellement encombrés, les troupes de divers régiments se pressent tellement aux croisements des chemins, que l'on doit nous arrêter et aller faire camper notre division de voltigeurs à Cassano, sur la rive droite de l'Adda. Nous avons une chaleur accablante; nos hommes la supportent avec une grande fermeté.

L'état-major de mon régiment est installé dans le château d'un riche seigneur de l'endroit. Là se trouvent : un beau parc, des jardins bien entretenus, de superbes appartements intérieurs aux trois étages. Celui que j'occupe est au-dessus de la chambre où coucha le général Bonaparte en 1796; aussi on en est fier et on la respecte comme une relique. Les autres régiments sont presque tous en avant, vers Traviglio, où se trouve le quartier général de l'empereur.

Passage de l'Adda. — Le 15 juin, nous passons l'Adda sur un pont de bateaux; un peu plus loin, nous trouvons la petite rivière du Serio...; nous la passons à gué, ayant à peine de l'eau jusqu'aux genoux. Le soir, nous allons camper près de la ville de Romano.

Pendant cette journée, la marche a été bien pénible et bien fatigante pour nos hommes; sans cesse nous avons des temps d'arrêt aux croisements de routes : il leur faut rester immobiles dans la position de flanc et attendre leur tour de marche, et cela par une chaleur excessive et aveuglés par une poussière épaisse.

Le 16, de nouveaux ennuis nous attendent : l'ordre est donné à notre brigade d'aller bivouaquer à Caccio, rive droite de l'Oglio; mais, à peine en route, on change notre itinéraire : il nous faut marcher derrière l'artillerie et la cavalerie de la garde, et avec elles aller bivouaquer à Chiari. Par suite de ces nouvelles dispositions, nous devons rester immobiles sur place, voyant toutes les autres troupes défiler devant nous, puis faire plusieurs marches en arrière, avec de nombreux temps d'arrêt, et finalement nous arrivons à destination à onze heures du soir; nos soldats, fatigués, mais gais et alertes, sont installés tout le long des boulevards de la ville et ont bien de la peine à se procurer un peu de nourriture fortifiante.

Le 17 juin, nous partons à six heures du matin et arrivons sans incident à Travigliato, à onze et demie; là, nos hommes peuvent déjeuner et se reposer. Le bivouac est établi en avant du village, dans des prairies humides, sous une chaleur accablante et un temps orageux. Là, nous sommes assez rapprochés de la montagne; dans tous les environs, il y a une série de petites vallées couvertes de verdure et d'habitations éparses.

Partout l'eau est abondante, la végétation des plus riches; c'est certainement une des contrées les plus fertiles que l'on puisse voir : on dirait un vrai jardin des Hespérides. En avant, des plaines à perte de vue, champs de culture entrecoupés de frais pâturages, au milieu desquels paissent de nombreux troupeaux. Dans les environs, plusieurs villages, tous bien installés, avec des maisons en bon état, semblent indiquer que chez les habitants il y a l'aisance et le bien-être.

II

Arrivée et séjour à Brescia. — Le 18 juin, nous partons à quatre heures du matin et arrivons à Brescia à huit heures, ayant mis quatorze jours à franchir les trente lieues qui séparent cette ville du champ de bataille de Magenta.

Pendant toute cette période, à part Melegnano où a eu lieu le combat du 8, nous n'avons rencontré nulle part l'ennemi et nous avons pu franchir, sans lutte, sans un seul coup de fusil à tirer, les lignes importantes de l'Adda, de l'Oglio, de la Chiese et les ponts fortifiés qui s'y trouvent, nous emparer d'un important matériel, disséminé un peu partout le long de notre route.

Cette lenteur dans notre marche offensive est d'autant plus inexplicable que nous nous trouvions au milieu de populations des plus sympathiques et des plus hostiles à nos adversaires.

Brescia est une jolie ville de quarante mille âmes; elle a encore de vieilles fortifications, une citadelle en mauvais état et incapable de résister aux nouveaux projectiles de l'artillerie moderne.

L'empereur arrive peu après nous et est reçu par les habitants avec le plus grand enthousiasme; les rues, les monuments, les maisons, sont pavoisés; des fleurs sont répandues sur son passage, c'est un véritable jour de fête.

Les troupes de la garde sont installées le long des remparts, les autres corps sont concentrés sur la droite, à quelques lieues de la ville, face aux positions de l'ennemi.

L'armée sarde est sur la gauche, avec mission de faire des reconnaissances vers les débouchés des montagnes.

D'après les bruits qui courent, les Autrichiens se seraient

retirés derrière le Mincio, avec l'intention de nous y attendre, en s'appuyant sur les places fortes de la haute Italie. D'autres assurent, au contraire, qu'ils sont à Monte-Chiaro, avec une nombreuse cavalerie toute prête à agir contre nous. Ce sont des racontars de bivouac auxquels on ne peut attacher une grande importance.

Pendant notre séjour à Brescia, mon état-major est installé chez le comte Cavalli; nous trouvons là une hospitalité des plus cordiales; tous, dans la maison, se montrent pleins de prévenance pour les officiers et ne cessent de leur témoigner la plus vive sympathie.

Le 19 juin, il y a une prise d'armes avec revue dans chaque régiment de l'armée; il s'agit de la distribution des récompenses accordées à la suite de la bataille de Magenta et de celle de Melegnano.

Cette cérémonie produit toujours le meilleur effet sur le moral des troupes; ces remises de croix de la Légion d'honneur et de la médaille militaire sont des stimulants pour le soldat.

Mais à côté de cette satisfaction donnée aux combattants sur la terre italienne[1], il arrive de Paris, dans la soirée, une nouvelle qui est pour beaucoup d'officiers une véritable douche d'eau froide, tempérée un peu par les joies et les impressions du matin, et aussi par les espérances en l'avenir. L'impératrice régente, ayant cru devoir user de ses prérogatives de souveraine, a fait une large distribution de croix et même des promotions dans les différents grades,

---

1. Ce jour-là, le 2e régiment de zouaves reçoit la croix de la Légion d'honneur, qui est attachée à son drapeau par le maréchal de Mac-Mahon. Ce fut un spectacle des plus émotionnants.

Dans mon régiment, le commandant Martin est nommé officier de la Légion d'honneur. Sont nommés chevaliers : le capitaine Duhamel Grandprey, les lieutenants Lamarle et Brognet, le sous-lieutenant Chiappe, le sergent-major Viella, le sergent Fargues.

Il y a en outre huit médailles militaires accordées à des sous-officiers et à des soldats.

nommant des généraux de brigade et de division, tous pris parmi les officiers restés à Paris et ayant pour titres d'être appuyés par son entourage, et cela au détriment d'officiers plus anciens qui se trouvent en Italie, ayant à lutter contre l'ennemi, contre les fatigues et les intempéries.

A l'occasion de cette mesure si inopportune, je crois devoir citer quelques réflexions d'un général du premier empire (duc de Fezenzac) :

« Dans l'armée, comme dans toutes les administrations de l'État, il y a des exceptions, des aptitudes plus ou moins remarquables. De même dans les différentes phases de la guerre il y a des circonstances où les individualités ne sauraient être soumises aux droits ordinaires de l'ancienneté ou du choix. Après épreuves, il est tout naturel que le gouvernement accorde un avancement exceptionnel aux militaires qui, par leur mérite, leurs services ou leur bravoure, savent se distinguer des autres; l'armée applaudira, et son moral en sera surexcité; mais le contraire pourra bien avoir lieu si les grades et les décorations sont le prix du favoritisme. Les officiers, esclaves de leurs devoirs, se découragent quand ils voient passer avant eux des camarades qui n'ont pas été présentés par leurs chefs hiérarchiques, seuls compétents pour apprécier les mérites et les droits de leurs subordonnés. »

Le soir de ce même jour de la distribution des récompenses, il y a une réunion de maréchaux chez l'empereur; rien ne transpire sur ce qui a été décidé, aucun ordre n'est donné pour le lendemain.

Le 20 juin, nous restons encore immobiles; pendant la journée, nous voyons passer dans notre camp six cents volontaires italiens, qui vont se joindre aux bandes de Garibaldi. Ils nous font l'effet d'être plus fanfarons que guerriers et paraissent bien dignes d'aller excursionner dans la montagne aux côtés du *condottiere* plus habile à remuer des masses révolutionnaires et bruyantes qu'à lutter contre des troupes un peu sérieuses.

Le 21 juin, la garde part à cinq heures du matin et va établir son bivouac près du village de Castel-Nodolo, là où, le 15 du même mois, Garibaldi, avec ses volontaires, a été vivement repoussé par un faible détachement autrichien.

Après déjeuner, je monte en haut du clocher de l'église, d'où nous avons une vue d'ensemble des plus émouvantes. Une plaine immense et dénudée, des positions qui rappellent les glorieux combats de 1796 : Lonato, Castiglione, Monte-Chiaro. C'est pour nous un sol tout historique. Ce passé est présent à toutes les mémoires, c'est un véritable stimulant pour les luttes prochaines.

Passage de la Chiese. — Le 22 juin, la garde doit aller bivouaquer à Monte-Chiaro; mais, à peine en route, il y a sur tous les chemins un tel amoncellement de matériel, de voitures de pontonniers, de parcs d'artillerie, de convois de vivres, qu'il nous faut attendre de longues heures avant de pouvoir continuer notre mouvement. Du reste, à ce moment il n'y avait pas trop lieu de s'étonner de ce retard, quand on songe qu'il s'agissait de faire marcher, à petite distance de l'ennemi, six corps d'armée sur un espace assez restreint, afin de pouvoir se prêter un mutuel appui au cas où l'on se trouverait inopinément en contact avec l'ennemi.

Il nous fallut donc attendre de longues heures avant de reprendre notre marche en avant. Alors nous traversons le fameux camp de manœuvres des Autrichiens; c'est une vaste plaine, complètement dénudée et sans le moindre petit mamelon, d'une largeur moyenne de six kilomètres et d'une longueur de cinq lieues au moins. Il y a là un contraste frappant avec le pays des environs, surtout comme végétation et comme accidents de terrain.

En avant de la Chiese, cette plaine est dominée à l'est par une série de hauteurs des plus favorables à la défense, où, d'après le bruit des camps, l'ennemi avait formé, puis abandonné le projet de nous y attendre et de nous livrer bataille, surtout en raison de cette vaste surface en avant, où sa vaillante cavalerie aurait pu jouer un rôle des plus efficaces.

Malgré tous les avantages de ces positions, les Autrichiens se sont retirés, et leur arrière-garde, forte de douze à quinze mille hommes, a évacué Monte-Chiaro le 20 juin[1].

Après une marche assez pénible, notre division de voltigeurs va camper à dix minutes à l'est de la ville; les grenadiers sont sur les hauteurs, un peu en arrière des voltigeurs. Le 2e corps se porte en avant sur Castiglione; quant aux autres corps d'armée, ils ne font aucun mouvement et restent sur leurs emplacements de la veille.

Pendant la journée du 23, tous les régiments de la garde restent au repos dans leurs camps respectifs.

Comme, d'après les renseignements recueillis par l'état-major, les Autrichiens ont abandonné les hauteurs qui s'étendent de Lonato à Volta pour se retirer sur le Mincio, où, appuyés sur de forts retranchements en avant et en arrière du fleuve, ils nous attendent pour livrer bataille, on se décide à prendre toutes les dispositions pour une vigoureuse offensive.

La marche en bataille est ainsi établie : le 1er corps doit former l'extrême gauche de l'armée française, se rattachant à l'armée piémontaise qui appuie sa gauche aux montagnes et au lac de Garde. Le 4e corps, à l'extrême droite, a son quartier général à Carpenodolo; le 3e est un peu en arrière, à Mezzano; enfin le 2e corps est au centre, en avant de Monte-Chiaro, sur la route de Goito.

Dans le courant de la journée du 23, on envoie des recon-

---

1. La petite ville de Monte-Chiaro est bâtie sur une hauteur dont les escarpements se dirigent vers le sud; elle est dans une position assez pittoresque, mais n'a rien de particulièrement remarquable, sauf, peut-être, son église, où se trouve un dôme assez imposant.

naissances pour s'éclairer sur les mouvements et les positions de l'armée autrichienne; notre cavalerie se porte bien à petite distance du front des colonnes, mais sans chercher à pousser plus loin et sans pouvoir donner aucun renseignement précis sur les environs de Solferino ou sur les rives du Mincio.

Après cela, comme on ne prévoit pas de rencontre pour le lendemain, chaque corps reçoit son ordre de route et l'emplacement qu'il doit occuper dans la soirée du 24. Le 1er corps devra quitter Essenta et aller bivouaquer à Solferino; le 2e corps ira de Castiglione à Cavriana; le 3e corps, de Mezzano à Medole; le 4e, de Carpenodolo à Guidizzolo; enfin la garde, de Monte-Chiaro à Castiglione.

Les Autrichiens, de leur côté, sont mal renseignés sur nos projets et sur nos positions : nous croyant établis sur les rives de la Chiese dans un but défensif, ils prennent des dispositions pour venir nous y attaquer.

Eh bien, cette manœuvre de l'ennemi est signalée ce même jour, 23, par le commandant Morand, du 2e zouaves; car, ayant été envoyé en reconnaissance sur les hauteurs de Solferino, il s'empressa de faire connaître à ses chefs la marche des fortes colonnes autrichiennes dans notre direction. Malgré cet avertissement, regardé comme sans importance, l'ordre lui est donné de rentrer à son bivouac. Quelques heures plus tard, cette importante position, qui, le lendemain, devait nous coûter tant d'efforts et tant de sang pour la conquérir, était occupée militairement par l'ennemi.

III

Bataille de Solferino (24 juin). — Dans cette journée du 24 juin, on croyait de part et d'autre avoir à faire une simple étape en avant; au lieu de cela, nous allons voir la lutte s'engager dès le matin et durer jusqu'à la nuit.

Nous allons exposer les détails les plus saillants de cette mémorable bataille. A cinq heures du matin, les régiments de notre division partent de Monte-Chiaro pour aller bivouaquer en avant de Castiglione. A huit heures, nous nous installons comme si rien de sérieux ne devait se produire, alors que, depuis six heures du matin, les 1er et 2e corps, très voisins de nous, étaient aux prises avec les avant-postes autrichiens.

A peine avais-je eu le temps de placer mes grand'gardes, de m'éclairer sur mon front et de faire commencer les préparatifs du déjeuner de mes voltigeurs, que nous entendons un redoublement de feux d'artillerie, une fusillade des plus serrées sur les hauteurs, à notre gauche et à notre droite dans la plaine. C'était le moment où nos troupes, après s'être heurtées contre les avant-postes autrichiens, entamaient un combat des plus violents contre des forces très supérieures et appuyées sur de fortes positions dominantes.

En une telle circonstance, je n'hésite pas, avant d'en avoir reçu l'ordre, à donner des instructions pour pouvoir être prêt à marcher au premier signal. Je fais abattre les tentes, renverser les marmites, préparer les sacs. Peu après, vers neuf heures et demie, un officier d'état-major arrive au galop apporter à notre général de division l'ordre de faire prendre les armes à ses voltigeurs et de les diriger en toute hâte sur Solferino, pour appuyer le 1er corps, vigoureusement engagé sur les contreforts de cette position dominante[1].

Sans perdre une minute, notre division, entraînée par les généraux Camou, Maneque et Picard, part au pas de course, aborde avec entrain les pentes abruptes qui sont devant elle, traverse des ravins escarpés et peut enfin rejoindre le 1ᵉʳ corps, très sérieusement engagé avec l'ennemi.

Mais, avant de continuer, voyons ce qui était arrivé le matin, au moment où le maréchal Baraguay-d'Hilliers se mettait en mouvement. A peine en route, ses avant-postes se heurtent contre de fortes colonnes autrichiennes. On prend de suite des dispositions pour une énergique offensive : la division Forez doit marcher directement sur les contreforts ; la division de Ladmirault, à gauche, doit appuyer et menacer les flancs de l'ennemi ; la division Bazaine en réserve. Au signal donné, nos colonnes s'élancent en avant avec beaucoup d'entrain, et c'est après une marche des plus pénibles, sur un terrain assez tourmenté, après de rudes combats, que l'on parvient à s'emparer des villages de Fontane et de Grole, situés à mi-côte, puis, successivement, des monts Fénile et Cyprès, très rapprochés de Solferino.

A ce moment, vers onze heures, les voltigeurs peuvent enfin rejoindre les combattants, et désormais concourir à toutes les phases de la bataille, aider enfin le 1ᵉʳ corps à enlever les dernières défenses du plateau, à planter le drapeau de la France sur la tour de Solferino, à nous rendre maîtres du cimetière, dont on avait fait une véritable forteresse d'où on nous avait criblé de projectiles pendant plus d'une heure.

Une fois établis sur ces positions dominantes, nous poussons de l'avant et dirigeons sur l'ennemi, en pleine retraite,

---

1. Là se trouve la fameuse tour de Solferino que l'on nomme l'espionne de l'Italie; sur cette hauteur, on a une position excellente; en outre, on domine complètement tout l'horizon, la vue s'étend sur les plaines et les ondulations de toute la contrée.

un feu plongeant qui met le plus complet désordre dans ses rangs.

Pendant notre courte halte sur les hauteurs de Solferino, nous avons un spectacle des plus émouvants : nous pouvons embrasser d'un coup d'œil l'ensemble du champ de bataille, nous rendre compte des différentes péripéties de tous les combats engagés à droite et à gauche sur une ligne de plusieurs lieues (du lac de Garde à Goito). A quatre heures, on a tout espoir de rester vainqueur sur tous les points de la ligne, les autres corps ayant fini, après les luttes les plus meurtrières et les plus glorieuses pour nos armes, par briser toute résistance. Dans cette mémorable journée, l'affaire capitale était certainement l'occupation des hauteurs de Solferino ; nous venons d'indiquer comment la gauche de notre armée était parvenue à s'en emparer. Quant aux autres corps, eux aussi ont eu à lutter pendant de longues heures contre des masses énergiques et très tenaces ; nous allons exposer les incidents qui se sont produits à droite et à gauche du 1er corps d'armée.

Les Piémontais à San-Martino. — Ce même jour, les Piémontais, à l'extrême gauche, étaient en marche sur Peschiera, lorsqu'ils sont arrêtés vers San-Martino et obligés d'entrer en lutte avec l'ennemi. Pendant plusieurs heures, nos alliés sont assez malmenés et même, à certains moments, sont menacés d'être pris en flanc par une cavalerie nombreuse et hardie. Heureusement nous venions de nous emparer des hauteurs ; et comme le maréchal Baraguay-d'Hilliers voit le danger, il s'empresse de faire avancer plusieurs batteries sur un des contreforts, et, quoique étant à plus de quinze cents mètres du champ de bataille, elles peuvent envoyer une pluie de bombes et de boulets sur les Autrichiens ; l'effet ne tarde pas à se faire sentir : en peu d'instants, les intrépides cavaliers de l'ennemi doivent disparaître[1]. Cela

1. Ces batteries, toutes nouvelles, comprenaient des canons rayés à longue

permet aux Piémontais de recommencer le combat, de le soutenir avec le plus grand entrain, sans cependant pouvoir beaucoup s'avancer, tout en se montrant très dignes de combattre à nos côtés. Et ce qui le prouve, c'est qu'ils laissèrent beaucoup des leurs sur le champ de bataille, soit près de cinq mille hommes tués ou blessés.

Marche du 2ᵉ corps sur Cavriana. — Le 2ᵉ corps, établi sur notre droite, a reçu l'ordre de se diriger sur Cavriana : là doit être son bivouac pour le 24. Mais à peine a-t-il commencé son mouvement, vers quatre heures du matin, qu'il se heurte contre de nombreux bataillons d'infanterie et contre une cavalerie très entreprenante; bientôt, étant menacé de voir rompre toute liaison entre les 1ᵉʳ et 4ᵉ corps, le maréchal de Mac-Mahon n'hésite pas à s'arrêter pour prendre une position défensive. Pendant de longues heures, il a à soutenir de rudes combats contre un ennemi bien supérieur en nombre et sans cesse renforcé par de nouvelles troupes.

Dans des circonstances aussi critiques, le commandant du 2ᵉ corps sait prendre les dispositions les plus sages, les plus opportunes, avant de se décider à frapper un coup décisif. Mais quand, vers trois heures de l'après-midi, il voit le 1ᵉʳ corps et la garde complètement maîtres des hauteurs, alors il se décide à prendre l'offensive et à s'avancer hardiment sur Cavriana; soutenu par les voltigeurs, il ne tarde pas à enlever le village, après de rudes combats, après des efforts héroïques de nos braves soldats, et avoir fait des pertes sérieuses en tués et blessés.

Les brillantes charges des divisions de cavalerie Morris et Desvaux, sur la droite, facilitèrent singulièrement cette offensive.

---

portée. C'est après en avoir étudié la puissance destructive au camp de Meudon que l'on s'en servait pour la première fois sur un champ de bataille. L'effet moral qu'elles produisirent fut au moins aussi grand que leur effet matériel.

Marche et opérations du 4ᵉ corps (Niel). — Les 3ᵉ et 4ᵉ corps, qui sont dans la plaine, plus à droite, doivent marcher dans la direction de Medole et de Guidizzolo, où ils doivent bivouaquer le soir.

Le 4ᵉ corps part à trois heures du matin de Carpenodolo, sur une seule colonne, faute de routes parallèles ; de tous côtés se trouvent des terrains difficiles, couverts de plantations, de vignes, d'arbres fruitiers ; à droite et à gauche de la route, des fossés pleins d'eau. Aussi c'est à grand'peine que l'on peut s'éclairer dans ce pays où la vue s'étend à très petite distance ; la colonne s'avance lentement et bien péniblement.

Vers sept heures, l'avant-garde se heurte à Medole contre les avant-postes autrichiens ; de suite le combat s'engage et devient de plus en plus acharné ; les bataillons, les régiments, les brigades, les divisions, arrivent successivement en ligne ; chaque fois la lutte recommence, elle dure près de dix heures. C'est que l'on a devant soi des adversaires dont les corps sont sans cesse renforcés par des réserves, dont l'artillerie est bien supérieure en nombre, mais heureusement bien inférieure à la nôtre comme portée et comme efficacité destructive. Nous avons des fermes retranchées à prendre et à reprendre plusieurs fois, de brillantes charges de cavalerie à gauche, sur un terrain découvert, qui empêchent les Autrichiens de nous tourner et facilitent la liaison entre les 2ᵉ et 4ᵉ corps. Pendant cette longue et sanglante lutte, la division de Luzy-Pélissac a été la plus éprouvée et a perdu beaucoup de braves et vigoureux officiers supérieurs.

Concours prêté par le 3ᵉ corps (Canrobert). — Le 3ᵉ corps, établi à Mezzano, sur la rive droite de la Chiese, a une marche assez longue à faire avant de pouvoir atteindre le bivouac où il a l'ordre d'aller s'installer. Il lui faut franchir la rivière plus au sud, afin de ne pas se croiser avec les troupes du 4ᵉ corps, en marche dans la même direction. De plus, il a pour mission de surveiller les mouvements de l'ennemi dans la direction de Mantoue. Le maréchal Canrobert quitte son bivouac à trois heures du matin, s'avance vers le sud, passe la rivière en face de Visano. A sept heures, la tête de colonne arrive près de Castel-Goffredo, village occupé par les Autrichiens.

Aussi le combat ne tarde pas à s'engager, et bientôt la lutte devient des plus vives; la résistance est énergique; mais, après plusieurs retours offensifs, nos soldats parviennent à chasser l'ennemi du village et à l'occuper.

A ce moment, le maréchal Canrobert, entendant le canon tonner avec violence du côté de Solferino et de Rebecco, s'empresse d'envoyer la division Renault vers Medole, afin de se relier avec le 4ᵉ corps et de l'appuyer dans la lutte terrible où il se trouve engagé.

Dès lors, sur toute cette longue ligne de bataille se livrent des combats acharnés. Souvent nos fantassins chargent à la baïonnette avec un superbe entrain; la cavalerie, de son côté, fait des charges brillantes et efficaces, non seulement sur la cavalerie ennemie, qui, à plusieurs reprises, a été sur le point de nous prendre à revers et de rompre toute liaison entre nos différents corps, mais aussi contre des colonnes et même contre des carrés d'infanterie.

Attaque de la division Trochu. — Vers trois heures et demie, la division Trochu est détachée du 3ᵉ corps pour aller renforcer le 4ᵉ, très sérieusement menacé par des forces sans cesse grossissantes; elle se fait remarquer par la régularité de sa marche en avant, par la hardiesse avec laquelle elle s'élance sur l'ennemi. Ses bataillons se présentent sous le feu comme sur un champ de manœuvres, avec calme et cohésion. C'est seulement après une vigoureuse résistance de l'ennemi et une grande hardiesse dans l'attaque que ces bataillons finissent par repousser les Autrichiens et par les forcer à abandonner leurs positions.

La tempête. — A cinq heures environ, nous sommes surpris par une forte tempête, par des bourrasques tourbillonnantes, une pluie abondante, un vent violent qui nous aveugle et force les combattants à s'arrêter, alors que la bataille était à peu près gagnée sur toute la ligne. Il y a là pour tous une heure bien singulière, surtout au milieu des émotions de ces longues et terribles luttes de la journée ; les officiers comme les soldats sont en plein air, ayant peine à se tenir debout, trempés jusqu'aux os, sans abri, sans nourriture, sans rien pour se garantir ou se réconforter. Malgré cela, il faut se tenir sur ses gardes, ayant en face de nous, à petite distance, un ennemi non encore en déroute et qui peut fort bien se décider à prendre l'offensive contre nous.

Enfin, après plus d'une heure de souffrances et d'attente, nous avançons et trouvons le terrain complètement déblayé : les Autrichiens avaient disparu.

Ainsi, après avoir eu à combattre, pendant toute une journée, des troupes braves et très résistantes, avoir eu à souffrir de fatigues excessives, de la soif, de la faim, de la chaleur et enfin de la tempête, nous finissons par rester vainqueurs sur tous les points de la ligne de bataille. Nos adversaires sont en pleine déroute, la nuit seule arrête la poursuite.

Au bruit du canon succède le silence le plus complet, on entre dans une accalmie un peu lugubre ; néanmoins, après les émouvantes péripéties de la journée, on respire à l'aise, on est fier des succès obtenus. Les différents corps d'armée, qui sont disséminés sur une vaste surface, peuvent enfin s'occuper de leur installation, de satisfaire, tant bien que mal, leur faim, leur soif et se donner un peu de repos.

Après la bataille. — L'empereur va coucher à Cavriana avec tout son état-major ; il occupe le local où, la veille et le matin de ce jour, se trouvait l'empereur d'Autriche.

En ce qui nous concerne, à peine les faisceaux étaient-ils

formés et, après avoir pris un peu de nourriture, nos hommes se livraient-ils aux douceurs d'un sommeil réconfortant, qu'à onze heures du soir notre brigade de voltigeurs doit prendre les armes, avec ordre d'aller occuper les hauteurs en avant de Cavriana. Nous nous mettons en route sans points de direction, à travers champs, ayant à parcourir des ravins, des collines accidentées, nous heurtant à chaque instant contre des arbres, contre des rochers qui nous blessent les pieds, et cela au milieu d'une obscurité profonde. Après pas mal d'ennuis, de temps d'arrêt et de fatigues nouvelles, nous atteignons Cavriana ; les rues en sont complètement calmes, nul être humain n'y circule, les combattants de la veille sont dispersés dans les maisons, plongés dans un profond sommeil. Quant à notre brigade, elle traverse la ville et va établir son bivouac à trois kilomètres plus loin, à cinq heures du matin.

Aussitôt installés, on fait placer des avant-postes sur les hauteurs, en avant des plateaux que nous occupons ; des reconnaissances sont envoyées dans toutes les directions, mais nulle part elles ne trouvent de traces de l'ennemi, qui, d'après les renseignements recueillis près des habitants, est passé sur la rive gauche du Mincio, laissant un peu partout bon nombre de blessés, de malades et de matériel.

Nous venons de voir la part prise par les différents corps des armées alliées à cette grande lutte de près de douze heures ; quant au 5ᵉ corps, commandé par le prince Napoléon, il est resté sur la rive droite du Pô et n'a pris aucune part directe ou indirecte à la bataille ; et cependant, d'après les ordres donnés dès le 19 juin, le prince devait partir de la Toscane pour se porter rapidement sur la rive gauche du Pô, dans la direction de Mantoue, afin de pouvoir, avec les quarante mille hommes de son corps d'armée et de la division des volontaires italiens, appuyer notre droite en menaçant la gauche de l'ennemi. Malheureusement, le commandant du 5ᵉ corps d'armée, peu militaire, peu au courant des chose de la guerre, avec cela ayant peu de goût et peu d'aptitude pour le métier des armes, ne sut pas ou ne voulut prendre aucune disposition offensive; il reste immobile dans la ville de Parme et ne se décide à la quitter que quand tout est terminé; le 30 juin seulement il traverse le Pô et marche en avant, dans un pays où il n'y a plus un seul ennemi. Enfin, c'est le 3 juillet qu'il arrive à Goito pour se relier aux autres corps de l'armée.

Il nous reste à parler de Garibaldi et de ses volontaires. Ces farouches guerriers ne se sont montrés nulle part, ni à Magenta ni à Solferino; ils se sont contentés de longer la montagne au nord, ayant bien soin tous les jours de se faire donner de bons gîtes pour se reposer, des vivres en abondance pour festoyer, mais, naturellement, n'ayant aucun blessé à traîner à leur suite.

La panique le jour de la bataille. — A côté des traits d'héroïsme que nous venons de signaler, de l'entrain de nos régiments, de la vigueur des officiers et des soldats pendant ces dix heures de combats acharnés et meurtriers, il y a quelques ombres à ce brillant tableau. Certes, à toutes les époques, comme nous l'apprend l'histoire, on a vu se produire des incidents fâcheux pendant et après le combat; ils se produiront encore dans l'avenir, sous des formes plus ou moins variées, avec une accentuation plus ou moins dangereuse, le tout en raison de la différence de caractère, d'aptitude ou de tempérament de chaque nation. Dans tous les cas, ils ne sauraient trop attirer l'attention des chefs appelés à commander des troupes devant l'ennemi. C'est pour cela que nous croyons utile de signaler ceux dont nous avons été témoin.

Comme nous l'avons vu, dans la soirée du 24 juin l'armée autrichienne est en pleine déroute. Ses éléments constitutifs disparaissent dans le plus grand désordre. Seulement, pour se rendre compte de l'état réel des choses, à peine nos troupes sont-elles arrêtées et dans l'expectative d'un retour offensif de l'ennemi, que l'on envoie des détachements de cavalerie pour éclairer notre front et s'assurer si en avant il y a encore des rassemblements ou des positions occupées.

Les escadrons s'avancent à certaine distance sans rencontrer un seul Autrichien ; à leur retour, fiers des succès obtenus pendant la journé, et pleins d'un noble enthousiasme, ils ont le grand tort de vouloir faire un peu de fantasia, en exécutant des charges pacifiques, qui soulèvent des tourbillons de poussière. Malheureusement, quand ils approchent du bivouac de l'infanterie, les soldats d'un bataillon établi en face de la charge sont pris tout à coup d'une panique insensée ; se croyant attaqués par des masses, ils se dispersent effarés, abandonnant armes et bagages.

Le plus fâcheux, c'est qu'on voit cette panique pénétrer en arrière comme une étincelle électrique, au milieu de quelques fractions de nos troupes. Ainsi, les conducteurs des convois, de l'ambulance, de l'administration, sont pris, eux aussi, d'un affolement irréfléchi ; la plupart s'enfuient, emmenant les chevaux, après avoir coupé les traits et même renversé les voitures dans les fossés, sans se préoccuper des blessés et des malades qui s'y trouvent et qu'ils abandonnent gisant sur le sol. Plusieurs de ces malheureux en eurent leur état singulièrement aggravé et succombèrent peu de jours après, alors que l'on avait tout espoir de les sauver. Parmi ces victimes se trouve le brave général Auger, de l'artillerie, qui, légèrement blessé pendant la bataille et entré à l'ambulance, fut brusquement jeté par terre et ne tarda pas à succomber.

Beaucoup de ces non-combattants, dont plusieurs étaient des officiers ou des employés des services administratifs, coururent toute la nuit et arrivèrent le matin à Brescia pour y jeter la terreur, en annonçant notre déroute. Cette triste impression dura peu, car quelques heures après les habitants étaient informés officiellement des résultats réels de la bataille.

Devant de pareilles défaillances, l'autorité supérieure aurait dû sévir rigoureusement contre les auteurs de ce déplorable épisode, mais surtout contre les gradés, qui avaient eu la déplorable faiblesse non seulement de ne pas arrêter leurs hommes, mais encore de s'être laissé entraîner, donnant ainsi un triste exemple de faiblesse d'esprit, de manque d'autorité et d'oubli de leurs devoirs.

Malheureusement, la répression fut très restreinte; on se laissa entraîner par un sentiment d'indulgence bien inopportune, surtout en présence de l'ennemi. Quelques personnalités seules furent frappées de peines légères, et ce fut tout.

IV

Le lendemain de la bataille. — Le 25 juin, quand le jour apparaît, il n'y a plus un seul ennemi devant nous; il a complètement disparu sous les ombres de la nuit; nos soldats peuvent alors s'occuper de leur installation au bivouac, se préparer soupe et café, enfin prendre un peu de repos.

Après avoir fait faire l'appel dans toutes les compagnies, on constate un certain nombre d'absents, pour les causes les plus diverses; après enquête et visite du docteur, quelques rares soldats furent considérés comme n'ayant eu aucun motif sérieux, aucune excuse de n'avoir pas marché avec leurs camarades. Il fallut bien en arriver à une répression disciplinaire et morale : ils durent, pendant plusieurs jours, aller aux avant-postes y faire le service et manger à la gamelle en dehors de leurs escouades Outre cela, après la campagne, quand il fallut établir la liste des présents pour la distribution des médailles militaires, un petit nombre en fut exclu pour avoir quitté les rangs au moment du danger. Malheureusement, dans certains corps on s'est montré beaucoup trop indulgent et, selon moi, on a eu le grand tort de fermer l'œil et de ne pas sévir contre ces faiblesses et ces défaillances humaines.

Du reste, il faut bien le dire, ces actes d'indiscipline et de pusillanimité ont existé de tout temps, mais ils sont toujours d'autant plus rares que l'on se montre plus sévère à les réprimer. Toujours on a vu des individualités plus ou moins nombreuses, sans énergie, sans virilité, dominées surtout par l'impression nerveuse du bruit des balles et des boulets, n'hésitant pas à s'embusquer avant d'arriver sur le champ de bataille, et cela sous prétexte de fatigue ou de toute autre cause, reconnue peu vraie. Dans de pareilles circonstances, un chef de corps ne devrait jamais hésiter à sévir énergiquement contre ces faiblesses morales, qui peuvent amener de si funestes conséquences.

Le champ de bataille de Solferino. — Pendant plusieurs jours, nous restons tranquilles dans nos bivouacs ; et comme, dès le matin, le soleil apparaît au milieu des brumes du lac de Garde, que le ciel est pur et le temps très doux, n'ayant plus les préoccupations et la responsabilité des préparatifs du combat, nos esprits sont plus libres, chacun peut réfléchir et se rendre compte des diverses péripéties de la bataille, observer et étudier le terrain sur lequel vient de se dénouer une aussi mémorable action de guerre.

Du plateau où nous sommes établis, un magnifique panorama se déroule sous nos yeux ; on peut suivre le cours du Mincio, voir dans le lointain les clochers de Mantoue, de Peschiera[1], d'une foule de villages dispersés dans la vallée et

---

1. Peschiera est située sur le lac de Garde, à la sortie du Mincio, qui va se

sur les mamelons voisins. Mais ce qui nous intéresse surtout, c'est la vue d'ensemble des différentes positions occupées la veille par les armées combattantes. D'un côté, une série de plateaux accidentés entre la Chiese et le Mincio, s'étendant de Lonato à Volta au sud-est; sur le sommet principal de ce terrain mouvementé, où le corps Baraguay-d'Hilliers et la garde ont eu à agir, se trouve la fameuse tour de Solferino, dénommée l'espionne de l'« Italie », parce qu'elle domine les nombreuses vallées et les plaines de la Lombardie. Au nord et au sud de cette tour, il y a une succession de hauteurs plus ou moins abruptes et escarpées. Au-dessous s'étendent à perte de vue les vastes dépressions de Castel-Goffredo, de Medole et de Guidizzolo, où la veille notre cavalerie a fait de si brillantes charges. Dans certaines parties se trouvent des surfaces complètement nues, sans bois, n'offrant aucun obstacle; à l'ouest, au contraire, se trouvent de fort belles cultures, des massifs épais, des marais, des routes et sentiers nombreux et presque tous entourés de fossés pleins d'eau.

C'est à toutes ces particularités du terrain qu'il faut attribuer la lenteur de la marche des 3ᵉ et 4ᵉ corps, et surtout d'une partie de la cavalerie, dont la force impulsive a été longtemps retardée et paralysée.

Pendant cette période de repos, la garde reste campée à Cavriana et aux environs; quant aux autres corps d'armée, on leur fait faire des mouvements pour pouvoir concentrer les diverses unités tactiques un peu disséminées par suite des combats particls livrés dans tous les sens, et aussi afin de faire rejoindre les bagages, les accessoires et surtout les retardataires ou traînards.

Nous avons des journées très chaudes, des plus éner-

---

jeter dans le Pô. C'est une ville forte d'une certaine importance; quant au lac de Garde, c'est un souvenir classique : il a été chanté par Virgile et par Catulle.

vantes; malgré cela, on envoie des reconnaissances dans la direction du Mincio, avec mission de rechercher l'ennemi, d'étudier les abords de la rivière et les moyens les plus pratiques de faire passer notre armée sur la rive gauche. Toutes ces opérations ont lieu sans le moindre incident, les Autrichiens ont complètement disparu.

Entre temps, les bruits les plus divers circulent dans nos camps : les uns nous parlent d'une nouvelle bataille à livrer sur le Mincio, d'autres assurent que nous allons entrer dans le fameux quadrilatère et entreprendre le siège des principales villes fortes (Mantoue, Vérone et Peschiera). Dans ces prévisions, le 5e corps doit bientôt nous rejoindre, et même on trouve qu'il met une singulière lenteur dans sa marche en avant. Pour rassurer le commandant en chef de ce corps (le prince Napoléon) et lui permettre d'arriver plus vite, on envoie au-devant de lui la division Bourbaki, qui s'avance jusqu'à Goito.

Combien les résultats de notre victoire eussent été plus complets si ce corps d'armée avait pu arriver à temps, et si, par suite, au lieu d'immobiliser les troupes et stériliser les efforts des vaillants soldats de ce corps, on s'était décidé, le jour de la bataille, à se joindre aux combattants, à les aider à couper la retraite de l'ennemi, dans tous les cas à le poursuivre l'épée dans les reins !

Quoi qu'il en soit, notre long repos nous permet de porter nos souvenirs en arrière, de prendre des nouvelles de nos camarades, de nos amis des autres corps. Nous apprenons avec un véritable chagrin la perte de plusieurs d'entre eux, et des meilleurs, qui ont été frappés mortellement au cours de la bataille.

Ainsi donc, après les joies de la victoire, nous avons à déplorer la mort de braves officiers, avec lesquels nous avons combattu dans les montagnes de l'Algérie et pendant la rude campagne de Crimée. Notre armée aurait perdu environ quatorze mille tués ou blessés, dont sept cents officiers hors de combat, parmi lesquels cent cinquante tués (douze colonels ou lieutenants-colonels). Le 4ᵉ corps (Niel) a été, de tous, le plus éprouvé[1].

Les Autrichiens ont perdu vingt-deux mille tués ou blessés; trente pièces de canon, quatre drapeaux, un grand nombre de caissons et six mille prisonniers sont restés en notre pouvoir.

Le jour de la bataille, les Autrichiens avaient sous les armes 146,000 fantassins et 16,000 cavaliers; les Français, 124,000 fantassins et 10,500 cavaliers.

Là-dessus, n'ont pas pris part à la lutte, pour des causes diverses, du côté des Autrichiens cinquante et un mille hommes composant les garnison de Mantoue, de Peschiera, ou détachés sur les plateaux du Mincio.

Du côté des alliés il y a eu cinquante-sept mille cinq cents hommes qui n'ont pas paru sur le terrain de la lutte. Parmi ceux-là se trouvent : tout le 5ᵉ corps, avec la division de Toscane, d'un effectif de trente mille hommes. Il y a en outre les volontaires de Garibaldi et de Cialdini, soit quatorze mille hommes.

---

[1]. Parmi les tués, se trouvent les généraux Dieu et Auger, le colonel Laur, des tirailleurs algériens, mon ancien chef au régiment de zouaves en 1851, brave et digne officier; les colonels de Vaubert de Genlis, Lacroix, Copin, Douay (frère des deux généraux de ce nom), Broutta, de Malleville, — mon ancien compagnon au régiment de zouaves en 1842, — de l'infanterie; Jourgeau, du génie; puis les lieutenants-colonels d'infanterie Bigot, Ducoin, Compagnon, de Neuchy-Vallet,... Hémar, Boulet. Ces deux derniers avaient été mes camarades de Saint-Cyr et étaient très sympathiques à tous. Enfin le lieutenant-colonel d'Abrantès, de l'état-major.

CHAPITRE IV

LA MARCHE SUR LE MINCIO. — LES PRÉLIMINAIRES DE LA PAIX. — L'ARMISTICE. — RETOUR DE L'ARMÉE EN FRANCE.

I

Le 29 juin, nous allons camper près de Volta, sur l'emplacement occupé le matin par le 4ᵉ corps, parti pour aller franchir le Mincio.

Le soir, l'empereur traverse notre bivouac et va porter son quartier général dans l'intérieur de la ville.

Dans la journée, chaque régiment reçoit soixante kilogrammes de tabac et sept mille cinq cents cigares à distribuer aux hommes, comme don national. C'est, pour tous, une très agréable surprise, et d'autant plus appréciée que nous étions complètement privés de ces éléments depuis plusieurs jours.

Dans l'après-midi, mon lieutenant-colonel, Bittard des Portes, reçoit sa nomination de colonel du 65ᵉ de ligne; je le vois partir avec regret, ayant toujours été satisfait de son bon esprit militaire et de son zèle dans le service; il est remplacé par le lieutenant-colonel Guichard de Montguers, ancien et digne soldat d'Afrique, autrefois mon camarade de Saint-Cyr.

Pendant la nuit, nous entendons le canon tonner vers Peschiera : c'est l'investissement de la place, commencé par l'armée sarde. Cette démonstration agressive dure peu, le feu ne tarde pas à cesser, et de part et d'autre on reste dans l'expectative.

Cavalerie en reconnaissance. — Dans la matinée du 30 juin, je reçois l'ordre d'envoyer un de mes bataillons de l'autre côté du Mincio, près de Pozzolo, afin de protéger les travailleurs d'un pont de bateaux.

Un peu plus tard, ayant été visiter mes avant-postes, je suis très étonné de voir se diriger vers notre camp plusieurs voitures pleines de monde, des chariots de bagages et même des piétons sans armes.

Je fais arrêter tous ces voyageurs, qui me paraissent très déconcertés et assez embarrassés, ne pouvant nous donner aucun renseignement précis, nul parmi eux ne parlant français. Mais enfin nous finissons par comprendre que ces malheureux arrivent de Mantoue, d'où on les a fait sortir comme étant des bouches inutiles. Je m'empresse de les faire escorter par quelques hommes et conduire au quartier général.

En poursuivant mon inspection, je fus très surpris de trouver un détachement de cavalerie établi, avec les chevaux aux piquets, à plus de cent mètres en arrière de mes fantassins, et cela en plein jour. Ayant questionné le chef du détachement sur ce qu'il faisait là, sans s'occuper d'envoyer des patrouilles en avant de l'infanterie, comme éclaireurs, il me répond qu'il a été placé à ce poste par son chef hiérarchique, sans instructions sur les reconnaissances à faire. Dans ces conditions, n'ayant aucun pouvoir sur la cavalerie, je ne puis rien lui prescrire et me contente d'en faire l'objet d'un rapport à mon général de brigade.

Je dois l'avouer, il me reste une pénible impression de la manière dont, pendant cette guerre, on s'est conformé à l'esprit du règlement et à la pratique du service d'éclaireurs dans les plaines immenses et ondulées de l'Italie, surtout en songeant aux procédés enseignés et pratiqués par tous les généraux de l'antiquité, et surtout des temps modernes, dont les noms sont inscrits en lettres d'or dans les fastes glorieux de notre histoire militaire : les Murat, les Lasalle, les Montbrun et combien d'autres !... Ne nous ont-ils pas appris que le rôle de la cavalerie est d'éclairer les troupes, de surveiller l'ennemi, d'appuyer l'infanterie, d'achever la déroute, de poursuivre à outrance les vaincus ?

Eh bien, ce rôle sera toujours le même, sous des formes différentes peut-être, quels que soient les engins perfectionnés dont seront armés nos soldats.

Du reste, comme nous le constaterons plus tard, cet oubli de ces sages principes de guerre nous sera bien funeste pendant la guerre contre l'Allemagne; jamais alors nous ne saurons nous servir de la cavalerie, soit pour nous éclairer, soit pour avoir des renseignements. Aux armées de Metz et de Châlons, cette arme essentielle sera condamnée à une immobilité néfaste; toujours on la tiendra inerte derrière notre infanterie, pour en arriver parfois, au dernier moment, à la faire exterminer dans des charges brillantes, glorieuses, un peu trop retentissantes, mais en somme complètement stériles et sans résultats possibles. Tout cela, par la faute de l'autorité supérieure, qui s'est montrée impuissante et hors d'état d'imprimer à cette arme si patriotique la vigoureuse impulsion et cet entrain qui sont les qualités natives de notre race. C'est comme à plaisir et inconsciemment que l'on en est arrivé à atrophier ces utiles éléments de succès, en les tenant sans cesse campés derrière les bataillons d'infanterie.

Le 1er juillet, nous quittons Volta pour aller camper sur la rive gauche du Mincio. A cinq heures on se met en route, mais bientôt nous nous heurtons contre des encombrements de troupes et de bagages, et alors se produisent des temps d'arrêt, des mouvements rétrogrades, de nouveaux ordres et des changements de direction, tout cela parce que l'on ne s'est pas préoccupé d'indiquer à chaque corps la route à suivre et l'heure du départ. Quoi qu'il en soit, après pas mal de difficultés et de fatigues, nous parvenons à franchir le Mincio à Borgheto et pouvons enfin, à sept heures du soir, établir notre bivouac en avant de Valleggio, après avoir parcouru douze à quatorze kilomètres seulement.

L'empereur est venu dans la journée établir son quartier général dans l'intérieur de la ville ; le 3ᵉ corps a ses bivouacs un peu en avant, sur la droite ; la division Bourbaki, de ce corps d'armée, a été envoyée à Gorto pour y attendre le prince Napoléon, qui doit y arriver avec ses troupes.

Pendant notre marche, nous apprenons que Peschiera est complètement investi par l'armée sarde, et nous voyons passer devant nous des chaloupes qui remontent la rivière afin de faciliter les opérations du siège, qui ne saurait durer longtemps en raison du mauvais état de la défense : c'est du moins l'opinion générale dans nos camps.

Le 2 juillet, les corps Niel et de Mac-Mahon se portent à deux lieues en avant de notre camp, non loin de la ligne ennemie. Il ne se produit aucune démonstration offensive ni d'un côté ni de l'autre : on s'observe en attendant les événements.

Le même jour, le 5ᵉ corps (prince Napoléon) finit par nous rejoindre ; il va établir son bivouac sur la droite de la garde.

Le soir, je vais dîner chez le maréchal Canrobert ; je suis heureux de me retrouver auprès de mon ancien chef dans les guerres d'Afrique et de Crimée ; comme toujours, il se montre très bienveillant pour moi. Dans cette soirée tout intime, au milieu d'officiers des plus sympathiques, les cœurs peuvent s'ouvrir : chacun exprime librement ses appréciations sur les différents faits de guerre et sur la conduite des opérations militaires. Pour beaucoup, le haut commandement a été loin, dans plusieurs circonstances, de briller par la hardiesse stratégique, par une direction énergique dans la tactique du champ de bataille; on le considère comme ayant été plus heureux que prévoyant et habile dans le maniement des troupes.

Ce même soir, on nous apprend que tous les archiducs autrichiens étaient présents à la dernière affaire, et aussi la duchesse de Parme, le duc de Parme et leurs enfants.

Jusqu'au 12, nous allons rester à peu près immobiles dans nos camps; cela va nous permettre de suivre les différentes phases de pourparlers entre les belligérants, de réfléchir à ce qui se passe et à ce que nous réserve l'avenir.

L'esprit de l'armée. — En ce moment, l'esprit de l'armée est excellent, la grande majorité ne demande qu'à marcher et à combattre; le moral est singulièrement réconforté par les succès de nos deux grandes victoires. D'un autre côté, il faut bien le dire, depuis notre entrée sur la terre italienne, nos soldats ont été entraînés par des officiers énergiques, pleins d'une noble ardeur et d'un profond amour-propre. Toujours on les a vus donner l'exemple de l'abnégation et du courage, sachant supporter allègrement les fatigues, les privations, la chaleur tropicale dont parfois nous sommes accablés, et les dangers du champ de bataille.

Quant à nos voltigeurs, qui sont généralement d'anciens troupiers d'Afrique et de Crimée, ils sont, comme on dit, de véritables débrouillards, sachant bien trouver le moyen de se garantir contre les intempéries. Ainsi, pendant la période de chaleurs suffocantes qu'il nous faut subir, on les voit s'ingénier à utiliser les broussailles des environs du bivouac pour se construire des sortes de gourbis qui les protègent, pendant le jour, contre l'influence débilitante du soleil, contre l'humidité de la nuit, alors que pas mal de réservistes ou de jeunes soldats, venus directement de France sans avoir jamais fait campagne, sont frappés d'insolation et succombent ou doivent entrer dans les ambulances.

Le service d'état-major. — Quoi qu'il en soit, si le moral des troupes est excellent; si, dans les corps, les officiers de tous grades sont très dévoués à leurs devoirs et les remplissent pour le plus grand bien du service, chacun dans la limite de ses attributions réglementaires, il n'en est pas tout à fait de même, il faut bien le dire, chez les officiers des divers états-majors de l'armée. On avait là des personnalités intelligentes, instruites, très en état de rendre de très utiles services. Malheureusement, pendant cette campagne le haut commandement ne sait pas tenir compte de l'esprit du règlement, et a le tort de ne pas faire jouer, à ces officiers d'élite, un rôle plus actif, plus en rapport avec leurs connaissances militaires; rarement on les voyait monter à cheval pour faire des reconnaissances, pour étudier les positions de l'ennemi. Ils restaient étrangers à tous les mouvements journaliers des corps de troupes, à leur établissement dans les camps, aux marches des colonnes, etc.

Comment s'en étonner quand on songe que beaucoup de ces officiers, ayant passé une partie de leur existence militaire à Paris, à écrire dans les bureaux, et étant bien peu au courant de la vie de bivouac, trouvaient tout naturel de continuer à vivre dans la paperasserie, à transcrire les ordres, sans avoir à se préoccuper du côté pratique de leur exécution. La conséquence naturelle de cette inertie dans la direction des marches a été, en différentes circonstances, et même le jour de la bataille, de voir les corps en arriver à s'entre-croiser sur une route déjà encombrée par des convois ou par d'autres colonnes; les uns ne pouvaient avancer qu'avec peine, d'autres étaient obligés d'attendre de longues heures avant de pouvoir continuer leur marche. Ces fâcheux retards occasionnent toujours des fatigues bien inutiles pour le soldat, excitent chez lui de l'irritation et l'ennui d'avoir à droguer sac au dos, alors qu'avec un peu de prévoyance on aurait pu éviter cet état de choses. Mais ce n'est pas tout : une fois arrivés au bivouac, les espaces à occuper ont été si mal définis que, ne trouvant aucun officier d'état-major pour indiquer l'emplacement de chaque corps, les bataillons doivent provisoirement s'entasser les uns à côté des autres, et rester longtemps avant de pouvoir s'installer et prendre un peu de repos.

II

L'armistice et les préliminaires de la paix. — Le 6 juillet, l'ordre est donné de nous tenir prêts à prendre les armes le lendemain matin. Nos hommes devront partir avec toutes leurs cartouches, mais sans bagages, les tentes restant debout. D'après les bruits qui courent, l'armée doit aller occuper une longue ligne de bataille et se tenir prête à repousser une attaque possible de l'ennemi. Personne, dans nos camps, ne croit à une offensive de la part des vaincus de Solferino contre nos masses bien concentrées, fières de leurs derniers succès; cela nous donnerait trop de chances en notre faveur pour que nos adversaires en prennent l'initiative. Il doit plutôt s'agir d'un dérivatif, d'une démonstration pour faciliter une entente entre les combattants. Toute la journée il y a un va-et-vient d'officiers entre Vérone et notre quartier général. On parle même d'une mission donnée au général Fleury, aide de camp de l'empereur, pour entrer en arrangement avec le souverain de l'Autriche.

Le 7 juillet, à trois heures du matin, nous prenons les

armes pour aller nous établir à quelques kilomètres en avant de nos bivouacs. Dès la pointe du jour, les deux armées française et sarde sont en position de combat sur les hauteurs parallèles au cours du Mincio. Le 1er corps est près du lac de Garde, à Castelnovo, puis, prolongeant la ligne à droite, les 2e, 3e et 4e corps; la garde et le 5e corps sont un peu en arrière pour former la réserve. Quant à l'armée sarde, elle se tient près de Peschiera.

Jusqu'à midi, nous restons sous les armes dans l'attente des événements. Alors on vient nous annoncer qu'un armistice vient d'être conclu entre les trois armées, et l'ordre est donné à tous les corps de rejoindre les bivouacs du matin. Le lendemain, 8 juillet, on nous donne des détails sur ce qui s'est passé la veille : les délégués des souverains ont pu s'entendre, signer un armistice, avec une zone neutre entre les armées.

Enfin, le 11 juillet, les deux empereurs se rencontrent à Villafranca ; après une entrevue des plus sympathiques, ils tombent d'accord sur les bases fondamentales du traité de paix. A son retour au quartier général, notre empereur adresse à l'armée un ordre du jour pour faire connaître la solution des difficultés politiques entre le Piémont et l'Autriche, appuyant sur ce point que la France pouvait désormais compter sur la reconnaissance et la fidélité de nos alliés italiens, dont nous venons d'agrandir le territoire et que nous avons délivrés du joug de l'étranger; puis faisant ressortir le désintéressement de la France, toujours disposée à venir en aide aux faibles et à soutenir les nobles causes. Si l'empereur avait pu prévoir l'avenir, combien ses actes et son langage auraient été différents!

Le 12 juillet, notre armée fait une marche en arrière et repasse le Mincio. La garde remonte la rivière et se porte sur la rive droite par le pont de Mozenbano, puis notre brigade va établir son bivouac à Pozzolengo. Nous y arrivons à neuf heures du soir seulement, et cela après une marche des plus pénibles, par une chaleur suffocante, sous une poussière épaisse qui nous aveugle ; ajoutez à cela d'incessants temps d'arrêt sur des routes encombrées de voitures et de convois. Malgré cela, nous avons peu de traînards; seulement quelques-uns de nos soldats, sous l'influence de la très grande chaleur, se laissent entraîner à faire un usage immodéré d'une eau fraîche qu'ils puisent dans la fontaine, et dont la conséquence est de leur briser les jambes, de leur rendre la marche plus difficile [1].

Ce même jour, l'empereur, qui part pour Paris, traverse nos rangs en voiture, au milieu des acclamations des soldats. Sa figure est rayonnante de bonheur, mais, à côté de cela, il paraît bien fatigué.

Le 13 juillet, mon régiment part à quatre heures du matin, traverse Rivoltella, Desenzano et va bivouaquer à Padergo, sur le versant est du plateau qui tombe sur le lac de Garde. De ce point, nous avons une vue charmante : à nos pieds se trouvent les eaux limpides du lac, tout autour des coteaux bien cultivés, couverts de fermes qui indiquent l'aisance et la prospérité.

Nous restons sur les bords du lac pendant les journées des 14, 15 et 16, toujours avec de très fortes chaleurs, tempérées parfois par les vents humides qui passent sur l'eau. Nous profitons de notre séjour en ces parages pour envoyer les compagnies, sous la conduite de leurs officiers, prendre des bains dans le lac. C'est pour tous une agréable distraction et aussi une mesure hygiénique pour la santé de nos soldats.

---

1. Il y a une précaution bien essentielle à prendre par les officiers des compagnies d'infanterie, surtout en campagne, quand les troupes marchent par de fortes chaleurs : c'est d'empêcher les hommes de quitter leurs rangs pour aller boire dans les fontaines ou les ruisseaux. Pour leur en ôter l'envie, il faudrait, avant le départ, et autant que les circonstances le permettent, avoir soin de faire remplir les petits bidons avec de l'eau mélangée d'un peu d'eau-de-vie ou de café; par là on pourrait éviter bien des accidents.

Le traité de paix une fois signé, on donne des ordres pour la rentrée en France des différents corps d'armée; seulement, on croit devoir retenir provisoirement un certain nombre de divisions jusqu'à la ratification des articles concernant les duchés et les États romains. Le 1ᵉʳ juillet, notre brigade part à trois heures du matin, traverse Desenzano, passe près de Lonato, là où fut livrée la fameuse bataille d'août 1796 par le général Bonaparte. A huit heures, nous bivouaquons près de San-Marco, sur les bords de la Chiese[1].

Le 18 juillet, nous arrivons à Brescia; on nous fait camper en dehors de la ville, dans un champ étroit, où nous sommes entassés sans aucun souci de l'hygiène; ajoutez à cela qu'il faut faire de longues courses et attendre longtemps avant de pouvoir toucher les vivres.

En route, nous passons près du camp des Piémontais. Leur installation paraît confortable; seulement nous avons été assez étonnés de ne rencontrer chez nos alliés nulle marque de reconnaissance ou de sympathie, ni de la part de la troupe ni de la part des officiers. Tous nous laissent passer au milieu de leur bivouac, en ayant l'air de nous regarder avec une sorte d'indifférence, pour ne pas dire d'hostilité. Il nous est pénible de voir les compagnons de nos dernières luttes avoir aussi peu de cœur, ne pas venir nous offrir un verre d'eau, ou tout au moins nous serrer la main. Combien avait été différente l'attitude des Anglais après nos combats de Crimée!

A l'époque de notre marche en avant pour livrer bataille

---

1. Pendant notre séjour au bivouac, je reçois avis des récompenses accordées à mon régiment, à la suite de la bataille de Solferino : le commandant Pacaud est nommé lieutenant-colonel; j'en suis très heureux, car c'est un véritable officier de guerre, qui s'est fait remarquer par sa valeur devant l'ennemi; le capitaine Rapp est nommé chef de bataillon. C'est un solide officier, peu instruit, mais très solide en campagne.

Sont nommés chevaliers de la Légion d'honneur : les capitaines Raynaud, Andrieu, le médecin Lefevre, le lieutenant Gironce, le sergent Gabriel, le voltigeur Bonnet; enfin quinze médailles à des sous-officiers et soldats.

et affranchir l'Italie de la domination autrichienne, les manifestations des habitants étaient des plus sympathiques ; à notre retour, il y a un contraste frappant : dans les villes et villages où nous passons et où nous séjournons, on nous témoigne, sinon de la malveillance, tout au moins un mauvais vouloir bien accentué. Un peu partout on se résigne, à contre-cœur, à nous donner une hospitalité grincheuse, en tout cas très peu écossaise ; nous en sommes tous très étonnés. Ainsi, à Brescia, le propriétaire chez lequel est logé l'état-major du régiment ne daigne pas se montrer, il charge son domestique de nous installer dans les plus mauvaises chambres de la maison ; à peine si elles sont pourvues des choses les plus élémentaires ; et partout, sur notre route de retour, il en sera de même, avec des nuances plus ou moins accentuées.

Plus tard, nous avons pu nous rendre compte de cet état des esprits de nos alliés. Après Solferino, les Italiens, fiers de nos victoires, espéraient que nous allions continuer notre campagne, arracher la Vénétie à l'Autriche et constituer le royaume d'Italie, des Alpes à l'Adriatique, bien entendu, se préoccupant peu des éventualités de la lutte, des dangers que pouvait faire courir à la France l'intervention possible de la Prusse et de la Russie, mais surtout de la première, qui, déjà, préparait une entrée en campagne contre nous.

Le 18 juillet, notre brigade part de Brescia, et arrive à Milan le 25, après avoir fait plusieurs petites étapes par une chaleur étouffante ; on nous fait bivouaquer autour de la ville. Pendant cette marche, nous traversons une série de villages ou petites villes où respirent l'aisance et le bien-être, entre autres Travigliato, Calcinato, Chiari, Antegnat, Treviglio, Cassano sur l'Adda, et enfin Gargonzola.

Les traînards. — Dans ces localités, nous rencontrons pas mal d'individualités restées en arrière après avoir abandonné leurs corps ; beaucoup de ces hommes, éparpillés un peu partout, sont, trop souvent, des soldats sans cœur et sans énergie que les armées en campagne sèment toujours derrière elles, surtout quand ces trainards, ou, comme disent les troupiers, quand ces fricoteurs y trouvent bon gîte, des vivres en abondance, du repos sans aucun danger à courir. Il faut bien le dire, ces inutiles ont existé de tout temps, mais ils sont plus ou moins nombreux. Le tout dépend du caractère du haut commandement, et aussi du sentiment de responsabilité de la part des chefs des différentes unités tactiques.

Eh bien, pendant cette campagne de 1859, si glorieuse pour tant de braves et dignes soldats, qui ont versé leur sang avec un entrain si patriotique, on s'est montré beaucoup trop indulgent pour cette vermine, presque toujours éloignée du champ de bataille, qui occasionne des dépenses stériles à l'État et parfois jette la démoralisation dans l'arrière-garde.

Le plus triste, c'est que plus tard, une fois rentrés dans les garnisons, ces parasites de tout grade sont les plus ardents à crier très haut pour vanter leurs prouesses, pour solliciter et obtenir, trop souvent, des récompenses qui auraient dû être accordées à de plus modestes combattants. Malheureusement, les joies du triomphe font oublier, et fermer les yeux sur les faiblesses antérieures des solliciteurs.

D'un autre côté, combien de ces tristes soldats, une fois rentrés dans la vie civile, ne cessent d'exalter leurs hauts faits, cherchant, par tous les moyens, à récolter les fruits des glorieux combats de leurs camarades, ayant l'outrecuidance de se parer des plis d'un drapeau qu'ils ont eu la faiblesse de délaisser au jour du danger. Ce sont eux qui crient le plus fort dans les cafés, dans les cabarets, qui réclament pour obtenir des secours, des pensions, des médailles, des décorations, des bureaux de tabac, etc., faisant retentir tous les échos de leur village du bruit de leurs prétentions, n'hésitant pas à s'adresser aux députés, aux hommes influents de leur voisinage, à la presse même, pour faire valoir leurs droits, faire connaître des infirmités ou des maladies trop souvent gagnées non sur les champs de bataille ou dans les bivouacs, mais bien dans la débauche et dans l'ivrognerie.

Quant aux vrais soldats, ces dignes serviteurs de la patrie, ils ont, eux, la fierté de leur noble conduite, et n'attendent rien que de leurs chefs directs, de ceux qui les ont vus à l'œuvre et ont pu apprécier leur conduite, mettre en lumière leurs droits à des récompenses dignement méritées.

Du reste, les soldats ne sont pas les seuls à souffrir des exagérations de la réclame et des faveurs accordées par le fait des influences extérieures et non militaires. Combien n'a-t-on pas vu d'officiers peu anciens, non présentés par leurs chefs, ou figurant les derniers sur la liste de présentation, être promus à des grades supérieurs, alors que le simple bon sens, la justice et l'intérêt de l'armée, auraient dû ne faire accorder de l'avancement qu'à ceux présentés et appuyés par les chefs hiérarchiques, par des chefs ayant toute la responsabilité des actes de leurs subordonnés, et, par conséquent, tout intérêt à faire ressortir les œuvres de chacun et à les faire récompenser en raison de leur mérite et de leurs aptitudes. En agir autrement, prendre en dehors de la liste, laisser de côté ceux qui ont été à la peine et aux dangers, est d'un favoritisme néfaste et a pour conséquence forcée de pousser à l'intrigue et de produire un dissolvant fâcheux dans les cadres.

III

Le départ pour la France. — Hospice du mont Cenis. — La revue du 15 août. — Le 27 juillet, nous voyons le 5ᵉ corps entrer à Milan, ayant à sa tête le prince Napoléon ; ce chef improvisé a une telle tournure sur son cheval, une attitude si peu militaire, avec sa forte corpulence, qu'il produit une impression peu favorable sur le public. Et, d'après ce que nous apprenons, son influence sur les troupes est assez faible, son prestige est singulièrement tombé depuis qu'on a pu le voir dans le commandement d'un corps d'armée. Pendant cette campagne, il s'est bien peu préoccupé du bien-être de ses troupes, ne visitant jamais les camps, les cantonnements, les avant-postes, les ambulances ; paraissant avoir peu de souci des services administratifs ; avec cela, peu sociable, hautain, raide avec son entourage et pour les officiers envoyés en mission auprès de lui ; uniquement préoccupé d'avoir chaque jour une bonne installation, une table bien servie. Aussi est-il peu aimé de ses subordonnés, qui ne se gênent pas pour se plaindre et plaisanter entre eux d'un chef très intelligent, très instruit, mais très peu militaire, n'ayant jamais vécu dans les rangs et considérant trop le soldat comme une machine matérielle que l'on peut faire mouvoir avec le doigt, mais non avec le cœur, avec la foi et la confiance en ses chefs. Qu'en arrive-t-il ? C'est qu'un certain nombre de ses subalternes ne se gênent pas pour le plaisanter et prétendre que, dans cette guerre, le 5ᵉ corps a eu pour mission, non de se battre contre les Autrichiens, mais seulement de promener le bœuf gras à travers les provinces de la péninsule.

Le 28 juillet, la division de voltigeurs commence son mouvement pour rentrer en France ; le 4ᵉ voltigeurs va prendre le train de dix heures du soir; nos hommes sont empilés dans les wagons et arrivent à Suse le lendemain à onze heures du matin, après plus de douze heures d'une immobilité plus dure qu'une très forte étape.

Mon régiment va bivouaquer en avant de la ville, au pied de la montagne. C'est une ville triste et mal bâtie, qui joua jadis un certain rôle dans les guerres de la France en Italie.

Le lendemain, 29, nous gravissons la montagne par une route très pittoresque et très sinueuse. Nous avons sous les yeux un magnifique panorama, les plaines dans toute leur étendue avec leurs divers accidents, leur belle culture et leurs nombreux villages. A droite et à gauche de la route, là où il y a un peu de végétation, le sol est bien cultivé. Les habitants de ces montagnes sont laborieux et paraissent tirer le meilleur parti possible des étroits lopins de terre capables de produire. Malgré tout, ils sont pauvres et paraissent d'une faible constitution. Beaucoup sont si misérables qu'ils ont la mendicité pour principale occupation. C'est sur les premiers versants de cette chaine de montagnes que commence à se produire la maladie du crétinisme et des goitres.

L'hospice du mont Cenis. — Nous bivouaquons au col du mont Cenis; nous sommes là au centre d'un vaste entonnoir dominé de tous côtés par des montagnes abruptes et presque toujours couvertes de neige. A ce col, se trouve un établissement, sorte d'hospice tenu par des religieux qui se donnent pour mission d'offrir l'hospitalité aux voyageurs et de soigner les malades. Certes, il leur faut un certain courage pour rester toute l'année dans cette rude contrée, couverte de neige pendant neuf mois et où l'on voit en toute saison, même au mois de juillet, à très petite distance au-dessus de nos têtes, des glaciers avec des pointes aiguës que l'on peut presque toucher du doigt.

D'après ce que nous apprenons, le supérieur est propriétaire des prairies du voisinage, et aussi de la pêche du lac qui se déroule devant nous. En plein été, ce pays de montagnes offre un paysage charmant et des plus pittoresques. Nous avons un beau soleil avec une douce température.

Nous sommes reçus par les religieux avec la plus grande cordialité; c'est avec empressement qu'ils cherchent à faciliter notre installation et à nous rendre notre court séjour le plus agréable possible. Pendant la nuit, nous avons un gros orage avec pluie et grêle. Comme conséquence, le lendemain matin, à notre départ, nous éprouvons un froid comme si nous étions en hiver; nous devons nous couvrir jusqu'au moment où le soleil fait sentir son influence réconfortante.

Après avoir franchi la ligne de séparation des eaux, la température change et même devient assez chaude. Nous descendons vers la France par une route beaucoup plus accidentée et plus raide que celle de la veille. Parfois on se trouve dans de véritables gorges, ayant à droite et à gauche des masses blanches sur des sommets dominants, qui semblent menacer de nous ensevelir sous des avalanches de neige et de glaciers.

Le 1er août, nous arrivons à Modane après avoir bivouaqué les jours précédents à Lons-le-Bourg et X... A cette dernière étape se trouve l'entrée du tunnel du chemin de fer qui doit unir la France avec l'Italie (douze kilomètres de développement). On est seulement au commencement des travaux, il y a à peine sept à huit cents mètres de percés. Un ingénieur veut bien nous accompagner et nous expliquer les détails du fonctionnement des travaux. Il nous assure qu'il faudra encore au moins six ans pour achever le tunnel et le livrer à la circulation. On peut le dire, c'est une entreprise gigantesque; il faudra bien de l'argent et de la persévérance pour la terminer.

Dans la journée, nous apprenons par les journaux le

départ de M. de Persigny pour Londres : il a pour mission de faire disparaître l'aigreur et la mauvaise disposition à notre égard de nos ex-alliés de Crimée. Cela nous étonne peu, car les Anglais, nous les aurons toujours pour adversaires quand leurs intérêts matériels ou la prospérité et les succès de la France seront en jeu.

Le 2 août, nous allons camper à Saint-Jean-de-Maurienne, et le lendemain, 3, nous prenons le chemin de fer et arrivons à Paris le 4 août. Toute la garde et les autres corps d'armée rentrés en France sont installés sous des tentes sur le plateau de Vincennes, en attendant la grande revue du 15 août que doit passer l'empereur.

Depuis le jour où nous sommes partis du mont Cenis jusqu'au moment de notre embarquement sur le chemin de fer, nous nous sommes trouvés en plein pays de Savoie, et, partout où nos troupes sont passées, nous avons vu avec plaisir tous les habitants parlant le français et nous traiter comme des compatriotes, se montrant partout, dans les villages et dans les villes, très bienveillants pour les officiers et pour les soldats.

Enfin, le 15 août a lieu la revue : l'armée traverse tout Paris, fait une halte sur la place de la Bastille, puis va défiler devant l'empereur sur la place Vendôme. Pendant cette longue marche à travers les rues de la grande ville, il y a partout un très grand enthousiasme de la part des masses populaires : elles acclament avec frénésie et l'armée et l'empereur. Pour ces masses, c'est surtout un spectacle, une distraction, ayant une sorte de fanatisme pour ce qui brille et frappe leur imagination. Avant longtemps on verra ce peuple léger et inconstant brûler et jeter aux vents les idoles du jour (l'armée et l'empereur), et cela sous l'influence des passions politiques, d'orateurs de clubs, de bavards déclassés qui s'appuient sur lui pour pouvoir s'élever, se constituer à ses dépens une haute position politique et financière, sans autrement se préoccuper de ceux qui ont contribué à les faire monter.

Après la revue, mon régiment va à Courbevoie, son ancienne garnison, où il rentre après une campagne de quatre mois.

Le 12 mai 1860, ayant été nommé général de brigade et envoyé pour commander les subdivisions du Doubs et du Jura, je remets le commandement du régiment au colonel Bordas, mon ancien camarade des zouaves.

J'adresse au régiment, avant de me séparer de mes compagnons d'armes, l'ordre du jour suivant :

Officiers, sous-officiers et soldats,

Au moment où je quitte le commandement du 4ᵉ voltigeurs, je viens vous exprimer tous mes regrets de cette séparation.

Pendant quatre ans j'ai été heureux de vivre au milieu des membres de cette famille militaire que j'avais eu mission de réunir en un faisceau compact et homogène.

Si, par sa discipline, par son excellent esprit, par sa belle attitude pendant la guerre d'Italie, le régiment a su se placer à la hauteur des plus brillants corps de notre armée, il le doit aux qualités viriles des officiers, à leur sollicitude pour le bien-être de leurs hommes, à l'excellent esprit des sous-officiers, toujours prêts à seconder leurs chefs, et enfin à la bonne conduite, au sentiment de discipline et de solidarité des soldats. Aussi est-ce à tous que j'adresse ma reconnaissance pour avoir rendu ma tâche facile et agréable.

Voltigeurs, continuez à marcher dans la voie du devoir et de l'honneur. N'oubliez pas qu'au régiment, plus que partout ailleurs, l'union fait la force.

Adieu donc, et croyez bien que je suivrai avec le plus vif intérêt vos travaux militaires, heureux de pouvoir applaudir de tout cœur aux succès que vous réserve l'avenir.

TABLE DES MATIÈRES

PREMIÈRE PARTIE
AFRIQUE (1838-1854)

	Pages.
Avant-propos	1

Chapitre premier. — Début dans la carrière; Saint-Cyr; 26e; départ pour l'Algérie; incidents de voyage. — Arrivée à Bône. — Les officiers du 26e. — Retour en France au 75e de ligne................. 7

Chapitre II. — 1842. — Arrivée aux zouaves. — Expéditions. — Situation de l'Algérie en 1842. — Marche sur Cherchel. — Ravitaillement de Milianah, de Médéah. — Campagne dans les montagnes du Chélif, chez les Brazzes, les Beni-Menasseur................. 20

Chapitre III. — Soumission de Bou-Alem. — Marche sur les hauts plateaux. — Campagne dans l'Ouen-Seris. — Combat de l'Oued-Foddah, razzia. — Expédition dans l'Est. — Expédition d'hiver dans l'Ouen-Seris, chez les Beni-Ouragh, dans le Dahra, à Tenez. — Rôle des officiers en campagne................. 37

Chapitre IV. — 1843. — Expédition dans l'est de Médéah et de Milianah. — Combat de Taguin; prise de la smala. — Expédition au sud-ouest de Médéah. — L'infanterie montée. — Campagne dans l'Ouen-Seris sous le général Bugeaud, dans le Dahra sous le général Cavaignac. — Réflexions sur l'état moral du bataillon. — Travaux de route..... 66

Chapitre V. — 1844. — Première expédition en Kabylie. — Passage de l'Ysser. — Occupation de Bordz-Menail, de Delhis; la charge du 12 mai. — Combat du 17. — Soumission des Kabyles. — Départ du général Bugeaud pour Oran................. 93

Chapitre VI. — Prise d'armes d'Abd-el-Kader, de Bou-Maza. — Nouvelle expédition dans l'Ouen-Seris, dans le Dahra et vers Cherchel. — 1845. — La Grande Insurrection. — Expédition d'hiver, razzia du 2 décembre. — Le drame après la lutte. — Combat de Temda. — Soumission des Beni-Ouragh. — Retraite d'Abd-el-Kader. — Marche contre les Flittas. — Les grottes enfumées. — Nouvelle révolte dans l'Ouen-Seris et dans le Dahra. — Excursion dans l'Ouen-Seris. — Soumission des tribus... 110

Chapitre VII. — Fondation d'Aumale. — Travaux, vie des officiers. — Départ pour Alger. — Révolution de 1848. — Séjour à Milianah. — Les Arabes et la religion. Mgr Dupuch, évêque d'Alger................. 143

Chapitre VIII. — 1851. — Expédition dans la Kabylie orientale. — Préparatifs. — Composition de la colonne. — Combat du 11 mai. — Sortie du 12. — Offensive des Arabes le 13. Combats autour de Djidjeli. Combats chez les Beni-Amram. Soumission des tribus des environs de Djidjeli. — Opérations dans l'ouest de Djidjeli. Expédition entre Djidjeli et Collo. — Combat de nuit. — Lutte contre les Djabalas. — Marche chez les Ouled-Aidoun. — Excursion chez les Beni-Touffout. — Soumission des tribus. — Observations sur la campagne et sur le personnel.. 156

Chapitre IX. — Expédition dans la Grande Kabylie sous le général Pélissier. — Organisation des trois régiments de zouaves. — Travaux de route. — Marche sur Bou-Saada dans le désert. — La chasse au faucon. — Expédition dans les Babors. — Composition de la colonne. — Nouvelle expédition dans les Babors sous le général de Mac-Mahon. — Ordre de départ pour la guerre de Crimée......... 196

DEUXIÈME PARTIE

GUERRE DE CRIMÉE (1854-1855)

Avant-propos.. 219

Chapitre premier. — I. — Préliminaires, embarquement. — Iles de Grèce. — Gallipoli. — Revues. — Les armées.................... 221
II. — Andrinople. — Varna. — Incidents...................... 232
III. — Marche dans la Dobrutcha. — Le choléra. — Les bachi-bouzoucks. — Incendie de Varna. — Les Turcs, les Grecs. — Retour au camp. — Devoir des officiers. — Les populations de l'Orient. — Je suis nommé au 1er bataillon de chasseurs à pied................... 239

Chapitre II. — I. — Embarquement des troupes. — La traversée. — Marche de la flotte dans la mer Noire. — Débarquement à Old-Fort. 254
II. — Bataille de l'Alma............................... 262
III. — Après la victoire. — Marche sur Sébastopol. — Je rentre au 3e zouaves. — Pillage du château de Guemenof. — Bivouac de la Soif... 270
IV. — Première période du siège. — Le port de Balaklava. — Le plateau d'Inkermann. — Travaux d'investissement. — Ouverture du feu. — Échec du 17 octobre................................. 275

TABLE DES MATIÈRES   497

Chapitre III. — Balaklava. — Inkermann 288
   I. — Bataille de Balaklava. — Charge de la cavalerie russe....... 288
   II. — Bataille d'Inkermann. — Sortie des Russes sur nos tranchées à gauche. — Tempête du 14 novembre. — Divers incidents 294
   III. — Les armées alliées à la fin de décembre 1854............. 306

Chapitre IV. — 2ᵉ période du siège. — Tempêtes. — Souffrances des soldats. — Les grottes et séjour dans les tranchées. — L'armée anglaise pendant l'hiver. — Attaques et combats dans les tranchées. — Constructions de redoutes aux ouvrages blancs. — Nouvelles du camp. — Le général Niel et la mission — Formation des zouaves de la garde 310

Chapitre V. — 3ᵉ période du siège. — Établissements de nouvelles parallèles, mort de l'empereur Nicolas. — Construction de batteries, de redoutes. — Offensive des Russes. — Efforts sur Inkermann. — La vie du camp après l'hiver. — Les Anglais................. 325

Chapitre VI. — I. — Offensive contre les lignes russes. — Prise des ouvrages du 2 mai. — Démission du général Canrobert............. 338
   II. — Expédition de Kertch. — Prise des ouvrages du cimetière... 342
   III. — Prise du Mamelon-Vert et des ouvrages blancs. — Le général Bosquet envoyé dans la Tchernaïa............................. 344
   IV. — Assaut manqué du 18 juin.............................. 349

Chapitre VII. — Dernière période du siège...................... 354
   I. — Service de tranchée au siège de gauche.................. 354
   II. — Bataille de Traktir................................... 359
   III. — Renseignements sur l'assaut de Malakoff.............. 364
   IV. — Situation de l'armée après l'assaut. — Excursion dans Sébastopol. — Siège de Kars. — Combat de Kanghil. — Observation sur la loi de 1855.. 367
   V. — Installation d'hiver dans les camps. — Lignes de Kamiesch. — Explosion du 15 novembre. — Mon départ de Crimée............ 375

Appendices 383

TROISIÈME PARTIE

GUERRE D'ITALIE (1859)

Introduction. — Formation du 4ᵉ voltigeurs. — Le camp de Châlons. 411

Chapitre premier. — I. — Causes de la guerre d'Italie........... 417
   II. — Entrée en campagne de notre armée..................... 420
   III. — Premiers engagements. — Combat de Montebello. — Marche de flanc de l'armée alliée. — Combat de Palestro. — Marche des armées alliées sur le Tessin. — Combat de Robequetto............ 425

Chapitre II. — I. — Bataille de Magenta. — Début de la bataille. —

Attaque par l'aile gauche. — Le général de Mac-Mahon. — Prise de
Magenta.. 425
   II. — Attaque de San-Martino par les grenadiers de la garde. —
Après la bataille. — Séjour au camp. — Marche sur Milan....... 442
   III. — Combat de Melegnano 448

Chapitre III. — I. — Départ de Milan. — Passage de l'Adda 453
   II. — Arrivée et séjour à Brescia. — Passage de la Chiese....... 456
   III. — Bataille de Solferino. — Les Piémontais à San-Martino. —
Marche du 2ᵉ corps sur Cavriana. — Marche et opérations du
4ᵉ corps. — Concours du 3ᵉ corps. — La tempête. — La panique le jour de la bataille.. 462
   IV. — Réflexions sur la bataille 472

Chapitre IV. — I. — La marche sur le Mincio. — La cavalerie en reconnaissance. — L'esprit de l'armée. — Le service d'état-major.... 477
   II. — Armistice. — Les préliminaires de la paix. — Les traînards. 483
   III. — Le départ pour la France. — Hospice du mont Cenis. — La
revue du 15 août à Paris.. 490

A LA MÊME LIBRAIRIE

Les Réformes Militaires et l'Armée coloniale, par le Général MONTAUDON, 1 vol. in-8°, broché. . . . . 5 fr.

OUVRAGES DU COLONEL NIOX

Introduction. — **Notions de géologie**, de climatologie et d'ethnographie. 3ᵉ édit. 1 vol in-12, de VIII-195 pages, avec fig. br. 3 fr. »
France. 4ᵉ édition (nouveau format), entièrement remaniée. (Paris 1892), 1 vol. in-8°, de 440 pages avec carte et nombreux croquis dans le texte, broché . . . . 5 fr. »
Relié toile . . . . 6 fr. »
Grandes Alpes, Suisse et Italie. 3ᵉ édition. (Paris 1891), 1 vol. in-12, de VIII-290 pages, avec 3 cartes, broché . . . . 4 fr. »
Relié toile . . . . 5 fr. »
Allemagne, Pays-Bas, Danemark, Russie Occidentale. 3ᵉ édition, entièrement remaniée. (Paris, 1891), 1 vol. in-12, de VIII-324 p. avec 2 cartes, broché . . . . 4 fr. »
Relié toile . . . . 5 fr. »
Autriche-Hongrie et Péninsule des Balkans. 2ᵉ édition. (Paris, 1887), 1 vol. in-12, de VIII-332 pages, broché . . . . 4 fr. 50
Relié toile . . . . 5 fr. 50
Le Levant et le bassin de la Méditerranée. 2ᵉ édition. (Paris, 1887, 1 volume in-12, de VIII-242 pages avec 1 croquis de la Tunisie, broché . . . . 3 fr. »
Relié toile . . . . 4 fr. »
Algérie et Tunisie. 2ᵉ édition (Paris, 1890). 1 fort vol. de x-137 p., avec carte d'Algérie et Tunisie, au 1/2.000.000; carte de l'Algérie, au 1/5 000.000; du Sahara, au 1/2.000.000 et figures dans le texte, broché . . . . 6 fr. »
Relié toile . . . . 7 fr. »
L'Expansion Européenne. — (Empire britannique. — Asie. — Afrique — Océanie). — Nouvelle édition entièrement remaniée et complétée, suivie d'un appendice mis au courant jusqu'en novembre 1897. 1 vol. in-8°, avec carte et nombreux croquis, broché . . . . . . 6 fr. »
Relié toile . . . . 7 fr. »
L'appendice se vend séparément, broché . . . . 1 fr. 25
Expédition du Mexique (1861-1867). Récit politique et militaire (1874), 2 vol. grand in-8°, avec atlas in-folio, plans gravés . 15 fr. 50

RÉSUMÉ DE GÉOGRAPHIE PHYSIQUE ET HISTORIQUE

1ʳᵉ partie : *la France.* (Paris 1892), 1 vol. in-8°, 200-XVII pages, avec cartes et croquis, broché 2, fr. ; relié toile . . . . . . 2 fr. 75
2ᵉ partie : *l'Europe.* (Paris 1892), 1 vol. in-8°, 400 pages, avec cartes et croquis, broché 3 fr. 25; relié toile . . . . 4 fr. »
Les 2 parties réunies. 1 vol. broché 5 fr. ; relié toile. . . . . 6 fr. »
3ᵉ partie : *l'Asie, l'Afrique, l'Amérique et l'Océanie.* (Paris 1895), 1 vol. in-8°, de 374 pages, avec cartes et nombreux croquis, br. . . 4 fr. »
Relié toile . . . . 5 fr. »
Carte de France, échelle de 1/1.6 0.000. 5ᵉ édit., (1891). . . 3 fr. 50
Carte d'Allemagne, échelle de 1/1.600.000. 3ᵉ édit., (1891). 3 fr. 50
Carte de l'Afrique Centrale et Australe, au 1/8.000.000. . 6 fr. »

ATLAS DE GÉOGRAPHIE GÉNÉRALE

35 cartes, avec Notices . . . . 50 fr. »
Les Cartes simples vendues séparées, avec notice . . . . . 1 fr. »
Les Cartes doubles   —   — . . . . 2 fr. »
Les cartes groupées par régions sont vendues en étuis séparés.

ATLAS CLASSIQUES

Atlas physique et politique, 56 cartes, in-4°, relié toile. . 9 fr. »
— Avec supplément historique, par M. DARSY, 80 cart in-4°. 12 fr. »
— L'Atlas de 56 cartes, avec un **livret de notices** rédigées pour chaque carte par le capitaine MALLETERRE, professeur de géographie à l'École de Saint-Cyr, relié toile . . . . . 12 fr. 75
— Le Livret de notices se vend séparément, relié toile. . . . 3 fr. 75

www.ingramcontent.com/pod-product-compliance
Lightning Source LLC
Chambersburg PA
CBHW071724230426
43670CB00008B/1117